JN111800

日本教師教育学会年報

第32号

日本教師教育学会編

〈特集1〉

教育関連専門職・発達援助職の
現状と養成上の課題
──教職との連携・協同の発展をめざして──

〈特集2〉

教師の働き方改革と
教師の役割の再検討
──教師教育の国際的動向のなかで──

〈特集１〉教育関連専門職・発達援助職の現状と養成上の課題
——教職との連携・協同の発展をめざして——

〈特集２〉教師の働き方改革と教師の役割の再検討
——教師教育の国際的動向のなかで——

1　〈特集１〉教育関連専門職・発達援助職の現状と養成上の課題

多職種協働カンファレンスの位相転換 —— 臨床教育学の視座から ——　　庄井　良信⋯⋯　9
学校で出会う社会的養護の子どもたち
　　—— 学校・教師に期待する役割と支援 ——　　　　　　　　　伊藤　嘉余子⋯⋯　20
教育と福祉の境界を超える専門職の育成
　　—— スクールソーシャルワーカーへの期待 ——　　　　　　　鈴木　庸裕⋯⋯　31
「チーム学校」政策におけるスクールソーシャルワークの展開と教員の役割
　　—— 教員の教育的力量における福祉的専門性に注目して ——　瀧本　知加⋯⋯　45
スクールロイヤーと教職・教育関連専門職のあるべき連携協働
　　—— 岐路に立つスクールロイヤー制度 ——　　　　　　　　　松原　信継⋯⋯　58
部活動は誰のために—— 部活動の地域移行をめぐる課題 ——　　　尾崎　正峰⋯⋯　71
「社会教育士」の登場と社会教育職員養成の新展開　　　　　　　　　岡　幸江⋯⋯　83

2　〈特集２〉教師の働き方改革と教師の役割の再検討

教員の労働条件決定過程に関する日米比較
　　——「自ら学ぶ教師」像から、「もの言う教師」像へ ——　　　髙橋　哲⋯⋯　97
教師の生涯学習における遊びの意義
　　—— 学習権宣言と子どもの権利条約を手がかりに ——　　　　金馬　国晴⋯⋯　110
イギリスにおける働き方改革と教師教育改革
　　—— 教師の雇用と定着に関する戦略を中心に ——　　　　　　植田　みどり⋯⋯　123
公立小中学校の長時間過密労働と教員定数算定に関する考察
　　—— 義務標準法「乗ずる数」に着目して ——　　　　　　　　山﨑　洋介⋯⋯　135
初任者教員のメンタルヘルスを支える職場づくり —— その方向性と課題 ——　新井　肇⋯⋯　148

3 研究論文

中国における「薄弱学校」の教員の課題が生成される要因構造
　　—— 若手教員とベテラン教員の認識に基づく分析 ——　　　　　　　　毛　　月………160
教職大学院を修了した新人教師の「省察」経験
　　——「子どもの事実認識」に着目して ——　　　　　森田　智幸／佐藤　瑞紀………173

性的マイノリティとの出会いは、非性的マイノリティの教師に何をもたらしたか？
　　——『季刊セクシュアリティ』における「性の多様性」に関わる実践記録に着目して ——
　　　　　　　　　　　　　　　　　　　　　　　　　　　　　　堀川　修平………186
常勤講師の教職に対する満足度を規定する要因
　　—— TALIS 2018を用いた正規教員との比較分析 ——　　　　　菊地原　守………199
校内研修の組織化における地域性とその特質
　　—— 1958年から1960年代初頭の沖縄県を事例に ——　　　　　松田　香南………212
子ども支援をめぐる教師間協働における多様な役割遂行
　　—— 立場や経験の異なる教師間の協働はどう達成されたか ——　　小田　郁予………225
教師が学校の授業スタンダードを受容する要因　　　　　　　　　　　澤田　俊也………238

4 実践研究論文

いじめに関する事例検討と組織的対応
　　—— 教職大学院における事例シナリオ実践の分析 ——　　　　大日方　真史………252
学校ベースの教師教育者の教育実習指導に関する省察
　　—— 自己エスノグラフィーを用いて ——　　　　　　　　　　深見　智一………265

5 研究奨励賞

〈受賞作〉奥田　修史
　　アメリカの幼稚園教育発展期における幼小接続重視の教員養成論の展開
　　—— ヴァンデウォーカー（Vandewalker, N.）の論考の分析——
研究奨励賞創設の意図と今後への期待について／浜田博文
受賞にあたって／奥田修史
「日本教師教育学会第1回研究奨励賞　審査報告書 ……………………………………280

6 研究倫理の広場

教師教育研究における倫理的課題の今日的状況

　　紅林伸幸／羽野ゆつ子／長谷川哲也／高野和子／研究倫理委員会 ……………………… 284

7 書評・文献紹介

〈書評〉

髙野貴大 著 『現代アメリカ教員養成改革における社会正義と省察
　── 教員レジデンシープログラムの展開に学ぶ ──』　　　　　　北田　佳子……… 292

疋田祥人 著 『技術教育のための教員養成担当者養成の史的研究
　── 東京高等師範学校図画手工専修科の役割と意義 ──』　　　　丸山　剛史……… 295

村井尚子 著 『ヴァン＝マーネンの教育学』　　　　　　　　　　　子安　潤……… 298

牛渡淳・牛渡亮 著 『教師教育におけるスタンダード政策の再検討
　── 社会的公正、多様性、自主性の観点から』　　　　　　　　　高野　和子……… 301

〈文献紹介〉

B・クマラヴァディヴェル 著、南浦涼介・瀬尾匡輝・田嶋美砂子 訳
　『言語教師教育論── 境界なき時代の「知る・分析する・認識する・為す・見る」教師』
　　　　　　　　　　　　　　　　　　　　　　　　　　　　　　　渡辺　貴裕……… 304

北海道教育大学釧路校 編著 『地域探求力・地域連携力を高める教師の育成
　── 地域協働型教員養成教育の挑戦── 』　　　　　　　　　　　船越　勝……… 305

日本社会科教育学会 編 『教科専門性をはぐくむ教師教育』　　　　釜本　健司……… 306

8　第32回大会の記録

【シンポジウム】
教師教育の現在を秋田の地から照射する
　　—— 教員養成・研修の標準化と多様化、そして主体性 —— ……………………… 308
【課題研究Ⅰ】
「令和の日本型教育」における〈個別最適な学び〉と〈協働的な学び〉
　　——〈能力〉〈評価〉の視点から —— ……………………………………………… 310
【課題研究Ⅱ】
大学における教職課程の「グランドデザイン」を描く …………………………… 312
【課題研究Ⅲ】
多様な教職ルートの構造と実態に関する国際比較研究（2）
諸外国における「教員不足」—— 議論の足場を探る —— …………………………… 314

9　日本教師教育学会関係記事

1　日本教師教育学会第11期（2020年9月14日－2023年10月）役員・幹事等一覧 ………… 318
2　日本教師教育学会活動履歴 ……………………………………………………… 319
3　日本教師教育学会会則 …………………………………………………………… 322
4　日本教師教育学会研究倫理関係規程等 ………………………………………… 325
5　日本教師教育学会役員選出規程 ………………………………………………… 327
6　日本教師教育学会年報編集委員会関係規程等 ………………………………… 330
7　褒賞委員会関係規程等 …………………………………………………………… 336
8　研究推進委員会規程 ……………………………………………………………… 337
9　日本教師教育学会申し合わせ事項 ……………………………………………… 338
10　日本教師教育学会入会のご案内 ………………………………………………… 344

〔編集後記・年報第32号　第11期編集委員会活動記録〕………………………………… 350

日本教師教育学会年報
第32号

1

〈特集1〉
教育関連専門職・発達援助職の現状と養成上の課題
──教職との連携・協同の発展をめざして──

特集1：教育関連専門職・発達援助職の現状と養成上の課題
——教職との連携・協同の発展をめざして——

1．趣旨

本学会は、その設立趣旨に示されているように、教職を単に学校教育に直接携わっている人々だけに限定して理解するのではなく、「社会教育や社会福祉分野の人々をも含めた広い意味での教師、いわば教育専門家の育成が、大学における教育学教育の課題として、緊密に、一体化して行われるべきである」と考えています。

このような観点から、この特集では、今日の社会状況―「子どもの貧困」、少子高齢化、日本経済の停滞と新自由主義的政策の展開、家庭の経済的格差の拡大、情報化の進展と疎外、そしてコロナ禍、など―のもとで、教育関連専門職あるいは発達援助職のおかれている状況と求められている役割を考察するとともに、これら専門職の養成・資格制度の現状と改革課題を解明することを目標とします。

あわせて、これらの専門職と教職との学校内外における連携・協同について、その現状と発展のために求められている課題を整理し考察することをめざします。

2．論文のテーマと概要

(1)庄井良信「多職種協働カンファレンスの位相転換―臨床教育学の視座から―」
(2)伊藤嘉余子「学校で出会う社会的養護の子どもたち―学校・教師に期待する役割と支援―」
(3)鈴木庸裕「教育と福祉の境界を超える専門職の育成―スクールソーシャルワーカーへの期待―」
(4)瀧本知加「『チーム学校』政策におけるスクールソーシャルワークの展開と教員の役割―教員の教育的力量における福祉的専門性に着目して―」
(5)松原信継「スクールロイヤーと教職・教育関連専門職のあるべき連携協働―岐路に立つスクールロイヤー制度―」
(6)尾崎正峰「部活動は誰のために―部活動の地域移行をめぐる課題―」
(7)岡幸江「『社会教育士』の登場と社会教育職員養成の新展開」

庄井論文は、臨床教育学の視座から、学校の教員と学校外部の教育関連専門職との協同のあり方を検討したものです。

伊藤論文は、日本の社会的養護の仕組みと特徴について整理し、教員に期待される役割や支援のあり方について論究しています。

鈴木論文および瀧本論文は、スクールソーシャルワーカーの現状を分析した上で、学校福祉への視点あるいは教師の教育的力量に含まれる福祉の視点の重要性を提起しています。

松原論文は、スクールロイヤーの活動の現状について整理したうえで、子どもの権利擁護に向けて教師との協同のあり方について論じています。

尾崎論文は、地域スポーツ振興の推進と現状を解明し、中学校などの運動部活動の地域移行をめぐる課題について分析しています。

岡論文は、既存の社会教育主事資格とは異なる「社会教育士」の登場によって転換点に立つ社会教育職員養成について、その可能性と矛盾、そして克服すべき課題を明確にしようとしたものです。

なお、以上の諸論文のうち、(4)瀧本論文はこの特集への一般投稿論文です。

（文責・吉岡真佐樹／年報編集委員会）

多職種協働カンファレンスの位相転換
——臨床教育学の視座から——

庄井　良信（藤女子大学）

1. 問題設定

(1)教職の専門性を支える機軸

近年、日本の教師教育では、教員の養成・採用・研修を一体化した枠組みの中で、教職の高度で総合的な専門性の育成が目指されてきた。OECD（経済協力開発機構）では、1960年代以降、教職の専門性について検討する国際的プロジェクトが展開されている[1]。1960年代の教職の専門性では、教科内容とその文化価値の専門性が重視されていた。各教科に関する教養が高いことが、教師の専門性を裏付ける重要な根拠であった。これが、教職を支える教育内容・文化の専門性という機軸である。

その後、1970年代後半になると、教職の専門性は、教科内容の専門性と同時に、教育方法の専門性も含意されるようになった。教授学への関心も高まり、教える内容の深さと、教える方法の巧みさが、教職の専門性として重視されるようになった。これが、教職を支える教育内容・方法の専門性という機軸である。

1990年代以降になると、教職の専門性として、多様で複雑な背景を持つ子どもの生活を包括的に理解する資質・能力が改めて問われはじめた。教育内容の専門性も、教育方法の専門性もともに高い水準にある教師であっても、教師と子ども、あるいは、子どもどうしの教育的関係性に深い困難を抱えるケースも増えた。それが「学級崩壊」あるいは「授業崩壊」として問題化された。

この時期は、国際的な規模で新自由主義政策が席巻していた。この影響を強く受けた国々では、貧困と教育格差が拡大した。日本では教育学における発達論的再考[2]の動きが活発になった。レフ・ヴィゴツキーやアンリ・ワロンの発達論への関心も高まった。同時に、子どもの特別なニーズに応じる教育への関心と臨床教育学への関心[3]も高まり、子ども理解に関する専門性が、教職の専門性を構成する重要な要素として意識されるようになった。これが教職を支える子ども理解の専門性という機軸である。

今日、これらの3つの機軸を有機的に機能させる媒介軸として、子どもと教師のウェルビーイング（well-being）[4]の向上に関する関心も高まっている。これは、次期教育振興基本計画における重要な方向性として強く意識され始めている。

(2)活動システムの領域横断

教職を支える高度な専門性は、このような複合的機軸から構成されている。この専門性は、理論と実践の往還という経験を通して高められる。この経験には、3つの次元がある。1つめは、具体的な教育実践の構想・実践・省察に参加し、新たな知識を構築し合う経験である。2つめは、教育の理論（思想と哲学）そのものの意味深さに触れ、問いを立て、それを他者と共に探究し合う経験である。3つめは、教師教育そのものに関する実践や理論を、メタ理論として研究する経験である。

これら3つの次元で構成される経験を、相互に関連させることを通してはじめて、教職の専

門性を支える良質なリサーチリテラシーが涵養される。

　教職の高度な専門性は、リサーチリテラシーを活用して、多様で複雑な教育上の課題を探究する研究活動によって支えられている。教職を目指す学生や、現職教員として大学院で学ぶ大学院学生（院生）には、それぞれの人生の存在そのものに触れる深い動機が眠り込んでいる。その動機の核心にあるのが人生の「原風景」とそれに伴う「原概念」である。

　この深い動機は、教師個人の内部から発露してくるものではない。教職を目指して学修している学生や現職で働いている教師の学びの動機は、他者との出会いと対話、すなわち協働活動を通して形成される。その協働活動は、学校というシステムの内部で遂行される場合もあるが、学校外部のシステムとの接面でも遂行される。

　教員の学校内部の協働は、学校の目標を共有する教職員どうしの活動システムとして遂行される。それに対して、教員の学校外部との協働は、心理職、福祉職、司法職、医療職などの専門職との接面に生まれる活動システムとの領域横断として遂行される[5]。学校の教員と学校外部の教育関連専門職（発達援助職）との協働を、本稿では多職種協働と捉える。また、学校内部の教職員の協働を起点とし、学校外部の発達援助職と連携することを、学校を基盤とした多職種協働の教育実践と捉える。

(3)教育実践としての多職種協働

　これまで、多職種協働は、学校の教員と地域の教育関連専門職（発達援助職）との制度的な協働という枠組みで研究されてきた[6]。協働の契機が、学校における子どもの生徒指導であったときも、子どもの保護者への相談的な支援であったときも、多職種協働は、学校という活動システムと、学校外の活動システムとの制度的な連携と協働にとってどのような有効性や課題があるのか、という視座から問われることが多かった[7]。

　一方、多職種協働の教育実践は、地域における教員と発達援助職との臨床的な課題を媒介とした出会いと対話のカンファレンスとして遂行されてきた。ある実践は、学習指導（授業研究）のカンファレンスとして模索されてきた[8]。また、ある実践は、生徒指導のカンファレンスとして探究されてきた[9]。いま、学校を機軸に展開される多職種協働のカンファレンスは、地域を基盤とした教育実践として遂行されている。たとえば「社会に開かれた教育課程」を標榜した実践事例の多くも、様態としては、多職種協働のカンファレンスとして展開されている。総合的な学習（探究）の時間などの授業の協働省察においても、多職種協働のカンファレンスが活用されることも少なくない。

　本稿では、これまで制度の文脈で検討されてきた多職種協働を、臨床的な教育実践の文脈で再考する。つまり、多職種協働のカンファレンスを教師と地域における発達援助職の人びとが担う創発的な教育実践としてとらえ直す。はじめに、今日の多職種協働の実践を基礎づける教育政策について俯瞰する。その後、臨床教育学の視座からこの教育実践の発達論的な意義を検討する。最後に、現職教師教育の実践を例示し、多職種協働のカンファレンスの実践課題について精査する。これらの検討を通して、多職種協働のカンファレンスが、今日の現職教師教育の改善にとってもつ意義と課題について考察する。

2．多職種協働の基盤となる教育政策

(1)チームとしての学校

　多職種協働のカンファレンスでは、それぞれが依拠している専門領域が異なるため、連携や協働に葛藤や撹乱が生じやすい。たとえば、子どもの虐待が疑われる事例について、教育の専門職としての教師と心理の専門職としてのスクールカウンセラーが、子どもの理解と支援に関するカンファレンスを実施すると、子どもの見立てや発達援助の方針を巡って、ときに厳しい対立を経験することがある。教育の専門職と福

社の専門職とのカンファレンスでも、子どもの見立て（アセスメント）や支援の在り方に関する議論が白熱し、徒労感と無力感を経験することがある。専門性が異なる文化を生きる人々が、互いの視点の違いを理解し合いながら、意味のある多職種協働のカンファレンスを実践するためには、いまなお、多くの葛藤や擾乱を乗り越えなければならない。

これらの試みとそれに伴うミクロなレベルの擾乱は、教育という文化を媒介とした活動システム、さらには、その背景にあるマクロなレベルの社会政策という文脈から読み解かれなければならない。そこで、まず多職種協働カンファレンスという教育実践が、今日の教育政策全般においてどのように基礎づけられているのか、という問いについて考察する。

中央教育審議会は、2015（平成27）年12月21日の第104回総会において、3つの答申を取りまとめた。1つめは「これからの学校教育を担う教員の資質能力の向上について〜学び合い、高め合う教員育成コミュニティの構築に向けて〜（答申）（中教審第184号）」（以下、「教員の資質能力の向上答申」と略す。）である。2つめは「チームとしての学校の在り方と今後の改善方策について（答申）（中教審第185号）」（以下、「チームとしての学校答申」と略す。）である。3つめは「新しい時代の教育や地方創生の実現に向けた学校と地域の連携・協働の在り方と今後の推進方策について（答申）（中教審186号）」（以下、「学校と地域の連携・協働答申」と略す。）である。

これらの答申を横断的に観ると、コミュニティ、チーム、連携・協働という象徴的な言葉が浮かび上がる。また3つの答申は、学校と地域社会の有機的（ある意味で生態学的）な関係性を意識して取りまとめられている。そして、3答申ともにその関係性において、学校の主導的役割が強調されている。地域における連携・協働のリーダーシップは学校が担うものであり、チーム学校をよりよく機能させるのは学校長であることが強調されている。

また、この3答申では、教師どうしの協働も、教職員どうしの協働も、学校内外の発達援助職との協働も、学校長をリーダーとする「獲得型」の協働という側面が前面に押し出されている。たとえば、「チームとしての学校答申」では、学校の教員とスクールカウンセラー（SC）やスクールソーシャルワーカー（SSW）などの専門職スタッフが、学校長の強いリーダーシップの下に協働し、それぞれの発達援助専門職の資質・能力を最大限に発揮できるように職場環境を改善し続けることが求められている[10]。

2015（平成27）年12月21日に取りまとめられた3つの答申は、いずれも学校と地域の連携と、その担い手である発達援助者どうしのチームとしての協働の促進を企図するものであった。その政策は、2017（平成29）年以降に順次改訂された「学習指導要領」の根本理念として位置づけられた。「社会に開かれた教育課程」[11]の推奨もその一例である。

その後、中央教育審議会は、2021（令和3）年1月26日の第127回総会において「「令和の日本型学校教育」の構築を目指して〜全ての子供たちの可能性を引き出す、個別最適な学びと、協働的な学びの実現〜（答申）（中教審第228号）」（以下、「令和の日本型学校教育答申」と略す。）を取りまとめた。その後、中央教育審議会は、2022（令和4）年12月19日の第132回総会において「「令和の日本型学校教育」を担う教師の養成・採用・研修等の在り方について〜「新たな教師の学びの姿」の実現と、多様な専門性を有する質の高い教職員集団の形成〜（答申）（中教審第240号）」（以下、「新たな教師の学びの姿答申」と略す。）を取りまとめた。それとほぼ時を同じくして、2022（令和4）年12月6日に文科省は「生徒指導提要」（改訂版）を公刊した[12]。

(2)獲得志向と協調志向

「チームとしての学校答申」（2015）が取りまとめられた背景には、「新しい時代に求められる資質・能力を育む教育課程を実現するための

体制整備」と「複雑化・多様化した課題を解決するための体制整備」が必要だという認識があった。前者は、2017年以降の「学習指導要領」の改訂を見通した認識であり、後者は、2022年12月の「生徒指導提要」の改訂を展望した認識であった。

たとえば前者では、「新しい時代に求められる資質・能力を子供たちに育むためには、「社会に開かれた教育課程」を実現すること、「アクティブ・ラーニング」（後に「主体的・対話的で深い学び」［引用者］）の視点を踏まえた指導方法の不断の見直しによる授業改善や「カリキュラム・マネジメント」を通した組織運営の改善のための組織体制の整備」の必要性が、「チーム学校答申」を取りまとめた背景にあると指摘されている。また、後者では、「いじめ・不登校などの生徒指導上の課題や特別支援教育の充実への対応など、学校の抱える課題が複雑化・多様化」していること、「貧困問題への対応など、学校に求められる役割が拡大」していること、「課題の複雑化・多様化に伴い、心理や福祉等の専門性が求められている」ことがその背景にあると指摘されている。

また、この答申では、「チームとしての学校」の在り方として以下の3点が重要だと指摘されている[13]。1つめは、「チームとしての学校」を実現するために、専門性に基づくチーム体制の構築、学校のマネジメント機能の強化、教員一人一人が力を発揮できる環境の整備という視点に沿った検討を行い、学校のマネジメントモデルの転換を図っていくことである。2つめは、「チームとしての学校」と家庭、地域、関係機関との連携・協働によって、共に子どもの成長を支えていく体制をつくることで、学校や教員が教育活動に重点を置いて取り組むことができる環境を整備することである。その際、学校と警察や児童相談所等との連携・協働により、生徒指導や子どもの健康・安全等に組織的に取り組んでいくことが推奨されている。3つめは、国立学校や私立学校における「チームとしての学校」づくりである。国立学校、私立学校について

は、その位置付けや校種の違いなどに配慮して、各学校の取組に対する必要な支援を行うことが例示されている。

この答申で「チーム」という言葉は、そこに参加する専門職の人々の協働性の高まりを期待して用いられている。元来、チーム（team）という言葉のコアとなる語源は「引っ張るもの（taumaz）」である。このことからも推察されるように、チームには、組織を（良い方向にも悪い方向にも）目的をもって牽引することが含意されている。したがって、チームとしての学校（あるいはチーム学校）という政策を実現していくとき、学校の教員と地域の発達援助職との協働性は、ケアし合い、支え合い、育み合うという「協調志向」の協働性の側面よりも、ある目標の達成のために（あるいはそれを阻害する要因を排除するために）、競い合い、励み合い、教え合うという「獲得志向」の協働性の側面が、優位に顕在化する場合も少なくない。

⑶「生徒指導提要」の文脈

生徒指導提要の「旧版」が公刊された2010年から、「新版」（改訂版）が公刊された2022年までの12年間、日本の社会では、格差や貧困が拡大し、社会の分断が進行した。その中で、多様で複雑な生活背景を持つ子どもも増えた。子どもの生存と成長を支え合うコミュニティの機能も低下し、子育てを担う大人たちの孤立も進んだ。2011年（平成23）年3月に、東日本大震災があった。その社会的・心理的な外傷は、いまも癒えていない。2020（令和2）年3月に新型コロナウイルス感染症が蔓延し、人間どうしの日常的な関係性が脆弱になった。そして、地域の子どもや人びとの暮らしが孤立していく危機も深まった。

このような社会状況を背景に、子どもの育ちを取り巻く生活環境が、いっそう多様で複雑なものとなった。それに伴って、教師が直面する生徒指導上の問いや学習指導上の問いも難しくなった。このような状況下で、2016（平成28）年度に実施された教員勤務実態調査から、看過

できないほど多忙な教師の勤務実態が明らかになった。そして学校における「働き方改革」[14]が推し進められた。このような社会環境下で、学校の教師が担う生徒指導に関して、2つの考え方が生まれた。

1つめは、教師という仕事（教職）の専門性から生徒指導の専門性を分離すべきではないかという考え方である。この考え方の背後には、本来、教師が専念すべき仕事は、主に学習指導なのだから、生徒指導は、教師が担うべき仕事ではなく、副次的な仕事として位置づけられるべきだ、という考え方がある。さらには、子どもの生徒指導は、学校の教師以外の誰か（部活動の指導員、スクールカウンセラー（SC）やスクールソーシャルワーカー（SSW）など）が担ってもよいのではないか、という考えがある。しかし、多職種協働のたどり着く先が、このような制度的分業論でよいのだろうか。

2つめは、教師の高度な専門職としての喜びや生きがいは、子どもが人として育っていく姿を支援していくことにあるのだから、その尊厳あるライフ（生存・生活・人生）を総合的に支援する生徒指導も、教師の専門性の核心となるべきだ、という考え方である。教師と子どもが、ピアな関係性の中で出会い、安心と安全を実感しながら対話することが、深い教育力をもつことはよく知られている。このような教育機能が軽視されてしまうと、教職という仕事の魅力や生きがいも半減してしまうのかもしれない。

これらの考え方は、教師の高度な専門性とは何か、教師が希求する職業的アイデンティティとは何か、という問題とも関連している。もとより、教師という仕事において、慢性化する長時間労働から生じる健康被害の解決は、喫緊の課題である[15]。しかし教師が、自らの高度な専門職としての仕事に矜持をもち、地域の発達援助職の人びとと安心して協働できる環境を構築することも急務である。このような社会課題は、多職種協働カンファレンスという教育実践においても探究されなければならない。

3. 臨床教育学における多職種協働

(1)学会設立の趣意書

コロナ禍以降、子どもの生活環境も著しく変化した。未曽有の感染症への不安と向き合い、日常生活に多くの制約が生まれ、子どもが抱える心身のストレスも増大した。この時期に展開したGIGAスクール構想の下で、ICT（情報通信技術）が発展し、子どもたちが多様な人びととつながり直す機会は広がった。しかし、教師には見えにくい世界で、SNS等を使った他者の心身への攻撃と、子どもの心的外傷体験（PTSD）の危険も高まった。「いじめ」が水面下で広がる可能性も広がった。

もとより、教育職と心理職や福祉職などとの多職種協働は、これまでも多くの教育・心理関連諸学会や医学・看護学会などでも協議されてきた。また、地域における多職種協働マップと詳細な連絡・調整マニュアルの整備も進んだ。それらを「絵に描いた餅」にしないために何が必要か、ということも議論の俎上に載せられている。実は、子どもの人生（ライフ）そのものを援助するために、教育職、心理職、福祉職、司法職、医療職などの人々が、それぞれの専門性を生かしながら対等に連携していくために何が必要か、その端緒はどこにあるのか、という問いは、これまで臨床教育学が、一貫して探究し続けてきた問いであった。

日本臨床教育学会は2011年3月に設立された。その設立趣意書には、日本の社会と子どもの生存・発達の「危機」のなかで、「子ども理解を深め、子どもを支える新しい共同関係を探る」こと、「発達援助専門職・教育職の専門性を問い直す」こと、「教師の専門性を問い直し、教師の養成・教育・研修の改革の方向を考える」ことが、時代の焦点となる課題として設定されていた。

設立後の12年間、日本臨床教育学会は、この趣意書の課題意識に基づいて、①現代の子どもと子ども理解、②子どもの育ちを支える地域からの共同、③発達援助実践と発達援助専門職

（その専門性の問い直しと養成・教育の改革）、④教育実践と教員養成・教師教育改革の課題、⑤臨床教育学の方法と概念、という5つの課題研究委員会を並立させ、継続的な研究活動を展開してきた。

(2)発達援助職との連携

設立当初から、日本臨床教育学会は、一貫して次の3つの問いを共有してきた。

1つめは、多様で複雑な社会環境を生きる子どもの尊厳ある存在そのものに寄り添い、その理解を深め続ける発達援助の実践とは何か、という問いである。それは、たとえば学習指導や生徒指導（生活指導）の中で、他性（alterity）として子どもと出会い直す、子どもの心の声を聴く、子どもの生活世界に触れる、子どもの尊厳と人権を第一義的に尊重する、というような主題で探究されてきた。

2つめは、心理、福祉、司法、医療、看護などの教育関連専門職の人々が学校の教師と多職種で協働する中で、自己の専門性をどのように再考し、高めていけるのか、という問いである。それは、多職種協働が必要な発達援助実践のなかで、スクールカウンセラー（SC）、スクールソーシャルワーカー（SSW）、医療職などの人々が、自らの発達援助の専門性をどのように問い直し、その実践の質を高めていくかという問いであった。

3つめは、前者の問いの逆照射である。困難を抱えた子どもの理解と支援のために、教育職としての学校教師が、心理職、福祉職、司法職、医療職、看護職などの人々と出会い、協働する中で、教職に求められる発達援助の専門性をどのように再考し、その向上を企図していくのか、という問いである。同学会の趣意書には、次のように記されている[16]。

「現代の発達援助専門職の一翼を占める教師の世界でも、困難と苦悩は広がり、深まっている。そのなかで、不安定な姿を示す子どもたちの生活と表現を受けとめ、その生育史と内面の感情・思考についての理解を深めることが、教師にとって避けて通れない課題として改めて意識されるようになってきている。そして、子どもたち自身が、生活の中で直面する切実な問題から出発し、世界と自分についての理解を深めながら成長していけるような、学習指導・教育実践を創る試みも始まっている。

このような試みは、単なる教える人（teacher）にとどまらず、子どもの生存・発達・学習の要求の代弁者（advocator）、子どもの人間としての全体的な育ちを親・住民や他領域の援助者たちと共同で支えていく教育者（educator）であろうとする、教師たち自身による教師像の模索でもあるように見える。こうした教師たちの模索と探求に即しながら、教師の専門性を問い直し、教師の養成・教育・研修の改革の方向を考えることも、時代の焦点的な課題として浮上している。）［一部、筆者による要約と字句修正を行っている。］

この設立趣意書の記述からもわかるように、学術研究団体としての設立当初から、臨床教育学は、子どもたちの生存・発達を支えようとする人々の多様な試みに寄り添い、そこに参加する学校の教員と地域の教育関連専門職（発達援助職）との連携と協働の実践に強い関心を抱いていた。その関心は、教育学にとどまらず、それに近接する学問領域にも開かれていた。

(3)課題探究型のカンファレンス

このような問題意識から、臨床教育学では、さまざまな学問領域で、多職種協働のカンファレンスを機軸とする教育実践が試みられてきた。この研究領域で教師教育研究として試みられてきた多職種協働のカンファレンスの実践には、2つの位相が認められる。1つは、課題解決型のカンファレンスの位相である。もう1つは課題探究型のカンファレンスの位相である。

前者の位相は、ある特定の課題を特定し、その早期解決を企図することを志向していた。後者の位相は、ある問題状況（当事者が困り感を抱えた状況）から問うべき問いを立ち上げ、その理解と支援に資する仮説を生成することを志

向していた。それはアブダクション（仮説推論）の方法意識[17]を駆使することで成立するものであった。

たとえば、前者では、子どもの生徒指導上の「問題行動」における「問題」の要素を、解決すべき課題として特定し、その解決のために必要な発達援助の実践を構想し、それを協働省察するカンファレンスが志向される。それに対して後者では、子どもの生徒指導上の「問題行動」を、教員や発達援助職に「何かを問いかける行動」として理解し、その子どもの困り感や発達への願いを読み解き、多様な視点から発達援助の可能性（発達の最近接領域）[18]について協働省察するカンファレンスが志向される。

もとより、教育の現場において、多職種協働のカンファレンスの実践が、課題解決型か、課題探究型か、というように単純に区分されるわけではない。教育現場のカンファレンスでは、ある課題の解決を目指しながら、新たな問いを探究する場合もあれば、ある課題に関して多くの視点から仮説推論を遂行しているプロセスで、結果として課題解決の重要な糸口が見えてくる場合もある。このような理解を前提にした上で、互いに異なる専門性を背景にもつ発達援助職どうしが出会い、対話し、子どものケアと育みにとって意義深い実践を創造していくためには、課題解決型のカンファレンスという位相を、課題探究型のカンファレンスという位相へと相対的に転換していくことも必要になるのではないだろうか。

4．ナラティブ・カンファレンスの試み

(1)多声楽的な対話

最後に、臨床教育学の視座から、多職種協働のカンファレンスの位相転換を試みた現職教師教育実践を例示し、その可能性と課題について考察する。この現職教師教育における多職種協働カンファレンスの実践は、筆者が所属していた北海道教育大学大学院の修了生の自己研修に、筆者が教師教育者（エデュケーター）として参加した実践である。

この多職種協働カンファレンスの実施期間は、2003年6月から2023年6月現在までの20年間である。このカンファレンスは1年に4回程度実施し、毎回6から12名が参加した。会場は、主に大学の演習室等を借用した。参加者の語り（ナラティブ）を傾聴し合うことを重視し、可能な限り対面で実施した。ただし、2020年3月から2023年6月までは、コロナ禍のため対面では実施できなかった。参加者は、現職の教員と地域の心理専門職としてのスクールカウンセラー、特別支援教育相談員、児童養護施設の関係者などであった。

これまで臨床教育学では、子ども理解を深める教育実践研究が重視されてきた。筆者は、その試みを、ナラティブ・アプローチ[19]から発展させようと試み、これをナラティブ・カンファレンスと呼び、大学院修了者の自己研修の支援活動（広義の現職教師教育実践）として位置づけてきた。このカンファレンスは、安心と安全が保障された環境で、それぞれの経験に基づいて語られたエピソードという「小さな物語」[20]を傾聴し合うことを重視した。

この多職種協働カンファレンスの進め方は、以下の通りであった。まず、語り手である教員または地域の発達援助職の人びとの語り（ナラティブ）を聴く。語り手は、自己の（しばしば不安や葛藤を伴う）経験を物語る。参加者は、その語り手が語るナラティブを、無条件の肯定的関心をもって傾聴し、語り手に敬意をもって共感的に問いかける。そのさい教師教育者としての筆者がもっとも留意していたのは、語り手の経験を傾聴している参加者たちが、あたかも目の前の語り手が語っている物語の中にいるかのようなイメージ体験ができるような環境（虚構の演劇舞台）[21]を演出することであった。そこには、演劇的身体性が求められた[22]。

また、このカンファレンスで、教師教育者は、語り手と聴き手それぞれの自己の物語を穏やかに喚起し、それらが時間をかけて再構築できるような環境も演出した。そのために、カンファレンスの前に、次の3つの約束事を確認した。

それは、①聴き手は語り手によって物語られている登場人物の理解に意識を集中し、物語る人の指導や支援の在り方への価値づけは一旦保留すること、②語り手が語っている他者（子ども）の生活世界を、複数の文脈のなかで想像してみること、③語り手を教育的に説論したり、自分の価値観で評価したりすることは避けて、語り手の経験を理解するための「問い」を立ち上げながら交流することであった。

この多職種協働カンファレンスで教師教育者に求められたのは、協働で生成される多声楽的ストーリーの共著者（co-author）であることであった[23]。それと同時に、教師教育者には、その場で生成するストーリーのリアリズムに基づく演出家であることも求められた。さらには、それらをメタ認知し、教育とは何か、発達援助とは何か、ケアと教育の一体化とは何か、という知的探究のドラマの総監督になることも期待された。

⑵情動体験への思慮深い応答

筆者の多職種協働カンファレンスの実践は、2010年以降、フィンランドの教師教育カリキュラムの1つとして試みられているピア・グループ・メンタリング[24]（以下、PGMと略す。）と、1990年代から発達援助研究に影響を与え続けているナラティブ・アプローチを統合しようとした試みであった。これは、多くの発達援助職が関心を抱きはじめているオープンダイアローグの理念にも通底している。

PGMは、大学・大学院で、教育実習を経験した学生（学修者）と教師教育者（メンター）が、理論的・実践的な知識の協働的な探究者として対等・平等なやりとり（peer-interaction）を構築し、互いの専門性を高度化することを目指した教師教育実践である。この場合、ピアな関係性は、教師教育者と学修者との間だけでなく、学習経験に差異がある学修者どうしの間でも維持される。いずれの場合も、一方向の啓発的なメンタリングではなく、双方向の相互啓発的なメンタリングを志向しているのが、この取り組み

の特徴である。

一方、学校の教員にとって、子どもの突発的な情動の表出に隠れた援助要請のメッセージに気づくことは難しい。それを理解しながら指導することはさらに難しい。このようなメッセージと出会うたびに、教師は、その場で戸惑い、葛藤し、その意味を推し量りながら刻々に応答しなければならない。教師は、憶測や偏見を捨て、そこに「居る」子どもと刻々に出会い直し、その場で責任ある応答をしなければならない。人が人を育てる場には、暴力・虐待・恫喝のようなパワーの濫用を排した倫理的な関係性も求められる。

学校の教員や地域の発達援助職の人びとの学びの軌跡に、時間をかけて伴走しようとする大学教員にとって、自己と環境とのかかわり合いの「危機」を生きる（生きた）学修者の情動体験（perezhivanie）[25]への思慮深い応答が問われることが多い。そこには、教員や発達援助職の人々が、自己の物語を傾聴されることを通して、自己の人生のある局面で新たな理論や概念と出会い直し、その主観的意味を吟味し、その客観的意義を検討し、それを教育現場の具体的事象と照合し、それを協働省察し、理論そのものを再構築するという一連のプロセスがある。このように自己物語に触れた学問的探究のプロセスは、現職教師教育カリキュラムの重要な機軸である。

5．結論と今後の課題

臨床教育学の視座からみると、教員と地域の発達援助職の人々との多職種協働は、子ども理解を深め、子どもを支える新たな協働を探る教育実践として再評価されなければならない。今日の教育政策では、主に学習指導において「社会に開かれた教育課程」の実践が探索され、主に生徒指導において「チームとしての学校」の実践が模索されている。しかし、いずれにおいても、子ども理解を深め合うという視座と、子どもを支える新たな協働をつくり合うという視座がなければ、多職種協働カンファレンスとい

う教育実践の質を高めることは困難である。

　いま、多職種協働カンファレンスの実践は、「危機」を生きる子どものかけがえのない人生とその存在そのものに寄り添うことから始めなければならない。多職種協働カンファレンスはオントロジカル・ウェルビーイングを探究し、子ども理解を深め合う実践を起点に展開されなければならない。しかし、臨床的な教育実践の現場では、多職種の協働にある種の「攪乱」が伴うことが必然である。それぞれの職種の背景となる活動システムや文化が異なるため、学校の教員と地域の発達援助職の人々との協働では、不安や葛藤を経験することも多い。

　だが、多職種協働という領域横断から生成する活動システムはこの攪乱によって発展する。この攪乱に伴う情動体験を受容し、互いの専門性を尊重し、多声楽的な対話を経験することによって、多職種協働が豊かになる。それを実現できるのが、多職種協働カンファレンスという教育実践である。この実践には、2つの位相が認められた。一方は課題解決型のカンファレンスの位相である。他方は課題探究型のカンファレンスの位相である。

　もとより、両者をあれかこれかという選択肢で捉えることは適切ではない。しかし、子どもの存在そのものに寄り添い、そのウェルビーイングを向上させる多職種協働のカンファレンスには、課題解決型の位相から課題探究型の位相への相対的な転換が必要である。この位相転換によって、多職種協働カンファレンスの対話が、子ども理解を深め合う基軸で展開し、互いを責め合う様態から、互いを励まし合う様態へと変化するからである。

　多職種協働のカンファレンスという教育実践が、現職の研修を含む教師教育カリキュラムに貢献できる可能性は、このような位相転換のなかにある。今後の課題は、このような課題探究型の位相を意識した多職種協働カンファレンスをファシリテートする教師教育者の養成と研修である。この探究については他稿を期したい。

注

(1)ハナー・ウルファーツ、OECD教育研究革新センター（編）、西村美由起（訳）『知識専門職としての教師―教授学的知識の国際比較研究に向けて』明石書店、2023年、参照。

(2)堀尾輝久『人間形成と教育―発達教育学への道』岩波書店、1991年、参照。

(3)田中孝彦、小林剛、皇紀夫（編）『臨床教育学序説』柏書房、2002年、参照。

(4)中央教育審議会教育振興基本計画部会（第13回）会議WEB公開資料（PDF）、2023年、資料8を参照。次期教育振興基本計画における方向性に関する審議資料によると、ウェルビーイングとは「身体的・精神的・社会的に良い状態にあることをいい、短期的な幸福のみならず、生きがいや人生の意義などの将来にわたる持続的な幸福を含む概念」であり「多様な個人がそれぞれ幸せや生きがいを感じるともに、個人を取り巻く場や地域、社会が幸せや豊かさを感じられる良い状態にあることも含む包括的な概念」だと記されている。

(5)領域横断（boundary crossing）については、以下の文献を参照。Yrjö Engeström, Learning by Expanding：An Activity-theoretical Approach to Developmental Research, Orienta-Konsultit. 1987.

(6)紅林伸幸「協働の同僚性としての《チーム》―学校臨床社会学から」『教育学研究』第74巻第2号、2007年、174-188ページ。

(7)石井英真「教職の専門性と専門職性をめぐる現代的課題―劣位化・脱専門職化を超えて再専門職化の構想へ」『日本教師教育学会年報』第30巻、2021年、40-50ページ。

(8)庄井良信（編）『生徒指導』（未来の教育を創る教職教養指針10巻）学文社、2023年、参照。

(9)福井雅英『子ども理解のカンファレンス―育ちを支える現場の臨床教育学』かもがわ出版、2009年、参照。

(10)安宅仁人「教育行政・学校における多職種・多領域連携をめぐる理論的・実践的課題―日英の政策動向を踏まえて」『日本教育行政学会年報』42巻、2016年、223-227ページ。

⑾吉冨芳正（編）『「社会に開かれた教育課程」と新しい学校づくり』ぎょうせい、2017年、参照。

⑿文部科学省『生徒指導提要』東洋館出版社、2023年、参照。

⒀文部科学省「チームとしての学校の在り方と今後の改善方策について（答申）概要」、https://www.mext.go.jp/component/b_menu/shingi/toushin/__icsFiles/afieldfile/2016/01/26/1365657_02.pdf[最終閲覧日2023年6月30日]、参照。

⒁内田良、上地香杜、加藤一晃、野村駿、太田知彩『調査報告：学校の部活動と働き方改革―教師の意識と実態から考える』岩波ブックレット、2018年、参照。

⒂油布佐和子「教師の多忙化―教育〈労働〉の観点から」『日本教育行政学会年報』第45巻、2019年、182-185ページ。

⒃日本臨床教育学会『学会設立趣意書』2011年、http://crohde.com/concept.html[最終閲覧日、2023年6月30日]。

⒄帰納（induction）、演繹（deduction）とともに、アブダクション（abduction）は、個別の事象を最も適切に説明しうる仮説を導出する論理的推論を意味する。この概念は、パースが提唱し、後にデューイに継承されている。この概念の語源は、ギリシャの哲学者、アリストテレスの『分析論前書』にある。

⒅Elisabeth Ann Brenner, Conditions For Creation of Potential Development in Vygotsy's ZPD：The Effect of Proportional Reasoning Ability on Potential Development in the Zone of Proximal Development, Scholar's Press, 2013.

⒆竹森元彦、森岡正芳、大和田俊、伊藤裕康、前川泰子、和田恵美子『ナラティヴ・アプローチと多職種連携―ナラティヴをプラットフォームとしたつながりと創造』美巧社、第2版、2020年、参照。

⒇石毛弓「リオタールの大きな物語と小さな物語―概念の定義とその発展の可能性について」『龍谷哲学論集』第21巻、2007年、53-76ページ、参照。

(21)Pentti Hakkarainen, and Milda Bredikyte, "Pre-tended Play and Child Development." The Routledge International Handbook of Early Childhood Play Routledge, 2017, pp.70–84.

(22)演劇的身体については、ジャック・ルコック（著）、大橋也寸（訳）『詩を生む身体―ある演劇創造教育』而立書房、2003年、参照。

(23)多声楽（polyphony）については、ミハイル・バフチン（著）、望月哲男、鈴木淳一（訳）『ドストエフスキーの詩学』ちくま学芸文庫、1995年、参照。

(24)Stephen Kemmis, Hannu Heikkinen, Future Perspectives: Peer-group Mentoring and International Practices for Teacher Development, Routledge, 2012.

(25)Nikolay Veresov, "The Concept of Perezhivanie in Cultural-Historical Theory：Content and Contexts", Perezhivanie, Emotions and Subjectivity：Advancing Vygotsky's Legacy. Springer, 2017. pp.47-70.

ABSTRACT

Phase Transition of Multi-Professional Collaborative Conference: From the Perspective of Clinical Pedagogy

SHOI Yoshinobu
（Fuji Women's University）

This study revisits the state of multi-professional collaboration and its challenges in the context of clinical pedagogy by reconsidering multi-professional collaborative conferences as emergent educational practices used by teachers and local development support workers. First, the educational policy underlying the current practice of novel multi-professional collaboration is reviewed. Second, the significance of this educational practice is examined from the perspective of clinical pedagogy. Finally, the narrative-based practice of in-service teacher education is exemplified and the practical issues of multi-professional collaborative conferences are examined.

The clinical pedagogical perspective revealed that multi-professional collaborations between teachers and local development support workers should be re-evaluated as an educational practice that deepens children's understanding and explores new collaborations to care for and support children. Current educational policies promote the practice of "curriculum open to society" is primarily examined via learning activities, and the practice based on the concept of "school as a team" is explored mainly in the context of student guidance and counselling. Evidently, it might be difficult to improve the quality of educational practice as multi-professional collaborations without deepening the mutual understanding of the zone of proximal development of each child.

In clinical pedagogical practice, multidisciplinary collaboration is accompanied by a kind of "disturbance" that leads to the novel activity system. By accepting the emotional experience (*perezhivanie*) that accompanies such disturbances, respecting each other's specialties, and conducting a polyphonic dialogue, the practice of in-service teacher education could be enriched. Multi-professional collaborative conferences must thus shift from a problem-solving phase to a problem-inquiry phase, whereby the multi-professional conference can be a mode of "open dialogue" that addresses the problems in the network of relationships surrounding a child in crises.

Keywords：**Multi-professional collaboration, in-service teacher education, clinical pedagogy, well-being, open dialogue**

キーワード：多職種協働カンファレンス、現職教師教育、臨床教育学、ウェルビーイング、開かれた対話

学校で出会う社会的養護の子どもたち
——学校・教師に期待する役割と支援——

伊藤　嘉余子（大阪公立大学）

1．社会的養護の概要

社会的養護とは、保護者のない児童や、保護者に監護させることが適当でない児童を、公的責任で社会的に養育し、保護するとともに、養育に大きな困難を抱える家庭への支援を行うことである。

社会的養護は「施設養護」と「家庭養護」の二つに大別できる（図1）。

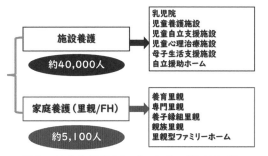

図1　社会的養護のレパートリー（筆者作成）

施設養護とは、児童養護施設などの社会的養護施設といわれる施設で子どもを養育するものである。具体的には、乳児院、児童養護施設、児童自立支援施設、児童心理治療施設、母子生活支援施設、自立援助ホームの6種類の施設種別がある。以下、各施設の目的や特徴等について簡単に概要を示す。

(1)施設養護のレパートリー

乳児院は、保護者による養育を受けられない乳幼児を養育する施設である。また、退所後のアフターケアの役割も担う。子どもの施設在籍

年数が児童養護施設よりも比較的短く、多くの子どもが家庭復帰をする点が特徴的である。就学前までに家庭復帰が望めない子どもは、乳児院から児童養護施設や里親家庭等に措置変更することになる。乳児院を必要とする子どもと保護者は多く、施設数も利用者数も増加傾向にある。入所理由としては「母の精神疾患」が多い。

表1　厚生労働省（2022）「社会的養育の推進に向けて」

里親	家庭における養育を里親に委託	登録里親数	委託里親数	委託児童数	ファミリーホーム	養育者の住居において家庭養護を行う（定員5〜6名）		
		14,401世帯	4,759世帯	6,019人				
	区分（里親は重複登録有り）	養育里親	11,853世帯	3,774世帯	4,621人	ホーム数	427か所	
		専門里親	715世帯	171世帯	206人			
		養子縁組里親	5,619世帯	353世帯	384人	委託児童数	1,688人	
		親族里親	610世帯	565世帯	808人			

施設	乳児院	児童養護施設	児童心理治療施設	児童自立支援施設	母子生活支援施設	自立援助ホーム
対象児童	乳児（特に必要な場合は、幼児を含む）	保護者のない児童、虐待されている児童その他環境上養護を要する児童（特に必要な場合は、乳児を含む）	家庭環境、学校における交友関係その他の環境上の理由により社会生活への適応が困難となった児童	不良行為をなし、又はなすおそれのある児童及び家庭環境その他の環境上の理由により生活指導等を要する児童	配偶者のない女子又はこれに準ずる事情にある女子及びその者の監護すべき児童	義務教育を終了した児童であって、児童養護施設等を退所した児童等
施設数	145か所	612か所	53か所	58か所	217か所	217か所
定員	3,853人	30,782人	2,018人	3,445人	4,533世帯	1,409人
現員	2,472人	23,631人	1,321人	1,145人	3,266世帯 児童5,440人	718人
職員総数	5,453人	20,001人	1,560人	1,360人	2,102人	885人

（出典）
※里親数、FHホーム数、委託児童数、乳児院・児童養護施設・定員・定員、児童福祉行政報告例（令和3年3月末現在）
※児童自立支援施設の施設数・定員・現員、自立援助ホームの施設数、小規模グループケア、地域小規模児童養護施設の施設数・定員・現員は福祉行政報告例（令和3年10月1日現在）

小規模グループケア	2,073か所
地域小規模児童養護施設	494か所

※児童自立支援施設の定員、現員（令和3年3月31日現在）及び職員数（令和2年3月1日現在）は家庭福祉課調べ
※里親数（自立援助ホーム除く）は、社会福祉施設等調査報告（令和2年10月1日現在）
※児童自立支援施設は、国立2施設を含む

https://www.mhlw.go.jp/content/000833294.pdf

児童養護施設は、社会的養護関連施設の中で最も数が多くメジャーな施設といえる。保護者による養育を受けられない0歳から18歳までの子どもを養育するとともに退所者の援助も行う施設である。児童養護施設の子どもたちは、地域の小・中学校に通い、学力や希望に応じて高校に進学・通学する。また18歳を超えたあとも、措置延長等を利用して在籍することができる。

児童心理治療施設は、心理的困難や苦しみを

抱え、日常生活の多岐にわたって生き辛さを感じて心理治療を必要とする子どもたちを、入所あるいは通所させて治療を行う施設である。

この施設では、子どもたちの社会適応能力の育成を図り、将来健全な社会生活を営むことができるようになることを目指している。なお、児童養護施設の小・中学生が地域の小・中学校に通うのに対して、児童心理治療施設の子どもたちは、施設の敷地内に設置された分校・分教室において義務教育を受けるという点が特徴的である。高校生の場合は、学力や希望等に応じて、施設外にある地域の高校に通学することになる。また、児童心理治療施設は、入所機能だけでなく、保護者のもとから通う子どもに治療や支援を行う通所機能を有している。

児童自立支援施設は、不良行為を行う子ども、またはそのおそれのある子ども、家庭環境などの理由から生活指導等を必要とする子どもを対象に、生活の場を提供するとともに、施設退所後のアフターケアを行う施設である。

入所理由となった非行行為の中で最も多いのは「性非行」（2019年現在）となっている。ちなみに2013年調査では「窃盗」が第一位となっており、子どもたちの非行・犯罪傾向が変化しているのがわかる。また、近年は「非行少年」というよりは発達障害を抱える子どもの入所が増加傾向にあり、集団が苦手な子どもたちの回復や治療も支援の課題となっている。

母子生活支援施設は、配偶者がいない等の母親とその子どもに生活の場を提供することで、子どもの福祉を保障するとともに、母子の自立に向けた生活支援や退所後のアフターケアを行う施設である。この施設は、社会的養護関連施設の中で、唯一、親子（母子）が一緒に生活できる施設である。父子家庭は入所できないし、父子を対象とする類似の施設は日本にはない。

自立援助ホームの正式名称は「児童自立生活援助事業」である（以下、自立援助ホーム）。

自立援助ホームは、義務教育を修了した15歳以上の子どもたちが職員とともに共同生活を送りながら自立を目指す施設である。なんらかの理由で家庭にいられなくなり、働かざるを得なくなった子どもや、高校・大学に在籍中で家庭から通学することが難しい15歳〜20歳までの子どもたちが利用しているが22歳まで延長することができる。なお、児童福祉法等の改正によって、この年齢要件は弾力化されることとなっており、子どもたちは年齢で追い出されることなく、本人が希望すれば何歳まででも支援を受けることができるようになる。

(2)家庭養護のレパートリー

家庭養護には、里親養育とファミリーホームにおける養育とがある。

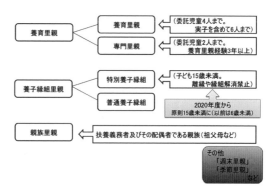

図2　日本の里親のレパートリー（筆者作成）

まず、里親には、養子縁組を前提とする「養子縁組里親」と、養子縁組を前提としない「養育里親」がある。さらに、養育里親として3年以上経験を積み、一定の研修を受け、ステップアップした里親として「専門里親」がある。また、親族の子どもを里親として養育する「親族里親」がある。

国の制度としての里親ではないが、自治体によっては、週末や長期休暇の時だけ施設の子どもを自宅に預かって養育する「週末里親」「季節里親」という制度をもつところもある。週末里親や季節里親の対象は、施設で生活していて、家族との交流がまったくない子どもである。家庭での生活経験の乏しい子どもにとって、週末里親や季節里親の意義は大きい。

ファミリーホームの正式名称は、「小規模住居型児童養育事業」であり、様々な理由で家族

と暮らせない子どもを、養育里親や施設職員など社会的養護の養育者としての経験のある者が、養育者として家庭に子どもを迎え入れて育てる事業である。里親との違いとして、委託される児童の定員が5人もしくは6人であり里親家庭よりも大きな家族である点が挙げられる。施設と里親の中間施設としての位置づけという意義もある。

2．社会的養護を必要とする子どもたち

⑴被虐待体験のある子どもの多さ

社会的養護のいずれの施設においても被虐待体験のある子どもの割合は増加傾向にある。厚生労働省（2022）によると、施設種別の中で、被虐待児童を最も多く受け入れているのは児童心理治療施設（78.1％）である。ちなみに児童養護施設では66.0％となっている。

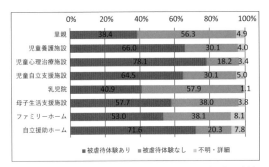

図３　施設種別ごとにみる被虐待体験のある児童の割合
（出典）厚生労働省（2022）「児童養護施設入所児童等調査結果」
https://www.mhlw.go.jp/content/000833294.pdf

保護者等からの虐待を経験している子どもは、「養育者から守ってもらえる」「親がいつも自分の味方をしてくれる」といった経験に乏しく、養育者との愛着（アタッチメント）ができていないため、教師や他の子どもとの関係構築が難しい場合が多い。

アタッチメントは、人に「３つの信頼」をもたらすと言われている。１つは「人間（他者）への信頼」である。人間は、泣くことしかできない状態で生まれてくるが、空腹で泣いたらミルクがもらえ、寒いと泣いたら温度調節をして

もらえる…といった具合に「泣くと、生きていくために必要なことをすべてしてくれる相手」を信頼し愛着を形成するのである。

２つめは、「世界・社会への信頼」である。自分では何もできない状態で生まれてきても生きていけるという確信が社会への漠然とした信頼を育む。３つめは「自分への信頼」である。自分から何もできなくてもすべて養育者にしてもらえる自分は、価値ある存在だと認識できるのである。

逆に言うと、養育者とのアタッチメントができていない子どもは、先述の３つの信頼を獲得できていないということになる。そのため、教師や友達を信頼したり、友人と助け合い協力しあって何かを達成したりする、ということがうまくできないことが多い。それはその子どもの性格や能力の問題ではなく、愛着形成の問題や、他者とのあたたかい関係の経験不足によるところが大きいという理解が必要になる。

⑵何らかの障害のある子の割合の増加

本来、児童養護施設は、障害のある子どもの入所を想定した施設ではないが、近年、何らかの障害のある子どもの入所が増加している（図４）。最も多いのは「知的障害」（11.3％）であり、次いで「自閉症スペクトラム」（9.3％）、「ADHD」（8.6％）となっている。

また、児童養護施設以外の施設種別や里親養育においても、障害のある子どもの割合が増加

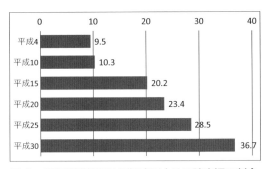

図４　児童養護施設入所児童に占める障害児の割合
（厚生労働省「児童養護施設入所児童等調査結果」を基に筆者作成）

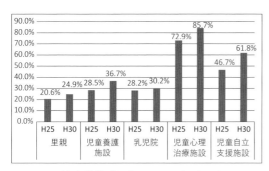

図5　社会的養護を必要とする児童のうち、
障害等のある児童の割合（出典は図5に同じ）

傾向にあり、特別支援学校と施設との連携も非
常に重要になってきている（図5）。

⑶社会的養護の子どもと家族との交流

　里親家庭の場合は「家族との交流がない子ど
も」が約7割であるのに対して、児童養護施設
をはじめとする施設養護では約8割の子どもが
家族と何らかの交流をしている（表2）。

　ただ、交流の内容や頻度には幅があり、毎週
実家に帰省できる子どももいれば、年1～2回
しか家族と会えない子どももいる。

　そして、強調したいのは、まったく家族と交
流をもたない子どもが施設に約2割いる、とい
うことである。家族とまったく交流のない子ど
もが、同じ施設で暮らす子どもが毎週、毎月家

表2　社会的養護の子どもたちの家族との交流

| | 総数 | 交流あり | | | 交流なし | 不詳 |
		電話・メール・手紙	面会	一時帰宅		
里親	5,382 100.0%	227 4.2%	925 17.2%	359 6.7%	3,782 70.3%	89 1.7%
児童養護施設	27,026 100.0%	2,438 9.0%	7,772 28.8%	9,126 33.8%	5,391 19.9%	2,299 8.5%
児童心理治療施設	1,367 100.0%	76 5.6%	449 32.8%	538 39.4%	218 15.9%	86 6.3%
児童自立支援施設	1,448 100.0%	93 6.4%	452 31.2%	493 34.0%	199 13.7%	211 14.6%
乳児院	3,023 100.0%	102 3.4%	1,672 55.3%	425 14.1%	651 21.5%	173 5.7%
ファミリーホーム	1,513 100.0%	128 8.5%	435 28.8%	258 17.1%	559 36.9%	133 8.8%
自立援助ホーム	616 100.0%	143 23.2%	72 11.7%	56 9.1%	292 47.4%	53 8.6%

（出典）厚生労働省（2022）「児童養護施設入所児童
等調査結果」
https://www.mhlw.go.jp/content/000833294.pdf

族と交流している様子をどのような気持ちで見
つめているか、また、自分には家族が会いに来
ないことをどう受け止めているかを想像すると
非常に苦しい気持ちになる。彼らは、受け入れ
がたい現実に対して「受け入れられない」「受け
入れたくない」と抗いつつも「受け入れるしか
ない」運命を生きている。こうしたしんどさに
寄り添いながら施設職員は子どもたちと生活を
ともにしている。施設の子どもたちにとっての
保護者参観などの学校行事や、生い立ちの整理
や「2分の1成人式」といった課題がどのよう
なインパクトをもつかについてもまた、想像し
て欲しい。

⑷家族に期待し、応えてもらえない経験を してきた子どもたち

　すべての子どもに「親はいる」。しかし、その
親と一緒に生活することはかなわない。また、
どこかにいるはずの親が自分には会いに来ない
という現実を生きている社会的養護の子どもも
いる。

　以下に、筆者がインタビューした当事者の声
を紹介する。

　Aくんは、生まれてすぐ乳児院に預けられ、
その後、18歳で退所するまで、親からの電話や
手紙、面会などは一度もなかった。毎週、とて
も複雑な気持ちで同じユニットで暮らす仲間が
親に会いに行くのを見送っていたという。

　　親との面会や外泊がある子が結構いまし
た。自分は全然なかったんですけど。で、親
との面会や外泊から施設に帰ってきた子ら
っていうのは、たいてい荒れるっていうか
職員につらくあたったり、暴言したりする。
それをみてるのがみじめでいやでした。面
会のない自分がかわいそうでした。でも自
分で自分を「かわいそう」って思う自分も
いやでした。面会のない自分の方が幸せな
んやと言える自分になりたいというか…。

「会いたい」と願っても、会えない。「帰りた

い」と思っても帰れない。こうした経験や思いを重ねてきた子どもたちは「どうせ願っても無駄」「どうせ言っても無駄」と、自分の希望を述べたり、かなえたりしようとすることに投げやりになりがちである。「どうせ」という言葉で自分を守ってきた子どもたちだともいえる。施設でも学校でも、子どもに自分の人生をあきらめさせないような関わりや工夫が求められている。

3．社会的養護のもとでの生活が子どもにもたらすもの

(1)親子分離・転校という喪失体験

児童相談所をはじめとする社会的養護関係者は、自宅で不適切な養育環境にある子どもを保護すると「ああよかった」「これで毎日ご飯が食べられるね」「もう暴力を受けなくてもいいね」と、「子どもが社会的養護に来ることができて、よかった」と考えることが多い。

しかし、私たちは、子どもにとって「施設入所＝ハッピーエンド」ではない、ということを子どもの立場に立って理解しようとすることが重要である。施設入所や里親委託等、「社会的養護生活のスタート」は子どもにとって大きな喪失体験となっていることを私たちは忘れてはならないのである。

子どもにとって施設入所（親子分離）とは、親・家族との分離であり、地域との分離、学校との分離、友達からの分離など、多くの物を喪失する体験である。この喪失感へのケアや配慮に満ちたかかわりをせず「施設に来ることができてよかった」「適切な養育や生活を受けられるようになってよかった」と安易に子どもたちに伝えることがないよう心がけたい。

下記は、筆者がある施設に入所中の子どもに「施設入所が決まった時の気持ち」を尋ねた時の子どもの語りの一部である。

> *私への同意や説明というより「児童福祉司からの必死の説得」という感じ*
> *「絶対施設に行った方が幸せになる」「この子を施設に入れたい」という（児童相談所*

のワーカーの）圧がすごくていやだった
> *施設に行きたくない！と暴れたがだめだった。*

多くの社会的養護の子どもにとって、施設入所や里親委託は「突然の家族／地域／学校からの分離／転居／転校」であることが多い。そのため、新しい生活になじめず、学校に行こうという前向きな気持ちになれず、不登校になる子どもも少なくない。また、元々不登校だった子どもが社会的養護のもとにやってくることも少なくない（西林ほか2021）。地域から社会的養護に子どもを送り出す場合も、受け入れる場合も、また逆に、施設から親元に復帰するために転校する場合も、学校と施設との連携はとても重要になる。

(2)「ふつうの」家庭・家族への憧れと現実とのギャップに対する葛藤

社会的養護のもとで生活する子どもの多くが「自分／自分の親／自分の家は【ふつう】ではない」と思っている。なぜなら【ふつう】の子どもは、家で親と暮らしているのに、自分はそうではないからである。そして「ふつうではない今」を生きている自分を恥ずかしく思ったり、誇りに思えなかったりという葛藤を抱えていることもある。

父親から身体的虐待を受けていたというある女の子は、インタビューでこのような話をしてくれた。

> *叩かれて怖かったし嫌だったけど、遊園地に行ったり、誕生日にケーキ食べたり、楽しい思い出もいっぱいある。でもやっぱり今でも怖いし、ふつうにはしゃべれない。でもいつの日か、【ふつうの親子】になれたらいいなと思う。めっちゃ仲良しとかじゃなくていいから。困った時に相談したり、コイバナ相談したり、ふつうに話せるような…そういうのあこがれる。*

社会的養護の子どもたちは、一緒に暮らせない親に対して両価的な感情を抱いていることが少なくない。子どもたちの複雑な気持ちに寄り添ったかかわりが必要になる。

4. 「学校」「教師」に期待する、社会的養護の子どもたちへの配慮と支援

(1)障害のある子どもの見守りと支援

先述したとおり、社会的養護のもとで生活する子どもに占める障害のある子どもの割合は年々増加傾向にある。こうした子どもたちの中には、障害特性に配慮した特別支援学校に通学する子どもも多くいるが、施設と学校の連携が必ずしもうまくいっていないこともある。

村松ほか（2016）は、児童養護施設から通う子どもを受け入れている学校への調査を通して「特別支援学級の9割が施設から通う子ども」である学校があることや、施設の子どもの指導を念頭においた特別支援学級の新設を検討している学校があることを明らかにしている。施設と学校とで子どもの背景や支援ニーズ等を共有できるようなケース会議や情報交換会を定期的に行う等の工夫が必要である。

また、親を頼ることのできない社会的養護の子どもたちをどのような形で社会に送り出すか、つまり高卒後の進路をどう設定するかは非常に重要であるが、中でも障害のある子どもの進路決定・自立支援は難しさと葛藤を孕んでいる。

○進学、就職の状況

高校卒業率は高くなったが、高校卒業後の進路は、一般に比べ進学率が低く、就職が多くなっている。

①中学校卒業後の進路（平成27年度末に中学校を卒業した児童のうち、平成28年5月1日現在の進路）

		進 学				就 職		その他	
		高校等		専修学校等					
児童養護施設児	2,333人	2,239人	96.0%	35人	1.5%	35人	1.5%	24人	1.0%
(参考) 全中卒者 1,169千人		1,154千人	98.7%	4千人	0.3%	3千人	0.3%	8千人	0.7%

②高等学校等卒業後の進路（平成27年度末に高等学校等を卒業した児童のうち、平成28年5月1日現在の進路）

		進 学				就 職		その他	
		大学等		専修学校等					
児童養護施設児	1,818人	226人	12.4%	211人	11.6%	1,280人	70.4%	101人	5.6%
うち在籍児	275人	64人	23.3%	60人	21.8%	115人	41.8%	36人	13.1%
うち退所児	1,543人	162人	10.5%	151人	9.8%	1,165人	75.5%	65人	4.2%
(参考) 全高卒者 1,137千人		593千人	52.2%	249千人	21.9%	205千人	18.0%	89千人	7.8%

③措置延長の状況（予定を含む）

	4月1日から6か月未満	20歳に到達するまで	その他
	91人	115人	69人

児童養護施設児は家庭福祉課調べ《「社会的養護の現況に関する調査」》、全中卒者・全高卒者は学校基本調査（平成28年5月1日現在）。
※「高校等」は、高等学校、中等教育学校後期課程、特別支援学校高等部、高等専門学校
※「大学等」は、大学、短期大学、高等専門学校高等課程
※「専修学校等」は、学校教育法に基づく専修学校及び各種学校、並びに職業能力の開発促進法に基づく公共職業訓練施設

4

図6　厚生労働省（2022）「社会的養育の推進に向けて」
https://www.mhlw.go.jp/content/000833294.pdf

特別支援学校の手厚い支援によって障害者雇用枠の就職につながることができると、子どもは経済的安定を手にすることができる。しかし、同時に、それまで一緒に生活をしてこなかった保護者や家族による搾取からどう守るか、という視点からの支援計画も必要になる。障害のある子どもの進路支援や就職支援等を行う際は、こうした「家族の搾取からの保護」という視点も必要になる。

(2)子どもたちの進路や自立を見据えた支援

近年、全国の高校生の高等教育機関進学率は上昇傾向にあり、厚生労働省（2017）の調査では、52.2%となっている（2016年現在）。

その一方、同調査によると、児童養護施設の子どもの高等教育機関等進学率は、短期大学等を含めても12.4%となっており、一般家庭の子どもの進学率との間に大きな隔たりがあるといえる（図6）。また、施設によっては「大学に進学したい」と希望しても、なかなか賛成・応援してもらえないという声もしばしば耳にする。

> 進路相談のとき、施設職員から「就職しかないよ」と話された。理由はお金。あと「うちの施設から大学行った人はいないから、お前もそれでいいよな」って感じで話された。もっと個人、ひとりひとりの希望や性格に配慮して話を聴いて欲しかったっていうのはあります。
>
> 進学しても学費と生活費のやりくりが難しいよ、この施設には前例がないからねと。もう就職しか選択肢はないというニュアンスに受け取りました。本当は大学行きたいなって気持ちはあったんですけど。だから自分で稼いでから大学に行こうと思っています。
>
> （職員と）将来どうするって話になった時、本当は大学に行きたかったけど、軽い感じで「就職しよっかなー」って言ったら「ああよかった！大学行きたいって言われたらどうしようかって思った」って言われて、ああやっぱりそんな感じかと。

星田（2021）は、児童養護施設入所児童の高校卒業後の進路選択における意思決定過程を明らかにすることを目的に、半構造化面接によるインタビュー調査を実施した。その調査で得られた語りの中でも「（施設職員との会話の中で）進学はないよねっていうふうに話はしてて、まずは就職を考えてやりなさいと言われた」「進学するイメージがなく選ばなかった」という語りがあった。

児童養護施設の子どもの進路は、施設職員や教師による働きかけによって変化することが複数の先行研究によって明らかにされている（長瀬2011、永野2012、吉田2018）。

学校や高校の先生にお願いしたいこととして、子どもの進学への思いを支え、応援してあげてほしいということを挙げたい。養育者の役割を担う施設職員が、進学支援に消極的だと、子どもは大学等進学に必要な情報収集すら困難な状況にあるといえる。子どもが将来どのような道に進みたいか、どのような職業や資格に興味があるかについて学校で話をする機会の提供とともに、どの大学等に行けばどのような資格が取得できるか、社会的養護の子どものための学費や入試の優遇措置のある大学に関する情報などの収集・整理、提供を高校の方でも積極的に進めていただけると子どもたちの大きな力になると考える。

例えば、立教大学コミュニティ福祉学部では、2015年度から、入試に合格した社会的養護施設経験者の4年間の学費を無償にするとともに年間80万円の奨学金を給付している。早稲田大学では、2017年度から、全学部において学費を4年間無償にし、月9万円の奨学金を給付している。

経済的支援以外にも、青山学院大学では、2018年度に社会的養護施設経験者に限定した推薦入試制度を創設した。合格者は学費が4年間無償となり、月10万円の奨学金が給付される。

こうした情報を各高校の進路指導室等でしっかり把握し、校内の必要な子どもに確実に届けていただけると大変ありがたい。

(3)施設や施設の子どもを理解しようとする教員の姿勢と行動

学校教員が、社会的養護の子どもたちの生活環境や子どもの施設入所理由などの背景を理解しようとすることも大切である。具体的には、定期的に児童養護施設等に訪問し、学習支援をしたり子どもと遊んだりする時間をもつ、施設職員との定期的な情報交換会などが挙げられる。学校の先生が自分たちの生活の場である児童養護施設に足を運んでくれることは、子どもたちにとって大きな喜びになるとともに「自分たちのことを理解しようとしてくれている、寄り添おうとしてくれている」という信頼感にもつながる。また、教員にとっても、一人ひとりの子どもへの理解が深まるとともに、施設職員がどのような対応をしているのかを学ぶ機会にもなるだろう。

また、社会的養護の子どもたちには、一人ひとりのニーズに合った支援方針や支援計画が作られている。その内容を子どもの担当職員と担任の教師ができる範囲で共有することによって、子どもにとってより良い支援・教育が可能になる。

(4)施設職員以外の「頼れるおとな」としての役割

各自治体が実施した施設退所者等実態調査（東京都2017、京都市2017）等をみると、施設の子どもたちが最もよく相談し頼りにしているのは、「施設職員」である。

しかし、その一方で、施設職員には相談できない悩みや困難に直面する者も少なくない。

以下は、「高校は【施設の子ども】としてではなく【ふつうの家庭の子ども】として通いたい」と、家庭復帰を強く希望して、施設を出たBさんの語りである。Bさんは、母親と継父からの虐待と育児放棄が原因で施設入所となったが、母親が継父と離婚したため、母親だけが住んでいる実家への帰省・家庭復帰を強く希望していた。

> 　家から高校に通えるって喜びだけで退所
> した。それまでの毎週の帰省でもうまくい
> ってるというイメージしかなかった。でも
> 一緒に暮らし始めてすぐに生活はおかしく
> なった。母は帰ってこなくなり、家はめち
> ゃくちゃ。バイトで稼いだお金も貯金も全
> 部使われた。でも職員の反対を押し切って
> 「帰りたい」って言って施設を出てきたんで
> 相談はできなかった。

　Bさんは、この後、結局高校を退学してしま
った。母親との関係や金銭的な問題で悩んだ時
にすぐに出身施設に相談できていたら、と思う
とともに、Bさんが通っていた高校の教員が欠
席や遅刻の増加や、Bさんの様子の変化等に気
づいて何らかのアプローチをしてくれていたら
…とも思ってしまう。

　親を頼れない社会的養護の子どもたちにとっ
て、「施設職員以外に頼れるおとなが身近に存
在する」ということは、とても重要である。学
校の先生方にはぜひ、社会的養護の子どもたち
の声や声にならない声に耳を傾けていただき、
彼らの生きづらさや悲しみやくやしさに寄り添
っていただくことを期待したい。自分を生んだ
親を頼りにできない、育ての親にあたる里親や
施設職員にも心を開くことが難しい子どもたち
にとって、長く時間を過ごす学校で、自分の頑
張りや、得意なこと・苦手なことをたくさん理
解してくれている「学校の先生」の存在はとて
も大きいのである。

　児童養護施設の子どもたちの高校進学率は、
一般家庭の子どものそれとほぼ同率になってき
たものの、中退率は約10倍である。高校教諭の
皆さんには、ぜひ、社会的養護の子どもたちが
3年間継続して通学できるような支援もお願い
したい。

　また、施設の子どもに限らず、高校での活動
の少ない者は中退のリスクが高まるといわれて
いる。那須（1991）が、滋賀県内の高校中退者
188名の事例分析をした結果、約半数が部活動

に参加していなかった。また、高柳（2000）や
御旅屋（2009）の調査では「学校に居場所があ
る」と回答した高校生の半分以上が「部活動＝
居場所」と答えていた。施設の子どもが高校に
居場所を見つけて、中退しない環境を整えてい
く一つの方法として「部活動への参加を勧奨す
ること」は有効なアプローチだと考える。

⑸施設退所に向けた支援と退所後の
　支援への関与

　児童養護施設の平均在籍年数は約5年であ
る。つまり、一度施設に入所したらずっとそこ
で自立まで生活するわけではなく、中学卒業や
それ以外のタイミングで施設を退所するケース
は少なくない。子どもたちは施設で生活しなが
ら、保護者との面会交流を重ねながら、家庭復
帰や家族再統合に向けたプロセスを歩んでいる
ことが多い。いつ親元に帰るのか、学校は転校
するのか等、施設退所に向けたプロセスの中
で、情緒が不安定になったり、学校の授業等に
集中できなくなったりする子どももいる。こう
した子どもの心情を理解した働きかけが必要に
なる。施設入所が喪失体験だったのと同じよう
に、施設退所もまた、子どもにとっては「親元
に帰ることができる」という喜びや期待と不安
と同時に「慣れ親しんだ施設や学校から離れな
くてはいけない」という分離体験になるのであ
る。

　また、中学校3年生や高校進学のタイミング
での家庭復帰が計画されることも少なくない。
そうしたケースの場合、子どもは進路選択の際
に「施設から高校に通うのか、親元から通うの
か」によって、選択肢が変化するため、その葛
藤に苦しむこともある。例えば、施設から高校
に通うのであれば、自分の学力や学びたい内容
である程度選ぶことができるが、親元から通う
のであれば、親の介護とか家計を助けるための
アルバイトとの両立などの観点から高校の種別
（定時制や通信制等）や高校までの通学時間や
距離を検討しなくてはいけない。こうした悩み
を子ども一人で抱えて進路決定していくことは

負担が大きい。子どもが抱える不安や葛藤に、学校の先生方にもぜひ耳を傾けていただきたい。

おわりに

　本稿では、社会的養護の子どもたちの概要と、学校や教師の皆さんにお願いしたい配慮や支援について述べてきた。

　日々、大勢の子どもたちの教育に携わっている先生方からみたら、社会的養護の子どもの中には「もっと自分で努力・工夫できるのではないか」「中学生や高校生になってまで自分の出自や親のことなど過去のことにこだわっていないで、前を向いて生きた方がいい」と思える子どもたちが多いかもしれない。

　しかし、社会的養護の子どもたちは、自分で選んだわけでもなく、また自分の責任でもないにもかかわらず、さまざまな負荷を親から背負わされて生きている子どもたちである。「こんな家に生まれたくなかった」「なぜ自分の親は【ふつうに】自分を育てたり、働いたりできないのか」といった不満感・不全感を抱いている子どもが少なくない。「自分がこんな境遇なのは、自分のせいではない」「自分のせいではないのに、なぜこのようなしんどい目にあわなくてはいけないのか」という彼らの心の叫びや悲しみや怒りを理解してくれるおとなが必要である。「きみのせいじゃないね」と寄り添ってくれるおとなが必要である。「きみのせいじゃない」と他者に認めてもらえなければ、彼らは自分の生命や人生を「じぶんごと」として捉えることができないまま自立していかなければならない。「これまでの過去は自分だけのせいではないけれど、いまここでの自分と将来の自分をつくるのは、誰でもない自分自身なのだ」と、子どもが自分の生命や人生に自分で責任をもとうと思えるには、「いま、ここでの満足感・幸福感」が必要であり、それを提供するのが、養育者や教師など子どもの近くにいるおとなに求められる役割なのである。

参考文献

・神戸市「神戸市社会的養育推進計画」2020年。
https://www.city.kobe.lg.jp/documents/33045/20200626-suishinkeikaku.pdf

・荒川雅子「学校現場における社会的養護が必要とされる子供たちへの支援」『日本健康相談活動学会誌』(17) 1、2022年、pp.2-4。

・新藤こずえ「児童養護施設で暮らす障害のある子どもの進路と支援」『北海道大学大学院教育学研究院紀要』138、2021年、pp.119-136。

・星田由哉「児童養護施設入所児童における高等学校卒業後の進路選択に関する意思決定過程の検討」『立正社会福祉研究』23、2021年、pp.13-28。

・厚生労働省「社会的養護の現状について」2017年。
https://www.mhlw.go.jp/file/06-Seisakujouhou-11900000-Koyoukintoujidoukateikyoku/0000187952.pdf

・厚生労働省「社会的養育の推進に向けて」2022年。
https://www.mhlw.go.jp/content/000833294.pdf

・村松健司・保坂亨「児童養護施設－学校連携の現状と課題－学校からみた視点を中心に」『千葉大学教育学部研究紀要』64、2016年、pp.123-131。

・長瀬正子「高学歴達成を可能にした条件－大学等進学者の語りから」西田芳正編『児童養護施設と社会的排除：家族依存社会の臨界』解放出版社、2011年、pp.113-132。

・永野咲「児童養護施設で生活する子どもの大学等進学に関する研究－児童養護施設生活経験者へのインタビュー調査から」『社会福祉学』52(4)、2012年、pp.28-40。

・吉田耕平「児童養護施設における療育手帳を用いた子どもの進路指導」『東北文教大学・東北文教大学短期大学部紀要』8、2018年、pp.37-56。

・御旅屋達「高校生の複数集団への参加：若者の語る居場所観」『東京大学大学院教育学研究科紀要』(48)、2009年、pp.93-102。

・高柳真人「学校における生徒の居場所作りに

ついて」『筑波大学研究紀要』(38)、2000年、pp.99-104。

・那須光章「高校中途退学者の中退要因と学習、生活の実態に関する研究」『滋賀大学教育学部紀要：人文科学・社会科学・教育科学』(41)、1991年、pp.87-106。

・西林佳人・田中敦一・高橋眞琴（2021）「児童養護施設における不登校児支援：公的事業における期待と実践における課題」『鳴門教育大学学校教育研究紀要』(35)、pp.19-27。

・京都市（2017）「(平成29年) 児童養護施設等退所者の生活状況及び支援に関する調査報告－施設等を過去10年間に15歳以上で退所した人へのアンケート調査」。

・東京都福祉保健局（2017）「東京都における児童養護施設等退所者の実態調査」。

ABSTRACT

Children in Alternative Care Encountered at School
——Roles and Support Expected of Schools and Teachers——

ITO Kayoko
（**Osaka Metropolitan University**）

This paper provides an overview of Japan's social care (alternative care) system and children living therein and describes the roles and support expected of schools and teachers. In recent years, the number of children in the alternative care system who have experienced abuse and maltreatment by their parents or who have a disability has increased. Regarding care during their stay in social care, they require various means of support, including through care (leaving care or aftercare), which can minimize the negative impact from their parents or guardians and offer a view toward becoming independent in society. Children in alternative care are living today with various social disadvantages that can be attributed to their parents, through no fault of their own. Schools and teachers are expected to function as adults who can reach out to them and empathize with their struggles and suffering.

Keywords：**Alternative care, Social care, Foster care, Cooperation between Education and Social Care**

キーワード：**代替的養育、社会的養護、里親養育、教育と福祉の協同**

教育と福祉の境界を超える専門職の育成
——スクールソーシャルワーカーへの期待——

鈴木　庸裕（日本福祉大学）

はじめに

2008年に文部科学省の「スクールソーシャルワーカー活用事業」がはじまった。いくつかの自治体で先駆的な実践は見られたが（日本学校ソーシャルワーク学会2006）、事業当初は、学校における「ソーシャルワークの必要性」の説明をめぐり、少数者となりがちな子どもたちの権利擁護はもとより、学校と家庭・地域・関係機関を「つなぐ」という表現が多く用いられた。近年では、教師の働き方改革の議論と重なり、教師の負担軽減論との結びつきからも論じられる。活用する学校や教育委員会からは「スクールカウンセラー活用事業」（1995年）との差異とともに、不登校や児童虐待、生活困窮など家庭養育困難への「対策」の専門家（アウトリーチや家庭訪問など）とし、学校と外部機関とのケース会議を担う外部人材と見られてきた。

しかしその一方で、多くのスクールソーシャルワーカーらは子どもや家庭の生活問題解決において、学校教育と社会福祉とを橋渡しする専門職であろうとする立ち位置や教育と福祉をつなぎ子どもの最善の利益の保障とその代弁・代理を担う役割であろうと模索してきた。

戦後の教育福祉論や社会教育論の理論的実践的な蓄積は、教育と福祉のつながりをめぐる空白領域への探究がなされてきた。学校の福祉的機能と福祉の教育的機能の結合を基盤としつつ（小川利夫他2001）、ただ、その具体的な専門性を持つ担い手やその人的育成（養成）という点ではこれからの課題である。その点で、スクールソーシャルワーカーという学校における福祉職の配置は、それまでの教育と福祉の「谷間」や教育と福祉の非整合に一石を投じる上で大きな期待がある。しかし、事業開始から今日に至るまで人的、財政的課題は山積のままである。

いま、スクールソーシャルワーカーはいかなる課題と向き合っているのかについて、筆者の私見ではあるが2点ある。その1つは、「誰もが取り残されない社会」「切れ目のない支援」「こども真ん中社会」といった言葉に隠れた子ども・若者の生きづらさとその解消（軽減）を阻害する要因に気づき、当事者への権利擁護の具体的な改革をめざす専門職性の獲得である。2つめに、学校教育における相談援助技術（ソーシャルワーク）の具体化をめぐる専門性の形成である。こうした課題は、学校でともに仕事をする専門職どうしが教育と福祉の境界を問い直すことに基盤がある。教育と福祉には様々な次元での境界がある。しかしその境界は教育職にとっても福祉職にとってもみずからつくってきたものではないか。近年、相互の対話や実践の事実がその境界や分離感をわずかなりにも払拭する歩みを生み出してきている。

以下、近年のスクールソーシャルワーカーをめぐる養成・採用・育成の現状、「チーム学校」時代における立ち位置、そして教育と福祉の境界に囚われないチーム学校を担う資質・能力について述べていきたい。

1．スクールソーシャルワーカーの現状

(1)スクールソーシャルワーカーの養成・採用・育成

　事業の趣旨には「いじめ、不登校、暴力行為、児童虐待など生徒指導上の課題に対応するため、社会福祉等の専門的な知識・技術を用いて、児童生徒の置かれた様々な環境に働き掛けて支援を行う、スクールソーシャルワーカーを教育委員会・学校等に配置し、教育相談体制を整備する」とある。

　実施主体は都道府県・指定都市・中核市（3分の1補助）とし、間接補助事業として行う場合は、市区町村（市町村の組合及び広域連合等を含む）とする。採用の選考にあたっては「社会福祉士や精神保健福祉士等の福祉に関する専門的な資格を有する者」とあるが、自治体の実情に合わせ多様である。

　現任者の取得資格を年度ごとに示したものがある（文部科学省2023）。現任者自身が複数の資格（職歴）をもつことによる数値であるが、事業初年度は教員免許（教職経験者・退職者）が47.6％と最も多く、ソーシャルワーカー[1]としての有資格者は社会福祉士19.4％、精神保健福祉士が9.3％であった。2021年度は社会福祉士63.9％、精神保健福祉士33.9％と増加し、教員免許は32.3％と減少した。教職経験があり社会福祉士などの資格を持つものも多く、教員退職後に社会福祉士の国家資格を取得し、スクールソーシャルワーカーとして入職したものも多い。事業当初は、社会福祉の高齢者や障害の領域と比べ児童領域の社会福祉士は極めて少数であった。現在、およそ3,000名を超えるスクールソーシャルワーカーがおり、その他各自治体におかれたスクールソーシャルワーカーのスーパーバイザーがいる。

　スクールソーシャルワーカーの養成については、社会福祉士、精神保健福祉士の養成にあたる福祉系大学・養成校（スクール（学校）ソーシャルワーク教育課程認定事業認定課程設置校）や日本社会福祉士会・日本精神保健福祉士協会などの職能団体での養成研修、日本ソーシャルワーク教育学校連盟、日本学校ソーシャルワーク学会、そして自治体が個々に行う研修や様々な個人・NPO団体（日本スクールソーシャルワーク協会など）などがあり、これらは養成と現任者の育成を実施している。

　現任者の人材育成の面では、職能団体である日本社会福祉士会を例にとると、その子ども家庭支援委員会は『スクールソーシャルワーカーのアセスメントガイドライン』を作成し、学校・家庭・地域をつなぐスクールソーシャルワーカーの役割を全国的な組織的実践蓄積のもと、子どもの生きづらさの背景への理解、帳票（基本情報シート、アセスメントシート、支援計画シート、支援経過シート）、学校アセスメント、地域アセスメントの価値と技術、支援会議の運営など育成プログラムを展開している（日本社会福祉士会2023）。

　勤務の状況は会計年度職員として、初期の週1−2日の6時間ずつの勤務から週5日や週30時間以上といった常勤として雇用する自治体も増え、市町村の正規職員（福祉職）として採用する自治体もある。単一校配置型、拠点校（重点）配置型、派遣型など様々な勤務形態の類型がみられる（日本学校ソーシャルワーク学会2016）。

(2)求められる業務

　次に業務（職務）内容では、①問題を抱える児童生徒が置かれた環境への働きかけ、②関係機関等とのネットワークの構築、連携・調整、③学校内におけるチーム体制の構築、支援、④保護者、教職員等に対する支援・相談・情報提供、⑤教職員等への研修活動、があげられる。これらはソーシャルワーク理論でいうミクロ（個）・メゾ（組織・集団）・マクロ（社会・政策）のうち、「環境に働きかける」という点からメゾレベルに焦点を置く活用に傾斜している。

　その後、2017年の教育相談等に関する調査研究協力者会議による『児童生徒の教育相談の充実について～学校の教育力を高める組織的な教

育相談体制づくり〜（報告）』（文部科学省2017）においてはじめて以下のような業務のガイドラインが明示された。

「SSWは、児童生徒の**最善の利益を保障**するため、**ソーシャルワークの価値・知識・技術を基盤とする福祉の専門性を有する者**として、学校等においてソーシャルワークを行う専門職である。スクールソーシャルワークとは、不登校、いじめや暴力行為等問題行動、子供の貧困、児童虐待等の課題を抱える児童生徒の修学支援、健全育成、自己実現を図るため、**ソーシャルワーク理論に基づき**、児童生徒のニーズを把握し、支援を展開すると共に、保護者への支援、学校への働き掛け及び自治体の体制整備への働き掛けを行うことをいう。そのため、SSWの活動は、児童生徒という個人だけでなく、児童生徒の置かれた環境にも働き掛け、児童生徒一人一人のQOL（生活の質）の向上とそれを可能とする**学校・地域をつくる**という特徴がある」（ゴチック筆者）。

スクールソーシャルワーカー業務がはじめて公的に明示されたのは、2010年度版の『生徒指導提要』である。上記のガイドラインの文中にある「最善の利益を保障」、「ソーシャルワークの価値・知識・技術を基盤とする福祉の専門職」、「生活の質の向上」の明記は貴重であり、活用事業開始から10年を経てのことである。このガイドラインには、概要として以下の4点が示される。

（ア）地方自治体アセスメントと教育委員会への働き掛け：不登校児童生徒数やいじめの認知件数や児童虐待などの件数などから自治体の特徴やニーズを把握し、地方自治体が課題策定や教育委員会の活動内容への関与。

（イ）学校アセスメントと学校への働き掛け：校内の日々の様子の観察や授業の参観や定例会議等への参加により、学校の状態やニーズを把握し、学校アセスメントを行い、学校や家庭環境の改善に向けた活動目標の設定と取組立案をおこなう。

（ウ）児童生徒及び保護者からの相談対応（ケースアセスメントと事案への働き掛け）：校内組織において検討された支援策に基づき、児童生徒及び保護者への個別対応に当たる（アウトリーチ、アドボケイト）。

（エ）地域アセスメントと関係機関・地域への働き掛け：学校の教職員及び関係機関からの聞き取りや学校及び地域の会議等への参加により、ネットワークを構築するとともに、生活保護受給率、児童扶養手当の受給率、ひとり親世帯の状況などの把握による地域アセスメントを行う。

そのほかに、学校事故や災害などでの緊急対応などもあげられる。（エ）の関係機関・地域への働き掛けのうち社会資源については注(3)のとおりである。（ア）や（エ）は教育委員会の教育総務や学校教育の部局職員さながらとなる。

⑶学校現場での理解と連携の不足

子どもたちの福祉的支援というスクールソーシャルワーカー像が「チーム学校」をきっかけに、学校支援のスクールソーシャルワーカー像へと変容が見られる。その中で、子どもの個別支援が減少し、学校起因による福祉的支援（例：校内での権利侵害や学校と家庭の間の対立など）の調整をめぐる連携でのジレンマが少なくない。

さらに総務省の勧告にみられるように（総務省2020）、学校現場での理解や学校等との連携が不足し十分に活用されていないという指摘や実態をめぐる費用対効果が早急に求められがちな業務であるため、エビデンスが求められやすい。教育DX社会の中、いじめ、不登校、家庭養育問題といったカテゴリーによる数値表現や問題の解消率などに目が注がれがちとなり、当事者の声をしっかりと受け止め、その声の背景にどのような体験があるのかを説明する機会が減少するといったジレンマも大きくのしかかる。

２．学校で一緒に働くことの捉えなおし

⑴外部人材との連携

「チーム学校」は、従来の教職員間の「同僚性」や「連携」、「情報共有」、「報・連・相」な

どの強化や充実を示すキーワードではなく、また1990年代の学校づくりのポイントであった事柄とは異質なものである（篠原清昭編2012）。教員養成の生徒・進路指導や教育相談のテキストにおいて「スクールソーシャルワーカー」の記載が増加するのは「チーム学校論」以降、教師の「連携」者として紹介ないし活用の必要性に言及がありいずれも外部人材の位置にある。

筆者は、チーム学校のチームとは、これまでの教育職、心理職に福祉職などを加えて、3職以上の専門性が合わさってはじめてチームが成立するものと考える。「教師は学校の中で仕事をする教育職です」（学校で一緒に仕事をする専門職の一人として教師がいる）と表現すると極めて違和感を持たれる。

チーム学校論が政策指針として示されたのは、2013年5月「学校のチーム力を高め、教師が児童生徒の教育に専念できる体制の実現」という教育再生実行本部の「第2次提言」にさかのぼる。その後2015年中央教育審議会による「チームとしての学校の在り方と今後の改善方策について」（答申）（中央教育審議会2015）で具体化された。この「第2次提言」の特徴は、主幹教諭や副校長といった学校マネジメントの組織的な改革と学校教育への外部人材の活用促進であった。ミドル・リーダー型の学校経営や学校運営協議会といった地域に開かれた学校づくりなど、さまざまな地域の外部人材との交流が学校に求められた（渡邉志織2017）。

昭和の時代、学校の先生というと教諭を指していた。平成に入り職員室の風景も大きく変わった。今日、学校では、心理職や看護（介護）職、福祉職などが通常学校においても「教師と一緒に学校で仕事をする」場となりえる状況にある。学校教育法施行規則の職員の規定は当初学校用務員だけであったものが一部改正（2017年）により医療的ケア看護職員、スクールカウンセラー、スクールソーシャルワーカーなどが明記された[2]。

欧米では学校や教育委員会に、発達障害、教育相談、福祉、心理・児童精神医学などの専門

職（正規職員）が存在し境界の払拭が見られる（藤原文雄2014）。日本では、医療的ケアの専門職やスクールカウンセラーなどその多くが非正規職員で、その勤務条件や職務的責任などの整備が進んでいるとは言えない。「収入よりもやりがい」という「志」によって成り立っている現状があるといっても過言ではない。

(2)教師が児童生徒の教育に専念できる体制

先に述べた第2次提言には「教師が児童生徒の教育に専念できる体制」とあるが、近年の教師の働き方改革問題が重なり「教師の業務だが負担軽減が可能な業務」という議論になっている。「負担軽減が可能」という表現を用いて専門スタッフとの連携を明示している（文部科学省2022）。日常化する残業時間問題とならび家庭訪問や保護者対応などが職務として負担あるいは負担軽減の対象として扱われる。

「チームとしての学校の在り方と今後の改善方策について」（答申）では、「専門性に基づくチーム体制の構築」「学校のマネジメント機能の強化」「教職員一人一人が力を発揮できる環境の整備」という3点の改善方針をあげる。これらは単に教師と専門スタッフとの分業や役割分担を示すのではない。教師や専門スタッフがお互いの専門性を認め合い（リスペクト）しあうこと、そして専門スタッフ自身にとっても教師の専門性の発揮が高まるように自身の支援力量を高めることに踏み込まねばならない。

こうした調査はその結果よりもある結果を公表するための調査という感もあるが、小中学校教員の勤務時間について「授業以外の時間が多くを占めており、事務・会議や外部対応などの業務は、相対的に教員自身の負担感が高く、やりがいや重要度が低い」と指摘したうえで、スクールソーシャルワーカーやスクールカウンセラー、部活動指導員などの外部人材の活用に触れる。教師としてのやりがいと外部人材の活用が予定調和的に語られ、それが「適正化（スタンダード化）」とされる。先に述べた「教師の業務だが、負担軽減が可能な業務」では、スクー

ルソーシャルワーカーは学校教育における教師の福祉的課題への対応重荷から解放するかのような役割に見える。

(3)『生徒指導提要』の改訂版から

　その後、『生徒指導提要（改訂版）』（文部科学省2022ａ）では表1のチーム学校の組織イメージが示された。「SC、SSW」は教諭や養護教諭と並んで内部化し、「児童生徒」が枠の中におさめられた。

表1

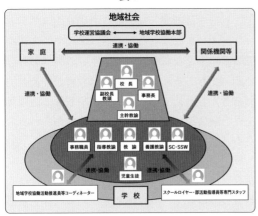

　1965年の『生徒指導の手びき』では積極的生徒指導と消極的生徒指導とし、前者を日常、すべての教職員が携わるもの、後者を課題や困難さに対応し一部の（専門の、役割分担の）教職員による営みというニュアンスがあった。1985年の『生徒指導の手引（改訂）』では開発的、予防的、治療的という3点が示され、2010年の『生徒指導提要』では成長を促す指導、予防的な指導、課題解決的指導が示され、2022年『改定版』では表2の重層構造が示すように（文部科学省2022b）、予防部分（未然防止・早期発見）への注力が求められる。しかし、困難課題対応が管理職と一部の教師による取り組みとなり、チームで支援計画（方針）を考えてもその実施は特定の教師だけになることも少なくない。

　派遣要請型のスクールソーシャルワーカーには、これまで表2の困難課題対応型生徒指導の部分に関与することが求められ、支援計画やケース会議の運営や間接的対応の専門家という見られ方がある。その一方でスクールソーシャルワーカー自身もそこでの「采配」やトリアージに手腕を発揮することに関心を持つ者もいる。しかし、いじめや不登校といったカテゴリー化がなされる前の発達支援的生徒指導の部分でも教職員と協働できる資質や能力が欠かせない。この4層を横断し最初から教師と一緒にいる業務ができるためにも、現在の勤務形態の見直しは不可欠であるが、ソーシャルワーカーが「子どもたちにどんな力を育てるのか」という視点を明確にもち、子どもや保護者、教育職と対話できる専門性の習得なしにはその「一緒に」ということに応えることができない。

表2　生徒指導の重層的構造

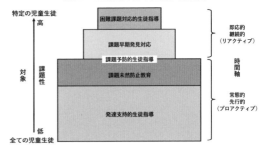

(4)誰のためのチーム学校か

　改訂版では、「チーム支援の体制とアセスメント体制の充実」（文部科学省2022ｂ）においてその体制を強調する。この体制を充実する基盤となる資質・能力を教師および専門スタッフに求める。アセスメントの定義は、「チーム支援において、当該児童生徒の課題に関連する問題状況や緊急対応を要する危機の程度等の情報を収集・分析・共有し、課題解決に有効な支援仮説を立て、支援目標や方法を決定するための資料を提供するプロセスのことである」（文部科学省2022ｃ）と示す。この課題解決に有効な支援仮説を立てるには支援仮説の実証（検証）が伴わねばならない。

　「改訂版」が強調する子ども支援の関係諸法規について、スクールソーシャルワーカーはその正しい理解とともに、例えば「こども基本法」

や「児童福祉法」などの諸法規がどうして生まれてきたのか、どのように変遷してきたのかなどを含め、しっかりと説明できる役割が大切になる。

しかし、「専門スタッフとの連携」という点で、「教室の外」といった外部感覚は未整理といえる。教育と福祉の境界という囚われの解消は容易でない。教師にとっても「困難ケース」をめぐる役割分担や連携先へバトンを渡すかのような風潮を生み出す。『生徒指導提要』の主たる読み手は当面教師であり、「こういったときにはSSWやSCの助言を受けて」という記載がマニュアル化しないことを望む。

1994年のいじめ・大河内君事件以後、スクールカウンセラーの配置に盛り込まれた教師のカウンセリングマインド、そして教師のソーシャルワーク・マインド、さらには教師のリーガル・マインド（『生徒指導提要』に見る法的制度の強調）の育成に拡張することをどう考えるのか。

その問いには、まず「チーム学校」は誰のものかに関わる。今日、教職員の働き方改革や教師の多忙化解消、他職種への気遣いや葛藤・ストレスの解消、チーム会議や支援計画でのアセスメント方法など、いわば大人のあり方に目が向いている。しかし困難な状況にある子どものためのものである。人手を集めるという価値観に基づく福祉職にとって、「チーム学校」とは子どもや保護者が求めているものであり、その求めに共感することが教師やそれぞれの専門職にとっての働きがいになる。このことは改めて確認されるべきであろう（鈴木庸裕2021）。

3．教育と福祉の境界をめぐる新規性

(1)申請主義からの解放
——チーム学校が噴出させた視点

教育と福祉の境界をめぐり、チーム学校論が引き出した視点を改めて振り返る。

筆者は日本教師教育学会編の『教師教育研究ハンドブック』(2017)の第9章・教育関係専門職者の養成・研修と連携・協働の分担執筆「ス

クールソーシャルワーカー」で以下のように論じたことがある。

「今後、スクールソーシャルワークを通じて、貧困家庭や『生きづらさ』のなかで生きる子どもや青年への包括的な支援を行うことは重要である。しかし、セーフティネットの強化ともみえるスクールソーシャルワーカーの配置・活用が、その一方で、学校生活や学習活動から『降りる』『漏れる』子どもたちの増加を容認するような社会を生み出してしまうという危惧もある。これは教師教育の重要な課題であり、使命であろう」と文末に記したことがある。

これは学校教育と社会福祉の境界面（インターフェイス）にたちながらも、学校での権利擁護の担い手となるソーシャルワーカーへの厳しい問いでもある。しかもこれは教育と福祉の境界を考えるうえで福祉の補足性や教師の直接責任性の陰に隠れた福祉職にも対等にかかわってくる（世取山洋介2022）。

教師の直接責任は教育と福祉の統一という課題設定において、子どもの生活全体を視野に入れるのではなく、教育体験や環境に起因する福祉的支援の内容に物事を狭めるとして、例えば学童保育を保障することを教育と福祉の統一が図られるという見方を示している（堀尾輝久1976）。子どもたちの生活福祉への責任を教育が負うことは、即座に学校教育の役割や教師の専門性の基盤とは言えない。今後、直接責任の職務のとらえ方に変更や修正を加えていくものになる（安藤知子2015）。

教師の教育への直接責任については、教師・SC・SSWが分担する役割論とそこで生じる葛藤・役割への関心からチーム学校の出現により薄らぎ、子どもが求める支援への転換が必要となる。「家庭のプライバシーについては立ち入れない（家庭不可侵）」、「学校の外のこと」、「連携すると子どもを持っていかれてしまう」といった感覚がある。またスクールソーシャルワーカーにとっても「学校とかかわりを持ちはじめて学校の先生の実態を知った」、「ここまで子どものことを深く考えているんだ」、そして「言葉

は違うが同じことをしている」、逆に「同じ言葉で違うことをしている」という気づきが交わされて久しい。

　教育と福祉の境界をめぐり、「日本型公教育の境界の不鮮明化と関わって、教育と福祉の関係、学校教育と社会教育の関係の再定位」（大桃敏行他編2020）は、教育、福祉の再定義として受け止めていかねばならない。境界は文部行政と児童福祉行政との縦割りや役割分担の中に顕在化する。教育政策と児童福祉政策の分業が強い日本で、福祉政策が学校や教師が蓄積してきた「含み資産」に着目されるのは極めて了解できる（荒見玲子2020）。

　しかし、境界を問うことは、スクールソーシャルワーカーにとって、利用者からの申請主義型福祉から公教育・学校という全員把握や子どもへの直接関与という意味でソーシャルワークの変革の場となる。なぜなら、児童領域のソーシャルワークでは施設や事業所、子どもの居場所に従事することで、そこでの関係性に依存し保護者（家庭）を通した子どもとの接近であった立場であった。学校教育という子どもへの個別支援（ミクロ）、他職種との連携（メゾ）、子どもが安心して生活できる学校づくり、地域づくり（マクロ）の3領域を、ワーカー個人として関われる機会を得た。その点で、日本では、学校教育でのソーシャルワーカーがようやくジェネラリスト・ソーシャルワークの場を得たといえる。学校や教師の蓄積した「含み資産」が逆に日本型スクールソーシャルワーカーの特質になる。さらに、教育と福祉の「職業的境界」（保田直美2014・2019）に隠れている境界を発見するために、教育職と福祉職が一緒に問い直すにはどうすればいいのか。こうした問題提起を福祉領域においてしっかりと受け止めることが必要になる。

(2)教師教育における他職種理解

　スクールソーシャルワーカーへの期待よりも同種の力量を兼ね備えた教師の育成が目指されるあるいは教師が学校教育と児童福祉の連携を

進めるキーパーソンとしての力量を身につけていく視点がある（保坂亨2019）。先に述べた採用や資格取得でも触れたが、教員時代の振り返りや省察を熟慮したうえで、「在職中にソーシャルワークの視点があれば」「あの時にスクールソーシャルワーカーがいてくれたら」という思いから入職する人も多い。教職経験を持つスクールソーシャルワーカーの発言や所作が、教育と福祉の境界に囚われない発言や構えが見られる（鈴木庸裕他編2018）。その言質を、現任者の育成や教員養成の場で活かしていくことには意義があると考える。

　これからの時代の教員に求められる資質能力として、「多様な専門性を持つ人材と効果的に連携・分担し、組織的・協働的に諸課題の解決に取り組む力の醸成が必要である」（中央教育審議会2015）とする。そして「令和の日本型学校教育」を担う教師の姿として働き方改革を進めつつ、「学校を心理的安全性が確保できる職場にすることが不可欠」とし（中央教育審議会2022）、教師が創造的で魅力ある仕事であることへの再認識が挙げられる。教師を支える環境整備においても、教材研究などに専念する時間の確保を通じて自らの専門性を高めていくこと、環境整備として、教師の時間外勤務の改善や給特法による処遇改善、厄介な児童生徒や親への対応教職員の精神疾患、メンタルヘルス対策の充実があげられる。その中で、教職員間の葛藤を克服し、教師の「強みや専門性」を他職種が理解を深める基盤には、この専門性の1つに「他の教職員との連携」の能力と資質を教員養成においてどう位置づけるのかである。

　以下では、その教育職と福祉職などが相互対話を通じて共有できる資質・能力について私見を述べる（鈴木庸裕2023）。

4．一緒に仕事をすることをめぐる資質・能力

(1)他職種が専門性を発揮できるように

　「専門性に基づくチーム体制の構築」において、従来、あるひとりの専門職が自身の専門性

を深化・発展させ他職種の専門を習得し拡張する視点から発想されてきた。そのため、他の職種との違いやすみわけに関心が向き、ジレンマや苦悩を感じる。そうではなく、自分と他者とのかさなりへの気づきとその発見を通した安心感の醸成が大切となる。「波長が合う」という言葉を用いると、波長が合わないと波は消しあうが、かさなりが合うと波は増幅され、実践の効果は大きくなる。

　かさなりに着目することで、かさならない違いの部分の明確化がある。その違いの部分が他職種の専門性を高めることになる。これは「一緒にいる」からこそ可能となり、何かがないと出会わない、必要がなければ連携しないという主観的なニーズで考えることではない。

⑵生きづらさとしての困難経験への共通感覚

　『生徒指導提要』の目次配列には、「個別課題に対する生徒指導」としていじめ、不登校、非行、ひきこもり、虐待、貧困、ヤングケアラー、外国ルーツ、性別違和（LGBTQ・SOGI）といった個別のカテゴリーがある。こうした個別支援や焦点支援という理解とともに、これらのカテゴリーの背景に通底（共通）する孤立・孤独（生きづらさ）への接近が求められる。複数の専門職が共有すべき課題（目標）を持った上で課題解決がなされないと、支援者による子ども理解の分断が生じる。それでは、単に「メニュー支援」となり、教師や専門スタッフが子どもたちにその支援を拒む生きづらさを生み出してしまう。子どもの生活の全体性（生活現実）から「生きづらさ」を捉えなければならない。

⑶不登校の背景理解と報告方法

　不登校の認定は子ども本人の申し出というよりも、教師や専門職、保護者の判断や決定によることがある。また、不登校理解をめぐる価値観や背景理解は専門職間で異なることが生じ、大人の「思い」や「願い」によって子どもの「ニーズ」がないがしろになる（多様性の剥奪）。ケース報告の記録のなかで、不登校という言葉を

最初に使った人とあとでそれを読んだ人が同じ理解であるとは限らず、年度を経るとその意味内容を確かめる術のないときもある。不登校対策の対策の対象は子ども自身ではなく、大人同士の情報共有や対応のあり方自体にある。不登校という判断や決定の場に当事者である子どもの意見表明の機会があるかどうかはそうした大人の対策の第一歩となる。

⑷法的アプローチへの確認

　子どもたちの困難を可視化する上で、その困難の規定を法律が示すことがある。「子どもの貧困対策の推進に関する法律」（2014年）は、地域における生活困窮者支援や子ども食堂、ひきこもり支援などとともに、在学中から卒業後を見通した子ども若者サポートを、その仲介や調整という形で学校に求めているといえる。貧困による困難を経済的困窮の面からとらえるがそれでは子どもたちの生き方や生活の質の向上への思いは隠れてしまう。そのため、学校や教職員には、制度的な貧困支援が子どもの思いや意思に本当に寄り添っているのか。法的施策が逆に子どもの自己実現能力の筋道や選択肢を狭めはしないだろうかということを子どもの成長発達の支援専門職として確かめねばならない。

⑸いじめ認知をめぐる子ども理解

　いじめ防止対策推進法（2013年）の主眼は、いじめの認知や理解をめぐる教職員や保護者（市民）のいじめ観を変えることにある。いじめを考える上で、それは個人の主観的（精神的）苦痛として理解し対応する必要がある。いじめを子ども間の「トラブル」と理解した結果、初期対応や早期解決が弱くなる。子ども間の「お互い様」の問題行動だと見たり、大人側の判断で被害・加害双方への指導（謝罪の場をつくる）することは、いじめのもつ心理的苦痛の本質を見過ごす。大切な点は、「指導」後の学校内における状況の変化を的確に見極め、たとえ解決しているように見えても、被害者の気持ちや状況の変化を敏感にとらえ継続的に関与するこ

とである。子どもの精神的苦痛の程度は個人差が大きく、かつ、大人の認識（意味づけ）と大きくかけ離れる。

いじめ問題にとどまらず、学校の卒業や進学・進級は区切れではない。いじめられ経験が成人しても大きな生活困難につながる。卒業後であっても継続した支援がおこなえるように、進学先の学校関係者への引き継ぎや医療、保健、児童福祉の関係機関との情報共有、およびその橋渡しをする人材の明確化と役割が学校、教育委員会には欠かせなくなる。

(6)家庭へのアウトリーチ

スクールソーシャルワーカーの動きをみると、担任から情報が入ると家庭訪問の依頼がある。アセスメントにおいて、ジェノグラムやエコマップを描くことが日常化し、家族関係に着目する。しかしこれは、家族のもつ価値観や人的経済的な余力、家族の健康などの把握のためのアウトリーチである。

アウトリーチとはクライエントのそばに出向き、直接支援に向かうことであるが、SOSの出せない子どもや家庭の声を聴くことを指す。そして出向いた先以上に、戻るところに十分な対応構想ができているかという点で、戻るところ（学校）の殻を破ってはじめて出向くことができる。

(7)困難を経験している子どもたち

生徒指導や教育相談の分野では「問題を抱える子ども」「困難を抱える子ども」という表現がなされる。「抱える」という言葉は、ある特定の子どもの個人特性や行動の変容に着目されがちになる。ソーシャルワークは、その困難を生み出す環境（家庭生活の背景や人間関係、成育歴）にも目を向け、したがって「困難を抱える」ではなく、「困難を経験している」と表現による見立てを意識する。個人の経験には多くの場合、周囲の人や社会環境との具体的なつながりが認められる。その点に関心を持つと、それまでにかかわりのあった出来事や人的な関係、その時

々の支援者や支援の発見と新たな支援の想像が可能となる。ある家庭に関するケースであってもそれを１つとしてとらえずに、母親と子ども、父親と子ども、母親と父親というように、家族の構成員の数だけ支援ケースがあると考える。

(8)支援の格差への関心

「困難を抱える」という言葉は、支援者側にその原因や背景の把握や対応に困難をもつ場合もある。具体的な対処や関わり方が見えない時の支援者側の困り感である。子どもへの対応に苦慮したとき、「複雑な家庭だから」、「家庭環境の問題」という言葉をスクールソーシャルワーカーはよく耳にする。その際、教師のこの言葉を指導や支援への消極性としてとらえずに、この言葉が周囲にいる支援者へのヘルプサインとして理解する。ヤングケアラーの問題は、家事・介護をめぐる子どもの困難な経験を世に問い出した。その一方で、子どもの家庭での実情はわかっているが打つ手を持ち合わせていない教師の姿も浮き彫りにした。

さらにヤングケアラーへの関心は、「家庭まるごと」を標榜してきた在宅介護事業や地域福祉従事の支援体制の課題、例えば在宅介護ケアの契約上、その家族への介助支援が含まれないことへの公的な補助の不備を顕在化させた。そもそも、「夏休みはおうちの仕事を手伝うこと」という宿題を出してきた経緯には幾分反省が求められるかもしれない。

これらは、子ども・青年をめぐる教育の再定義と福祉の再定義を突き通すものに気づく視点やその「カテゴリー」の開発につながる。以下、その問題提起である。

小括　多職種協働における資質・能力
──学校福祉の視点

(1)「在宅生徒」との出会い

「在宅生徒」という言葉は筆者の造語（鈴木庸裕2002）である。2000年代に入って社会福祉の基礎構造改革が進む中で地域の福祉化が進行す

る懸念の一方で、在宅介護によるデイサービスが展開した。高齢者が在宅になると生活や身体の介護人材が計画的に家庭訪問をする。しかし、児童生徒が登校渋り（在宅）になっても学校関係者のみである。そこに地域福祉のネットワークの着想を考えた。その後、東日本大震災後の教育復興に携わる中で「家族丸ごとの支援」の実際を通じて学校における多職種協働の必要性に直面した。ソーシャルワークの理念のアナロジーとして、福祉的な接近とは、子どもの全生活を視野に入れ、その当事者が生活の質の向上をみずから見つける支援である。

(2)学校福祉と権利行使主体の育成

その後、筆者は、「学校福祉」というカテゴリーを使って、学校における多職種協働のあり方を提案してきた。学校福祉とは、「学校（園）が子どもの福祉（しあわせ）にいかに責任を負うのか」（鈴木庸裕2021）を問い、その担い手の存在である。生活綴方教育や生活指導運動などをくぐり、城丸章夫（1976）のいう「学校は地域の福祉的施設の1つ」とし、学校の福祉的機能（①学校教育を基盤として就学条件や教育環境の条件を整備すること、②すべての教育の過程で子ども・教師・保護者（養育者）の権利を保障すること、③子どもを福祉の対象としてみるだけでなく福祉を権利として要求し行使する主体に育てていくことである。

(3)プロフェッショナルとしての専門性

学校に多職種が介入して、子どもの問題解決（軽減）を図ることに目が向くと子どものニーズや願いを専門性の尺度や枠で切り刻むことになりかねない。スクールソーシャルワークは英文で「Social work in school」となるが「Social work for school」という学校の浄化や「正常化」のためではない（鈴木庸裕2015）。子どもたちは子ども社会の中で成長するという視点から見ると、相談、指導、支援、援助、調整といった介入の際、ある個人のプライベートな領域に立ち入ることをふまえ、みずからの権威や権力に対

して自覚的であらねばならない（土井健郎1991）という対人援助職としてのプロフェッショナルな面が欠かせない。専門的な知識や技能を持ち、巧みに遂行するスペシャリストとは区別される。

(4)多職種協働を発展させる学校づくり

多職種による取り組みを通じた学校づくりとともに、多職種による協働が生まれる学校づくりという俯瞰した視点が必要になる。筆者は、「Social work with school」として学校とともにあるソーシャルワークという視点から、学校の福祉専門職よりも学校福祉の専門職という発想をもつ。これらはON-JTのみによるものではない。

その入り口として、インクルーシブ教育も単一職種や機関ではなしえず、複数の専門職をコーディネートする人材の育成や専門職や大人のしっかりとした協力関係があること、支え合う大人の社会やシステムが保障されていることなどが必須である。インクルーシブな社会を築いていくためのチームの存在が子どもの最善の利益そのものとなると考える。

(5)支援者を支援すること

ソーシャルワークは学校が持つ多様な人的、物的、社会的リソース全体に着目する。長らく使われていないものを呼び覚ますという点もある。様々な条件が学校生活や学びと子ども・家庭との交流を不調にする。その状態を克服（軽減）するには、支援者が個の環境に働きかけ、その環境が個の「必要」に応答できるように働きかける。その際、支援者も同時にニーズを持つ個人である。他職種同士が他の職種をリスペクトし、励まし合い、対等な関係性を築き、一緒に仕事をしていて「楽しい」「心強い」と実感できる関係をつくりあげるよう支援者を支援する資質・能力が欠かせない。

(6)教育と福祉のボーダーレス・カリキュラム

教師が多くの業務を担わざるを得ない状況ゆ

えに、心理や福祉などの専門家が学校教育に参画して「チーム学校」を組織するという経緯があったとしても、多職種による実践は、教師の専門性の再定義と福祉職や心理職の専門性の再定義、さらにいえば、教育の再定義と福祉の再定義を無意識ながらも進めているのではないか。それは同時に専門職が個々に自身の専門の再定義の発現かもしれない。

　学校教育がソーシャルワークの援助技法をどう習得していくのか。そして、教育実践におけるソーシャルワーク的営みを顕在化させ抽出するのか。子どもの発達保障における福祉的支援をめぐる専門性養成のカリキュラムづくりが教育と福祉の協働のなかで今後求められると考える。

注

(1)ソーシャルワークのグローバル定義（日本ソーシャルワーカー協会訳）
「ソーシャルワークは、社会変革と社会開発、社会的結束、および人々のエンパワメントと解放を促進する、実践に基づいた専門職であり学問である。社会正義、人権、集団的責任、および多様性尊重の諸原理は、ソーシャルワークの中核をなす。ソーシャルワークの理論、社会科学、人文学、および地域・民族固有の知を基盤として、ソーシャルワークは、生活課題に取り組みウェルビーイングを高めるよう、人々やさまざまな構造に働きかける」。（日本ソーシャルワーカー協会　http://www.jasw.jp/about/global/）
(2)(小学校の例)
　第六十五条　学校用務員は、学校の環境の整備その他の用務に従事する。
　第六十五条の二　医療的ケア看護職員は、小学校における日常生活及び社会生活を営むために恒常的に医療的ケア（人工呼吸器による呼吸管理、喀痰（かくたん）吸引その他の医療行為をいう。）を受けることが不可欠である児童の療養上の世話又は診療の補助に従事する。
　第六十五条の三　スクールカウンセラーは、小学校における児童の心理に関する支援に従事

する。
　第六十五条の四　スクールソーシャルワーカーは、小学校における児童の福祉に関する支援に従事する。
　第六十五条の五　情報通信技術支援員は、教育活動その他の学校運営における情報通信技術の活用に関する支援に従事する。
　第六十五条の六　特別支援教育支援員は、教育上特別の支援を必要とする児童の学習上又は生活上必要な支援に従事する。
　第六十五条の七　教員業務支援員は、教員の業務の円滑な実施に必要な支援に従事する。
(3)社会資源の例
・福祉関係機関―児童相談所、福祉事務所、自立相談支援機関、要保護児童対策地域協議会の所管部署、児童家庭支援センター、民生委員・児童委員、社会福祉協議会、放課後児童クラブ、児童館、保育所、児童福祉サービス等事業所（放課後等デイサービス等）、発達障害者支援センター等。
・保健医療関係機関―保健センター、保健所、精神保健福祉センター、病院等。
・刑事司法関係機関―警察署（生活安全課等）、少年サポートセンター、少年補導センター、家庭裁判所、少年院、少年鑑別所、保護観察所、日本司法支援センター（法テラス）、スクールサポーター、保護司、少年警察ボランティア、法務センター。
・教育関係機関―出身・進学、きょうだいの関係学校、教育支援センター（適応指導教室）、教育センター。
・NPO、民間教育団体、家庭教育支援チーム（支援員）、子ども食堂、学習支援担当者、地域学校協働本部の地域コーディネーター、学校ボランティア。（文部科学省（2017）『児童生徒の教育相談の充実について』）

参考文献

・荒見玲子（2020）「教育と児童福祉の境界変容」『日本型公教育の再検討――自由、保障、責任から考える』（大桃敏行・背戸博史編）、岩波書店、

p.182-p.196。

・安藤知子（2016）「『チーム学校』政策論と学校の現実」『日本教師教育学会年報』第25号、p.33。

・大桃敏行（2020）「日本型公教育の再検討の課題」『日本型公教育の再検討——自由、保障、責任から考える』（大桃敏行・背戸博史編）、岩波書店、p.15。

・小川利夫・高橋正教（2001）『教育福祉論入門』光生館。

・城丸章夫（1973）「学校とは何か」『教育』23-9、鈴木庸裕（2002）「学校ソーシャルワークの実践的課題と教師教育プログラム」『福島大学教育実践研究』39号、p.38。

・鈴木庸裕編（2015）『スクールソーシャルワーカーの学校理解』ミネルヴァ書房、p.18。

・鈴木庸裕（2021）「学校教育とソーシャルワークを橋渡しする子どもたち」『学校ソーシャルワーク研究』16号、p.1-p.4。

・鈴木庸裕（2021）『学校福祉論入門』学事出版、p.1。

・鈴木庸裕（2023）「学校・教師と福祉をつなぐ言葉」『月刊生徒指導』2023年2月及び同「困難な状況にある子どもの理解と支援を問う」『月刊日本教育』日本教育会、2022年11月の再掲を含む。

・世取山洋介（2009）『新自由主義教育改革—その理論・実態と対抗軸』大月書店、p.43。

・総務省（2020）「学校における専門スタッフ等の活用に関する調査〈結果に基づく勧告〉」。https://www.soumu.go.jp/menu_news/s-news/hyouka_020515000141425.html

・中央教育審議会（2015）『これからの学校教育を担う教員の資質能力の向上について—学びあい、高めあう教員育成コミュニティの構築に向けて（答申）』p.9。https://www.mext.go.jp/b_menu/shingi/chukyo/chukyo0/toushin/1365665.htm p.9

・中央教育審議会（2022）「『令和の日本型教育』を担う教師の養成・採用・研修等のあり方について」p.56。https://www.mext.go.jp/b_menu/shingi/chukyo/chukyo3/079/sonota/1412985_00004.htm

・土居建郎（1991）「専門性と人間性」『心理臨床学研究』9-2、p.53。

・日本学校ソーシャルワーク学会編（2008）『学校ソーシャルワーカー養成テキスト』中央法規、p.210-p.274。

・日本学校ソーシャルワーク学会（2016）「全国におけるスクールソーシャルワーカー事業の実態に関する調査報告」『学校ソーシャルワーク研究（報告書）』。

・日本教師教育学会編（2017）『教師教育研究ハンドブック』学文社、p.381。

・日本社会福祉士会（2023）『学校—家庭—地域をつなぐ子ども家庭支援アセスメントガイドブック』中央法規、p.25-p.35。

・藤原文雄（2014）「教職員の多様化とダイバーシティ・マネジメント—国際的動向を踏まえて」『日本教育経営学会紀要』第56号、p.28。

・保坂亨（2019）『学校を長期欠席する子どもたち』明石書店、p.294-p.295。

・保田直美（2014）「学校への新しい専門職の配置と教師の役割」『教育学研究』第81巻第1号、p.1-13。

・保田直美（2019）「学校における多職種協働と教師の役割」『教育社会学』（原清治他編著）ミネルヴァ書房、p.151-p.153。

・堀尾輝久（1976）『日本の教育・第1巻』新日本出版社、p.103。

・文部科学省（2017）『児童生徒の教育相談の充実について〜学校の教育力を高める組織的な教育相談体制づくり〜（報告）』p.11-p.13。https://www.pref.shimane.lg.jp/izumo_kyoiku/index.data/jidouseitonokyouikusoudannjyuujitu.pdf

・文部科学省（2021）「令和4年度教育委員会における学校の働き方改革のための取組状況調査都道府県別結果概要」。https://www.mext.go.jp/content/20221223-mxt_zaimu-000026953_6.pdf

・文部科学省（2022a）『生徒指導提要』（改訂版）、P.69。

・文部科学省（2022b）『生徒指導提要』（改訂版）、P.28。

・文部科学省（2022c）『生徒指導提要』（改訂版）、P.27。

・文部科学省（2023）「スクールソーシャルワー

カー活用事業に関するＱ＆Ａ」。https://www.mext.
go.jp/content/20230404-mxt_jidou02-000000592-cc.
pdf 初等中等局児童生徒課2023、5
・渡邉志織（2017）「『チーム学校』政策の展開と
学校自治」『新潟大学教育学部研究紀要』第10巻
2号、p.438-p.434。

ABSTRACT

Developing Professionals Beyond the Boundaries of Education and Welfare :
Expectations for School Social Workers

SUZUKI Nobuhiro
（Nihon Fukushi University）

In 2008, the Ministry of Education, Culture, Sports, Science and Technology's "School Social Worker Utilization Project" was launched.

At the beginning of the project, the "necessity of social work" in schools was often emphasized to protect the rights of minority children and to "connect" schools with families, communities, and related organizations.

In recent years, it has overlapped with the discussion of work style reform for teachers, and it has also been discussed in connection with the theory of reducing the burden on teachers. Schools and boards of education who use the system are considered experts in "countermeasures" (outreach, home visits, and so on) for family rearing difficulties, such as truancy, child abuse, and poverty ; they tend to be external personnel who are responsible for case meetings between schools and external organizations.

However, many school social workers have sought to be professionals who bridge school education and social welfare in solving problems in the lives of children and families and play a role in guaranteeing the children's best interests by bridging education and welfare and acting as representatives.

Overcoming these gaps will require questioning the boundaries between education and welfare between professionals who work together in schools. Education and welfare have boundaries in many aspects. However, these boundaries have been created by both educators and welfare workers.

The fact of mutual dialogue and practice has created a step to dispel even the slightest sense of boundaries and separation.

I would thus like to describe the current situation of school social workers in recent years, their position in the era of "team schools," and their qualities and abilities unbound by the boundaries between education and welfare.

Keywords : boundaries of education and welfare, school social worker, team schools, mutual dialogue, advocacy for children's rights

キーワード：教育と福祉の境界、スクールソーシャルワーカー、チーム学校、相互対話、子どもの権利擁護

「チーム学校」政策におけるスクールソーシャルワークの展開と教員の役割
——教員の教育的力量における福祉的専門性に注目して——

瀧本　知加（京都府立大学）

1．本論の目的

　本論は、チーム学校体制の整備が進むなかで、教員の仕事や役割にどのような変化がもたらされるのか、スクールソーシャルワークを対象として検討するものである。2015年の中央教育審議会答申「チームとしての学校の在り方と今後の改善方策について（以下、チーム学校答申）」においては、専門性に基づくチーム体制の構築が掲げられ、多様化する生徒の課題への対応という点でも、教員の働き方改革という点でも、チームとしての学校の体制整備が進められようとしている。しかし、実際に専門職との協働が進むことで、教員の役割がどのように変化するのかについての具体的な検討は未だに十分ではない。本論は、スクールソーシャルワーク（以下SSW）を対象として、学校および教員とスクールソーシャルワーカー（以下SSWr）の協働が進むことによって、チーム学校体制や教員の仕事にどのような変化が起こるのかを検討するものである。

2．SSWに関する先行研究

　はじめに、SSWに関する先行研究を概観する。SSWに関する研究は、2010年代以降、徐々に蓄積されてきている。具体的には、ソーシャルワーク（以下SW）の理論を基盤として効果的なSSWのあり方やシステムを検討するもの[1]や、実践者によってまとめられたSSWの諸側面を整理・説明するもの[2]、SSWに関する実践と理論を総合的に論じようとするもの[3]などがある。SSW研究においては、しばしば、学校でのSSWへの理解不足やその雇用形態、教員と比べた際の学校での位置付けの不十分さを問題として論じるものがある[4]一方で、採用人数が増えたことによるSSWrの質の低下[5]を問題とし、現職への継続教育の必要性を主張する論考もみられる[6]。現在では、2006年に創設された学校ソーシャルワーク学会を中心として、主に実践者による研究が蓄積されている[7]。これらの研究はSWの一領域としてSSWを捉えており、SW研究に位置付くものである。対して、教育学研究においては、学校経営の観点からの検討[8]及び、不登校・貧困への対応としてSSW実践の一端が紹介・検討される[9]にとどまり、チーム学校体制におけるSSWrとの協働の実態や教員の役割にまで議論が発展していない。

　このような状況をふまえて、本論ではまず、学校でのSSWの状況を概観したうえで、SSWの基盤であるSWの資格、養成制度の観点から、SWの専門職としての基本的特性を整理する。その上で、SSWの導入によって学校でのチーム体制および教員の役割にどのような変化がもたらされるのか検討する。

3．学校におけるSSWr活用の現状

　学校におけるSSWrは「生徒指導上の課題に対応するため」に「社会福祉等の専門的な知識・技術を用いて、児童生徒の置かれた様々な環境に働き掛けて支援を行う」ものとされており、教育相談体制の整備の一環として位置付けられている[10]。2008年の「スクールソーシャル

ワーカー活用事業」のスタート以降、全国の学校へのSSWrの配置が進められてきた。2010年代以降は、特に子どもの貧困問題に対して、学校の行う教育相談の重要性が再認識されるようになり、2014年の「子供の貧困対策に関する大綱」において学校を「子供の貧困対応のプラットフォーム」として位置付け[11]、学校から子どもを福祉的支援につなげることがめざされている。これらの政策において、SSWrは、不登校、虐待、貧困などの子どもをとりまく課題に対する福祉的支援を担う専門職として位置付けられ、予算上の措置が拡充されてきている。

　2015年のチーム学校答申では、SSWrを福祉の専門スタッフとして位置付け、その職務内容を明確化することが提案された。それを受けて、2017年の学校教育法施行規則の改正においてSSWrが「児童の福祉に関する支援に従事する」職員として位置付けられた。2018年の第3期教育振興基本計画においては、2019年度までに、SSWrを全中学校区に配置し、それ以降も専門スタッフとしてふさわしい配置条件の実現を目指すこととされ、配置が進められてきている。

　SSWrの学校への配置形態は、大きく4つに分けられる。すなわち、①教育委員会に配置され、学校の要請に応じて派遣される「派遣方式」、②教育委員会に配置され定期的に複数校を巡回する「巡回方式」、および、③学校（拠点校）に配置され、近隣校を巡回する「拠点校配置方式」、④特定の学校に配置される「単独校配置方式」である。SSWrは学校や地域の事情に応じて、様々な配置方式がとられているが主には派遣および巡回の形態をとっている[12]。このように、SSWrの学校での勤務日・勤務時間は限られており、学校組織とSSWrの連携は、各学校のコーディネーター教員が担うこととなっている。コーディネーター教員は、SSWrとの協議や教員からの聞き取り、対応が必要なケースの把握や、ケース会議の設定などの業務を担うこととされている。

　2021年度には、3,091人のSSWrが20,079校を対応している。対応学校種別では、小学校12,021校、中学校6,283校、高等学校1,483校、特別支援学校292校となっている[13]。学校に関わる専門職としてのSSWrは先行する心理職のスクールカウンセラー（以下SCr）との違いが十分に認識されていないといわれている[14]。SCrもSSWrも児童・生徒の抱える課題に対応する専門スタッフであるが、SCrが主に学校内での心理的援助に従事することが多いのに対して、SSWrは学校外も含めた地域の中で業務を展開するところに特徴がある。SSWの支援内容は、不登校事案が最も多く、全体の対応件数の26%となっている。続いて、家庭環境21.8%、発達障害等15.1%、心身と健康・保健9.6%、児童虐待7.2%となっている[15]。このように、SSWは学校外での活動が期待される不登校や家庭の問題に対応することが多い。

4．SSWの資格と養成制度

　SSWの基盤はSWにあり、日本におけるSWの基礎資格は国家資格である社会福祉士である。社会福祉士資格は大学などに置かれている養成課程を修了する他、実務経験者を対象とした養成課程も設定されており、多様な課程を修了した者が国家試験を受験する。社会福祉士の登録者数は2023年で28万人となっている[16]。社会福祉士は、業務独占資格ではないが、生活問題に対する相談援助が必要な場で就労しており、高齢者福祉施設（39.3%）、障害者福祉施設（17.6%）、だけでなく医療機関（15.1%）、児童・母子福祉関係施設（8.2%）、行政機関（6.7%）、学校関係（1.0%）など、さまざまな施設で就労している[17]。学校も、社会福祉士の就労する施設の一つとなっており、学校でSWを実践することが、SSWである。そのため、SSWは「スクール＝教育現場で、ソーシャルワーク＝社会福祉を実践するシステム[18]」、SSWrは「学校を基盤に働くソーシャルワーカー[19]」などと説明されることが多い。

　SWは、社会福祉援助（ソーシャルワーク）の技術と方法を用いて対象を支援するという特徴

を持つ[20]。SWは対象を限定した技術・方法論ではないため、社会福祉士資格をもっているからといって、学校現場ですぐに子どもを対象としたSSWが担えるとは考えられていない。そのため、SSWrには、対象としての子どもの理解や、学校という場の中核的実践である教育・指導、学校文化の理解が必要であるとされている[21]。このようなSWの特性もふまえて、SSWrの任用にあたっては、有資格者に限らず、職務を適切に遂行できる者であれば、「教育や福祉の分野において専門的な知識・技術を有する者又は活動経験の実績等がある者[22]」からも選考することができるとされ、採用にあたっては、「資格を有していることのみをもって判断するのではなく、面接等を通じ、候補者の学校現場での活動実績等についても十分に踏まえた上で選考[23]」することが要請されている。実際にSSWrとして勤務する者の所持免許・資格は、SSWr活用事業の開始当初は、教員免許保持者が多かったが、徐々に社会福祉士及び精神保健福祉士[24]の有資格者の占める割合が増加している[25]。SSWの専門資格としては、「スクール（学校）ソーシャルワーク教育課程認定事業」が2009年度から実施されている。この事業は、「学校現場において適切なSWを実践することができる実践力の高いSWrの養成」と、「社会福祉士等の職域拡大」を図ることを目的に[26]、日本ソーシャルワーク教育学校連盟が実施している。本事業におけるSSWの教育課程は、社会福祉士に上乗せする形で設計されおり[27]、社会福祉士資格の保持を前提としている。修了者には「スクール（学校）ソーシャルワーク教育課程修了証」が交付される。SSWr養成課程をおく大学等は2022年時点で64校となっており、徐々に増えているが、教育委員会の募集要件にSSW養成課程の修了が含まれている公募は多くはない。そのため、SSWrの資質向上に対してはすでにSSWrとして働いているものに対する養成講座や、自治体別の養成研修を実施する必要があると指摘されている[28]。

５．SSWの基本的特性

SWは人と環境に働きかけ、その相互関係を調整することによって、個人の生活問題の解決を目指す実践である[29]。SWのグローバル定義には「ソーシャルワークとは、社会変革と社会開発、社会的結束、および人々のエンパワメントと解放を促進する、実践に基づいた専門職であり学問である[30]」と規定されている。この定義からは、SWは人だけではなく、社会に働きかける実践であることが見て取れる。ここで強調されているエンパワメントとは、人はそれぞれ自分の生活を組み立てるパワーを持っており、そのパワーが発揮できない事態に対して、パワーを高めることによって、その人自身に生活する力を取り戻させようとすることである[31]。SWrがその働きかけの際に重視するのが「社会正義、人権、集団的責任、および多様性尊重の諸原理[32]」である。なかでも、人権と社会正義を擁護し支持することは、ソーシャルワークを動機づけ、正当化するものであるとされており、SWrが最も重視する価値であるということができる。これらSWの原則に加えて、SSWでは、子どもの権利条約における「子どもの最善の利益」を目指した子どもの権利擁護、すなわち子どものアドボカシーが重要な役割であるとされている[33]。

このようにみると、国家資格であるだけでなく、グローバル定義を持ち、それが国内の養成施設や専門職団体にも浸透しているSWは、専門職としての社会的・制度的基盤を有しているように思われる。他方で、社会福祉士の成立過程およびその後の資格制度の展開において、養成施設団体、研究者をも含む関係団体がロビー活動を展開して、職域を拡大し、教育課程の拡充を図り、その専門職としての地位を確立させようとしてきたことも事実である[34]。日本において後発の専門職としてその職域拡大を大きな課題としてきたSWは、資格としての優位性を保つために、SWの独自性を強調し、その専門性を強く主張する傾向がある。このような特徴は

「チーム学校答申」に整理された専門性に基づくチーム体制に親和的であり、SSW研究の多くは、SSWの根拠として、チーム学校答申を位置付けている[35]。これらの議論において注目されるのは、SWを基盤とするSSW論は、「教育」と「福祉」を専門分化させ、対比的にみる傾向が強いことである。つまり、多くのSSW研究では、SWの独自性や専門性を論じるために、「教育」と「福祉」を対比的に論じており、その対比の中にSSWの成立根拠を見出そうとしている[36]。これらはある種の学校教育批判であり、新たな教員批判へと発展する可能性も有している。

　以下では、これらSSWの特性を踏まえたうえで、SSWがチーム学校体制にどのような影響を及ぼすのか、整理検討したい。

6．SSWの専門性とアプローチ

　SWは、個人の問題を人と環境の社会的相互関係において発生するものととらえる「生活モデル」を採用している。この「生活モデル」は個人の問題は個人自身の問題（病理）を取り除くことによって解決するという「医学モデル」とは異なり、個人の問題を人と環境が相互に影響しあうシステムの中で発生しているものとしてとらえる「エコロジカル（生態学的）な視点」を持つという特徴がある。その際に、どの範囲・次元までを一つのシステムとして把握するのかによってSWが支援の対象とする範囲と支援対象が異なってくる。この支援対象の範囲と次元をSWでは主に、ミクロ、メゾ、マクロ、3つのレベルで捉えている[37]。

　表1の整理に基づけばSSWrは個人だけでなく、組織や制度にも働きかけを行うものであることがわかる。SSWrの業務の特徴として、生徒、家庭へのアウトリーチ（訪問・支援）が挙げられるが[38]、アウトリーチはミクロレベルの実践で採られることの多い手法の一つであり、アウトリーチだけがSSWではない。表1にあるように、SSWのメゾレベルアプローチには、学校組織を対象とした学校内におけるチーム体制の構築が含まれている。SSWにはメゾレベルの

表1　SWの三つの次元とSSWのアプローチ

システムのレベル	SSWのアプローチ	具体的な対象	具体例
ミクロ	個別事例へのアプローチ	本人、教員、家族、友人、クラスメート、近隣の人など	子ども・保護者・教職員に対する相談・支援・情報提供など
メゾ	校内システムの構築	学校と家族の関係、関係機関、学校内組織など	学校内におけるチーム支援体制の構築を目指したケース会議など
マクロ	学校を含めた地域における教育行政システム	教育委員会、自治体、地域社会など	地域レベルでのネットワーク会議への参加、相談体制作りへの関与など

出典）黒木保博、山辺朗子、倉石哲也編著『ソーシャルワーク』中央法規出版、2002年、29ページおよび、鵜飼孝導「スクールソーシャルワーカーの導入〜教育と福祉の連携の必要性〜」『立法と調査』No.249、2008年、60ページをもとに、筆者作成。

アプローチを含めることが必要であり、具体的にはケース会議とコアチーム会議の実施がメゾレベル実践であるとされている。ケース会議は「子どもの状態に包括的なアセスメント（見立て）を行い、解決に向けた目標決定と役割分担、プランニングを具体的に協議、決定する戦略的な会議であり、参加者と協働で作り上げていく[39]」ものであるとされている。

7．SSWrによるチーム体制構築の実態

　上述のように、SSWの専門性は、学校におけるチーム体制の構築を内包しており、SSWrが学校でSSWを進めることでチーム学校体制づくりが促進されると考えられる。しかし、文科省のSSWr活用事業では、SSWrの配置基準は週1回3時間にとどまっており、一校あたりにSSWrが関われる時間は多くはない。そのような中で、SSWrがその専門性をどれほど発揮できているかは不明確である。

　先行研究をみれば、SSWrが、限られた学校との関わりのなかで、教員への働きかけを通して、チーム体制の構築を行なっていることが明らかとなっている。例えば、高橋は、SSWrがコーディネーター教員に働きかけることで、チー

ム支援体制の発展を実現する過程を明らかにしている[40]。この事例では、コーディネーター教員等によって、すでに支援体制とそのネットワークが整えられており、生徒への支援ニーズが的確に捉えられていたと考えられる。そのため、SSWrはコーディネーター教員を通じて学校組織や既存のネットワークに関与することで、学校でのSSWを円滑に進めていくことができたといえる。他方で、支援体制が整えられていない学校では、SSWrはまず、管理職や生徒指導担当教員との協働を通してチーム体制構築に繋げる過程が整理されている[41]。このような場合もSSWrは生徒支援に取り組もうとする動機の高い教員への働きかけを通して、学校でのチーム体制の構築をうながしていた。加えて、それらSSWrの教員への働きかけには、教員が新たに福祉的支援の知識・技法を身につけることを目指すものも含まれている、との指摘があり[42]、SSWr活用事業はSSWrの教員への働きかけによる教員の資質向上という側面も有している[43]。実際のSSWr活用事業では、コーディネーター教員など、キーパーソンとなる教員への働きかけがもっとも重要であるということが多くの先行研究で指摘されているところであり[44]、チーム体制の構築にとっては、力のあるコーディネーター教員の存在と、その的確な配置や必要な権限の付与を行う学校マネジメントが最も重要であることも指摘されている[45]。

8. SSW 導入の政策的意図と教員

このように、SSWrによるチーム体制構築の実態をみれば、学校におけるSSWの活用が教員中心の支援体制を大きく変えるほどのインパクトを持っていないことが明らかになってくる。

そもそも、SSWrは、限られた自治体による先駆的な担い手によって開始され、その後、いじめや不登校への対応、東日本大震災における家庭環境の変化への対応、貧困問題への対応などで、注目されるようになった。SSWはこれらの実績がありつつも、2008年に財務省からの逆提案によって、活用事業が開始され、例年15億円

もの国庫補助を受けて事業が実施されるようになった。この背景には、学校組織の多職種構成化に対する、財務論上のポリティクスの存在が指摘されている[46]。つまり教員定数にSCr、SSWrを含み込む形で教職員数の維持を図りたい[47]という狙いである。このような背景によって、2015年のチーム学校答申および、2017年の学校教育法施行規則改正を通して、SSWrが学校職員として位置付けられた。さらに、2019年の中央教育審議会答申「新しい時代の教育に向けた持続可能な学校指導・運営体制の構築のための学校における働き方改革に関する総合的な方策について」において、「支援が必要な児童生徒・家庭への対応」が「教師の業務だが、負担軽減が可能な業務」として位置付けられ、SSWの活用による教員の負担軽減という政策の方向性が明確になった。

しかし、本論で見たように、実際のSSWrの活動は教員への働きかけを通した教員による支援体制構築の「支援」にとどまるため、政策的に目指されたSSWrの活用による負担軽減が目に見える形で進むことは難しい。現に、2020年に行われた、総務省の「学校における専門スタッフ等の活用に関する調査」においては、SSWの活用が十分ではないことが指摘されている。同報告書によれば、授業支援や特別支援教育への支援を行う他の専門スタッフの活用は効果的に進められているのに対し、SCおよびSSWの活用のみが十分に進んでいないと評価されている[48]。

このように、政策的な方向性に対して、SSWr活用の十分な効果が示せていないなかで、文部科学省はSSWr活用の有効性を示そうとする取り組みを進めている。例えば、毎年作成する「SSWr活用事例集」において、SSWr活用の成功事例をより具体的に掲載したり、委託研究によって、SCおよびSSWの常勤化の有効性を示そうとしたりしている[49]。しかし、これらの事例収集・調査研究は、SSWrの活用効果のエビデンスを得ることが目指されるばかりに、SSWrと教員との協働の実態、特に教員が生徒支援の

ためのチーム体制構築に寄与している側面や、その体制の中で、教員の福祉的支援の知識・技能が高められている点にはほとんど注目されていない[50]。

このような政策的な方向性と、現実の学校での実践のギャップは、チーム学校体制構築に関する教員の役割を潜在化させることにつながり、コーディネーター教員をはじめとする生徒支援を担う教員の役割や力量を後景に退かせることとなっている。

9.「チーム学校」および「学校の福祉的機能の向上」政策と SSW

このように、SSWの政策的な方向性と教員の役割・力量の後景化について、「チーム学校」政策および「学校の福祉的機能の向上」政策に関する先行研究に照らし合わせながら、問題点を整理したい。

安藤によれば「チーム学校」が分業による多忙化を解消するという発想の背景には、教育問題を要素に分解し、それぞれの仕事を各専門スタッフが担当するというロジックがあるといい、これを「要素還元的個人主義」と整理している[51]。この要素還元的個人主義は、SWの専門性と独自性の主張に適合的である。すなわち、「教育問題は教員」に「福祉問題はSSWr」に、とすることが、学校で福祉問題に対応するSSWrの必要性や正当性の根拠となり、SWの職域拡大につながるからである。他方で、教員の負担減を志向する働き方改革のなかで、教員がこれまで担ってきた（福祉的支援も含まれる）生徒支援の重要性を主張することは難しい。結果として、学校における「教育と福祉」は分業的な志向を付加されながらも、現実には分業体制をとることはできず、福祉的（SW的）な力量を付加的に教員に求めるという矛盾した状況をもたらしているといえる[52]。

さらに、安藤は、「チーム学校」政策論は、「半ば教師の善意によって暗黙理に担われてきたシャドウワークを、明確に学校の職務範囲として内部化する動きである」と述べている。このような

なかで、SSWrの活用は、学校教員の善意による福祉的支援を、SSWrに移譲し、あらたな学校における福祉の実践を創造しようとするようにもみえる。実際にも、不登校や家庭への支援などでSSWrが対応する件数は増えている[53]。このことは、教員の善意による福祉的支援の削減につながっているのだろうか。

そもそも、SSWrの業務は、教員がこれまで担ってきた業務であるということが指摘され、それらの業務をSSWrが肩代わりするかのように論じられることもある。しかし、SSWは学校に対して外部性を有しており、学校を子どもに関係する機関のひとつとしてみている。SSWは学校を、就学後に子どもを全数把握できる唯一の機関であるとし、支援対象となる子どもの発見（スクリーニング）機会として、他に類をみない重要な機関として位置付けている[54]。これは、学校を「子供の貧困対応のプラットフォーム」とする子どもの貧困対策の目的にも沿っており、学校でのSSWrによるチーム体制の構築（ケース会議の実施）によって定式化したスクリーニングが実施されようとしている[55]。このような動きは、安藤が指摘した、教員のシャドウワークの内部化、さらには、誰でも支援ができるようになることを志向しているという点で、教職の非プロフェッション化につながるものでもある[56]。

しかし、より踏み込んで検討を進めてみれば、このような定式化は単純な非プロフェッション化を進めるものではないことも指摘できる。例えば、スクリーニングは教員にとっては、子どもを「ふるい分け」、「手に負える子ども」と「手に負えない子ども」を峻別する。その「手に負える」範囲は、教員によって異なる。このように、スクリーニングによって、教員個人の教育の力量が組織の中で顕在化し、教員個人の福祉的知識・技能（例えばインクルーシブな学級運営や、多様な特性に対応した学習指導の力量、保護者とのコミュニケーションの的確さなど）の向上の必要性が可視化されるという側面もあるだろう。

10. SSW政策における教員の教育的力量の射程

　学校の福祉的機能に関する政策に対しては、現場の教員が行なってきた福祉的な役割を「簒奪」するかたちで政策化された側面があると指摘されている[57]が、SSW活用事業によって求められるようになった学校の福祉的機能も、SWに親和的な一部が取り出され、定式化されており、これまで教員が子どもの福祉において果たしてきた役割の本質を捉えたものではないといえる。

　学校におけるスクリーニング機能についてみれば、これまでも、教員が子どものさまざまな問題を発見し、改善に繋げてきた実績がある[58]。しかし、教員の福祉的実践は、学校での教育実践の範囲内で、子どもたちの様々な課題を乗り越えてきたことにある。今日でも、外国にルーツを持つ子どもや、子どもの性自認、認知・行動特性の多様性に対する合理的配慮について、教員がさまざまな工夫を行い、多くの児童・生徒に対応できる学校教育の実践に取り組んでいる。いうまでもなく、このような実践それ自体が福祉的視点を多分に含むものであり、教員の教育的力量に含まれるものである。このような教員の教育的力量に含まれる福祉的視点は、学校において教員が担ってきた福祉的機能が「簒奪」された後、SSWr活用事業や貧困対策として、政策化された際にはすっかり姿を消している。これは、教員を子どもの福祉の担い手とすることがSSWrの必要性の低下につながり、専門スタッフも含めた教職員定数の確保に不利であるという財務理論上の問題や、教員を福祉の担い手とすることが働き方改革に逆行するという事情があると考えられる。また、スクリーニング機能などSWからみた学校の優位性のみを掬い取って政策化したという側面もあるだろう。今後、SSWrの活用実績の喧伝や増員が行われれば、このような、教員の教育的力量に含まれる福祉的視点はますます隠蔽されることとなるだろう。

11. 教員の教育的力量における福祉の視点の重要性

　このような状況において、教員の教育的力量に含まれる福祉的な視点を、教員の専門的力量として位置付け、可視化することが必要となっている。以下では、その前段階の作業として、教育福祉の観点から、教員の教育的力量に含まれる福祉的な視点の意義について整理する。

　教育福祉とは、「今日の社会福祉とりわけ児童福祉サービスのなかに、実態的にはきわめて曖昧なままに放置され、結果的には軽視され剥奪されている子ども・青年さらに成人の学習・教育権保障の体系化を目指す概念」である。教育福祉の概念は、「福祉の名の下に子どもの学習・教育の権利は軽視され、教育の名の下に子どもの福祉は忘れ去られて」いる実態からの問題提起に基づき、教育学と社会福祉学に修正を迫るという実践的な側面をもっている[59]。2000年代までの教育福祉問題は、主に社会福祉の対象となる子どもの教育の権利の剥奪にあった。重い障害をもつ子どもの就学猶予の見直しなどが代表的だが、教育福祉の問題はそれだけではない。例えば、児童自立支援施設（旧教護院）における公教育の実施は、1997年の児童福祉法改正まで実施されておらず、不良行為の恐れがあるとされた子どもの学校教育を受ける機会は十分に保障されてこなかった[60]。これらの子どもたちは、公立学校に学籍をおきつつも、卒業認定の拒否、所属クラスがない、卒業アルバムから外される、など、様々な不利益を被っていた。児童自立支援施設は、現在では、様々な理由で家庭での生活に困難がある子どもも入所するようになっているが、教護院時代の性向改善のための鍛錬的な指導の名残があり、職員と教員との意識の違いが今日的な課題となっている[61]。また、昨今では、児童相談所における一時保護環境下において、子どもたちの生活に様々な制約が課せられていることが問題となっている。児童相談所では、生活だけでなく、子ども同士の会話にも厳しい制限がかけられるな

ど、保護の名の下に、子どもが育ち、学ぶための十分な環境が整えられていない[62]。このような社会福祉における子どもたちの学習権の軽視は、子どもたちにとって人権に関わる問題である[63]。しかし、児童虐待に関しては、教員にも守秘義務が課せられ、児童相談所に入所していること自体を知らないこともあるなど、社会福祉サービスの中での子どもの状況について教員が知る機会はほとんどない。

このように社会福祉のなかにある子どもの学習権の軽視・剥奪状況をみれば、子どもに関することを社会福祉に全権委任することの問題が明らかとなってくる。浅井は子ども政策の福祉への傾倒を「子どもの権利の考え方を保護的なものにしている」と批判し、子どもを十分な権利主体として位置付けることが必要だと述べている[64]。そのような点で、子どもの人権の中心である学習権の保障を担う教員の重要性が浮かび上がる。もちろん、社会福祉による支援を必要とする子どもは存在するが、それは子どもの学習権を否定するものではない。教員は社会福祉サービスの必要な子どもの学習に関しても的確に判断、指導、助言ができるはずであり、教員以外にそれらを担える専門職は存在せず、これこそが専門性にもとづく社会福祉との協働である。このように、子どもの学習権を擁護・代弁するためには、教員もまた子どもをとりまく社会福祉の制度・法律・実態について知り、教育と福祉、双方の観点をもち、福祉的視点を含めた教育的力量の向上を目指す必要がある。これらは学校教育の改善と表裏一体のものであり、教育学の本質的な問題としてとらえることができる。

12. まとめ

教育福祉論が提起するのは、教育と福祉の不可分性である。その不可分性を意図的・無意図的に引き受けてきた日本の教員の実践は、SSWrによるチーム学校体制、働き方改革を通して、潜在化しつつある。しかし、社会福祉サービスを必要とする子どもの学習権保障の重要

性は増しており、子どもの学習権を保障する教員の重要性もまた増している。実際の現場でも、コーディネーター教員の活躍に顕著なように、学習権の観点から福祉的支援の知識・技法を積極的に取り入れ、新たな福祉的専門性を形成しつつある教員も存在している[65]。また、福祉の専門性と教育の専門性を併せ持つ高等学校の福祉科の教員の優れた実践も見過ごせない[66]。これら、教育と福祉の結節点に立つ教員の実践に注目し、福祉的な専門性を含みこむかたちで、教員の教育的力量を把握することがますます重要となるだろう。

注

(1)山野則子『エビデンスに基づく効果的なスクールソーシャルワーク』明石書店、2015年。

(2)山下英三郎『子どもにえらばれるためのスクールソーシャルワーク』日本スクールソーシャルワーク協会、学苑社、2016年。鈴木庸裕『スクールソーシャルワーカーの学校理解』ミネルヴァ書房、2015年。鈴木庸裕、野尻紀恵『学校でソーシャルワークをするということ』学事出版、2018年など。

(3)山田恵子『スクールソーシャルワークの実践と理論　教育困難家庭の不登校児の学習権保障をめぐって』明誠書林、2022年。

(4)宮野澄男、潮谷有二、奥村あすか、吉田麻衣「スクールソーシャルワーカーの法的整備に関する一考察―『チーム学校』における教員との連携・分担を多職種連携の立場から―」『純心人文研究』第24号、長崎純心大学、2018年、83〜104ページ。髙橋賢充「スクールソーシャルワーカー養成に関する現状と課題」『身延山大学仏教学部紀要』第21号、2020年、17〜29ページ。など

(5)吉田志保「スクールソーシャルワークにおけるシステム構築の必要性について　〜新型コロナ（COVID-19）禍における就労支援〜」『佐野日本大学短期大学研究紀要』第33号、2022年、47〜63ページ。

(6)徳広圭子「スクールソーシャルワークにおけるスーパービジョンに関する研究―より効果的

な教育相談をめざして一」『岐阜聖徳学園大学教育実践科学研究センター紀要』第17巻、2018年、321〜327ページ。大熊信成「学校ソーシャルワークにおける課題とスーパービジョンシステムの必要性について」『佐野日本大学短期大学研究紀要』第32号、2021年、77〜87ページ。など

(7)渡邊隆文「学校教育現場におけるスクールソーシャルワーカーが抱える困難―スクールソーシャルワーカー間の連携・協働関係に焦点を当てて」『学校ソーシャルワーク研究』　第13号、2018年、72〜82ページ。西野緑「子ども虐待に関するスクールソーシャルワーカーを含めたチーム学校の支援―スクールソーシャルワーク実践における子ども・家庭・学校の変化―」『学校ソーシャルワーク研究』第13号、2018年、83〜96ページ。池田敏「我が国のスクールソーシャルワーカーによるアウトリーチ実践に関する調査研究―参加型評価を活用したスーパービジョンモデルの形成』『学校ソーシャルワーク研究』第16号、2021年、14〜28ページ。高橋味央「スクールソーシャルワーク制度の普及過程とその動態―先駆的自治体の事例を対象とした探索的研究―」『学校ソーシャルワーク研究』第16号、2021年、44〜57ページなど。

(8)日本教育経営学会においては、紅林寿幸「心理や福祉に関するスタッフの専門性をめぐる研究動向」『日本教育経営学会紀要』第60号、2018年、268ページ、の問題提起ののち、課題研究が実施され、その成果が「課題研究報告：日本型教育経営システムの有効性に関する研究：新たな学校像における教育の専門性（3）」『日本教育経営学会紀要』第61号、2019年、108〜129ページ、にまとめられている。

(9)末富芳編著『子どもの貧困対策と教育支援 よりよい政策・連携・協働のために』明石書店、2017年。山田恵子「スクールソーシャルワークと不登校」『教育』旬報社、2022年など。

(10)文部科学省初等中等教育局長決定「スクールソーシャルワーカー活用事業実施要項」2013年（2023年改正）、その職務内容は「①問題を抱える児童生徒が置かれた環境への働き掛け、②関係

機関等とのネットワークの構築、連携・調整、③学校内におけるチーム体制の構築、支援、④保護者、教職員等に対する支援・相談・情報提供、⑤教職員等への研修活動」の5点に整理されている。

(11)内閣府「子供の貧困対策に関する大綱〜日本の将来を担う子供たちを誰一人取り残すことがない社会に向けて〜」2014年、8ページ。

(12)教育相談等に関する調査研究協力者会議「資料3　SSWガイドライン（素案）」2015年、および、山野則子『エビデンスに基づく効果的なスクールソーシャルワーク』明石書店、2015年、65〜67ページ。

(13)文部科学省初等中等教育局児童生徒課「スクールソーシャルワーカー活用事業に関するQ&A」2023年。

(14)倉島徹「スクールソーシャルワーカーの立場から」『学校メンタルヘルスガイドブック』日本学校メンタルヘルス学会編、大修館書店、2017年、54〜59ページ。

(15)同注(13)。

(16)公益財団法人社会福祉振興・試験センター「登録者数の資格種類別〈年度別の推移〉」（https://www.sssc.or.jp/touroku/pdf/pdf_tourokusya_graph_r04.pdf　最終閲覧　2023/05/29）

(17)公益財団法人社会福祉振興・試験センター「社会福祉士・介護福祉士・精神保健福祉士の『就労状況調査』（速報版）について」2022年7月。

(18)山下英三郎「ソーシャルワークの基本原理」『子どもにえらばれるためのスクールソーシャルワーク』日本スクールソーシャルワーク協会編、学苑社、2016年、16ページ。

(19)同注(14)。

(20)社団法人日本社会福祉士会編集『新 社会福祉援助の共通基盤』中央法規、2004年、ⅷページ。

(21)牧野晶哲「スクールソーシャルワーカー養成の現状と課題』『指導と評価』日本図書文化協会、2020年、40〜42ページ。

(22)同注(13)。

(23)同注(13)。

⑭精神保健福祉士は社会福祉士を基礎資格とした精神保健に特化したソーシャルワーカーであるが、その取得者の6割は社会福祉士を保持している。

㉕同注⒀。

㉖社団法人日本社会福祉士養成校協会「社会福祉士等ソーシャルワークに関する国家資格有資格者を基盤としたスクール（学校）ソーシャルワーク教育課程認定事業の創設について」2009年、2ページ。

㉗具体的には、専門科目群（合計230時間、うち80時間は教育委員会等での実習）、教育関連科目群（合計60時間）、さらに追加科目群（合計30時間）の履修が定められている。教員養成課程の科目にあたる教育関連科目が設定されてはいるが、その必要時間数は60時間と多くはない。

㉘同注㉑。

㉙同注⒇。

㉚日本ソーシャルワーカー連盟「ソーシャルワーク専門職のグローバル定義」（https://jfsw.org/definition/global_definition/　最終閲覧　2023/07/19）

㉛黒木保博、山辺朗子、倉石哲也編著『ソーシャルワーク』中央法規出版、2002年、108〜109ページ。

㉜同注㉚。

㉝西野緑「『チーム学校』に活かすスクールソーシャルワークの視点と方法」　大塚美和子ほか『「チーム学校」を実現するスクールソーシャルワーク』（第1章4節）、明石書店、2020年、25〜26ページ。

㉞白旗（京須）希実子「社会福祉士―国家資格制度による量的統制（第11章）」橋本鉱市ほか『専門職養成の日本的構造』玉川大学出版部、2009年、204〜222ページ。

㉟例えば、大塚美和子、西野緑、峯本耕治『「チーム学校」を実現するスクールソーシャルワーク　理論と実践をつなぐメゾ・アプローチの展開』明石書店、2020年などは、全体を通して、チーム学校とSSWのメゾ・アプローチをほぼ同義のものとして位置付け、その推進を目指している。

㊱例えば、養成課程を担当する大学の教員が教育と社会福祉の専門性の隔たりを強調するものなどがある（日比眞一「大学院修士課程にスクールソーシャルワーク教育課程を設置する価値についての一考察」『東北公益文化大学総合研究論集』第41号、2021年、47〜70ページ）。

㊲黒木保博、山辺朗子、倉石哲也編著『ソーシャルワーク』中央法規出版、2002年、2〜30ページ。

㊳同注⒁、55〜56ページ。

㊴大塚美和子、西野緑、峯本耕治『「チーム学校」を実現するスクールソーシャルワーク　理論と実践をつなぐメゾ・アプローチの展開』明石書店、2020年、42ページ。

㊵高橋味央「スクールソーシャルワーク制度の普及過程とその動態―先駆的自治体の事例を対象とした探索的研究―」『学校ソーシャルワーク研究』第16号、2021年、44〜57ページ。

㊶同上、51ページ。

㊷佐々木千里「人と人とをつなぐ専門職―相手の気づきに働きかける秘訣―」鈴木庸裕、佐々木千里、住友剛『子どもへの気づきがつなぐ「チーム学校」―スクールソーシャルワークの視点から』（第2章）かもがわ出版、2016年、54ページ、では、SSWrが教員とのやりとりを通して福祉的知識・技法の獲得を促す様子が整理されており、SSWrによるケース会議を教職員自身のアクティブ・ラーニングの場だととらえている。また、「学校に福祉的支援のノウハウを根付かせることが大切」「スクールソーシャルワーカーに学校を変えてもらうのではなく、教職員がスクールソーシャルワークの専門性を借りて（学校を）変える」という指摘もある（大崎広行「基調講演（要約）」熊坂聡「2019スクールソーシャルワークに関する公開研究会報告〜教員がスクールソーシャルワーカーをどう活用できるか〜」『宮崎学院女子大学発達科学研究』21巻、2021年、109〜116ページ）。

㊸鵜飼孝導「スクールソーシャルワーカーの導入〜教育と福祉の連携の必要性〜」『立法と調査』280号、2008年、では、SSWrによる教員への

働きかけが、教員の資質向上にもつながるという整理がなされている。

(44)西野緑「メゾレベルの実践―校内における『チーム学校』づくり」大塚美和子、西野緑、峯本浩司『「チーム学校」を実現するスクールソーシャルワーク』（第2章3節）明石書店、2020年、55ページ。大塚美和子「スクールソーシャルワーカーの配置と保護者ケース会議の導入がもたらす校内支援体制の変容―コーディネーター教員を対象にしたインタビュー調査から―」『神戸学院総合リハビリテーション研究』第18巻、第2号、神戸学院大学総合リハビリテーション学会、2023年など。

(45)野村ゆかり「『子どもの貧困』緩和に向けた学校の役割と課題―スクールソーシャルワーカーを中心としたチームプロジェクトの可能性―」『日本教育経営学会紀要』第61号、2019年、89ページ、では、教頭によるマネジメントなくしてはSSWによるチーム体制構築が難しいと指摘されている。

(46)安藤和子「『チーム学校』政策論と学校の現実」『日本教師教育学会年報』第25号、2016年、27ページ。

(47)加藤崇英「『チーム学校』議論のねらいと射程」『学校経営研究』第41巻、2016年、3〜4ページ。

(48)総務省行政評価局「学校における専門スタッフ等の活用に関する調査　調査報告書」2020年、37ページ。

(49)令和2年度文部科学省委託調査「『スクールカウンセラーおよびスクールソーシャルワーカーの常勤化に向けた調査研究』報告書」2021年3月（調査研究業務受託者：大阪府立大学山野則子研究室）。

(50)そればかりでなく、SSWrの配置形態による業務の違いや、教員との役割分担の実態にほとんど触れておらず、実態の把握につながる基礎的情報すら十分に収集されていない状況にある。

(51)同注(46)、18ページ。

(52)同注(42)の「スクールソーシャルワーカーに学校を変えてもらうのではなく、教職員がスクールソーシャルワークの専門性を借りて（学校を）

変える」との大崎の指摘は、SSWr活用事業における教員に求められる新たな専門性を顕著に表している。

(53)注(13)。

(54)山野則子『エビデンスに基づく効果的なスクールソーシャルワーク』明石書店、2015年、18〜37ページ。鈴木庸裕『スクールソーシャルワーカーの学校理解　子ども福祉の発展を目指して』ミネルヴァ書房、2015年、55〜57ページ。

(55)同注(49)。

(56)同注(51)、26〜34ページ。

(57)山崎智子「教育改革のジレンマの中にいる日本の教員―コロナ禍における教育政策の分析から―」『比較教育学研究』第66号、日本比較教育学会、2023年、80〜93ページ。

(58)例えば、無保険の子に気付いた養護教諭や、朝食欠食から貧困に気づく栄養教諭などは、スクリーニングの機能を果たしてきた。

(59)小川利夫、髙橋正教『教育福祉論入門』光生館、2001年、3ページ。

(60)小林英義『児童自立支援施設の教育保障―教護院からの系譜―』ミネルヴァ書房、2006年、8〜37ページ。

(61)同上、95ページ。

(62)岩村雅雄、藤森弘子「教育と福祉の連携について：児童相談所一時保護所での学習指導を通して」『鳴門教育大学学校教育研究紀要』第36巻、2022年、34ページ。

(63)例えば、2022年の国連障害者権利条約委員会の日本への勧告は、特別支援教育の中止という衝撃的なものであったにも関わらず、教育学・学校関係者の受け止めは穏やかなものであった。このことにも典型的なように日本における子ども、特に障害や貧困など社会福祉サービスのもとにある子どもの人権に関する教育関係者の意識は相当低い状況にある（本件については窪島務「日本におけるインクルージョンの現実と障害児教育の再構築」『教育』教育科学研究会、No.929、2023年、5〜13ページ、に整理されている）。

(64)浅井幸子「子どもの権利を基軸とした子ども

政策の総合化─教育と学びの観点から」『学術の動向』27巻6号、2022年、6〜26ページ。

⒂高岩千尋「ユースソーシャルワーカーと連携した生徒・保護者・教員の支援体制強化について」『第59回東京都公立高等学校定時制通信制教育指導体験発表会発表要旨』2023年。

⒃大阪府立西成高校で首席として支援体制の中核を担う森教諭は福祉科の教員であり、福祉と教育を架橋・融合する実践を展開している。山田勝治、森ゆみ子「高等学校における教育と福祉の連携について〜西成高校の挑戦〜」季刊『児童養護』Vol.52、No.3、34〜37ページ。

ABSTRACT

Deployment of School Social Work and Role of Teachers in the Policy of "School as a Team"
——Focusing on Welfare Expertise in Teachers' Educational Competencies——

TAKIMOTO Chika
(Kyoto Prefectural University)

Since the 2010s, expertise-based team systems have been implemented in schools to address diverse student problems. The introduction of school team systems and collaboration with professionals aimed to alleviate the consequent burden on teachers. Among these professionals, school social work is positioned as a profession that deals with children's welfare issues, such as poverty and truancy.

This study conducted an analysis to ascertain how teachers were affected by working with school social workers.

First, it examined the fundamental characteristics of school social work and the role of school social workers in constructing a school team system. It was found that school social work expertise included the function of building team-based school systems. However, the social workers' practice of building school team systems was limited to supporting teachers in developing the system.

Second, it investigated the policy positions of school social workers and explored the relationship between school social workers and teachers. Furthermore, the positioning of school social work and teachers in policies related to the "school as a team" and the "welfare functions of schools" were examined.

These examinations revealed that the utilization of school social work does not fully alleviate the burden on teachers and teachers' practices in providing welfare support to students latent.

Finally, to address this situation, this study emphasized the importance of understanding the actual state of welfare expertise within teachers' educational competence from the perspective of educational welfare.

Keywords：School social work, educational welfare, school team systems, educational competence of teachers, welfare functions of schools

キーワード：スクールソーシャルワーク、教育福祉、チーム学校体制、教師の教育的力量、学校の福祉的機能

スクールロイヤーと教職・教育関連専門職の あるべき連携協働

——岐路に立つスクールロイヤー制度——

松原　信継（愛知工業大学客員教授）

はじめに

本論文において筆者に与えられたテーマは、教育関連専門職と教職との学校内外における連携・協働の現状及び課題について考察することである。同時にまた、このような専門職の養成の現状と改革課題を明らかにすることも求められている。ところで、ここで筆者が考察の対象とする専門職はスクールロイヤー（以下、SLと記す）と呼ばれる人々である。それは、弁護士という身分をもち、教職とは直接には関わらない弁護士法という制定法によって規律される専門職である。スクールカウンセラー（以下、SC）やスクールソーシャルワーカー（以下、SSWr）とは異なり、学校教育法関係の法規にその活動の根拠はない。弁護士法第1条によれば、「弁護士は、基本的人権を擁護し、社会正義を実現することを使命」としている。また、弁護士は、同法第25条によって、いわゆる「利益相反」と呼ばれる行為を行ってはならないとされている。さらに、弁護士は日本弁護士連合会（以下、日弁連）に登録し、その会則を守り（同法22条）、会則に記された弁護士道徳に従わなければならないことになっている。その会則の一か条には「弁護士の本質は、自由であり、権力や物質に左右されてはならない。」（同会則15条）とあり、依頼者との関係については、弁護士職務基本規程（会則第70号）第20条に「弁護士は、事件の受任及び処理に当たり、自由かつ独立の立場を保持するように努める。」と記されている。

このように、SLとの専門職連携を考えるにあたっては、まず第一に、その連携相手が高い規範性—基本的人権の擁護と社会正義の実現—と、独立性—依頼者からの自由、独立—をもった人々であることを理解しなければならない。

それにしても、このような性格をもったSLと教職その他の教育関連専門職（以下、教職等と称する）は、いったい何のために、どんな目的をもって連携するのであろうか。この肝心な問いの考察抜きには、連携の効果も、そのための制度構築も意味をなさないであろう。まずはこの問題について検討したい。

1. 子どもの権利をまもるスクールロイヤー

(1)「学校・教師をまもる」SLから「子どもの成長発達をはかる」SLへ

次頁の**表1**は、弁護士の間宮静香氏（愛知県弁護士会）が作成したSLが導入されるに至った経緯をまとめた表である。表からは、SLに求められる役割の中心が、保護者からの過剰な苦情や不当な要求に対する教員の負担軽減にあったことが読み取れるが、SLの定義もそれに沿ったものであったろうか。実のところ、文科省からは、「学校で生じる問題に対し法的相談、法的助言を行う弁護士」という以上に踏み込んでSLの定義がなされたことはない。後述するように、顧問弁護士とスクールロイヤーの違いも必ずしも明確とは言えない。

これに対し、日弁連では、『「スクールロイヤー」の整備を求める意見書』（2018年、以下、『意見書』）のなかで、次のように明確にSLの定義

表1　スクールロイヤー導入の経緯[(1)]

時期	見解等の主体	SLに求めるもの
2013年2月	教育再生実行会議「いじめの問題等への対応について（第一次提言）」	いじめ対応
2013年10月	文科省「いじめ防止等のための基本的な方針」	いじめ対応
2015年12月	中教審「チームとしての学校の在り方と今後の改善方策について」	保護者の不当な要望等への対応、学校・教員の負担軽減
2017年12月	文科大臣決定「学校における働き方改革に関する緊急対策」	保護者からの過剰な苦情や不当な要求等への対応、学校・教師の負担軽減
2019年	文科省概算要求「いじめ防止等対策のためのスクールロイヤー活用に関する調査研究」	いじめ予防教育、法的相談、法令に基づく対応
2019年1月	中教審「学校における働き方改革に関する総合的な方策について」	保護者からの過剰な苦情や不当要求、児童を取り巻く問題への法的助言、教師の負担軽減
2019年3月	関係閣僚会議	児童虐待防止・対応に関する体制強化
2020年1月	文科省初等中等教育長事務連絡	虐待、過剰要求、学校事故対応等
2020年12月	「教育行政に係わる法務相談体制構築に向けた手引き」（第1版）	虐待、いじめ、保護者の過剰な要求、教職員の負担軽減

をおこなっている。

「裁判になってから関わるのではなく、むしろトラブルが予測されそうな段階から、学校の相談相手としての立場で、子どもの最善の利益の観点から、教育や福祉、子どもの権利等の視点を取り入れながら継続的に助言する弁護士」

この定義の特色は、法的観点とともに、教育や福祉、さらに、子どもの権利の視点を取り入れているところにある。『意見書』は、学校は「子どもの権利を実現する最も基本的・中心的な役目を担うものである。」とも述べている。このように、日弁連のSLは子どもに焦点をあてている。

興味深いことは、上記表中の『教育行政に係る法務相談体制構築に向けた手引き（文科省）』(以下、『手引き』) の第2版（2022年3月発行）には、「学校・教育委員会と弁護士とで共通理解を図っておくべき事項」として、第1版にはない以下の二つの留意事項が追記されていることである。

a）学校や教育委員会と子供・保護者との関係は継続的なものであることに留意すること。むやみに対立したりすることは適切ではない。

b）法的な観点に加え、子供の全人的な発達・成長を保障するため、子供本人の発達特性や家庭の経済的・社会的環境等に配慮した対応を行うこと。問題の解決にあたって子供の意見をよく聴く機会を持つ等、教育的・福祉的な観点を踏まえた検討が必要である。

こうした動きを見ると、文科省が意図するSL像が、2022年頃を境に、それまでの「保護者の過剰要求から学校や教師をまもる」ものから、「子どもの意見を聴きながら、子どもの発達や成長を図る」ものへと変化してきていることがわかる。いまだ文科省は、SLに関して「子どもの権利」という言葉を用いてはいないが、次第に日弁連の定義に近づきつつあるように思われる。

しかし、両者には重要な点で違いがある。日弁連の『意見書』によれば、スクールロイヤーは「学校側の代理人となって対外的な活動を行うものではない。」なぜなら、「学校側の代理人になって保護者と対峙する立場に立つことになれば、学校に通っている子どもとの関係が混乱し、子どもの最善の観点から極めて難しい問題が生じる」からである。この点で、日弁連は、SLと教育委員会の顧問弁護士とを明確に区別している。これに対し、文科省は、『手引き』の第2版においても、その業務内容・分野に関して、「助言・アドバイザー業務」に加えて「代理・保護者との面談への同席等」を挙げている。『手引き』によれば、「弁護士が代理に入るか否かは慎重に検討すべき」ものであるものの、「弁護士が学校や教育委員会の立場に立った代理人として直接保護者等とやりとりをすることが適切な事案」もあるとされている。もしSLが学校の代理人として保護者の前に立つならば、学校現場からの要望が強い、調停的な方向でSLが子どもや保護者から直接に話を聴くことは困難になるだろう。

⑵こども基本法の制定とスクールロイヤー

　周知の通り、本年4月から、こども基本法が施行されることになった（成立は2022年6月）。この法律には、第3条において、「全てのこどもについて、個人として尊重され、その基本的人権が保障されるとともに、差別的取扱いを受けることがないようにすること。」（第1号）、「全てのこどもについて、適切に養育されること、その生活を保障されること、愛され保護されること、その健やかな成長及び発達並びにその自立が図られることその他の福祉に係る権利が等しく保障されるとともに、教育基本法の精神にのっとり教育を受ける機会が等しく与えられること。」（第2号）、「全てのこどもについて、その年齢及び発達の程度に応じて、自己に直接関係する全ての事項に関して意見を表明する機会及び多様な社会的活動に参画する機会が確保されること。」（第3号）、「全てのこどもについて、その年齢及び発達の程度に応じて、その意見が尊重され、その最善の利益が優先して考慮されること。」（第4号）などがこども施策の基本理念として規定されている。また、これを受けて、地方公共団体も、これらの基本理念にのっとったこども施策を策定し、実施する責務があるものと定められている（同法第5条）。こども基本法は学校教育を含むものであると解されることから、今後、教育関係者においては、速やかに、学校における子どもの権利擁護に向けた取り組みが必要となるが、SL制度はその政策の柱とならなければならないだろう。なぜなら、わが国においては、条例によって設置された子どもの権利擁護委員制度を除けば、SL制度以外にこども基本法に実効性を持たせるような仕組みが存在しないからである[2]。この意味で、SLの意義と役割は、同法の制定を機に「子どもの権利をまもる」方向へと大きく舵をきったと筆者は捉えている[3]。本稿で検討するSLと教職等との連携の目的についても、同法の存在を前提に考察することが必要になったと言えよう。

2．チーム学校とスクールロイヤー

⑴外部性の確保を望むスクールロイヤー

　連携という場合、SLに関しても「チーム学校」の考え方が一つの指標になるだろう。筆者らは、2020年3月から5月にかけて、SLを導入している全国の教育委員会（以下、教委）・学校・SL担当者の三者に対して質問紙法による調査を実施した[4]。そのなかに「チーム学校」に関するいくつかの項目がある。ここでは、同アンケートの中の特にSLからの回答をもとにして連携に関する弁護士サイドの意識を検討してみたい。

　「チーム学校」が登場したのは、2015年の中教審答申「チームとしての学校の在り方と今後の改善方策について」であったが、そこにはSLという言葉はなく、「チーム学校」と関係機関との連携・協働という文脈において法律家の活用が謳われたのであった。ただし、同答申においては、「学校の教職員が弁護士の専門的な知見を聞けるような仕組みを教育委員会が構築する」ことを勧める、のちのSL制度につながる提案はなされているものの、法律家を「チーム学校」のメンバーとしてうち出しているわけではない。これは、「チームの一員であるという意識」が求められ、また、「学校の仕組みや教員の文化等に関する理解」が必要とされているSCやSSWrなどの専門スタッフとは大きく異なる点である（『答申』16頁）。

　実際、アンケートを見ても、「チーム学校の一員としての意識はありますか」というSLへの質問に対し、その63.6%が否定的回答（「あまりない」「まったくない」）と答えている。理由として、「教委が相談ケースをスクリーニングしており、学校との間に教委が挟まるから」「そもそも関係業種間で意見交換や意思疎通の機会がほとんどないから」等が記されている。とはいえ、それとともに、SLの68.2%が「チーム学校のメンバーであることが大切」であるとも回答しており、SLは決して「チーム学校」を否定しているわけではない。ただ、それ以上に、「外部性

（学校からの自立性）を保つことが大切」と考えているのである。その数字は86.4%ときわめて高い（両方とも大事という回答は54.5%）。この外部性の確保という視点はSCやSSWrにおいても指摘されていることであるが、SLとの連携問題を考えるに際し、特に学校管理職は認識しておかなければならない事実だと言えよう。

しかし、なぜSLは外部性の確保が大切と考えているのだろうか。アンケートの記述欄には次のようなSLの回答が見られた。

「SLは学校の顧問弁護士ではなく、児童・生徒の利益も考えた中立性が必要であると考えるから」「子どもの人権を守るのが目的、そのために第三者的立場からアドバイスをするというスタンスで当面はいきたい」「外部性を保ったチーム学校のメンバーとして対応することが子どもの利益のために重要であるから」「学校をまもることでなく、子どもの最善の利益を果たすことを目的とすることだけを意識しているから」等。

(2)スクールロイヤーは誰と連携したいか

「チーム学校」という用語は、多くの弁護士にとっては馴染みのない言葉であり、それが何を意味しているのか実はよく分からないという声も聞いている。ただ、そのような現状においても、上述のアンケート記述に見られる通り、SLには共通して、「チーム学校」は子どもの支援のためのものであるという考えがある。一方で、学校や教師のためのものという認識は薄い（もっとも、本アンケートのSLの回答者のほとんどが各地弁護士会の「子どもの権利委員会」に所属する弁護士であったことは考慮に入れる必要がある）。すなわち、弁護士のアンケート結果から見える「チーム学校」像の中心にはつねに子どもが位置づいている（図1参照）。これに対して、文科省が描く「チーム学校」には、これまで子どもの姿が見られなかった。今回改訂された『生徒指導提要』（令和4年12月）において、はじめて「チーム学校」の中に児童・生徒が記載され（図2参照）、いまだ学校組織の階層性を

色濃く残しているものの、ようやくSLが他の専門職と連携して子どもの支援にあたるイメージを示したのであった。

しかし、ここで問題となるのはSLの連携対象である。上記の文科省のイメージ図のSLから出る矢印は教諭や養護教諭、SC、SSW等に向けられているが、学校からのアンケート回答によれば、実際には、SLは校長と教頭（副校長）以外の学校関係者とほとんど接してはいない。これは、後述するように相談場所によるところも大きいだろう。

この問題に関し、SL自身はどのような意識をもっているのだろうか。筆者らはSLに対して、「SLの仕事上で、特に、次のどの人たちとの協力関係を望みますか（複数回答可）」という質問

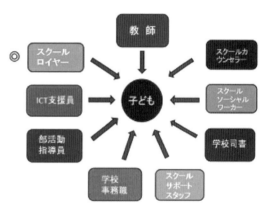

図1　専門職協働としてのチーム学校モデル

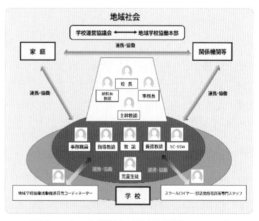

図2　チーム学校における組織イメージ
文科省『生徒指導提要』（令和4年12月）69頁

をしてみた。その回答結果が以下のものである（カッコ内の数字は、その職種との協力を選択したSLの割合。SLの回答者は22人）。

　1．校長（72.7％）、2．教頭・副校長（72.7％）、3．主幹教諭・主任（54.5％）、4．生徒指導主事（54.5％）、5．当該学級担任（54.5％）、6．当該学級担任以外の教員（9.1％）、7．学校事務職員（0％）、8．SCやSSW（72.7％）、9．養護教諭（31.8％）、10．教育委員会の担当者（72.7％）、11．ケース会議のメンバー（27.3％）、12．その他（27.3％）

　これを見ると、学校においてSLは、校長、教頭（副校長）と同程度の高い割合でSCやSSWとの協力関係を望んでいることがわかる。また、学級担任や生徒指導主事との協力関係を求めているSLも少なくない。加えて、この質問で6個以上の協力相手をあげたSLの割合は63.6％にのぼっており、相当数のSLが学校において多職種との積極的な交流を求めていることが明らかになった。その理由は、次のようなものであった。

　「学校に法的助言を行うにしても、学校管理職との面談だけで、管理職が持っている情報のみによって判断することには不安がある。管理職の持つ情報は必ずしも正確な事実に基づくものとは限らない。SLが適切な判断をするためには、管理職だけでなく、できるだけ多くの学校関係者と情報交換を密に行う必要がある。」

3．SLと教職等との望ましい連携協働の在り方

　誌面の関係で前述のアンケート結果のすべてを紹介することはできないが、そこでのSLの回答と意見記述も参考にしながら、SL制度がその目的に照らして十分に効果を発揮し得るような専門職連携の在り方、そのために必要な条件を、ポイントを絞って以下にまとめておきたい。

(1)連携する「場所」の問題――SLによる学校訪問型ないし学校巡回型相談体制の確立

　まずは、どこで連携するのかが重要な問題となる。現状では、法律事務所や教育委員会内の部屋で面談や相談が行われることが多いが、SLができる限り定期的に学校を訪問ないし巡回し、直接学校において相談できる体制をつくることが望ましい（緊急時には当該学校を優先訪問する。また適宜、メール相談や電話相談を併用する）。2013年から愛知県一宮市のSLとして市内の小学校42校・中学校19校を定期的に訪問し、巡回相談をしている竹内千賀子弁護士（愛知県弁護士会）は、この方法のメリットを次のように説明している[5]。

　(ア) 学校ならば教職員が緊張することなく十分に相談できる。(イ) 学校には相談内容についてのすべての資料があり、アドバイスのために必要な資料がすべて相談時に揃う。(ウ) 管理職が十分に把握していない場合、教職員に会って話を確認し、同時に、教員自身にも直接アドバイスしてエンパワーできる。(エ) 学校訪問時には予約時に想定していなかった問題も出てきて、それを余った時間で相談できる。雑談の中で将来の紛争の芽を摘むことができる。

　先に述べた「チーム学校」に関わる意識についても、こうした訪問型の相談方法を通してこそ、教職員にもSLにも育まれていくのだと言えよう。とはいえ、このような仕組みをつくるためには十分なSLの数が必要となることも論を俟たない。国の自治体への財政的支援の増大が強く求められるところである。

(2)連携する「対象」の問題――「学校ケース会議」等へのSLの参加体制の整備

　先に述べたように、SLの多くが多職種との積極的な交流を求めている事実を踏まえれば、SLと教職その他の教育関連専門職が同じ場に集い、意見を出し合い、様々な視点から子どもへの支援の在り方を検討できる会議を設置し、そこにおいてSLが法的な観点から助言を行うことは、きわめて有効なSLと他職種の連携の方法であると言えるだろう（次頁図3参照）。これによって、はじめて真の意味での子どもの最善の利益とその実現のルートも見えてくるに違いない。具体的には、学校で開かれる問題解決型のケース会議（学校ケース会議）[6]にSLが参加す

る形態が考えられる。先のアンケート調査によれば、回答したSLの63.6％がすでに何らかの学校における諸会議（ケース会議を含む）に参加していると答えており、実現に向けてそれほど高いハードルがあるとは思われない。実際、⑴で述べた巡回型の学校訪問が行われている場合、訪問と合わせることによってケース会議には参加し易くなるであろう。もっとも、現在のSLの限られた人数から言えば、毎回の出席は難しく、数回に一度、また、問題が発生したときは優先的に参加するという形態が現実的であると思われる[7]。いずれにせよ、こうしたケース会議への参加は、SLの「チーム学校」意識を高めることになるであろう。

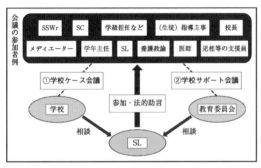

図3　特別の支援を要する事案の検討会議[8]

上記の図中の「学校サポート会議」[9]は、SLの人数の制約上、学校ケース会議にSLが出席できない場合、いわば過渡期の措置として、教育委員会内で行われるケース会議にSLが参加する方法である。

文科省の『手引き』（第2版）においても、弁護士のアドバイザー活動に際しては「他の関係機関等との連携のための体制整備が不可欠」であるとして、SCやSSWrとの定期的な意見交換会の場をもったり、要保護児童対策地域協議会（要対協）のケース会議に学校の弁護士が出席することを提案している（8頁）。この後者の提案は大変興味深い。なぜなら、それは、SLが「学校（で）の弁護士」であることから一歩踏み出て「子どものための弁護士」であることを示唆しているからである。子どもの生活は学校と

家庭、地域で切り分けられるものではないがゆえに、子どもの最善の利益の実現も、本来、場所によって区切ることはできない。そう考えれば、SLが地域の活動を担うことは当然あってよいだろう。現状では、多くの自治体でそこまでの業務内容（要対協への出席など）を組み入れたSLへの報酬設定をすることは難しいかと思われるが、それでも、要対協へ参加する学校の教職員にSLが事前に必要なアドバイスをすることは可能であり、それは会議に臨む教員にとって大変心強く有益な情報となるだろう[10]。

さて、次節に進む前にケース会議に戻って一言だけ触れておきたい。

SLが出席するケース会議に事案に関わる親や子どもが出席すべきかどうかは難しい問題である。これは、SLが親や子どもに会うべきか、ひいては、SLが調停機能を担うべきかという問題にもつながっている。筆者らが行っているSLの研究会においても、弁護士の間で意見が分かれた問題でもあった。これを否定する弁護士は、「子どもや親とのコミュニケーションは、常日頃から子どもと接する教員やSC、SSWr、養護教諭等が担う役割であり、日常的な接点がなく、継続的な対応ができないSLが行うべきではない」と捉える[11]。連携という視点から言えば、SLはあくまで関係者に保護者や子どもとの対話を"促す"存在であり、子どもや親との直接の対話は、特別の場合は別として、まずは教職員に委ねられ、SLやSSWr、教育メディエーター[12]等の専門職がこの関係を支えるためにその専門性を発揮することが望ましいと言えるだろう。

4．教育や福祉、子どもの権利に理解のあるスクールロイヤーの養成

SL制度は「教育や子どもに理解のあるSLが確保できるか」、その一点に制度の成否がかかっていると言っても過言ではない。筆者らのアンケートの結果を見ても、SLが有効に働くための条件として教育委員会が望むことのうち、上の条件が最も高い割合を占めた（全教委の71.4

％）。では、どうすれば、それは可能となるのか。以下、検討したい。

(1)「子どもの権利委員会」とスクールロイヤー

SLの人選に関しては、そのほとんどが各自治体が弁護士会を通して推薦依頼をかけたものとなっており、その場合、「子どもの権利委員会」に所属する弁護士が推薦されることが多いことから、現状としては、「教育や子どもに理解のある弁護士」という条件は一定満たされていると言える。ただ、弁護士会を通さず直接弁護士に依頼する教育委員会も少数ながらあり、その場合は、果たして子どもの権利や教育、福祉的視点をもった弁護士がSLに就いているかどうか、疑念はある。

このように、教育や子どもを理解するSLの確保のためには、各地弁護士会の「子どもの権利委員会」からSLが派遣されるルートの確立が望ましい。しかし、日弁連としてこれを推奨しているわけではない。弁護士会には様々な委員会が存在しており、他の委員会（民事介入暴力対策委員会、法教育委員会等）にもSLを希望する弁護士は存在するからである。加えて、大きな問題として、「子どもの権利委員会」で活動する弁護士の人数の問題がある。例えば、愛知県弁護士会の場合、現在160人ほどが「子どもの権利委員会」に在籍しているが、実際に子どものために活動をしているメンバーはおよそ30人程とのことである。その中から児童相談所担当、いじめ問題の第三者委員会等の委員、子どもの権利擁護機関の委員などの弁護士を輩出し、さらにSL（愛知県は20人程）を提供することになれば、子どもや親のための代理人となる弁護士は限られた人数になってしまう。なぜなら、これらの弁護士は、利益相反を避けるために子どもや親のための弁護活動をすることができないからである。こうした現状を危惧する愛知県弁護会の粕田陽子弁護士は、質の高いSLのなり手を確保するためには子どもの権利についての知識と経験のある弁護士の数自体を増やすしかないと言う[13]。

このSLの養成の問題に関しては、日弁連は次のように述べている（『意見書』10頁）。

「スクールロイヤーが適切に機能するためには、教育現場の実情に精通した弁護士を養成することが不可欠であるため、教育現場の教員との連携や交流を強化する研修を早急に整備する予定である。」

筆者が知る限り、この計画は進んでいるとは言い難いが、現状のSL制度をうまく機能させていくためには、少なくとも、現在SLを担当している（予定されている）弁護士の研鑽の場をつくることは急務である。その内容としては、日弁連が言う現場の教員との交流のみならず、SCやSSWr等の他職種との交流、SLどうしの交流、SL制度のある自治体間の交流、子どもの権利や教育・福祉的アプローチの学習等が考えられる。筆者らの研究会では、今後の方向として、SLが加盟し、各県に支部をもつようなSL協会（仮称）を設立し、協会主導で各種の研修を行いながら、将来的にはSL協会から「教育や子どもに理解のある弁護士」を各教委や学校に派遣するような体制になることが望ましいと提案している[14]。そのはじめの一歩として、現在、SLとSSWrの意見交換会を進めているところである。

(2)ロースクールにおけるリーガルクリニックの活用

本項では、さらに根元のところの法曹人の養成段階に光をあてて検討してみたい。

現在の日本のロースクール（法科大学院）は、法曹の仕事に就くために必要な基本的なカリキュラムに加え、現代社会で生起する諸問題にも対応できるような、六法以外の様々な科目を用意している。とはいえ、その科目群のなかに、福祉領域の子ども関係法や少年法はあっても、「学校と法」あるいは「教育法」という科目を見つけることは難しい。すなわち、弁護士という職に就く人たちは、学校や教育に関わる法、子どもをとり巻く環境などについてほとんど学ぶ機会なく就業していると言ってもよい。ましてや、学校に関わる臨床の経験はない。

この臨床という点について言えば、近年、各ロースクールは、リーガルクリニック（Legal Clinic 臨床法学教育、以下、LC）と呼ばれる臨床実習を重視する傾向が強まっている。いくつかのロースクールでは、大学のキャンパス内外に法律事務所を設け、大学教員と弁護士の指導監督のもとに学生に法律相談などの機会を与え、実践的な学びを提供している。現在のロースクールの行き詰まりを打開する取り組みとして評価し得るが、今後のSLの養成という観点から見ると、後述するアメリカのロースクールと比較して、いくつかの問題点がある。

一点目は、日本のLCには、領域として「子どもや若者」「教育」といった分野が設定されていないことである。例えば、早稲田大学のロースクールの場合、LCは、民事、家事・ジェンダー、行政、労働、刑事の5分野である。二点目は、日本のLCの場合、法律相談の実習が中心となり、実際に現場に入って関係者から話を聴くようなアウトリーチ型の実習はほとんど見られないことである[15]。さらに、三点目として、LCの受講者数の問題があげられる。LCは司法試験の受験科目ではないので敬遠されてしまうのである。

このように、法曹の仕事に就く前の関心領域に関する貴重な学びの機会を提供するLCであるが、こと教育や学校の問題に関しては、その利点が十分に活かされていないように思われる[16]。以下では、筆者らが本年3月に実施したCA州でのヒアリング調査に基づいて、同地のロースクールにおけるLCの取り組みを紹介しながら、SLの養成という視点から、その意義を考えてみたい。

2023年3月に筆者らが訪れたのは、米国CA州のスタンフォード大学ロースクール内にあるMills Legal Clinic（MLC）であった。MLCは全部で11のクリニックの領域を持っており、その一つが「若者と教育法プロジェクト」（Youth and Education Law Project：YELP）である[17]。筆者らに対応してくれた同スクールの教授であるAbigail Trillin氏によれば、MLCには、「学生を育てること」と「地域の法的問題を扱うこと」という二つの目的がある。ロースクール全体100人のうち85％が各クリニックに参加しており、LCは必須ではないにも関わらず、ほとんどの学生が積極的にLCプログラムを受講している。YELPには現在8人の学生がいるが、特筆すべきは、学生たちが、現職の弁護士のスーパーバイズを受けながら教育現場にどんどん入り込んで活動していることである。学生たちは、そこでメディエーション（調停）も経験し、ソーシャルワーカーのスキルも学んでいる。実際、このYELPのプロジェクトにおいては、法律だけでは解決できない問題が次々に出てきて、受講生たちは必然的に学校の教員やSSWr、SCなど他の専門職との協働の必要性を理解せざるを得ないという。特に今回の訪問で、学校教師の経歴をもつ二人の学生（エミリーさんとセッサンさん）が同席してくれたことは幸運であった。二人とも、学校現場で教師として働くうちに法の大切さに気づき、同ロースクールに入り、このプロジェクトに参加したという。法的思考と教育の考え方の違いは大変興味深く、これをどのように克服していくのか、日々の学びはとても充実しており、現在担当している事案においても、実際にケースワーカーやカウンセラーと協働しながら解決に取り組み、とても遣り甲斐があると語ってくれた。将来的には教育関係の弁護士になりたいとのことであった。

アメリカには日本のSLのような制度はないが、上述のように、法曹人の養成段階において、ロースクールのLCが、法的知識に限らない教育的知見やスキルの修得、さらには、他職種との協働の重要性を学校現場で"体感"させる機会を提供していることは、SLの養成という点から見て、今後のわが国にも参考になるであろう。実際弁護士が他職種とチームを組んで学校に関わる事例は当地では随所に見られ、Holistic Approachとも呼ばれるこの手法は、子どもの権利保障に高い効果をあげている[18]。

5．まとめにかえて——法化とスクールロイヤー

筆者はこれまで子どもの権利をまもるSLを論じてきたのであるが、それは決して、今日の教職員が置かれた多忙化状況を軽んじているわけではない。ただ、目的と結果を取り違えてはならないことを述べたのである。実際、子どもの権利が十分に保障された学校では、教職員も活き活きと活動している。SLが子どもの権利をまもり、その成長発達を保障することで、保護者は安心し、学校との関係は改善され、結果として、教職員の負担も軽減されるのである[19]。現状では、子どもの権利というと教職員は身構えてしまうようなところがあるが——それが弁護士への警戒感にもつながっているが——、子どもの権利は、大人のような対立的な権利ではなく"関係的な権利"であり、子どもの最善の利益をはかる点において、常日頃の教職員の教育活動となんら衝突するものではない[20]。

一方、法への警戒感が反転して、法への過度の期待や依存性が教職員のなかに生まれることも避けなければならない。前述の粕田陽子弁護士は、かつて児童相談所に弁護士が配置されたときと同じことが学校でも起こり得る危険性を指摘する。氏によれば、今日の児童相談所においては、職員が弁護士に相談したことで安心感を得て、「弁護士が言っていた」ことを根拠づけに用い、自らの専門性を低めてしまう傾向が見られるという。そうならないためには、SLが導入された学校においては、教職員が学校教育の専門家として、つねに弁護士との関係をフラットなものとして捉えることが大切だと述べる[21]。筆者らのアンケートでも、「学校に対して望むこと」という質問に対し、63.6%のSLが「学校の意見や考え方をもっと率直に聞かせて欲しい」と答えており、回答からは教職員のリーダーシップへの強い期待を読み取ることができる。

しかし、本論で述べてきたような、子どもの最善の利益を中心として、SLと教職その他の教育関連専門職が相互に尊重し合えるような連携の形態がとれない場合は、学校や教育は「法化」（legalization）の弊害を免れることは難しいだろう[22]。「法化」は、上述のような福祉分野のみならず、医療、教育等あらゆる領域で進行していく[23]。もちろん、筆者は「法化」のすべてをマイナスと捉えているわけではない。ハーバーマスが言うように、学校における教育過程は"コミュニケーション的行為"、すなわち、対話に基づいて遂行されるべきものとはいえ[24]、一方で、学校のコミューナルな面が強く出すぎれば、今日の校則問題に見られるごとく、歪んだ「部分社会」となり、子どもの権利侵害は避けられないだろう。子どもの権利が学校の中に入っていくためには、「法化」は一定必要なものでもあり、本論の1(2)で述べた「こども基本法」への評価もその事実に拠っている——同法が政策推進法として管理型法の性格を強く帯びているとしても[25]。

質の高いSLの確保とその法的助言を通して、教職員と子ども、専門職どうしの活発な対話が促され、子どもの権利保障を基盤とする豊かな教育活動が展開されることは、法哲学者の田中成明氏の「法化」の三類型から言えば、「普遍主義型モデルを基本的枠組とする自治型法」を発展させる方向性とも重なる[26]。しかし、SL制度はこのような方向へと向かわず、管理型法が学校の中に浸透していくことだけに貢献し、教育過程の法的統制の強化と教育の硬直化、官僚制化を招いていく要因になっていくことも十分に考えられる。この二つの道のどちらに進むのか。連携のあり方とその質をめぐって、SL制度は、今、その岐路に立っていると言ってもよいだろう。

注

(1)間宮静香「スクールロイヤー制度とは」松原信継・間宮静香・伊藤健治編著『子どもの権利をまもるスクールロイヤー——子ども・保護者・教職員とつくる安心できる学校』風間書房、2022年、25-26頁の表に筆者が加筆。

(2)例えば、スウェーデンにおいては、国家が子ど

もの権利をまもる制度があり（児童生徒オンビュードなど）、アメリカには、子ども自身の権利行使をNPOが支援する市民的なシステムが存在するなど、各国で子どもの権利保障に向けた法整備を行っている。坪井由実「NPO法人『ニューヨーク子どもの権利アドボケイト』の活動」、同上書、拙著「スウェーデンにおける児童生徒オンビュード（BEO）と子どもの権利保障」、同上書、参照。

(3)こども基本法の成立を受け、中教審答申『次期教育振興基本計画について』（2023年3月8日）の中に、教育振興基本計画においては初めて「子供の権利」という語句が入った意味も大きい。「今後5年間の教育政策の目標と基本施策」の項には「子供の権利利益の擁護を図り、その最善の利益を実現できるよう取り組む。」とある。

(4)松原信継、間宮静香、伊藤健治により実施。三者（教委、弁護士会、学校）の調査対象数・回答数・回答率は、順に、教委32・14・43.8%、弁護士会12・6・50%（回答したSLは計22人）、学校42・7・16.7%であった。松原信継『「スクールロイヤーの活動に関わるアンケート調査」結果（2021年10月）』（「『効果のあるスクールロイヤー』に関する実証的研究―メディエーターとの協働へ」科研基盤研究C、2019〜2023年度）参照。

(5)竹内千賀子「愛知県一宮市における実践と検討」松原・間宮・伊藤編著、前掲書、106-107頁参照。

(6)馬場幸子編著『学校現場で役立つ「問題解決型ケース会議」活用ハンドブック―チームで子どもの問題に取り組むために』明石書店、2018年、15-24頁参照。

(7)学校弁護士でもあった神内聡は、弁護士が日常的・定期的に学校現場にアウトリーチできる制度設計を構築することが重要であると述べ、例えば、SLが校務分掌組織に定期的に参画し、管理職・一般教職員・生徒指導主任・養護教諭・スクールカウンセラー等と情報共有したり、「校則改正プロジェクト」に関わること等を「チーム学校」の理念を具現化するものとして評価している。神内聡「学校と弁護士の関係についての一

考察―制度と形態に着目したスクールロイヤーの実態―」『兵庫教育大学研究紀要』（第61巻）、2022年、61-62頁参照。これに加え、個別事案としてではなく、生徒会や三者協議会などの場にSLが参加することも有効であると思われる。

(8)松原・間宮・伊藤編著、前掲書、212頁。

(9)峯本耕治「スクールロイヤーと『チーム学校』」大塚美和子・西野緑・峯本耕治編著『「チーム学校」を実現するスクールソーシャルワーク―理論と実践をつなぐメゾ・アプローチの展開』明石書店、2020年、31-38頁参照。

(10)粕田陽子・竹内千賀子・高橋直紹「スクールロイヤーの活動の具体例（事例3）」松原・間宮・伊藤編著、前掲書、142-144頁参照。

(11)間宮静香「スクールロイヤーは、親や子どもと会うべきか―アンケート結果も踏まえ」同上書、145-150頁参照。

(12)教育メディエーターは、現在、国立大学法人愛知教育大学において養成されている（安藤信明「スクールロイヤーと教育メディエーター―教育メディエーターとの協働の可能性」、同上書、170-180頁参照）。また、メディエーションという手法については、田中圭子「学校でおこる対立に向けてのメディエーションシステムとメディエーション教育」、同上書、157-169頁参照。

(13)粕田陽子「愛知県長久手市における学校巡回弁護士の実践を踏まえて」、同上書、126-127頁。さらに、同書の中で氏は、子どもの権利についての知識と経験のある弁護士を増やすためには、子どもの権利を擁護する活動を行う弁護士に適正な報酬を支払うことが必須の要素であると断じている。「子どもの権利を擁護する弁護士の活動は、相応の時間、労力、専門性を要し、余暇時間や余力で行いうるものではない」からである。よく知られるように、アメリカでは弁護士が無償で行う社会的貢献活動、いわゆるプロボノ活動が一定時間数義務づけられており、それが業績評価や報酬にもつながっている。日本の現在の"手弁当"的な活動はもはや限界にきていると言えよう。

(14)「8つの提言」、同上書、210頁参照。

⑮かつて獨協大学ロースクールがこのような取り組みを行っていたことは注目に値する。この事業は、現在、「獨協大学地域と子どもリーガルサービスセンター」に受け継がれている。

⑯神内聡は、自らの経験を通して、昼間部と比べた場合の夜間法科大学院のリーガルクリニックの意義を論じ、社会人である他領域の人々と共に学び合えることの利点を述べている。確かに、もし受講生の中に現職の教師がいたならば、めざす受講生には、教育や学校に関する貴重な学びの機会が得られることであろう。神内聡「スクールロイヤーにふさわしい法曹養成のあり方」『法曹養成と臨床教育』№11（2019）、173-178頁参照。

⑰2023年3月20日、中嶋哲彦氏（愛知工業大学）、間宮静香氏（愛知県弁護士会）と筆者の三人でMLCを訪問し、同スクールの教授でありClinical Supervising AttorneyでもあるAbigail Trillin氏に対し2時間半ほどインタビューと意見交換を行った。同氏は、サンフランシスコ市にある子ども支援NPOであるLSC（Legal Services for Children）で、学校規律や障害児問題、移民問題など、子どもの権利に関わる仕事に27年間従事してきた実践家でもある。MLCには11領域（商事領域、刑事弁護、刑事検察、環境法、移民の権利、国際人権と紛争解決、知的財産権と技術革新、組織及び取引、宗教的自由、最高裁訴訟、若者と教育法）のクリニックがあり、行政の政策づくりにも関わっている。

⑱日本のSLとは全く制度が異なるが、弁護士と他職種との連携という点において、米国の子ども支援NPOの活動形態は大変参考になる。2023年3月、筆者らはMLC調査と並行して、サンフランシスコ市内にある子ども支援のNPOであるLegal Services for Children（LSC）を訪れ、弁護士で同NPOのLegal DirectorでもあるNedra Shawler氏から話をうかがった。このNPOでは、弁護士9人、ソーシャルワーカー12人、ディレクターを含めて計26人のメンバーが活動し、子どもや若者たちに対して無償の法的・ソーシャルワーク的サービスを提供している。弁護士とソーシャルワーカーがチームになって協働で事案に対処するHolistic Approachの手法はChild Centered Approachとも呼ばれ、子どもの権利保障において非常に高い効果をあげている（日本教育政策学会第30回大会（2023年7月8日・9日）自由研究発表第3分科会、間宮静香・松原信継・中島哲彦「Child-Centered Approachによる学校での子どもの権利保障—サンフランシスコ市LSCの取組みの事例を参考にして」発表資料参照）。

⑲愛知県長久手市「学校巡回弁護士事業実施要綱」では、SL導入の目的を次のように定めている。「第2条　学校巡回弁護士事業とは、学校において発生し、または発生することが予想される、学校だけでは解決が困難な児童生徒の人権に関わる問題について、弁護士が学校を訪問して相談を受け、子どもの最善の利益を念頭に置き、教育及び福祉の視点を取り入れた法的指導助言を行い、学校運営の安定等を通じて子どもの人権を保障し、もって学校における子どもの成長と発達を支えることを目的とする事業をいう。」ここには、「学校運営の安定」はあっても、「教員の負担軽減」という文言はない。

⑳子どもの関係的権利については、伊藤健治「子どもの権利とスクールロイヤー—関係的権利論」松原・間宮・伊藤編著、前掲書、71-78頁参照。

㉑粕田陽子、前掲書、125頁。2016年5月の法改正で児童福祉法第12条に児童相談所への弁護士配置が定められた（施行は2016年10月1日）。

㉒神内聡は、SLと他の専門職との連携について、次のような重要な指摘をしている。「SLが他の専門家の視点を尊重し、連携を重視するスタンスであればよいが、必ずしも専門家同士の役割分担と責任所在が明確でない制度設計の下でSLの役割が拡大」すると、「本来であれば心理・福祉・医療などの他の専門職が担うべき業務にSLが法的視点から介入することで、専門家間のバランスの下で成立する公共的な紛争処理のあり方を変容しかねないリスクを孕んでいる。」（神内聡『『法化』の視点から考察するスクールロイヤーの理念と実態』『法社会学』第87号、2021年、220頁）。確かに連携する専門職の中で弁護士は

特に強い影響力をもち得る存在である。それゆ
えに、SLが他職種と連携すると言う場合、単に連
携の形を整えるだけでなく、SLも他の専門職も
ともに、互いの専門性への敬意と連携する意義
や必要性を理解していることが肝要であると言
えよう。

(23)西谷敏「現代法論の新たな展開に向けて」『法
の科学〈第15号〉』民主主義科学者協会法律部会、
1987年、213-214頁。Steven S. Goldberg, "Schools
Versus Student's Right：Can Alternative Dispute Re-
solution Build Community?" *Journal for a Just and
Caring Education,* Vol. 1, No.2（April 1995）, pp.
234-237. 拙著『アメリカにおける教育官僚制の
発展と克服に関する研究―歴史的・制度的視点
から』風間書房、2012年、320-325頁、377-378頁
参照。

(24)ユルゲン・ハーバーマス著／丸山高司ほか訳
『コミュニケイション的行為の理論（下）』未来
社、1996年、374-381頁。

(25)中嶋哲彦「こども基本法・こども家庭庁設置
法の意義と問題点」民主教育研究所編『季刊 人
間と教育』（118号）、旬報社、2023年、22-29頁参
照。

(26)田中成明『法理学講義』有斐閣、2008年、106-
107頁。

ABSTRACT

Collaboration and Cooperation Between School Lawyers, Teachers and Staffs, and Educationrelated Professionals : The School Lawyer System at a Crossroads

MATSUBARA Nobutsugu
(Visiting Professor of Aichi Institute of Technology)

(1) From March to May 2020, the authors conducted a questionnaire survey on the boards of education, schools, and School Lawyers nationwide that introduced the School Lawyer System. In this paper, I consider based on the results of this questionnaire survey, especially School Lawyers' responses. According to School Lawyers' responses, although they do not deny the idea of "School as a Team," they consider it extremely important to ensure externality, without which the best interests and rights of children cannot be protected. According to School Lawyers who responded to our survey, schools are the best place for Scool Lawyers to be consulted than law firms or school board rooms, and they strongly desire to interact with School Social Worker and School Counselor. It is best that School Lawyers make regular rounds and visits to schools, and participate in "Case Conferences" made up of various educational professionals.

(2) To promote the aforementioned School Lawyer System, first, we must recruit School Lawyers who understand education and children's rights. For this, it is desirable to establish a way in which lawyers belonging to the Children's Rights Committee in the local bar associations are sent to the boards of education. However, since the number of lawyers who belong to this committee is limited, it is necessary to urgently train incumbent lawyers who can understand education and Children's Rights. We must also cultivate students who understand education, schools, and children's rights in law schools. In March 2023, the authors visited the Mills Legal Clinic (MLC) at Stanford University Law School and interviewed a professor and two students. In this paper, I explore how to train School Lawyers at Japanese law schools while presenting the MLC's learnings.

As the School Lawyer System expands, "legalization" of education will be unavoidable. If cooperation between School Lawyers, teachers and staffs, and education-related professionals as presented in this paper is not realized, the negative aspects of "legalization" will engulf school education. We currently are at acrossroads regarding the School Lawyer System.

Keywords : school lawyer, children's rights, school as a team, case conference, "legalization"of education

キーワード：スクールロイヤー、子どもの権利、チーム学校、ケース会議、教育の「法化」

部活動は誰のために
——部活動の地域移行をめぐる課題——

尾崎　正峰（放送大学東京多摩学習センター所長（特任教授）／一橋大学名誉教授）

はじめに

2022年6月、「運動部活動の地域移行に関する検討会議提言〜少子化の中、将来にわたり我が国の子供たちがスポーツに継続して親しむことができる機会の確保に向けて〜」（以下、「提言」と略）が公表されて以降、その内容をめぐって学校、教師、保護者、自治体、地域スポーツ関係者等、さまざまな立場から多様な意見が出されてきている。本稿では、筆者の研究領域である地域スポーツの視点から、戦後改革期からの地域スポーツ振興の推移と現状、そして、その課題などをふまえつつ「提言」の核である「中学校等の休日の運動部活動の地域移行」（以下、「地域移行」と略）について考察していく[1]。

1.「提言」の背景

すでに数多く論じられていることではあるが、「提言」において「地域移行」の早期実現が提起された背景等について「提言」の内容に従って確認しておきたい。

「提言」の冒頭で「中学校等の運動部活動においては、競技経験のない教師が指導せざるを得ない点、休日も含めた運動部活動の指導や大会への引率、運営への参画が求められる点など、教師にとって大きな業務負担となっている実態も見過ごすことができない」（1ページ）と問題を指摘している。そして、【今後の目指す姿】では「学校の運動部活動では支えきれなくなっている中学生等のスポーツ環境について、今後は学校単位から地域単位での活動に積極的に変えていくことにより、少子化の中でも、将来にわたり我が国の子供たちがスポーツに継続して親しむことができる機会を確保する必要がある。このことは、学校における働き方改革を推進し、学校教育の質の向上にもつながる」（3ページ）としている。つまり、「多忙な教師の負担軽減」と「子どもたちのスポーツの機会の保障」という大きな課題を二つながらに解決する手立てが「地域移行」であるとする筋立てである。

前者の課題については、かなり以前から各方面で取りざたされていたが、大きなインパクトを与えたものが2014年に公表されたOECD「国際教員指導環境調査」（以下、TALIS2013と略）であろう。本稿に関連する部分を引用すれば「日本の教員の1週間当たりの勤務時間は参加国最長（日本53.9時間、参加国平均38.3時間）」であり、「このうち、教員が指導（授業）に使ったと回答した時間は、参加国平均と同程度である」が「課外活動（スポーツ・文化活動）の指導時間が特に長い（日本7.7時間、参加国平均2.1時間）」とされている。国際的に見て日本の教員の長時間勤務の問題は顕著であるが、その大きな要因として部活動指導があることが如実に示される形となった[2]。そして、TALIS2013公表と同じ時期に部活動に関わる負担の問題に対して教員自身が声を上げるようになったこと[3]とも相まって、教員の多忙化と部活動の問題がよりクローズアップされるようになったといえる[4]。

2．1970年代の「社会体育への移行」

(1)「運動部活動の社会体育への移行」の背景と各地の取り組み

1960年代末頃から70年代にかけて、「提言」における「地域移行」と同様に部活動を地域に移そうという試みが模索されたことがあった[5]。当時「社会体育」と呼ばれていた領域への運動部活動の移行（以下、「社会体育化」と略）の背景には、1964年オリンピック大会の東京開催決定（1959年5月）を一つの契機として、それ以前からの部活動をめぐる問題と共に、部活動の拡大、対外試合の増加などに伴って教員の負担増大が顕著となっていったという現在と似た事情があった。部活動の指導に当たる教員の超過勤務問題に対して手当支給などの金銭的な補償等が喫緊の課題であるとして日本教職員組合（以下、日教組と略）も継続して対応を求めていた。そして、1966年、ユネスコの特別政府間会議で「教員の地位に関する勧告」が採択されたが、その勧告内容は「教員の権利及び責務」をはじめ、教員の労働環境、労働条件についての改善を迫るものであった[6]。

文部省も超過勤務問題とその補償への対応の必要性は認識しており、手当支給の方針を立てたが政府自民党の理解が得られず財源が確保できなかった。八方ふさがりともいえる状況を打開するものとして、文部省は1969年の中学校学習指導要領の改定で必修クラブを制度化し、教育課程内（＝勤務時間内）に組み込んだクラブ活動を実施し、それ以外の活動（従来の部活動）を教育課程外に位置づけ地域（社会体育）で行うとした。後者の活動は教師のボランティア、ないしは私的な活動とすることで超過勤務の手当問題を解消しようとした[7]。しかしこれは「学校で教師が指導をしているのに、勤務時間を超えたら学校外・社会体育の活動に切り替わるというのは、あまりにも機械的な措置」[8]であった。そして、1971年5月の「国立及び公立の義務教育諸学校等の教育職員の給与等に関する特別措置法」（以下、給特法と略）の成立、

1972年7月5日付文部省訓令第28号「教育職員に対し時間外勤務を命ずる場合に関する規定」の制定などもあり、さまざまな実践上の問題が起こることになった[9]。

こうした国、あるいは政策レベルの動きのなかで、1970年代に入っていくつかの地域で「社会体育化」の取り組みが進められた。「社会体育化」の事例として文部省も取り上げた兵庫県明石市では「昭和46年度より従来の部活動を学校教育活動からはずし、社会教育活動分野に位置づけ」、8中学校区に「クラブ振興会」を組織し「学校に代わって、生徒の社会体育化された部活動の育成」を行うとしていた[10]。「指導者は有志指導者を市教委が明石市スポーツ指導者として委嘱」[11]し、「全市8校149クラブに253人の指導員が、振興会をつうじて生徒の指導を行なっている」[12]というものであった。学校の教職員は「従来のごとくクラブ顧問としてではなく、一般人と同じ立場の一指導者として」振興会に加わることになっていた[13]。

このほかの事例として、栃木県では各市町村に「中学生を主体としたスポーツ少年団を結成」し、「中学校の部活動の組織がそのままスポーツ少年団として登録」され、「指導教師もそのまま市教委の非常勤職員としてのスポーツ指導員に委嘱される」仕組みを作った[14]。長崎市では「希望する児童・生徒、父兄及び指導者」によって組織される「課外クラブ振興会」を設置し、「指導者は各学校の教師」であるが「学校、教師および振興会が必要と認めた場合は外部指導者を委嘱できる」とした。これらの指導者は「市教委の非常勤職員としての「課外クラブ指導員」に委嘱される」としていた[15]。

(2)「社会体育化」が消えた要因〜社会体育の条件整備の視点から

「社会体育化」の試みはいくつかのヴァリエーションを伴いながら地域で取り組まれたが、文部省は前述のような各地の動きをリサーチはしていたものの基本的にそれぞれの学校の判断に委ねる立場を取り、国として主導することは

なかった[16]。今回の「提言」が政策的に全国一律に適用することをねらっていることとは様相を異にしていたといえる。そのこともあって「社会体育化」は全国的な拡がりを持つまでには至らず、また、取り組みが進められていた地域でも最終的に学校の範疇に戻ったように、「社会体育化」の試みは雲散霧消し"元の木阿弥"状態に帰した[17]。

この要因についてすでに多くの論考がさまざまに論じているが「社会体育の側の条件整備が十分でなかった」という点は必ず指摘される。筆者もこれに異を唱えるものではないが、「社会体育の条件整備」が具体的にどのような状況であったかについてふれられているものはほぼないことに鑑みて(また、後述する現在の「地域移行」検討の前提として)、ここでは公共スポーツ施設整備をめぐる戦後の推移を概観し、「社会体育化」の議論がなされた1970年代の状況を明らかにしていく。

地域スポーツ振興にとって施設の公共的整備が重要であるという理念は早くも戦後改革期に提起されていた[18]。しかし、社会教育の分野において「理念において豊か、実質において乏しい」(小林文人)との表現があるが、社会教育の一領域として位置づけられていた「社会体育」も同様、いや、それ以上に"乏しい実質"を囲っていた。すなわち、地域のスポーツ施設の公共的整備が遅々として進まない状況が長く続いたのである。社会インフラ整備の優先順位としては下位に置かれていたともいえる公共スポーツ施設整備をめぐる政策の転機となったのが1972年に公表された保健体育審議会(以下、保体審と略)の答申「体育・スポーツの普及振興に関する基本方策について」(以下、72答申と略)である。戦後の地域スポーツ振興に関わる政策文書の中でもっとも重要とされる72答申は、人々のスポーツ要求の高まり、地域での実践の拡大に呼応して「到達すべき目標を明示し、これを段階的に実現する総合的な計画を策定する」ことをめざしていた。中でも、競技力偏重を是正し「生涯体育」の振興を提唱し、自

治体の人口比あたりの施設別の目標値である「日常生活圏域における体育・スポーツ施設の整備基準」(以下、「整備基準」と略)を提示したことは特筆される[19]。72答申による「生涯体育」振興の重要性の提唱や「整備基準」の提示は、全国の市町村自治体にとって施設整備を含む地域スポーツ振興施策を進める根拠となった。そして、住民運動の展開、革新自治体の叢生という社会の動きにも押され、公共スポーツ施設整備がようやく動き始めたのが1970年代の時代状況といえる。

以上のような"全体状況"をとらえた上で、1950年代半ば以降の「種目別」の「社会体育」施設(公共スポーツ施設)の数の変遷を見ると(表1参照)、年を追うごとに増加してはいる[20]。しかし、それぞれの時期の市町村数(表2参照)という要素を重ね合わせてみてみると単純に評価することはできない。地域のスポーツ施設として重要な位置を占める「体育館」を例に取ってみよう。「昭和の大合併」を経た市町村数を約3,300と措定すると、「社会体育化」が動き始めた1968年度の数は985。公共の「体育館」が一つもない市町村の方が多かったことになる。72答申後の調査の数値は、1968年調査との比較において大きく増加しているが、それでも「体育館不在」の自治体の数は多い。また、表の数値から他の「種目別」施設も同様の状況であることが分かる。こうした状況について、文部省自体が「昭和47年の保健体育審議会の答申による施設整備基準からみると、まだまだ整備を要する」と表明せざるを得なかった[21]。「社会体育化」の「現場」から「中学生の年齢層を対象とした社会体育の受入れ体制は(中略)一般的に貧困で、とくに従来までの中学校の部活動を吸収できるような状況にはない」[22]と断じられもした。

このように社会体育の側の条件がまったく整っていなかったために「社会体育化」の活動の「場」は学校に求めざるを得なかった。前述の明石市の実践でも「活動の場所」は「各中学校内」で、「現象的には、中学生が自分の学校の施設を

表1　「社会体育」施設数（種目別）の推移

区分	1955年度	1960年度	1963年度	1968年度	1975年度
野球場	364	402	468	853	1,911
庭球場（屋外）	246	311	321	747	1,581
陸上競技場	209	198	224	351	487
プール（屋外）	159	254	426	1,288	2,472
運動広場	150	71	116	1,362	2,880
排球場（屋外）	115	130	128	493	4,545
体育館	60	91	163	985	2,129
柔剣道場 （武道場）	×	×	×	164	462
柔道場	50	47	70	160	288
剣道場	30	36	55	111	188

1955年度、1960年度、1963年度は『社会教育調査報告書』（文部省）。
1968年度、1975年度は『体育・スポーツ施設現況調査』（文部省）を元に、適宜、抜粋して尾崎作成。
注1：1963年度版以降「排球場」は「バレーボール場」に名称変更。
注2：1955年度〜1963年度の柔剣道場(武道場)は調査の選択項目にない。

表2　市町村数の推移

年月	市	町	村	計	備考
1953年10月	286	1,996	7,616	9,868	町村合併促進法施行
1956年4月	495	1,870	2,303	4,668	新市町村建設促進法施行
1956年9月	498	1,903	1,574	3,975	町村合併促進法失効
1961年6月	556	1,935	981	3,472	新市町村建設促進法一部失効
1975年4月	643	1,974	640	3,257	市町村の合併の特例に関する法律の一部を改正する法律施行
1985年4月	651	2,001	601	3,253	市町村の合併の特例に関する法律の一部を改正する法律施行
2004年5月	695	1,872	533	3,100	市町村の合併の特例に関する法律の一部を改正する法律施行
2005年4月	739	1,317	339	2,395	市町村の合併の特例等に関する法律施行
2006年3月	777	846	198	1,821	市町村の合併の特例に関する法律経過措置終了

総務省「市町村数の変遷と明治・昭和の大合併の特徴」を元に尾崎作成。
http://www.soumu.go.jp/gapei/gapei2.html（2023年5月25日閲覧）

利用しているにもかかわらず、たてまえ的には学校とは関係のない振興会が組織する社会体育クラブで活動していることになっている」のが現実であった[23]。文部省も「形式的には社会体育の活動となっているが、実質的には、学校の協力と指導のもとに展開されている」[24]ことを認めていた。そして、72答申において「中学校および高等学校における必修クラブ活動の充実を図るため、指導者の確保とその資質の向上、施設・設備の整備・充実等について格段の配慮をする必要がある」と指摘されたように、この時期、学校の施設・設備も不十分な状況であった[25]。

3．「受け入れ」側の現状

現在の「地域移行」をめぐって「受け入れ」側である地域スポーツの状況は「1970年代と比べればよくなっている」という議論が多く出てきていると思われる。しかし、あらためて「本当に"万全"の状況なのか」と問いを立てたとき、その答えはネガティヴなものとならざるを得ない現実がある。

(1)施設整備の現状と問題

まず、前項に引き続き、公共スポーツ施設の整備状況の推移を見ると（表3参照。ここでは施設の「全体数」を対象とする）、公共スポーツ

表3 学校体育・スポーツ施設、公共スポーツ施設の推移

	1980年	1985年	1990年	1996年	2002年	2008年	2015年	2018年
学校・体育スポーツ施設	135,170	148,995	156,548	152,083	149,063	136,276	118,690	113,054
公共スポーツ施設	29,566	60,777	62,786	65,528	56,475	53,732	52,719	51,611

『体育・スポーツ施設現況調査』（文部省、文部科学省、スポーツ庁）の各年版を元に尾崎作成。

施設の数は1990年代半ばをピークとして減少の一途をたどっている。ピーク時においても「整備基準」が示す目標数を満たす段階に至っていなかったことを含めて考えると、地域のスポーツ施設の公共的整備をめぐる問題は未解決のまま悪化しているととらえざるを得ない[26]。現在、地域で活動している住民による自主的なスポーツクラブが施設を定期的に確保することに四苦八苦している中にあって「地域移行」の活動が入り込む余地はほとんどない[27]。「地域移行」の活動の「場」を公共スポーツ施設に限定せず、「部活動の"代替"であるから学校でやれば施設は足りるはず」との意見もあり得るが、「学校体育施設」は1990年のピーク以降、公共施設以上の減少率を示しており（表3参照）、決して楽観的にはなれない状況にある[28]。

さらに、公共スポーツ施設と学校体育施設の両方にとって共通の問題として老朽化がある。そして、老朽化問題に加えて、自治体財政悪化、人口減少などの社会情勢の変容を理由に、スポーツ庁「公共スポーツ施設ストック適正化ガイドライン」（2019年4月）が策定された。このガイドラインでは上記の老朽化等の諸要因が絡み合う状況ゆえに公共施設の「総量規制」が求められているとするが、要するに「適正化」の名の下に、廃止や統合による削減の方向性を強く示唆するものと受け止められる[29]。こうした政策の動きは、身近な生活圏からの「場」の喪失が昂進していくのではないかなど、地域のスポーツ活動を担う人々にとって追い打ちをかけられているような不安を持たざるを得ない。

「提言」に目を戻せば「地域における新たなスポーツ環境を整備充実」などの言葉が謳われているが、「地域のスポーツクラブ等の整備、住民ニーズに応じて複数の運動種目に取り組むプログラムの提供、質の高い指導者の確保」（7ページ）や各地ですでに行われている「学校体育施設」の利用に当たっての調整会議と大差ない指摘（25～26ページ）など"ソフト"面に関する言及はある一方で、"ハード（施設）"面については施設数の現状を述べるにとどまり、前述の減少の一途という問題への指摘はなく、施設"増設"についてはまったくふれられていない。

(2)「地域移行」を担う主体は～総合型地域スポーツクラブへの役割期待と現状

「提言」のいう「地域のスポーツ環境の整備充実の実施主体」として「総合型地域スポーツクラブやスポーツ少年団、クラブチーム、プロスポーツチーム、民間事業者、フィットネスジム、大学」（9ページ）など多様なものが想定されるとしているが、これまでの国のスポーツ政策の推移を概観すれば、「地域移行」を担う主体として総合型地域スポーツクラブ（以下、「総合型」と略）への期待は大きいことが推察される。では「総合型」の現状はどのようなものであろうか。

「総合型」は、1995年、旧文部省のモデル事業として開始されて以来、政策的に推進されてきた。「スポーツ基本法」（2001年）[30]の規定に基づいて策定された「スポーツ振興基本計画（平成13年度～23年度）」において「2010年までに、全国の各市区町村において少なくともひとつは総合型地域スポーツクラブを育成。（将来的には中学校区程度の地域に定着）」との目標が掲げられた。当初は増加を続けていたが、目標年次である2010年の育成率は71.4%にとどまり、その後、クラブ数、育成率共に伸び悩んでいる（表4参照）。この間「平成の大合併」があり「スポーツ振興基本計画」策定時と比較すれば

表4　総合型地域スポーツクラブの推移

年度	2002	2003	2004	2005	2006	2007	2008	2009	2010	2011
クラブ数	541	833	1,117	2,155	2,416	2,555	2,768	2,905	3,114	3,241
育成率（%）	13.1	17.4	22.5	33.0	42.6	48.9	57.8	64.9	71.4	75.4
	2012	2013	2014	2015	2016	2017	2018	2019	2020	2021
	3,396	3,493	3,512	3,550	3,586	3,580	3,599	3,604	3,594	3,583
	78.2	79.0	80.1	80.8	80.8	80.9	80.8	80.5	80.6	80.9

出典：「令和4年度総合型地域スポーツクラブに関する実態調査結果（概要）」（スポーツ庁）、2023年、を元に尾崎作成。
注1：「クラブ数」＝「創設済み」と「創設準備中」の合計。
注2：「育成率」＝総合型地域スポーツクラブを「創設済み」、あるいは「創設準備中」の市区町村の数を当該年度の市区町村の全体数で除したもの。

母数（市町村数）が6割程度になったが（表2参照）、政策目標に掲げた全市区町村設置に届かないばかりか、育成率が未だ60%台の道府県もある[31]。さらに、クラブ数と市町村数から類推できるように、「中学校区」にクラブがある地域ばかりではなく、自治体に一つだけというケースも珍しくない[32]。

「総合型」の活動拠点施設は「公共スポーツ施設」45.4%、「学校体育施設」39.8%。そして、「クラブの現在の課題」は、「クラブ運営を担う人材の世代交代・後継者確保」71.1%に次いで「指導者の確保（養成）」が61.0%と高い数値を示している[33]。

以上見てきたように、「総合型」をめぐっては、クラブ設置が政策の思惑通りに進展せず、活動拠点である公共スポーツ施設と学校体育施設はともに不十分な上に、その基盤が大きく揺らいできており、運営を担う人材や自らの活動に必要な指導者の不足などの状況にある中で、部活動の"キャパシティ"を受け入れ「地域移行」を担える「総合型」はどれほどあるのだろうか。

(3)「方針」の揺らぎ

「提言」に対するリアクションはさまざまであったが、全国市長会は「提言」の公表（6月6日）後すぐの6月29日に「運動部活動の地域移行に関する緊急意見」（以下、「緊急意見」と略）をスポーツ庁に提出した。緊急意見は、ま

ず「経費負担のあり方や受け皿の確保などの課題が整理されていない中、期限を区切って地域移行を進めることに対し、多くの都市自治体が唐突感を持って受け止めるなど懸念や心配の声が広がっている」と疑問を呈した。そして、「地域移行に当たっては、人材確保、体育館やグラウンドなどの施設確保、道具などの費用負担の問題等の条件整備、合意形成などに時間を要することから、移行期間を限定することなく、地域の実情に応じた移行が可能となるようにするとともに、地域によってスポーツ環境の整備に格差が生じることがないよう、国が具体的かつ段階的な方策を明確に示すこと」などの「特段の措置を講じること」を求めたところに、自治体として、日々、地域のスポーツ振興とその問題に向き合っているがゆえに、前項で検討した「地域移行」の受け入れ側の状況の厳しさを実感していることがにじみ出ている[34]。

こうした「声」に影響されたのか、「提言」では「地域移行」の「達成時期の目途」として「休日の運動部活動の段階的な地域移行を開始する令和5年度から3年間を運動部活動の改革集中期間として位置づけ、すべての都道府県において、休日の運動部活動の地域移行に向けた具体的な取組やスケジュール等を定めた推進計画を策定し、それを基に各市町村においても推進計画を策定することを規定することが適当である」（56ページ）と短期集中での推進を謳っていた。しかし、スポーツ庁・文化庁「学校部活動

及び新たな地域クラブ活動の在り方等に関する総合的なガイドライン」（2022年12月）の「休日の学校部活動の地域連携や地域クラブ活動への移行の段階的推進」の項では「国としては、令和5年度から令和7年度までの3年間を改革推進期間と位置づけて支援」するとしている。「令和5年度から令和7年度までの3年間」を「改革集中期間」とした「提言」からわずか半年後、「改革推進期間」（傍点、筆者）と表現が変わっていることに対して、言葉尻をあげつらうつもりはないが、両者を比較してみたときトーンダウンした感は否めない。

4．「サービス業としてのスポーツクラブ産業」〜ビジネスモデルの提示

前項で見てきたように、「提言」のいう「地域移行」が隘路にはまっている一方で、別の関心から部活動と地域との関わりの今後の姿を提起したものがある。『『未来のブカツ』ビジョン―"休日の／公立中学校の／運動部活動の地域移行"の『その先』を考える―」（2022年9月、経済産業省地域×スポーツ産業研究会「最終提言」）である（以下、「最終提言」と略）。「最終提言」は「民間のスポーツクラブ、フィットネスクラブなどを「施設提供や指導などのサービスを軸にした「スポーツクラブ産業」ととらえ「収益性・持続可能性を高めた「サービス業としてのスポーツクラブ産業」が学校部活動の地域移行の受け皿サービスや全世代型のスポーツ環境を提供する地域密着型サービス業へと進化し、新しい社会システムとして地域社会・経済の新しいエンジンに成長する可能性」（3ページ）を追求するとしている。「ブカツ」とカタカナ表記にしたことについては「「ブカツ」とは、様々な運営主体が提供する地域のスポーツクラブ活動（学校部活動や、それがより地域や多世代に開かれ変化した形態、総合型地域スポーツクラブやスポーツ少年団、フィットネスクラブやスポーツ教室、プロスポーツ傘下のユース・ジュニアユースやスクールなど、様々な形態の法人が運営する地域のスポーツクラブ活動）と

し、従来の学校部活動とは異なる多様性に富んだ姿をイメージしていることから、あえてカタカナ表記にしている」（4ページ）とのことである。

「最終提言」の「第4章 システムの改革の試案」で、中学生、高校生の世代のスポーツ環境で大事にしたい「3つの価値」として「（1）「自由意志に基づく」スポーツ環境：する側、教える側、支える側すべてに無理が少ない、（2）「選べる」スポーツ環境：選べるから、始められる・磨ける・競い合える・続けられる、（3）「探究的」なスポーツ環境：反証不能な「べき論・根性論」に支配されない」（48ページ）ことを挙げるなど、部活動をめぐる現在の問題状況に対する指摘で耳を傾けるべき部分もある。

一方で、上に掲げた目標を実現させる道筋や方法については、「提言」など従来までの部活動をめぐる議論とは大きく立場を異にする。いくつか特徴的なものを挙げれば、「スポーツ活動が学校部活動から地域の民間クラブに移行され」た場合、「教師による「事実上の無償ボランティア」頼みで運営されている現状に比べ、スポーツの「受益者負担」は大きくなる」と予測し「世帯収入格差による子どものスポーツ機会格差」につながらないようにすることが必要であるとし、そのための具体的な手立てとして①「学校不動産の価値最大化」による資金循環の創出：PPP／PFI等による複合施設としての再整備：「子どものためのお金を生む」学校不動産への転換はできないか、②「クラブ収益源の多様化」による資金循環の創出：会費、指定管理料・業務委託料、スタジアム運営収入、カフェ・レストラン等の収入、③スポーツ振興くじの更なる活用からの資金循環：2020年改正投票法への期待」（58〜68ページ）が提案されている。上記①の具体的な策として、前項で取り上げた老朽化問題に絡んだものでは「学校体育施設等の学校施設の老朽化に際し、社会教育施設と学校施設の複合施設としてコンセッション方式により建替え、施設内に飲食店やインキュベーション施設等も入った施設として整備され、

利用が集中するであろう休日や平日夜間の施設利用料を引き上げる一方、平日の日中における施設利用料は引き下げることで、体育施設の利用状況の平準化といった改善を図るなど、企業のビジネスマインドも採り入れるようにすることで整備」（65ページ）することがストレートに提示されている。また、別の箇所では、クラブ運営の赤字防止のため「①学校施設での駐車場事業（コインパーキング）、②スポーツクラブと学習塾が連続性を持って一体的にサービス提供」が検討されてもいる（11ページ）。総じて言えば、学校の「不動産価値」の最大化、ビジネスとして"自ら稼ぐ"クラブ像、主たる財源は「スポーツ振興くじ」頼み、となろう。

　以上のような特徴を持つ「最終提言」について、筆者は、バブル期に「スポーツ産業の育成」という政策目標の下、華々しく打ち出された「スポーツビジョン21－スポーツ産業研究会報告書」（通商産業省産業政策局、1990年）との発想の類似性を感じると同時に、バブル崩壊によって画餅に終わったことを知るものとして"危うさ"を禁じ得ない[35]。とはいえ、「サービス業としてのスポーツクラブ産業」を「学校部活動の地域移行の受け皿」に、との言葉に象徴されるようなビジネスモデルを提示する「最終提言」に対して、学校教育に市場原理を持ち込むことなど"噴飯物"と切り捨てることはたやすいかもしれないが、新自由主義が席巻する現在、これほどまでの議論が公にされている事実を認識し、注視しておかなければならない[36]。

おわりに

　ここまで検討してきたように、歴史的に振り返るならば「社会体育」と呼ばれていた時代から部活動を地域に移す構想や動きがあったが定着するには至らず、現在の「地域移行」も、それぞれの地域でさまざまな課題に直面し、実現への道は厳しいと言わざるを得ない状況となっている。その大きな要因は、地域におけるスポーツ施設の公共的整備を不十分なままにしてきたことにある。

　地域のスポーツ施設の公共的整備に関する国のスポーツ政策についてあらためて検証すれば、72答申によって戦後改革期に提起された施設整備の理念が具体化に動き出したものの、1980年代に入ると「行政改革」の喧伝により教育、文化、スポーツ、福祉などの分野の予算削減の圧力が強まり、ついには同じ保体審による1989年の答申「二一世紀へ向けたスポーツの振興方策について」では、地域のスポーツ施設を整備する上での基準の策定は各自治体に委ね、国の政策として推進しないとした[37]。国としての責任、そして「ナショナル・ミニマム」の理念の放棄ともいえるが、加えて「規制緩和」や「地方分権」の議論がかまびすしくなると「整備基準」を「規制」ととらえる議論すら出現してくる[38]。その結果、半世紀が経過した現在でも「整備基準」の目標は達成されていない。「地域移行」の"足踏み"（「現場」の"躊躇"）はこうした長年にわたって蓄積された"負の遺産"によるところが大きい。

　しかし、こうした現状を許容し、子ども、青年世代のスポーツの保障の「場」として地域を選択肢から除外することは誤りである。ここまで「総合型」について批判的な検討をしてきたが、その理念自体は否定されるものではない[39]。「総合型」が「モデル」としたヨーロッパのスポーツクラブは、地域の人々が集う「場」としてかけがえのない存在価値を示している。たとえばドイツでは施設を自己所有する大規模なクラブのみならず、地域の公共施設を拠点として活動する少人数のクラブも数多い。こうしたクラブの多様性を担保しているのは、全国的なスポーツ施設整備計画「ゴールデン・プラン」を立案し、完遂したことである[40]。そして、クラブに対する公的援助も多様に準備されている[41]。クラブの形だけではなく公的な基盤整備や支援の在り方全体を含めて「モデル」とするべきであることは言わずもがなであろう。

　地域スポーツ振興に関わる諸条件の充実、その基盤の上に自主的なクラブの多様な展開がなされ、「いつでも、どこでも、だれでも」がスポ

ーツにアクセスできる「場」が地域に形成され
たとき、ようやく「地域移行」のひとつの可能
性が現実化する。時間はかかるかもしれない
が、現状を追認するのではなく、改善していく
ことをあきらめてはならない。

　このように人々のスポーツをささえる基盤の
問題を追求し続けると同時に、そもそも部活動
とは何であるのか、学校教育での位置づけはい
かなるものであるのか、との問いにこだわるこ
とが必要であろう[42]。この点に関しては筆者の
守備範囲を超えるものであるが、1970年代の
「社会体育化」が模索されていた時期、文部省内
部からも「(学校と地域が:尾崎注) 連携をとる
にしても学校が運動部活動をどの程度教育的に
取り入れることが可能であるかを明確にするこ
とも今後の研究課題である」として「単に運動
部活動を社会体育に移行させればよいとする短
絡的な問題解決のしかたは疑問が多い」[43]との
意見が出されていた。また、最近でも、部活動
とは子ども、青年世代のスポーツの機会保障や
技能向上の場としてだけではなく、より多様な
意義をもつものであり、「福祉」的な役割や機能
を果たしてきたとの指摘がある[44]。

　　　＊　＊　＊　＊　＊　＊　＊　＊

　筆者にとって中学・高校時代の部活動は大き
な意味を持っており、今なお忘れられないよき
想い出も数多い。そのような部活動への想いを
同じくする人は相当数に上るであろう。しか
し、個人的な想い出や記憶を美化することで
「地域移行」の課題はもとより、これまでの部活
動をめぐる諸問題の検証の目を曇らせることは
避けなければならない。そのことを前提とし
て、性急、拙速、視野狭窄、思考停止等々に陥
ることなく、「部活動は誰のために」との問いを
根幹として、多角的、重層的に問い続けること
が求められている。

注・参考文献

(1)本稿では「運動部活動」を対象とするが、現
　在、顕在化している問題は「文化部活動」におい
　ても共通しているものである。

(2)TALIS2013によって浮き彫りになった「課外活
　動の指導時間が特に長い」問題を当事者である
　教員はどのように受け止めているのかについて
　の一端を表すものとして、日本スポーツ協会「学
　校運動部活動指導者の実態に関する調査報告書」
　2021年7月。また、TALIS2013を受けての「政治」
　の動きについては、神谷拓「教育再生実行会議と
　部活動－政治主導の「ブラック」劇場のシナリオ
　－」『季刊教育法』No.194、2017年、参照。

(3)内田良『ブラック部活動－子どもと先生の苦
　しみに向き合う』東洋館出版社、2017年。なお、
　筆者は、以前から長時間練習による子ども・生
　徒への弊害等の問題指摘と同時に、親などおと
　なの「負担」の問題についても言及していた。尾
　崎正峰「子どものスポーツ―地域での遊びとゆ
　っくりと発達すること」『月刊社会教育』No.476、
　1995年。尾崎正峰「私的「スポーツ研究事始め」
　の記」『一橋論叢』第115巻第4号、1996年。

(4)これまでの運動部活動をめぐる問題は、勝利
　至上主義、長時間練習による野球肘やサッカー
　膝など「使いすぎ症候群」といわれる身体面への
　ダメージと「バーン・アウト」など精神面へのダ
　メージ、「体罰」という名の暴力など多岐にわた
　っている。武藤芳照『スポーツ少年の危機』朝日
　新聞社出版局、1985年。今橋盛勝、藤田昌士、林
　量俶、武藤芳照編『スポーツ「部活」』草土文化、
　1987年。三輪定宣、川口智久編著『先生、殴らな
　いで！－学校・スポーツの体罰・暴力を考える』
　かもがわ出版、2013年。内田良『柔道事故』河出
　書房新社、2013年。

(5)多田謹次「部活動の社会体育化に関する一考
　察」『東京経済大学人文自然科学論集』56、1980
　年。内海和雄『部活動改革－生徒主体への道－』
　不昧堂出版、1998年。森部英生、仁木幸男「戦後
　の中学校部活動史」『群馬大学教育学部紀要：人
　文・社会科学編』55巻、2006年。仁木幸男「1970
　年代前後における中学校運動部活動の社会体育
　移行政策」『びわこ学院大学・びわこ学院大学短
　期大学部研究紀要』Vol.5、2013年。

(6)「教員の地位に関する勧告（仮訳）」　https://
　www.mext.go.jp/unesco/009/1387153.htm（2023年

5月30日閲覧）

(7)神谷拓『運動部活動の教育学入門－歴史とのダイアローグ』大修館書店、2015年、59～62ページ。

(8)同上、71ページ。

(9)同上、「第3章　必修クラブの制度化と運動部活動の地域移行をめぐる迷走」参照。

(10)岡田章良「「中学校部活動の社会体育化」に関する一考察」『甲南女子大学研究紀要』11-12号、1975年、560～561ページ。

(11)山川岩之助「学校における運動部活動と社会体育の連携」『文部時報』第1169号、1974年、50ページ。

(12)前掲、岡田、564ページ。

(13)同上、561ページ。なお、253人のうち学校教職員がどのくらいの人数であったのかについて上記で引用した二つの文献（岡田、山川）とも記載はない。

(14)前掲、山川、49ページ。

(15)同上、50ページ。本文中に記した以外の事例は、前掲注(5)の文献、および、中澤篤史「1970年代における運動部活動の社会体育化－失敗の歴史を振り返る－」『体育の科学』Vol.73 No.4、2023年、参照。

(16)前掲、中澤、223ページ。また、部活動の位置づけについて文部省内の担当者の間でも必ずしも見解は一致していなかった。前掲、仁木、59ページ。

(17)内尾亨「社会体育から学校体育への"逆行"－苦悩する熊本県の運動クラブ部活動－」『体育科教育』第27巻第8号、1979年。

(18)尾崎正峰「日本のスポーツ政策の歴史的変遷」『現代スポーツ評論』15号、2006年。

(19)72答申時の保体審の委員であったスポーツ評論家の川本信正は、72答申の特徴として、このほかに「施設を拠点に、市民の自発的なスポーツ活動が、自主的・民主的に進められる構想を明らかにしている」ことをあげている。川本信正「中間報告に対する世論の反応」『健康と体力』Vol.3 No.9、1971年、4ページ。

(20)ここで「種目別」施設を対象としたのは、表作成に当たって参照したふたつの調査において調査対象となっている「種目別」施設が異なるため「全施設数」の比較は適当でないと判断したためである。また、ここでの論点の詳細については、尾崎正峰「背中合わせのオリンピックと地域スポーツ」石坂友司／松林秀樹編『一九六四年東京オリンピックは何を生んだのか』青弓社、2018年、参照。

(21)文部省スポーツ課「我が国の体育・スポーツ施設の現況と推移」『健康と体力』Vol.13 No.9、1981年、13ページ。体育局体育課「公立体育施設の整備状況」『文部時報』第1169号、1974年、文部省スポーツ課「整備基準からみた体育・スポーツ施設の現況」『健康と体力』Vol.13 No.9、1981年も参照。

(22)前掲、多田、325ページ。

(23)前掲、岡田、561ページ。

(24)前掲、山川、51ページ。

(25)早川芳太郎「学校における体育的クラブ活動」『文部時報』第1169号、1974年、43～45ページ。

(26)「整備基準」は週1回（以上）スポーツをする人の割合を20％と想定して策定されている（前掲、文部省スポーツ課「整備基準からみた体育・スポーツ施設の現況」25ページ）。そして、現在の「週に1日以上のスポーツ実施率」は52.4％である（スポーツ庁「令和4年度　スポーツの実施状況等に関する世論調査」）。後者の数値には「施設」を使用しないスポーツ・運動の種目も含まれているが、現在の週1回（以上）のスポーツ実施率が1970年代の想定よりも高くなっていることは明らかであり、本来ならば「整備基準」の"上方修正"が必要であろう。

(27)既存の地域のクラブに部活動の要素を組み込むことができるのかという課題を立てることはできるが、現実問題としては厳しいと思われる。

(28)「学校開放」によって「学校体育施設」が地域の自主的なスポーツクラブの重要な活動拠点となっている実状からすると「学校体育施設」の大幅な減少は切実な問題である。尾崎正峰「地域と学校を結びつける学校開放へ～学校開放の経緯と意義～」『みんなのスポーツ』第34巻第5号、2012年。

(29)尾崎正峰「地域の公共スポーツ施設の持続可能性の模索－参加と自治の経験に学ぶ」『都市問題』第111巻第1号、2020年。なお、学校の「体育館」はだいぶ以前から検討対象とされている。国立教育政策研究所文教施設研究センター「学校施設に関する基礎的調査研究」研究会「学校施設（体育館）のエコ改修の推進のために－エコ改修メニューとモデルプランにおけるシミュレーション結果」2012年3月。

(30)「スポーツ基本法」は、1961年に制定された日本で初の「スポーツ」を冠する法律である「スポーツ振興法」を全面改定する形で制定された経緯がある。

(31)スポーツ庁「令和4年度　総合型地域スポーツクラブ育成状況」。現在の第3期「スポーツ基本計画」（2022年）では章や項のレベルで「総合型地域スポーツクラブ」の文字は記されず、計画の本文中でも少しふれられる程度となっており、全国の各市区町村に設置の"看板"は下ろされた感がある。

(32)兵庫県が2000年度から法人県民税の超過課税を財源として、全県下の小学校区に地域スポーツクラブを設置する支援事業「スポーツクラブひょうご21」を実施したが、これは全国的に見て「例外的」な事例といえる。なお、クラブが小学校を基幹施設としていることから活動内容上のいくつかの制約がある。一橋大学社会学部高津ゼミ・尾崎ゼミ・坂ゼミ合同調査報告書『スポーツクラブはどこへ行く』2005年、参照。

(33)スポーツ庁「令和4年度　総合型地域スポーツクラブに関する実態調査結果（概要）」2023年。

(34)筆者が行った自治体職員への聞き取り調査でも「懸念や心配の声」が多数出ていた。

(35)尾崎正峰「スポーツの産業化と生涯スポーツ」『一橋論叢』第105巻第3号、1991年。

(36)森川貞夫「経済産業省地域×スポーツ産業研究会「最終提言」『『未来のブカツ』ビジョン－"休日の／公立中学の／運動部活動の地域移行"の『その先』を考える」をどう読むか？」『月刊社会教育』No.800、2023年。

(37)尾崎正峰「地域スポーツへの『多元的参加』と『地方分権』」『地方分権と自治体社会教育の展望』東洋館出版社、2000年。

(38)別の問題点として、「地方分権」が叫ばれた時期、スポーツ振興法の規程で「スポーツ振興審議会」を都道府県では設置するもの（必置）とされていたことに対して、「必置規制」との用語で「規制緩和」の対象とし、1999年のスポーツ振興法「改正」で「スポーツの振興に関する審議会その他の合議制の機関を置くものとする」と条文が変更された。スポーツ振興法が「地方分権の推進を図るための関係法律の整備等に関する法律（地方分権一括法）」としてまとめて「改正」された475の関連法のひとつであることから、この条文の「改正」が示すものは、スポーツ振興の領域にとどまらず、住民参加、住民の意見反映の制度の曖昧化、あるいは脆弱化を企図した政策の一環に位置するものであったことは、あらためて思い起こされる必要がある。

(39)筆者は、全国各地で「総合型」の理念に共感し、クラブ運営に尽力し、真にヴォランタリーな意志の下で地域のスポーツ振興に携わっている人々の姿に数多くふれてきた。その熱意と営みに敬意を表すると同時に、「公」の責任が果たされないが故の不備や不足を人々の"善意"で補い続けている状況は決して正常とは言えないと指摘してきた。

(40)ゲオルク・アンデルス「ドイツにおけるスポーツクラブの現状と課題」『研究年報2000』一橋大学スポーツ科学研究室、2000年。市場俊之「戦後のドイツのスポーツ施設の推移」『一橋大学スポーツ研究』33巻、2014年。

(41)高津勝『現代ドイツスポーツ史序説』創文企画、1996年。

(42)前掲、神谷（2015年）。

(43)前掲、山川、51ページ。

(44)神谷拓「「地域部活動」に潜む政治と矛盾」『季刊教育法』No.214、2022年。西島央「「部活動は地域移行するしかない」という「空気」の危うさ」『現代スポーツ評論』47号、2022年。また、部活動の意義の蓄積をないがしろにするかのような現状への危機感も表明されている。

ABSTRACT

Who Do Extracurricular Activities Benefit?
—Issues Concerning the Transition of Extracurricular Sport Activities to the Community—

OZAKI Masataka
（**Professor Emeritus, Hitotsubashi University**）

In June 2022, the Japan Sports Agency's Commission of Inquiry published a proposal to shift junior high school extracurricular sport activities to the community. One reason given was to reduce the burden on teachers involved in extracurricular sport activities : another was to guarantee sport opportunities for junior high students in the future. Attempts to transfer extracurricular sport activities to the community were made in the 1970s, but they did not spread nationwide, and such attempts made in certain regions eventually ended. Doubts and concerns were voiced by various quarters regarding the most recent proposal, and it became clear that there were many difficulties pertaining to realization of the plan.

A major factor in the failure to transition to the community is the lack of adequate public sport facilities in local living areas. The fact that the development of public sport facilities is an important element in the promotion of community sport has been on the policy agenda since the period immediately following World War II, but for a long time, progress was slow. In the 1970s, municipalities across the country finally started to develop public sport facilities, but from the 1980s onward, the speed of development waned because of budget cuts in the name of "administrative reform." After peaking in the mid-1990s, the number of public sport facilities has continued to decline.

To realize the transition to the community, conditions that support community sport and the construction of public sport facilities must be implemented. The possibility of transition to the community will only become a reality when appropriate conditions enable the development of a variety of voluntary sport clubs. Furthermore, sport clubs must be ready to play a role in the transition.

Keywords : **Extracurricular sport activities, Transition of extracurricular sport activities to the community, Community sport**

キーワード：運動部活動、運動部活動の地域移行、地域スポーツ

「社会教育士」の登場と
社会教育職員養成の新展開

岡　幸江（九州大学）

序——社会教育主事養成の変化をめぐって

　社会教育主事は、学校教育の指導主事と共に、教育委員会事務局にて発令される専門的教育職員である。そして実は、学校教員にとって身近な職位でもある。だがその配置や着任ルートは多様で、職務も多岐にわたり、当事者や経験者以外の教員・一般社会から、その存在・仕事のありようが見えにくいのが、社会教育主事でもある。

　その社会教育主事は現在、転換のただなかにある。令和2年4月から社会教育主事講習等規程の一部を改正する省令が施行されたことに基づき、養成カリキュラムが大幅に改正された。同時に大学養成課程ならびに社会教育主事講習を新カリキュラムで履修し単位認定をうけた者は、「社会教育士」称号を得ることが可能になった。これにより教育委員会事務局にてのみ発令される任用資格の社会教育主事資格は、汎用資格的な意味を重ねもつことになった。

　その過程で、以下にみるように、養成課程や主事講習の運営に関わる大学には、様々な変化が生まれつつある。さらに2023年度には生涯学習審議会内に社会教育人材部会が設置され、①社会教育人材の養成や活躍促進に関する基本的な方向性、②社会教育人材のニーズに応じた学習機会の拡大、③社会教育人材の資質・能力の更なる向上、④社会教育人材の多様な場での活躍促進、等についての検討がすすめられている[1]。

　こうした情勢を念頭に、本稿は、社会教育職員をめぐる現段階の特徴を描きだすことを、とくに以下2つの作業から試みる。1つに社会教育主事・社会教育士養成をめぐるこの間の社会的文脈を、とくに大学の位置および教員人事との関係に留意しつつ描き出してみたい。2つに、現在おこりつつある変化の方向性を「資格化」「専門性の流動化」と仮定し、検討を試みたい。そのうえで1点目と2点目をあわせみることで、矛盾状況および克服すべき課題がうかびあがることをめざしている[2]。

1．大学と社会教育職員養成

(1)大学による養成

　まず社会教育職員養成における大学の位置を確認しておきたい。第一に、養成課程の設置がある。令和5年（2023年）4月1日段階で、全国110校（国立大学31校、公立6校、私立大学73校、短期大学2校）に、養成課程が設置されている。ただし養成課程は新カリキュラムが始動し実習の必修化など設置のハードルが高くなったこともあり、減少傾向にある。比較可能な対象として、全国社会教育職員養成研究連絡協議会を母体とする大規模な科研費共同研究に基づく大槻宏樹編著『21世紀の生涯学習関係職員の展望』（2002）[3]を参照しよう。ここで2000年2月に行われた大学養成課程へのアンケートは国公立44校、私立大学77校、短期大学14校に対して行われている。単純に比較して、2000年を100とすると2023年段階では国公立が約84％、私立が約94％、短期大学が約17％に減少している。短期大学を別として[4]、養成課程を設置する国

立大学の減少は明らかである。国立大学に示された第3期中期目標・中期計画（2016~2021）でゼロ免課程の廃止が明言され実際廃止が相次ぐ一方、47国立大学（2023年段階）に教職大学院が設置されたものの共通科目5領域に社会教育と関連の深い地域と学校の連携は学校経営のごく一部に位置付けられるにとどまった。国立大学における社会教育職員養成への関心の低下は否めないところだろう。一方で私立大学は大学経営上「資格」科目への関心が高いこともあり、養成課程数は減少するも高止まりの状態で、対照的である。

「第一に」と記したのは、大学が社会教育職員養成に関与する、別のしくみが存在するためだ。それが以下とりあげる「社会教育主事講習」である。社会教育主事講習とは、自治体職員・教員をはじめとする社会人向けに開かれる社会教育主事資格付与のための養成講習であり、基本形としては約1か月ほどの短期集中型で実施されている[5]。

先に養成課程が減少傾向にあることを確認したが、主事講習は異なる傾向をもつ。市町村の社会教育主事発令を補ってきた教員籍の派遣社会教育主事（2章参照）の一般財源化（平成10年）以降、市町村の社会教育主事配置率が低下するとともに、主事講習への参加者もかなり減少した。ところが令和2年に新カリキュラムに移行して以降、主事講習修了者は拡大傾向にある。新カリキュラム導入前の2019年は12大学・機関で修了者896名だったところ、2023年度には「一部科目履修」講習[6]も含めて、18大学・機関が実施主体に名をつらねるようになった。2022年度の称号付与者も1532名と約倍増である。

かつて日本社会教育学会としてとりくまれた科研費研究「社会教育職員養成に関する実証的研究」（1976-77）に関与した津高は、「現在の養成制度の中で、その中核的機関としての大学が、「社会教育」教育と社会教育主事講習の両面で努力してきたことがうかがえる」こと、それが未整備な教育・研究体制の中で、大学側の努力によって制度上の基礎がつくられてきたことを述べている[7]。ここでの「大学側の努力」として、とくに主事講習については、大学が制度上の問題性を理解しながらも国の委嘱に応じてきたのは、この間の法改正の議論も前提に、養成は行政から離れた大学で行うべきという認識が背景にあったからだという[8]。このように比較的初期段階から、養成課程も主事講習も、背景や意図は異なるものの、両者について等しく養成の中核的機関としての大学の自覚があり、そのもとで養成のしくみを確立するための努力が積み重ねられてきた。

ただし津高は同時に、そうした大学側の努力と裏腹に、「養成制度の全体は、本流たるべき大学の「社会教育」教育及び研究の体制整備を支援せず、むしろ、臨時的措置として発足した主事講習を主要な養成制度として固定化し、且つ、それを変質、形骸化せしめつつある現状である」[9]とものべている。

実態としてその後も、ほとんどの自治体は大学で科目を習得した者を採用するのではなく、教員や一般職員に主事講習を受けさせ社会教育主事として発令するルートが一般化した。主事講習に対して、「臨時的応急的措置の常態化」「社会教育主事の専門職としての位置づけが弱いものになる」[10]という指摘が近年も続かざるを得ない状況にある。

大学として主事講習に責任をもとうとするなら、養成課程の設置・運営に責任をもちうる社会教育専門の教員配置の充実が重要であるが、それを担うトータルな大学資源の充実をめぐる議論や政策がないまま、主事講習の位置づけのみが拡張し続けてきたともいえる。

この間の社会教育職員養成をめぐる議論において、特に社会教育主事講習を正面から取り上げた研究がとくに2000年代以降そう多くないのには、こうした矛盾含みの背景がある[11]。

そもそも社会教育主事講習における単位数の推移をみても、主事講習における実践上の資質の向上はさほど重要視されてこなかった節がある。

社会教育主事講習等規程第6条（単位の計算方法）は、講習の単位の計算方式を、「講習における単位の計算方法は、大学設置基準（昭和31年文部省令第28号）第21条第2項及び大学通信教育設置基準（昭和56年文部省令第33号）第5条第1項に定める基準によるものとする。」と定めている。これは原理的には大学に準じるかたちで主事講習を行うことが前提とされていることを示すものといえる。にもかかわらず、主事講習の単位数は1951年段階の15単位を頂点として、1959年13単位、1969年10単位、1987年9単位と減り続け、2020年新カリキュラム移行後は、8単位となった。現在養成課程の必要単位は24単位であることからすると、大きな格差が生まれている。

政策的影響は単位数の問題にとどまるものでなく、養成課程・主事講習両面にわたる養成教育の内容にもおよぶものとみておく必要がある。職員の問題に関心を寄せ続けた島田修一の「現行制度では、社会教育主事講習等規程の存在が先行してその養成内容が政策的変化に対応させられ、資質の内実が時代適応的なものに矮小化させられるきらいがある。それが科目履修・単位認定の基準となるとすれば、専門職養成の教育活動や職員の自主・相互教育の自律性が否定されることになる」[12]という指摘は、専門性の確立および大学による養成教育の自律的形成の観点においては看過できないものである。

(2)大学における研修としての主事講習の登場

こうして、各大学が社会教育主事養成に、養成課程・主事講習にわたって主体的な努力を払い続けてきたこと、その意味や課題を確認してきた。

ここでもうひとつ押さえておきたいのは、比較的近年に至り、「研修としての主事講習」ともいうべき大学教育実践がバリエーションをもって登場し増えてきていることである。この背景には、そもそも社会教育主事講習自体が、社会人を対象とし、職場にとっては長いといわれな

がらも福祉系資格や司書・学芸員資格など類似資格に比較すれば少ない単位数で構成されていること、そして何より公民館主事資格が諸運動にもかかわらず実現しなかったことに連動して、公民館をはじめとする社会教育機関やその職員の質の担保のために講習受講をすすめる現場や、資質向上をめざし個人の意思として自費で講習を受講する関係職員がふえていることがある。さらに近年では社会教育施設の設置形態や社会教育職員の雇用環境の多様化がこの間すすんだことも背景にあろう。

先行例として、一時お茶の水大学でとりくまれた、通年型主事講習がある。本年報特集で以前、社会教育職員養成・研修を大学養成課程の改革の動きから論じた三輪（2011）は当時、大学が実施する現職研修として実践のふりかえりを主軸におく通年型の社会教育主事講習の実施を試み、その経緯を年報論文中で論じている[13]。本実践は社会教育職員の研修体系が十分ではないなかで、主事講習が養成のみならず実践者の力量形成の場として現場から用いられてきた矛盾的側面を、逆転の発想で、主事講習の新モデルとして発展させようとしたものであるといえよう。

こうした「研修としての主事講習」は、令和2年度のカリキュラム改正により、「一部科目指定講習」という講習形態が新設されたことにより、一般化することになる。

「一部科目指定講習」とは、令和元年以前に社会教育主事資格を受講した有資格者を対象として、新カリキュラムで追加された「生涯学習支援論」「社会教育経営論」の4単位のみを履修するために実施される、新たに追加された主事講習の形態であり、これによって主事講習は「資格付与講習」「一部科目指定講習」の2種類が登場することになった。

原義的には受講生は「社会教育士」の称号付与のために2科目分講習を受講する。だが、筆者がかかわる一部科目指定講習でも受講者にその受講意図をきけば、「最初に社会教育主事講習を受講したときには考えられなかった社会情

勢、新型コロナウイルスにより子どもを取り巻く環境が激変した」「当時はよくわからないままに受講し、自分の業務との関連づけができていなかった。改めて学ぶ必要性を感じた」「受講して数年、自分の視野が再び狭くなってきているのではないかと感じた」など、単なる称号取得というよりも、社会と自身の状況への認識から学び直しを自覚し、実践者たちが受講にふみだしていることがうかがえる[14]。筆者が一部科目指定講習の登場を、学び直し＝研修としての意味合いの深い主事講習の重要な典型例としてとらえるゆえんである。

(3)行政による養成段階への関与

　一方、本来現場実践者への研修に責任をおってきた県行政が養成段階にふみだすという、上記とは逆パターンとなる例も登場した。2020年より、北海道立生涯学習推進センターが主事講習実施主体に加わったことがその事例である。この間主事講習は大学以外の委託先は国立教育政策研究所社会教育実践研究センター（通称国社研）のみであった。北海道の事例はこれに加えて県教育行政が養成に踏み出したという、新たな事態を示すものである。金藤の科研調査によれば、北海道の場合、2020年度から道立生涯学習推進センターによる社会教育主事講習を実施しているのは、同年から派遣社会教育主事制度を休止しており、これに連動し、市町村が自律的に社会教育主事の養成や配置に取り組むことをめざすためであるという[15]。

　すでに国社研が「その他の教育機関」として認められ、1972年に社会教育主事講習を実施するようになった際、議論はおこっていた。当時の小林文人の指摘を引用する。「社会教育主事の公的な養成が、すくなくとも大学以外の「機関」で実施されたわけであるが、このことは戦後における養成制度の展開のなかで見のがすことができない新しい事態というべきであろう。国立社会教育研修所ははたして「教育機関」たりうるかどうか。そのような疑義をふくむ（行政）「機関」が専門職養成の実施機関たりうるか

どうか、厳密な意味について研修所は単位の認定・付与の権限を有するかどうかといった問題について原理的な検討が今後なされなければなるまい。国立社会教育研修所の場合は、大学がもっているような「大学の自治」にかかわる諸組織を最初から欠落しているわけであるから、講習カリキュラムの編成や講師選定等が直接に行政恣意に左右され、ひいては国家行政コントロールにさらされる危険性をもつ。それは単に国立社会教育研修所「講習」の個別の問題にとどまらず、日本の社会教育「専門職」養成制度の全体にかかわる問題でもあるといわざるをえない」[16]。

　小林の問題認識は少なからぬ社会教育関係者に共有されてきたものの、国社研による主事講習はその後既定路線となった。現在ではオンライン講習や地方会場で実施する「B講習」[17]がひろがり、どの大学よりも存在感のある主事講習が実施されている。大学の自治があたりまえのように確保されていた当時とは違い、国と大学の関係自体が大きく変容した今日、もはや原則論のみで考えるべきとは思わない。しかしながら社会教育職員養成の質の担保にむけた一線をどう考えるのか、その思考をはずすわけにもいかない。こうしたなかで、経緯と議論の内容を確認しておくことは重要であろう。

2．教員人事と県社会教育主事

(1)社会教育職員養成における
　　　　　　　　都道府県教育行政の役割

　ではなぜ、主事講習ばかりが拡張しつづけてきたのだろうか。この点を考えるにあたって、社会教育職員養成と都道府県の教員人事政策との関係に目を向けておく必要がある。

　先にみた小林1973は、当時の1971年社会教育審議会答申と連動する社会教育法改正を通して、「行政機構における指導機能における『社会教育主事』の政策的重視とその『専門職』性の強調」および、派遣社会教育主事など「社会教育主事と学校教員との人事交流がはっきりとした流れになってきたこと」を指摘している[18]。

派遣社会教育主事は、歴史的には都道府県段階でまず必置化した社会教育主事発令を、1959年の社会教育法改正により市町村段階にも義務付けたことにはじまる。その際人口1万人未満の町村については当面の間の猶予が記載されたが、未発令の町村もかわらず多く、これを改善する措置として、1971年社会教育審議会答申は、市町村における社会教育主事の確保充実にむけて、県および国も積極的に協力する必要を述べている。こののち1974年、国が都道府県に対し、市町村の社会教育主事配置に必要な財政的援助を措置する、「派遣社会教育主事給与費補助制度」（国が二分の一以内で定額補助）が始まることとなった。各都道府県はこの制度を用いて、社会教育主事有資格者の教員を各市町村に配置した。ここに教員人事と社会教育職員養成の接点が生まれることになった。

実際、この制度の開始とともに、市町村の社会教育主事設置率は目に見えて改善された。

市町村の設置率は、1971年度の63.2%から、1990年度には85.5%（派遣社会教育主事のみを置く教育委員会を含めると92.2%）に上昇した。また数でいえば1981年から15年にわたり、都道府県および市町村社会教育主事は約6,500人〜6,700人の間で安定的に推移した。それが急激な減少に転じたのが、1999年、前述派遣社会教育主事給与費補助制度が終了し、各道府県事業の定着などを理由に、地方公共団体の一般財源に組み込まれた翌年のことであった[19]。現在も派遣社会教育主事の配置を県独自の施策として実施するのは、令和3年度社会教育調査によれば8都道府県・87名の派遣社会教育主事配置にとどまり、全国の社会教育主事は制度終了前の2割強にすぎない1451人までおちこんでいる[20]。

また派遣社会教育主事の制度は、このような社会教育職員配置にとっての意味のみならず、学校教員人事にとっては教育委員会出向のバリエーションを増やすことでもある。福岡県を例にとれば、現在も教員籍の県社会教育主事が、本庁・県内6教育事務所・県立社会教育総合センター・県立社会教育施設に合計約60名配置さ

れている。派遣社会教育主事への給与費補助制度が存在していた以前は、教育事務所毎に3−5名・約25名の派遣主事含む合計約85名のポストが存在していたと想定される。派遣時代と違って今日では、学校現場の状況から社会教育を学ぶ必然性を感じて自ら講習参加を希望する教員が増えている違いはあるが、当時も現在も、教員籍で講習を受講する層は30代後半から40才前後が多く、自治体が派遣する層より年代が高い。つまり教員の多くは管理職登用の直前に受講に送られるのであり、講習受講と並行して管理職試験を受ける層も珍しくない。これらは教員人事と県の社会教育主事登用に密接な関係があることを示すかたちとなっている。

(2)教員籍社会教育主事と社会教育職員の専門性

県社会教育主事ポストの現況については、実際のところ都道府県でかなり差がある。平成の大合併で市町村数が減ったことにより、派遣社会教育主事を維持したとしても市町村の社会教育主事枠自体が縮小した。県立社会教育施設への指定管理者制度の導入や施設自体の廃止もすすんでいる。そして2000年前後より、地方分権・市町村主義の風向きの強さもあり、平成の大合併で一自治体の規模が大きくなったこともあいまって、全国で都道府県教育委員会の出先機関としての教育事務所を縮小・廃止する傾向も生じた。さらに2003年の指定管理者制度導入ののち、とくに県立社会教育施設における指定管理への移行が進んでいる[21]。こうしたなかで最低数の1名しか社会教育主事を置かない県も登場している。

社会教育職員をめぐっては、歴史的にみれば戦前も戦後も、社会教育主事は都道府県配置からはじまり、それを担う中心層は教員であった。戦後直後は青年団指導者などもふくめ幅広い層が社会教育主事に登用されるが、行政機構の整備とともに、市町村による社会教育主事の専門職採用が登場し、社会教育主事の専門性の確立は、自治体職員の内部において期待される

ようにもなった。ところが1974年以降の派遣社会教育主事の政策は、自治体職員籍の社会教育主事に加えて、市町村の現場において、再び教員籍の社会教育主事を位置付けることになったわけである。

こうした派遣社会教育主事の存在については、とくに社会教育職員の専門性確立の観点からは疑問視されてきた。「社会教育主事が職種だけでなく職位として扱われていることも、専門職としては特異な面を持つ。指導主事がその後免許制でなくなり、学校長や教頭などと並んで職位としてとらえられ、社会教育主事もそれとの対比で年齢や経験年数で位置付けられることによって、大学で社会教育主事となる科目を習得した者を採用せず、教員や一般公務員の昇格等の人事として講習で資格を取得させ、社会教育主事にする事例が多い。ラインに位置づくことで本来スタッフとして他の職員にも助言しうることがあいまいになりかねない」[22]という見解も、学校教育人事のありように影響をうけ、またそのものに位置付けられることによって、社会教育主事が資格というより職位としての性格を強めてきたこと、それも、社会教育主事が専門職としての確立に難しさをかかえてきた要因となっていることへの問題意識を示すものである。

とはいえ、派遣社会教育主事制度成立から数えても、すでに50年近い年月を重ねた。教員籍社会教育主事のなかには、その社会教育との出会いを通して、社会教育を担う一員であることにアイデンティティをもちながら活動してきた層も少なくなく、学校教員歴と社会教育職員歴がほぼ変わらないような教員さえいる。

特に派遣社会教育主事は市町村で現場をもつだけに、地域に学ぶことを知る教員層を育んでもきた。派遣社会教育主事の現職・過去の経験者に対する金藤の調査報告（2022）では、勤務先で担った事業や取り組みにおいて意義や効果を実感したものとして、「学校教育と地域の連携・協働」（68.9％）「事業の企画書・報告書類の作成」（62.8％）が上位にあがっている。「ま

ちづくり・地域づくり」（46.2％）「地域情報・資料の収集分析」（36.9％）に小さくない数値があがっていることも興味深い[23]。昨今ではコミュニティスクールや地域学校連携が教育政策の重要課題に浮上しているが、派遣社会教育主事にとどまらず、教員籍で社会教育主事経験を積むことが、地域と学校の連携を担うための貴重な実践的学習機会となってきたであろう。

また別の観点として先にふれた教育事務所については、都道府県施策としてこれを維持しエリア単位で社会教育にかかわる部署や社会教育主事を配置する場合、教員籍社会教育主事たちが市町村社会教育行政への支援を行ってきた。単なる事務伝達や管理的になる場合も、市町村にしっかり足をはこび有力な支援者となる場合もあり、その実際には幅があるものの、県社会教育職員としての専門性を発揮する場合が確かに存在する。「教育事務所が設けられている場合は、単に都道府県内の地理的区分の表象にとどまるものではなく、都道府県という区域を土台にした教育行政空間が、実質的に教育事務所を単位とする教育行政空間に分割されており、その空間を舞台にしてそれぞれ固有の教育的文化がメンバー間で形成されてきたと考えられる場合が多いであろう」[24]という見解は、福岡県の例でいえば教育困難に向き合ってきた筑豊教育事務所管内において、独自の社会教育的文化が継承されてきたことなどに照らしても、うなずけるものがある。

このように、教員籍社会教育主事の広がりによって社会教育主事の配置が支えられてきたことは、社会教育主事の専門職としての確立においては考慮すべき点が多いものであった。だが一方で、広く社会教育を担う人材の広がりを下支えし、場合によっては都道府県と市町村間の社会教育行政の有機的連携を担ってきたこともまた、認識しておきたい一側面である。

3．社会教育職員養成の変化をめぐって

⑴受講生の多様化——主事講習の変化その①

こうして、自治体の社会教育職員の専門性へ

の意識と教員籍社会教育人材の広がりを生み出しながら進んできた県・市町村における社会教育主事の配置は、後者につながる国の派遣社会教育主事給与費補助制度が廃止されて以降減少を続け、社会教育主事の有資格者養成数も下降傾向にあった。そのなかで、本稿冒頭で示した2020年にはじまる新たな社会教育主事養成カリキュラムの登場は、結果として画期的なものとなる可能性を秘めている。

　結果として、と述べるのは、この新カリキュラムへの省令改正がどのような影響をもたらすのか、政策立案関係者も含め、予想していた人は少なかったと思われるからである。大学において養成課程と社会教育主事講習の両方に関与している筆者もまた同様であった。また省令改正初年の2020年はコロナパンデミック元年で多くの主事講習が中止を余儀なくされたことも、当初の読めなさに輪をかけた。

　しかし省令改正から丸3年、国の調査結果においても、また養成現場の実感としても、その違いが明らかになってきた[25]。

　最も著しいのは「受講層の多様化」である。主事講習の受講層は、会場によってかなり異なり、前述の経緯もあって教員が100％に近い会場から、比較的自治体職員や各種施設職員の率が高い会場までである。筆者の大学は歴史的に後者に属する。また国社研の主事講習は自治体職員率が高い傾向をもつ。

　その傾向はどう変わったのか。文科省が2022年に行った「社会教育主事資格・社会教育士称号の取得者向けアンケート結果（第一次集計）」[26]で新カリキュラム移行以降の受講者比率をみると、教育委員会職員が40％、その他行政職員が14％、教員が23％、NPO・法人・企業が10％などとなっている。文科省は特に「その他行政職員」が増えていることに注目していた。

　一方下記のグラフは、筆者が関与する大学における受講生の層の推移を、各年度の申込者総数を母体として％で示したものである（運営委員会資料を用いた。選抜や辞退等で受講実数は

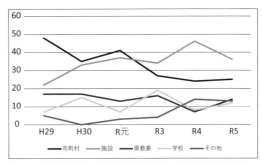

図1　九州大学主事講習資格付与受講生層の推移（単位％）

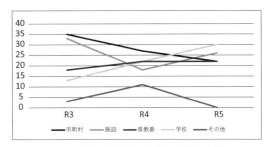

図2　九州大学主事講習一部科目履修受講層の推移（単位％）

これより少ない）。資格付与講習の受講生については、新カリキュラムで実施した2021年以降[27]、市町村職員が減少傾向にあり、教員は微増、NPO・企業・一般市民などの「その他」が社会教育士の周知が広がったR4以降大きく伸びていることに特徴がみられる。また、R3年度に開始した有資格者の再履修にあたる一部科目履修については、NPO・民間など「その他」が安定して増えていること、当初少なかった教員の受講がのびつつあることが注目される。文科省が注目していた一般行政職員の履修者について、本学の場合、資格付与講習では該当層はみられなかったが、一部科目指定講習については元教育委員会職員で他部局に異動したのちも社会教育にアイデンティティをもち、社会教育士称号を得るべく受講する職員たちの姿がみられた。

⑵職位から個人に紐づく資格の意識へ
——主事講習の変化その②

　大学養成課程も社会教育主事講習も、第一義的には、教育委員会に属し発令されてはじめて効力をもつ社会教育主事任用資格を得るためのものであることは今も同様である。しかしあわせて「社会教育士」の称号を得ることができるようになり、受講動機においても、受講した後の意識においても、これまでにない思いや行動を聞くようになった。

　九州大学主事講習修了者における注目される例を列記してみたい。まず教員については、従来小中学校教員が大半を占め、肩をたたかれて受講する場合もあれば、意識的に受講する場合は、体験施設含め社会教育現場で仕事をしたい層や、自らの教員キャリアの省察や学校だけで子どもの教育にあたる限界を感じて意識的に受講する層などがあった。新カリ以降、学校と地域をつなぐ役割としての「社会教育士」への自覚を語る教員層が増えるとともに、仕事とは一線を画し、現役中あるいは引退後、ライフワーク的に地域に学びや集いの場をつくることを意図する教員層も登場した。実際現役教員が講習同期と土曜に地域の学びの場を運営する例もている。高校教員の受講者の増加も目立つ。探求の時間の登場・ふるさと教育やキャリア教育・高校魅力化といった高校をめぐる教育政策とともに地域に目をむける教員が増えていることが想定される。

　さらには令和3年1月に提出された中央教育審議会答申「令和の日本型学校教育の構築を目指して」で、「社会に開かれた教育課程」の実現にむけて教員とともに事務職員が社会教育士称号を取得することが記載されたこともあり[28]学校事務職員の受講がコンスタントに続いているのも、新たな傾向である[29]。

　また自治体職員については、社会教育職員の専門職採用を行う自治体が極めて少なくなり、3－4年の異動サイクルのなかで社会教育を担当することが一般的であった。その場合、社会教育に出会いおもしろさを感じた職員がいて

も、異動後もその思いを継続することは難しい。しかし実際には、自治体現場には社会教育の知見や経験を活かせる場面が多々ある。そうしたなかで、「全ての道は「社会教育」に通ず。多様な場所で活躍する「社会教育士」になりたい（自治体職員・一部科目）」[30]「『政策の土台は社会教育だ』を市役所内で浸透させたい（自治体職員・資格付与）」[31]など、「社会教育士」称号が、自治体職場の仕事における社会教育活動の実現をライフワーク的に貫く事例がでてきた。

　また公民館など施設職員については、これまでも自治体の政策や個人の自発性のもとに施設職員としての専門性を担保すべく、発令とは関係なく受講するのが通例であった。そうした施設職員有資格者も、「コロナ禍に突入し、加えて世の中が多様性の時代となり、今までには無かった場面に遭遇することもしばしば。時代のニーズに応えるべく、新たな専門性を身に付けたい。やはり形が欲しい。（施設職員・一部科目）」[32]と専門性のレベルアップや称号への意識で受講にいたる人、「社会教育主事講習を受講し、自分の中の「社会教育」に対する意識が確立した。社会教育の学びが今の自分を作り、公私ともにその活動に繋がる「社会教育士」を名乗れることは、このうえない喜び。」（施設職員・一部科目）[33]と「社会教育士」の取得を通して、公私にわたる社会教育へのアイデンティティを確立しようとする人もいる。

　最後に、民間への広がりは今回極めて特徴的だが、民間からの受講についてはひとつの傾向におさまらないことも特徴である。施設の指定管理にかかわる企業やその関係者は増えることを予測していたが、九州大学の場合、3年間の民間・その他からの受講者全45名のうち、指定管理関係者の受講はわずか2名にとどまる。むしろフリーランスで教育・地域にかかわる仕事に携わる人・NPO関係者・退職層が目立つ状況にある。

　このように、総じて新カリ以降、職位として位置づきがちだった社会教育主事資格が、現段

階は資格に至らない称号であるとはいえ、個人にひもづく資格として社会教育士が意識化されつつあることで、受講生にとって新たな意味と行動を形成しつつあることがうかがえる。

先の2022年5月の文科省調査では、修了者にとって、継続した学習の機会やネットワークへの希望がどちらも約75%と多くあげられていた[34]。九州大学が継続学習の場の保障として行った修了者研修でも、受講動機の1位はスキルアップ研修の場を求めて（51.4%）であり、以前ならばトップにあがりそうな同期や他年度との交流（24.3%）への意識よりはるかに高くなっていた[35]。個人として社会教育を実践していくことへの意識と行動が広がるほどに、その実践を支える学習やネットワークの必然性が自覚されていくということだろう。

実際に、九州大学主事講習修了生有志が母体となり、約1年半の議論と準備を経て、広く九大出身者のみならず九州の社会教育士で構成していこうとする「社会教育士ネットワーク九州」が2023年4月に発足した。同様の動きは「北海道社会教育士会（北海学園大学を基盤）」（2022年6月発足）、「大東文化大学社会教育士会」（2022年6月発足）などにもみられる。オンライン環境の充実にも支えられ、受講会場をこえた修了生の自発的な交流も活発化している。

おわりに――社会教育士の社会化と養成教育の質の担保のはざまで

最後にこうした把握に、冒頭の社会教育士をめぐる政策動向を対照させて考えてみたい。先に記した本年度開始の生涯学習審議会社会教育人材部会は、2023年8月に「社会教育人材の養成及び活躍促進の在り方について（中間的まとめ）」を提出した。

中間まとめは社会教育士の称号が汎用性のあるものとして活用されることを想定し、「多様な人材が社会教育の専門性を身に付けようとするニーズに対応していくためには、様々な教育機関によって、地域のニーズに基づいて、様々な工夫を凝らした多様な講習や養成課程の選択

肢が提供され、受講者が自身のニーズに応じて学習内容等を選択しうる環境を整備・拡充していくことが重要だと考えられる。」とし、「社会教育人材の量的拡大に向けた社会教育主事講習の定員拡大」や、講義のオンライン化・オンデマンド配信から受講手続き・修了証明までデジタル技術も多様に活用し、履修方法も柔軟化することによる「多様で特色ある受講形態の促進等による受講者の選択肢の拡大」の方向を示している。

社会教育士の社会的認知を広め、その活用環境を整えていくこと、それをもって各方面からの期待に確かに応えていくことは、特に初期段階にあたる現段階ではきわめて重要だろう。しかし本論がみてきたように、社会教育職員の専門性の確立と、人材活用のすそ野の広がりは、歴史的にも簡単に相容れるものではない。社会教育士の称号取得を希望する層が簡単に養成・称号取得にアクセスできることを重んじるあまり、講習の教育の質が低下することは避けねばならない。

この問題はまだ議論の過程にあるが、社会教育士の社会化のため、そして社会教育職員の専門性を確立していくうえでも、いま求められるのは「社会教育士の専門性の実践的中軸は何か」への問いと、その問いの解明にむかう政策・実践者・研究者による共同的探求ではないだろうか。中間まとめでは、社会教育士の汎用的能力を、コーディネート能力、ファシリテーション能力、プレゼンテーション能力と設定していた。これはすでに新カリキュラムにおいて強調されている能力でもある。しかしこうした能力はまちづくり等でも求められるものでもあり、「社会教育士として」強調されうる、固有の何かを示すものではない。関連諸領域の実践的探求に学び、社会教育の歴史を継承しつつ、この段階の議論を超えていくことが必要だろう。

社会教育職員養成における新たな時代の人の暮らしと技術の進展に応じたオンラインの適切な利用も、参照軸の探求あって、より適切なありかたへの模索が可能になる。変化の時代にあ

って、状況に応じた判断と応用につながる、社会教育士固有の実践軸、およびそれに伴う「ものの見方」についての議論が待たれるところである。

注

(1)社会教育人材部会第1回配布資料「社会教育の裾野の広がりと社会教育人材に求められている役割について」より。

(2)なお社会教育職員養成という場合、社会教育主事はもとより、図書館司書や博物館学芸員も含まれるが、ここでは社会教育主事のみとりあつかう。

(3)大月宏樹編著『21世紀の生涯学習関係職員の展望―養成・人採用・研修の総合的研究』多賀出版、2002年。

(4)学校基本調査によれば短期大学は2000年の572校から2022年段階で309校と校数自体の減少が著しい。

(5)ただしオンラインも方法として導入された現在、この形態がかなり多様化しつつあることはのちにのべたい。

(6)2020年の新カリキュラム移行以降、全4科目を実施する「資格付与講習」に加えて、主に過去に有資格者となった層が呼称「社会教育士」を得るための講習として「一部科目履修」という講習もはじまった。多くは両者かねて実施するが、一部一部科目履修のみに参入する大学が登場している。

(7)津高正文「社会教育職員養成の評価と課題」横山宏編『社会教育職員の養成と研修（日本の社会教育第23集）』1979年、11-12ページ。

(8)前掲津高1979、9ページ。

(9)前掲津高1979、12ページ。

(10)括弧内ともに、上杉孝實「社会教育主事の特性と養成・研修の課題」日本社会教育学会編『社会教育職員養成と研修の新たな展望（日本の社会教育第62集）』2018年、98ページ。

(11)たとえば日本社会教育学会では職員問題について共同研究をすすめ、『学びあうコミュニティを培う―社会教育が提案する新しい専門職像』（2009）『地域を支える人々の学習支援―社会教育関連職員の役割と力量形成』（2015）『社会教育職員養成と研修の新たな展望』（2018）と3冊の出版物を公刊してきた。だが3冊共通して、検討の中心は大学養成課程であった。

(12)島田修一「社会教育職員に関する政策動向と職員養成の課題」前述、大槻編2002年、384-385ページ。

(13)三輪建二「社会教育職員養成・研修と高等教育機関の果たす役割：省察的実践者を育てること」『教師教育学会年報20巻―特集：教師教育学研究の課題と方法』2011年、55-63ページ。

(14)『令和4年度社会教育主事一部科目指定講習研究集録』（九州大学）。

(15)金藤ふゆ子「『派遣社会教育主事』は地域の持続的発展に有用な人材か―派遣社会教育主事の調査研究から―」『社会教育』2022年5月号、日本青年館、22ページ。

(16)小林文人「社会教育職員養成制度の検討―社会教育主事の問題を中心として―」『教育学研究第40巻第2号』1973年、107ページ。

(17)令和5年度は東京1会場に加え全国16会場、一会場12～30名枠で実施されている。演習科目のみ地方で実施し、講義科目は東京からオンデマンド配信またはライブ配信を受講する形式をとる。

(18)前掲小林1973、23ページ。

(19)佐久間章「地域の生涯学習推進と指導者～社会教育主事の養成と登用を視点に～」『日本生涯教育学会年報第32号』2011年、40-41ページ。

(20)令和3年度文部科学省社会教育調査、2023年（令和5年）3月29日公表。

(21)例えば県立社会教育施設の代表例である青少年教育施設の場合、全施設中、すでに42.5%が指定管理者導入施設である（前掲令和3年度社会教育調査）。

(22)前掲上杉2018、100ページ。

(23)前掲金藤2022、23ページ。

(24)本多正人「第Ⅱ部序　課題設定と事例の位置づけ」本多正人、川上泰彦編『地方教育行政とその空間―分権改革期における教育事務所と教員

人事行政の再編』学事出版、2022年、88ページ。

⑵なお養成課程については多くの大学で2023年度が修了生を送り出す初年度であり、変化をよむことは難しい。ただし管見の限り、養成課程の履習に参加する学生は新カリ以降、明らかに増えている。

⑳2022年5月実施。日本社会教育学会6月集会での地域学習推進課小松屋課長補佐報告資料より。全国の2年間の取得者1,864人に調査依頼をかけ、781人が回答。

㉗初年度2020年はコロナ禍のため中止した。

㉘中央教育審議会答申「令和の日本型学校教育を目指して」88ページ。

㉙なお『学校事務』2021年7月号、学事出版では、「事務職員が「社会教育士」の称号取得!?―中教審答申を読む。」の特集が組まれた。

㉚社会教育推進全国協議会九州集会事前学習会リレートーク配布資料2021.11。

㉛九州大学社会教育主事講習令和3年度修了者研修リレートーク配布資料、2022.2。

㉜前掲九州大学社会教育主事講習令和3年度修了者研修。

㉝前掲社会教育推進全国協議会学習会。

㉞前掲文部科学省調査2022。

㉟令和4年度九州大学修了者研修事後アンケート。

ABSTRACT

Emergence of social educators and new developments in qualification education

OKA Sachie
（Kyushu University）

This article seeks to explore the prospects, inconsistencies, and challenges inherent in the qualification process for social educators. This field is currently at a turning point due to the emergence of the 'social educator' qualification, which is different from the existing qualification as a position credentials.

In view of this, we have first tried to draw out the historical contradiction disparities within the social educator qualification by focusing on the multilayered roles of universities, and second on the presence of teacher-registered social educators, who are subject to contradictions and conflicting evaluations. With regard to the role of universities On one hand, the growing the roles proliferation of qualification courses for social educators within universities has outpaced the resources allocated to support these institutions. This has had a negative impact on the establishment of professionalism within the social education workforce while bolstering the role of social education directors. On the other hand, with regard to social education staff as teachers, it cannot be overlooked that this development has facilitated the expansion of workforce responsible for social education, bridging the gap between schools and local communities.

We have observed a shift in the increasing number of students wishing to become social educators since the advent of this new qualification, not just in terms of numbers but with regard to diversification and a growing awareness of individual qualifications. They are noted for their high awareness of continuous learning and networking. In a scenario where social educators are required to socialize in a way that meets diverse expectations, there is a strong need to increase the training and digital support in terms of policy objectives. In order to ensure the quality of training and education within this context, a discourse on the essence of expertise is quite essential.

Keywords：social educator, qualification education, role of universities, socialization of qualification, core of expertise

キーワード：社会教育士、職員養成教育、大学の役割、資格の社会化、専門性の中核

日本教師教育学会年報
第32号

2

〈特集2〉
教師の働き方改革と教師の役割の再検討
——教師教育の国際的動向のなかで——

特集2：教師の働き方改革と教師の役割の再検討
——教師教育の国際的動向のなかで——

1．趣旨

教師の過重労働が社会問題となり、教師の働き方改革の実現が日本の教育の発展にとって核心的な課題となっています。2019年の中央教育審議会答申「学校における働き方改革に関する総合的な方策について」を画期として、全国の学校ではその取り組みが強化されています。

しかし、その実態はどうなっているのでしょうか。教師が充実感をもって職務を遂行できるような条件整備は実現しているでしょうか。またそもそも、この働き方改革の議論の前提には、教師の職務と役割をどう理解するのか、そのための教師教育の課題をどのように構想し実現するかという本質的な問題が存在しています。

この特集はこのような観点および問題意識から、日本の教師の役割とその養成・採用・研修の特徴を解明するとともに、今後の教師像の発展方向を検討しようとするものです。検討に際しては、諸外国における教師像をめぐる議論および教師教育の改革動向についても考察を行い、理解を深めたいと考えます。

2．論文のテーマと概要

(1)髙橋哲「教員の労働条件決定過程に関する日米比較—『自ら学ぶ教師』像から、『もの言う教師像』へ—」
(2)金馬国晴「教師の生涯学習における遊びの定義—学習権宣言と子どもの権利条約を手がかりに—」
(3)植田みどり「イギリスにおける働き方改革と教師教育改革—教師の雇用と定着に関する戦略を中心に—」
(4)山﨑洋介「公立小中学校の長時間過密労働と教員定数算定に関する考察—義務標準法『乗ずる数』に着目して—」
(5)新井肇「初任者教員のメンタルヘルスを支える職場づくり—その方向性と課題—」

上記5点の論文には、本特集のテーマについて、教育学、心理学の諸領域における貴重な研究成果が集約的に示されています。

第一に、教師像の発展方向については、自らの労働環境・条件、専門性に関して当事者として「ものを言う教師」((1))、「遊び」による自由時間の質的な充実を権利として要求する教師像((2))が示されています。

第二に、教師教育の国際的動向については、アメリカにおける教員組合と教育委員会による団体交渉制度が参照され、日本の公立学校教員の労働基本権の制約に関する検討の必要性が指摘されています((1))。合わせて、イギリスにおける教師の労働環境の整備に関する政策動向が、「雇用と定着戦略」（教育省、2019年）に注目して検討されています((3))。

第三に、教師が充実感をもって職務を遂行できるような条件整備については、授業担当時間数を制限する課題との関連から、教員主定数の算定方法に関する問題が論じられています((4))。合わせて、初任者教員が直面する課題とその困難性が多角的に解明、整理され、それに対応する機能を備えた学校づくりの課題が示されています((5))。

全体として、教師教育の研究、実践、改革の重要な課題に関する研究成果とそれに基づく提言が示されており、教員の養成・採用・研修に従事するすべての関係者による積極的な検討に値する内容となっています。
（文責・岡野勉、吉岡真佐樹／年報編集委員会）

教員の労働条件決定過程に関する日米比較
――「自ら学ぶ教師」像から、「もの言う教師」像へ――

髙橋 哲（大阪大学）

1. はじめに

本稿の目的は、教員の働き方改革を素材として、日本における教員の労働条件、ないし、求められる専門性を誰が決定しているのかという問題を、アメリカ合衆国（以下、アメリカ）の労働条件決定過程との比較において分析することにある。そこでは、教員の「多忙化」をめぐる問題へのアプローチにおいて、ただ単に教員の長時間労働を量的に是正するという視点に留まらず、労働当事者である教員が、自らの労働条件や専門性について一切の発言権を奪われていることへの問題を示すことになる。そのことは、教師教育研究に対して、教員の専門性を誰が決定しているのかという問題、そして教員が自らの労働条件や専門性について当事者として「ものを言う」ことの重要性を提起することにもなるだろう。

本稿がこのような課題を提示するのは、以下のような問題意識にもとづく。第一に、教員の専門性とこれを育てる実践を主題とする教師教育研究において、その専門性を支える教員の労働条件や身分保障をめぐる法制度は、必ずしも主題として扱われてこなかったという問題があげられる。著者がフィールドとするアメリカの教員法制、教師教育に関する研究にみても、教員免許・養成制度に関する研究[1]、研修制度[2]、評価制度[3]など、教員の専門性向上施策に関する緻密な研究が行われてきた一方で、これらの専門性を支える教師の労働条件をめぐる研究は、必ずしも注目を集めてこなかった領域であ

るといえる[4]。これら専門性向上をめぐる研究が重要であることに疑いないが、現在、社会問題となりつつある教員採用倍率の低下や、全国的な教員不足の実態は、教員に高い専門性を求めるにとどまらず、それに見合う労働条件を保障することの重要性を示している。

第二に、教員の専門性に関わる研究においても、具体的なプログラムや実践が注目される一方で、その制度的仕組みが如何なるプロセスのもとで構築されたのか、あるいはそれを「誰が決定しているのか」という問題は必ずしも着目されてこなかったように思われる。日本では教員育成指針を文部科学省（以下、文科省）が定め、以下にみる給特法改正案にみられるように、教員の専門性や労働条件に関わる基本制度を政党、内閣府内会議、中教審が審議してきた。そこで提示された「中身」に関する批判はなされているものの[5]、他方で、そもそもこれらの決定主体やプロセス自体を問う視点は弱かったように思われる。

よって以下ではこの問題にアプローチするにあたり、まず、現行の給特法改正案の策定が誰によってどのように行われているのかを分析する。その上で、アメリカの教員の給与、勤務時間管理の仕組みを素材として、その仕組みがどのようなプロセスによって誰によって決定されているのかを析出する。そのうえで、労働当事者である教員不在のもとに展開される働き方改革の問題を明示するとともに、これらの分析からみられる教師教育研究をめぐる課題の提示を試みたい[6]。

2．「働き方改革」の現状と特徴

(1)政府機関主導による給特法改正論議

公教育の危機としての教員多忙化が社会的に認識されるなかで、「給特法」（正式名称：公立の義務教育諸学校等の教育職員の給与等に関する特別措置法）という法律がクローズアップされてきた。文科省は2023年度中に公表される教員勤務実態調査の確定値をもとに、2024年度中に立法措置を行うと明言している。

このため、2022年12月20日に文科省内に「質の高い教師の確保のための教職の魅力向上に向けた環境の在り方等に関する調査研究会」（以下、調査研究会）が設置された。第4回会合が行われた4月13日には、「論点整理」が公表され、そこでは教職調整額の見直しとともに、メリハリのある給与体系とそのための新手当の創設が提起されていた。すなわち、「各教師の職務や勤務の状況に応じて給与のメリハリを強化すること」が課題として設定され、さらに、新しい手当の具体的な対象として、「学級担任、研修主事、情報教育担当主任、特別支援教育コーディネーター、道徳教育推進教師、教育相談担当主任、防災担当主任」があげられている。また、「『学校・教師が担う業務に係る3分類』に係る取組が一層促進されるよう、学校において標準的に取り組むべき内容を示す」ことが課題とされている。

この「学校・教師が担う業務に係る3分類」とは、2019年の中教審答申「新しい時代の教育に向けた持続可能な学校指導・運営体制の構築のための学校における働き方改革に関する総合的な方策について」にて示された概念である。そこでは、これまで学校、教師が担ってきた業務を、①「基本的には学校以外が担うべき業務」、②「学校の業務だが、必ずしも教師が担う必要のない業務」、③「教師の業務だが、負担軽減が可能な業務」に分類し、支援スタッフや地域に外注すべき業務を明示する。ここに示されるように、調査研究会の提言は、給特法を維持した上での新手当の創設と、これまでの文科省

の「働き方改革」をさらに強化することを前提としている。

調査研究会と並行して、自民党内に「令和の教育人材確保に関する特命委員会」が設置され5月16日には「令和の教育人材確保実現プラン」が公表された。そこでは、「令和6年度中に給特法改正案を国会に提出し、教職調整額を少なくとも10％以上に増額する必要がある」とした上で、「真に頑張っている教師が報われるように、職務の負荷に応じたメリハリある給与体系の構築のために、より多段階の新たな級を給料表に設定するべきである」と、差別的給与体系を策定することを明示する。そして新たな手当として「学級担任手当」の創設を提言するとともに、手当改善の業務対象として「研修主事（研修主任）、特別支援教育コーディネーター、道徳教育推進教師、安全教育・安全管理担当、情報教育・環境整備担当、教育相談担当など」をあげている。

この自民党案を受けて2023年5月22日には、文科大臣より「『令和の日本型学校教育』を担う質の高い教師の確保のための環境整備に関する総合的な方策について」と題する諮問がなされ、「教師の処遇改善」の検討事項として「時間外勤務手当の支給に代えて、一律給料月額の4％を支給することとしている教職調整額及び超勤4項目の在り方」、ならびに、「各教師の職務や勤務の状況に応じた給与のメリハリの在り方」が掲げられている。さらに、「いわゆる『学校・教師が担う業務に係る3分類』について、……更なる役割分担・適正化を推進する観点からの学校・教師が担う業務の在り方」が検討事項とされるように、教員の担うべき業務を中教審が審議、確定しようとする姿勢がみられる。

これらの既定路線のもと、2023年6月16日に閣議決定された2023年度の「骨太の方針」においても、教員の処遇改善が取り入れられ、「喫緊の課題である教師不足解消の必要性等を踏まえ、真に頑張っている教師が報われるよう、教職調整額の水準や新たな手当の創設を含めた各種手当の見直しなど、職務の負荷に応じたメリ

ハリある給与体系の改善を行うなど、給特法等の法制的な枠組みを含め、具体的な制度設計の検討を進め、教師の処遇を抜本的に見直す」ことが明示されている。

⑵給特法改正案に示された「教師像」

ここまでみてきたように、自民党案に主導された給特法改正路線は、結果として、調査研究会の論点整理に示された具体案を採り入れるものとなった。文科省としては現在の給特法の構造をそのままに、教職調整額の増額と新手当によって文教予算の焼け太りが見越せるものとなり、これが「骨太の方針」に含められたことを成果としていると思われる。

自民党案、調査研究会案に示された給特法改正には以下のような三つの特徴をみることができる。第一に、これらの給特法改正は「メリハリある給与体系」の構築の一部とされており、また、新手当の対象が、道徳教育推進教師や情報教育・環境整備担当などとされているように、文科省の重点施策に呼応した成果給の構築が目指されている。そこには、教員給与を通じた教育支配、教員管理という従前からの文科省の常套手段を強化するという側面がみられる。

第二に、これらの具体案にはある共通認識が存在している。それが、現在の給特法のもとで無定量化する教員の「タダ働き」は「合法」であり、それに対する手当の増額が必要だという共通認識である。いわば、教員の無定量な「タダ働き」をそのままに、せめてもの「小遣い」を増額するという案であるといえるだろう。

上記二つの特徴に加えていえるのが、教員の給与、労働時間という労働条件の根本にあたる制度構築にあたり、主導するのが政党や内閣府、文科省内に設けられた政策機関であり、労働当事者である教員の政策参加、ないし、意思反映が徹底的に除外されているという点である。政党と行政機関が、教員の労働条件をめぐる制度設計を独占するという仕組みを当然視することができるのか。これが本稿において提示しようとする問題である。

ところで、教員の労働条件をめぐる問題にも関わらず、当事者である教員を除外することを当然視する政策決定過程は、文科省が示す「教師像」に由来するところが大きいように思われる。この度の文科大臣の諮問においては、「令和の日本型公教育を担う質の高い教師」の待遇改善を主題としていた。この「令和の日本型公教育を担う教師」については、2021年12月16日の中教審答申『『令和の日本型学校教育』を担う教師の養成・採用・研修等の在り方について」（以下、2021年答申）に詳細が示されている。そこでは「新たな教師の学びの姿」との概念のもとに、「探究心を持ちつつ自律的に学ぶという『主体的な姿勢』」との「教師像」が示され、これを実現しうる新たな研修体系等の構築が目指されている。この「新たな研修体系」については、答申中間報告である「審議まとめ」をもとに、教員免許更新制廃止に伴う後継的仕組が2022年6月21日改正の教育公務員特例法（以下、教特法）により具体化されつつある。

改正教特法においては、研修実施者が策定する教員研修計画をもとに、任命権者が「研修の受講その他の当該校長及び教員の資質の向上のための取組の状況に関する記録」を作成することが義務づけられる（22条の5）。この研修履歴をもとに、服務監督教育委員会と校長などの「指導助言者」は、教員に対して「資質の向上に関する指導助言及び助言を行う」（教特法22条の6第3項）とされている。ここでいう「指導助言」は、2021年答申に示された「自律的な学び」を前提に、教員の自主性、主体性を尊重した仕組みのようにもみえる。

しかしながら、2022年8月31日に、文部科学大臣により告示された「公立の小学校等の校長及び教員としての資質の向上に関する指標の策定に関する指針」にみるならば、この指導助言について「指導助言者と教員等との対話の中で行われることが基本であるが、期待される水準の研修を受けているとは到底認められない場合などやむを得ない場合については、職務命令として研修を受講させる」と明示されている。ゆ

えに、この新たな研修体系において、教員は研修の主体ではなく、あくまで客体として管理の対象とされており、研修履歴をもとに教員の研修、専門性を支配することが前提とされている。そこには、強制された「自律的な学び」という「教師像」が示されている。

このように、教員の給与、勤務時間という根幹的な労働条件に関わるルールを政党と行政機関が審議し決定するにとどまらず、目指すべき教員像や専門性の内実までを政府機関が、当事者である教員を除外して策定するという政策構造をみることができる。

しかるに、教員の専門性を保障する仕組みや、労働条件の基本的ルールを誰がどのようなプロセスにおいて決定すべきなのか。この問題みる一つの視座として、教員組合が、教員の労働条件決定過程に政策参加し、当事者によって教員固有の給与方式と労働時間をめぐるルールが定められているアメリカの事例をみてみよう。

3．アメリカの労働条件決定過程

(1)アメリカの二大教員組合

アメリカの教員の労働条件決定メカニズムを検討するにあたり、欠かせないのは教員組合の存在である。アメリカには、全米教育協会（National Education Association：以下、NEA）とアメリカ教員連盟（American Federation of Teachers：以下、AFT）という二大教員組合が存在する。1960年代に至るまで、NEAが全国規模の教員団体として圧倒的な勢力を示してきたのに対して、AFTは都市部に点在する弱小の労働組合であった。その勢力図を変える契機となったのが、1962年にAFTのニューヨーク市支部が実現した市教育委員会との団体交渉協約の締結である。これを契機に全米各州に広がった教員の労働基本権要求運動のもと、1960〜70年代にかけて各州に労使関係法が制定されたのである[7]。

2022年現在の集計によると、公立学校教員の労働条件に関する団体交渉義務を州法上明示しているのが33州とワシントン特別区、団体交渉を各教育委員会が自主的に行うことを許容して

いるのが9州、団体交渉を明示的に禁止する州は7州に過ぎない。一方、教員のストライキ権（争議権）に関しては、これを禁止する州が多数となっており、合法としている州は中西部を中心とした13州に過ぎない[8]。ここにみられるように、アメリカでは各州の労使関係法により教員の団体交渉権（協約締結権）を保障し、一方でストライキを禁止するという方式が一般化されている。

このような法的仕組みのもと、最新統計である2015-16年度のデータによると、NEAかAFTのいずれかに加盟する組合員の組織率は、全米で72.1％にのぼる。大都市部を中心に強力な教員組合を擁する地域にみるならば、カリフォルニア州93.6％、イリノイ州96.2％、そして、本稿が対象とするニューヨーク州に至っては98.4％と非常に高い組織率を有している[9]。アメリカの教員組合が高い組織率を維持している背景には、以下にみるような、各州の労使関係法が、教員の団体交渉権を手厚く保障し、教員組合を保護する法制度を整えてきたことがある。

(2)州労使関係法における教員組合の地位

各州の労使関係法が教員組合の役割と権限をどのように定めているのか。本稿では全米でもいち早く公務員の労使関係法を制定し、他州のモデル法とされたニューヨーク州の公務員公正雇用法（Public Employees Fair Employment Act）をみてみよう。1969年に制定された同法は、ペンシルバニア大学のテイラー（George W. Taylor）を議長とする州知事任命の審議会によって起草されたことから別名「テイラー法」と呼ばれており、以下のような特徴を有している。

第一に、教員を含めた州内の公務員の団結権、団体交渉権を保障する一方で、ストライキを厳格に禁止する。同法は、全ての公務員（Public Employee）が組合に加入する権利（団結権）を認めるとともに、被用者を代表する組合を通じて「給与、労働時間、その他の雇用条件」について交渉を行う権利（団体交渉権）を定めている（N.Y. Civ. Serv. Law, §§202-203, WEST-

LAW 2021)。また、これらの事項について誠実に交渉を行うことは、使用者と組合の義務とされている（§204(3)）。一方で、「いかなる公務員、あるいは、被用者団体もストライキに従事してはならない」（§210(1)）として、ストライキを明示的に禁止する。ストライキに従事した被用者には、従事した1日あたりの給与を不支給とし、さらに、給与と同額のペナルティを課すという厳格な罰則を科している（§210(f)）。

第二に、団体交渉にあたり「排他的代表制」（exclusive representation）を採用している（§204(2)）。排他的代表制とは、使用者との団体交渉を要求する組合が複数あった場合、代表組合を選挙によって選出し、選出された組合が、その組合に加入しているか否かに関わらず、すべての被用者を代表する仕組みである。この「勝者総取方式」により、代表権を得た組合には、結果的に多くの教員が加入することから、組合が高い組織率を維持する制度的要因となってきた。

第三に、ストライキ禁止の代償措置として州公務雇用関係委員会（Public Employment Relations Board）による紛争解決手段が設けられている。同委員会は知事によって任命された3名によって構成され（§205(1)）、交渉代表を選出する選挙管理、不当労働行為の認定、労使紛争の処理などを管轄する（§205(5)）。同委員会は、具体的な紛争処理の手段として調停（mediation）、実体調査（fact finding）の権限を与えられている（§209(3)(a)-(c)）。

また、ストライキが禁じられる一方で、組合の交渉力を担保するものとなっているのが、トライバラ修正（Triborough Amendment）と呼ばれる1984年の法改正によって採用されたルールである[10]。これは、団体交渉協約の期間終了後、新協約が締結されるまで旧協約が効力を有することを定めた特殊ルールである（Sec.209-a(1)(e)）。組合側は旧協約の労働条件を維持しながら使用者と交渉を続けることができるため、組合の交渉力を高める措置として機能してきた。

このように、テイラー法は公務員のストライキを禁止する傍ら、公務雇用関係委員会が労働

紛争の調停、実体調査などを保障し、さらには、トライバラ修正のように組合の交渉力を担保するための手厚い代償措置を付与することで、教員組合の政策参加ルートを保障してきたといえる。この労使関係法のもと、給与や勤務時間などの具体的ルールが、団体交渉協約に如何に定められているのかを、ニューヨーク市学区を事例にみてみよう。

(3)教員給与のルール

ニューヨーク市学区の団体交渉協約は、市教育局（City Department of Education）と教員総連盟（United Federation of Teachers）との間で2008年から2019年を期限として締結され[11]、その後、2019年2月13日に追加協定による修正が行われ、2022年9月までその効力が延長されてきた。2022年9月より新協定が締結される予定であったが、市内のインフレ率の上昇に伴う賃金交渉に難航し、2023年6月13日に5年間の暫定協約（以下、新協約）が締結され、2022年9月14日に遡及して適用されることとなった[12]。

ここでは、この新協定に定められたニューヨーク市学区の教員給与をめぐる基本的なルールについてみてみよう。**表1**は、2022年9月14日に遡って適用された2022-2023年度の給料表である。教員給与の昇給ルールは、市内公立学校での在職期間によって昇給する普通昇給と、特定の条件を満たすことによって行われる特別昇給に区分されている。縦軸の号給は経験年数による普通昇給を、横軸は特定条件を満たすことによって獲得する特別昇給を示している。

学士号を有する新卒教員は、この縦軸「1A」と横軸「BAC1」からキャリアをスタートする。この給料表に書かれた金額は、基本給の年額であり、新卒教員の初任給年額が61,070ドル、日本円にして約880万円（2023年6月時：1ドル＝144円で換算）とされているように、日本と比べても高水準で給与が支給されている。

普通昇給は、勤務成績不良などの事案がない限り、5年目となるまで、年間2号給ずつ上昇する仕組みとなっており、他の地域での経験年

数により高い号給からスタートした場合であっても、5年間の昇給の上限は「8B」までとされている。その後の普通昇給は、さらに5年後、10年後、13年後、15年後、18年後、20年後、そして22年後が最終昇給となり「8B＋L22」で頭打ちとなる。

このため、より高い給与を取得するためには、特別昇給の条件をみたさなければならない。この特別昇給の条件が教員の自主的な研修と結びつけられている点に、ニューヨーク市学区の給料表の特徴をみることができる。

横軸の「BAC1」からの最初の特別昇給枠は「C2」であるが[13]、その条件は、学士号の取得後、さらに30単位を大学あるいは大学院にて取得することが条件とされており「初期昇給」（initial differential）と位置づけられている。なお、この単位取得にあたっては、大学に在学せずとも取得可能な大学単位認定試験（College-

Level Examination Program）の取得単位を含めることができる。次の特別昇給枠である「C2＋ID」は、さらに30単位、合計60単位を取得することが条件となっており「中間昇給」（intermediate differential）と呼ばれる。「C2＋PD」は、教科に関する単位を36単位以上、あるいは、修士号を取得することを条件とされており「上位昇給」（promotional differential）として特別昇給の一区切りとされている。

さらに上位の特別昇給枠である「C2＋ID＋PD」は、先にみてきた「初期昇給」「中間昇給」「上位昇給」の三つの条件をすべて満たすことが条件とされ、最終的な特別昇格枠である「C6＋PD」は、以下の三つの条件のうち、一つを満たすことで到達される。すなわち、修士号を保有のうえ30単位を取得すること、市教育長によって認定された研修プログラムを受講すること、あるいは、全米専門職基準委員会（National Board for

表1　ニューヨーク市学区2022-2023年度給料表

	BAC1	C1+PD	BA+30 C2	C2+ID	MA C2+PD	C2+ID+PD	MA+30 C6	MA+30 C6+PD
1A	62,902	68,599	65,014	98,916	70,711	74,610	72,824	78,518
1B	62,902	68,599	65,014	98,916	70,711	74,610	72,824	78,518
2A	64,153	69,850	66,265	70,167	71,962	75,861	74,075	79,769
2B	64,153	69,850	66,265	70,167	71,962	75,861	74,075	79,769
3A	64,683	70,380	66,795	70,697	72,492	76,391	74,605	80,299
3B	64,683	70,380	66,795	70,697	72,492	76,391	74,605	80,299
4A	65,619	71,316	67,731	71,633	73,428	77,327	75,541	81,235
4B	65,619	71,316	67,731	71,633	73,428	77,327	75,541	81,235
5A	66,429	72,126	68,541	72,443	74,238	78,137	76,351	82,045
5B	66,429	72,126	68,541	72,443	74,238	78,137	76,351	82,045
6A	67,300	72,997	69,412	73,314	75,109	79,008	77,222	82,916
6A+L5	68,625	74,322	70,737	74,639	76,434	80,333	78,547	84,241
6B	68,536	74,233	70,648	74,550	76,345	80,244	78,458	84,152
6B+L5	69,861	75,558	71,973	75,875	77,670	81,569	79,783	85,477
7A	70,370	76,067	72,482	76,384	78,179	82,078	80,292	85,986
7A+L5	71,695	77,392	73,807	77,709	79,504	83,403	81,617	87,311
7B	74,665	80,362	76,777	80,679	82,474	86,373	84,587	90,281
7B+L5	75,990	81,687	78,102	82,004	83,799	87,698	85,912	91,606
8A	78,682	84,379	80,794	84,696	86,491	90,390	88,604	94,298
8A+L5	80,007	85,704	82,119	86,021	87,816	91,715	89,929	95,623
8B	83,453	89,150	85,565	89,467	91,262	95,161	93,375	99,069
8B+L5	84,778	90,475	86,890	90,792	92,587	96,486	94,700	100,394
8B+L10	88,869	94,566	90,981	94,883	96,678	100,577	98,791	104,485
8B+L13	91,654	97,351	93,766	97,668	99,463	103,362	101,576	107,270
8B+L15	97,532	103,229	99,644	103,546	105,341	109,240	107,454	113,148
8B+L18	99,075	104,772	101,187	105,089	106,884	110,783	108,997	114,691
8B+L20	110,481	116,179	112,593	116,495	118,292	122,189	120,403	126,097
8B+L22	116,901	122,598	119,013	122,915	124,710	128,609	126,823	132,517

出典：新協約をもとに筆者作成

Professional Teaching Standards）によって発行された専門職免許状を保有することのいずれかを満たすことが求められている。

このように、教員の給料表においては、ニューヨーク市学区内の教職経験年数が普通昇給として反映されているものの、より高い給与の獲得には、大学での単位取得という形で、自主的な研修が金銭的インセンティブと結びつけられている点に特徴をみることができる。

基本給におけるルールに加え、団体交渉協約によって定められた給与の特徴はボーナスの支給方式にもみられる。新協約によると、この協約締結ボーナス（ratification bonus）として、2023年6月27日に3,000ドルが、組合に加入するすべての教員に支給される。さらには、教員の途中退職者を是正するための「職務継続ボーナス（annual retention bonus）」が、毎年5月1日に、2024年は400ドル、2025年は700ドル、2026年1,000ドル、2027年には、1,035ドルが支給される。職務継続ボーナスは、途中退職者の防止策と位置づけられており、これを給与支給と結びつけている点に特徴をみることができる。

さらに、近年、日本で問題となっている部活動についてみるならば、ニューヨーク市学区で行われている課外活動への給与支給方法は興味深い。ニューヨーク市におけるスポーツや文化に関わるクラブ活動は、日本と同様に放課後、土日、長期休業中に行われており、学校が主催し、ニューヨーク市学区がその費用を負担しているものの、学校の業務とは完全に切り離されている。課外活動の担当は、学校外の関係者とともに教員が担うこともあるものの、個別業務（per session）として、本務とも教員としての給与とも別扱いとされている。いわば、教員が担当する場合は、副業としてこれらのクラブ活動等の課外業務にあたることとなる。ニューヨーク市では学校ごとにフットボールやバレーボール、バスケットボールなどの担当者が公募され、ここに学校関係者も応募することになる。放課後における1回の個別業務の時間は原則2時間とされており、教員には1回あたり53.98ド

ルが支給される。また、夏期休業中の1日単位の活動においては、1回あたり199.27ドル支給されることが、団体交渉協約によって取り決められている。このように、ニューヨーク市の課外活動は、教員としての給与、勤務時間とは切り離されて設定され、独自給与が支給されている点に特徴をみることができる。

⑷勤務時間管理のルール

ニューヨーク市の団体交渉協約においては、教員の勤務時間管理に関しても以下のような独自ルールが定められている。

第一に、正規の勤務時間が6時間20分と定められている（Art.6（A）（1）（a））。米国の他の多くの学区では8時間、ないし、日本と同様に7時間45分と定められているのに対して、ニューヨーク市では、もともと6時間50分だった所定労働時間の短縮が、団体交渉によって実現されている。ただし、旧協約ではこの時間短縮にあたり経過措置が設けられており、6時間50分から6時間20分へと縮減された時間分を155分と換算し、これを教職員の裁量時間として、研修（professional development）、保護者対応（parent engagement）、その他の専門的業務（professional work）に充てるという試行実験が行われている（Art.6（B）（1）（a））。旧協約においては、毎週月曜日に80分間の研修時間を確保し、火曜日に75分間の専門的業務時間が確保され、保護者対応、あるいは、共同的な学習計画、授業研究、生徒の作品評価などにあてるものとされている（Art.6（B）（1）（d））。なお、研修内容に関しては、校長と組合の学校代表とがそれぞれ同数で指名する学校職能開発委員会（School Based Staff Development Committee）が、研修内容、計画を策定するものとされている（Art.6（B）（1）（b））。新協約においては、月曜日に60分間の研修時間を確保し、火曜日に40分間の専門的業務に充てる時間が確保され、さらに、週内に55分間の保護者対応の時間を確保することが標準的な時間配分とされている（Art. 5（B）（a)-（c)）。このように、ニューヨーク市学区では、所定労働時間

の短縮により捻出された時間が教員の裁量時間に充てられている[14]。

第二に、教員の所定労働時間内においても、授業準備等に活用できる裁量時間が確保されている。小学校においては、50分間の自由昼食時間（duty free lunch）の確保、週あたり5コマの授業準備時間（preparation periods）を設けることが義務付けられている（Art.7(C)(4)(a),(b)(1)）。授業準備時間は「割り振られた業務ではない専門的業務に利用されなければならない」とされており、教員の「自由な時間」であることが示されている（Art.7(C)(4)(b)(4)）。また、教育外の業務に関する義務免除が明記されており、学校図書の整理、備品管理、給食費等の徴収、さらに、市統一テストの採点は、教員の業務ではないとされている（Art.7(C)(4)(c)）。さらに、中学校では、週5コマの授業準備時間、週5コマの専門的業務時間の確保が義務付けられている。

第三に、総労働時間管理に加えて、週あたりに教員が担当する授業コマ数の上限が設定されている。中学校では、担当授業時間の上限が25コマと設定され、低所得世帯を中心に連邦補助金支援の対象とされている生徒が一定割合で学校に在籍する場合は、担当授業時間が週22コマに限定され、授業準備時間が8コマ確保される（Art.7(B)(4)(a)(b)）。

さらに、これらの勤務時間管理とともに注目されるのが、学級規模についても団体交渉協約によって上限が定められている点である。先にみたように、テイラー法は「給与、労働時間、その他の雇用条件」に関する団体交渉を認めているが、「その他の雇用条件」が広く解され、学級規模もまた、団体交渉の対象とされてきた。ニューヨーク市学区の協約において各学校の学級規模の上限は、小学校32人、中学校33人、高校34人（Art.7(M)(2)(a)-(d)）とされている。

このように、ニューヨーク市学区の団体交渉協約にみるならば、総労働時間の短縮にとどまらず、勤務時間内に専門的業務に活用される裁量時間が設定されるなど、教員の専門性に応じ

た勤務時間管理のあり方が、団体交渉を通じた当事者参加のもとで模索されている。教師の専門性を規定する研修活動に関しても、給与インセンティブと結びつけられた自主的な研修が促され、さらに、学校内研修も学校の労使自治を通じて策定されるという点に特徴がみられるのである。

4．日本の労働条件決定過程の特質

上記のようにアメリカの教員が、自らの給与や勤務時間などの基本的な労働条件の決定過程に教員組合を通じて参加し、自主的な研修を促す給与体系や、専門性に応じた勤務時間管理のルールを形成しているのに対し、日本では給特法改正案や新たな研修体系に見られるように、当事者である教員はこれらの決定過程から徹底的に除外されている。日本の教員組合の現況にみても、2022年10月1日時点での組織率は29.2％とされており、最大会派の日教組でも20.1％、これに次ぐ全教で2.8％と減少傾向にあり[15]、教員の労働条件の決定過程への参加ルートも、非公式な「政治交渉」にとどまり、労働当事者である教員の意思を政策に反映する有効なルートを持たない。このような仕組みは如何にしてつくられたのだろうか。

(1)労働基本権の剥奪

日本の公立学校教員も日本国憲法28条が定める「勤労者」であり、本来的に団結権、団体交渉権、団体行動権（争議権）の享有主体である。それゆえ、憲法、労働組合法制定直後は、公立学校教員も団体交渉協約によって労働条件を決定するというアメリカ型と同様の方式が予定されていた。しかしながら、占領政策の変更により、「マッカーサー書簡」、「政令201号」を経て、1948年に改正された国家公務員法、ならびに、1950年制定の地方公務員法（以下、地公法）では、公務員の争議権が禁止され、団体交渉権が制限されることになった。公立学校教員に適用されている地公法37条は、一切の争議行為を禁止し、また団体交渉に関しては、地方当局との

交渉と「協定」の締結を認めているものの、「団体協約を締結する権利を含まない」（地公法55条2項）として、強制力を伴う「協約」の締結権は認めておらず、重大な制約が課されている。

ところで、公務員の労働基本権の制限をめぐる憲法問題については、1970年代の一連の最高裁判決によって一定の「決着」がつけられたとされている。国家公務員について争われた1973年の全農林警職法事件判決（最大判昭48・4・25）は、公務員と民間労働者との違いに着目し、①「国民全体の共同利益」からみた制約の正当性、②公務員給与決定における勤務条件法定主義の存在、③公務員ストライキにおける「市場の抑制力」の欠如、そして、④人事院という第三者機関の設置による代償措置の具備を理由として労働基本権の制約は合憲であると判断した。

このうち、本稿で注目したいのは、④の代償措置の存在である。最高裁判所調査官による同判決の解説では、「代償措置の存在はその労働基本権制約の『条件』ということになろう」と指摘されている。同様に、地方公務員の労働基本権制限に関して合憲判断を示した1976年岩手学テ事件最高裁判決（最大判昭51・5・21）でも、各自治体の人事委員会が「中立的な第三者的立場から公務員の勤務条件に関する利益を保障するための機構としての基本的構造をもち、かつ、必要な職務権限を与えられている」として、人事委員会機能を代償措置としていた。このように、人事院と人事委員会の存在は、公務員の労働基本権を制約する「条件」とされていたのである。

しかし公立学校教員に関しては、他の公務員と異なり、労働基本権制約の代償措置とされた人事院体制からも排除される状況が起こっている。その要因となったのが、2004年の国立大学の法人化であった。2004年に国立大学が法人化されるまで、教特法旧22条の5により、「公立学校の教育公務員の給与の種類及びその額は、当分の間、国立学校の教育公務員の給与の種類及びその額を基準として定める」されていた。これにより、公立学校教員の給与は、職務の級も、具体的な給料額も、国立学校に準拠して設定されてきた（これを「国立学校準拠制」と呼ぶ）。この仕組みにより、本来、各都道府県、政令市を任命権者とする公立学校教員の給与や労働条件は、各自治体の人事委員会が調査、勧告等を行うことが建前となっているが、実際には「人事院の給与勧告とほぼ同じ内容の勧告が行われ、これに基づいて給与条例などの改正案が作成され、議会がこれを議決するというやり方が通例になっている」(16)と指摘される。

このような、人事院に依拠した代償措置の仕組みを突き崩したのが、国立大学の法人化であった。準拠すべき国立学校が法人化されたため、人事院の調査、勧告は、教員給与を対象としなくなったのである。この結果、各自治体の人事委員会では、教員の給与に関する調査、勧告機能を人事院と同等には担えないことが問題となった。このため、各自治体の人事委員会の全国組織である全国人事委員会連合会は、人事院の外郭団体である財団法人日本行政人事研究所に教員の「モデル給料表」の作成を依頼している。このモデル給料表を全国人事委員会連合会が、各地域の人事委員会に提供し、議会、首長への勧告がなされるという手法がとられたのである。

この「モデル給料表」の提供という手法が示すのは、公立学校教員は労働基本権が制約されるにとどまらず、本来的に具備されるべき代償措置さえも剥奪されているという事実である。

(2)労基法による労使合意規定の剥奪

もう一つ、日本の教職員組合、ないし教員個々人の法的保護の剥奪として指摘できるのが、労働基準法（以下、労基法）からの除外であり、その要因となってきたのが給特法である。周知のように、労基法上のルールにおいては、労基法32条により労働時間が週40時間、一日8時間に制限され、この上限を超える場合は、労働者の過半数で組織する労働組合、あるいは、過半数代表との協定（三六協定）を締結し行政官庁に届け（36条）、また、上限を超えた労働に対し

て割増賃金（超勤手当）を支給することが義務づけられている（37条）。

これに対し公立学校教員は、給特法により給料月額４％の教職調整額を支給する代わりに、労基法37条所定の超勤手当を支給しないとし、また、教員に時間外勤務を命じられる業務をいわゆる「超勤４項目」に限定するとしている。

さらに給特法において重要なのは、教員に時間外勤務を命ずるにあたり、上記の労基法36条にもとづく労働者の「同意」のプロセスが、事実上、適用除外されているという点である。その根拠とされているのが、労基法33条３項に定められた「公務のために臨時の必要がある場合」という時間外勤務の例外規定である。本来、労基法33条３項は、電気、ガス、水道などの業務と異なり、緊急性が乏しい「教育、研究又は調査の事業」を適用除外している。給特法７条は、この労基法の規定を「読み替え」という手法を用いて以下のように教員に適用している。

給特法５条は、労基法33条３項を読み替え、「公務のために臨時の必要がある場合においては、…別表第一第十二号に掲げる事業に従事する国家公務員及び地方公務員については、……労働させることができる」（傍点―引用者）とする。これにより、「超勤４項目」に関する業務は、三六協定を結ばずとも時間外・休日勤務を命じられるとされるのである。これにより、本来教員に適用できないはずの労基法33条３項が適用され、労働当事者の同意なく時間外勤務を命じられる仕組みが形成されている。

給特法をめぐっては、教職調整額を支給する代わりに労基法37条所定の超勤手当が適用除外されることに注目が集められてきたが、時間外勤務をめぐる労働当事者である教員の同意調達のプロセスが奪われている点もまた、注目される必要がある。

⑶労働政策分野からみた中教審の異常性

新たな給特法改正にむけての具体案は、2023年６月現在、中教審の初等中等教育分科会「質の高い教師の確保特別部会」において審議され

ている。しかしながら、この中教審において教員の給与や勤務時間という根幹的な労働条件の方式が決定されることには、厚生労働省が管轄する労働政策分野からみた場合、大きな問題があるといわざるをえない。なぜならば、中教審の構成メンバーに見るならば、圧倒的に「使用者」優位の構造が示されているからである。

現在、中教審を構成する第12期委員にみるならば29名中、教育長や校長、民間企業経営者などの「使用者」委員が15名、大学関係者が９名、その他の有識者が５名という構成をとっている。また、「質の高い教師の確保特別部会」も、20名の委員中、「使用者」委員が10名、大学関係者が７名、その他有識者が３名で構成されており、労働当事者が含まれず、圧倒的に使用者優位の構造のなかで、教員の労働条件に関する基本的仕組みがつくられようとしている。

使用者優位の中教審によって教員の労働条件の基本ルールを決定することの異常性は、民間労働者の基本ルールを検討する厚生労働大臣の諮問機関である労働政策審議会（以下、労政審）にみて明らかである。労政審は、労働政策に関する重要事項の調査審議を行い、厚生労働大臣に意見等を述べるものとされている（厚生労働省設置法第９条）。注目されることに、労政審は大臣が任命する公益代表委員、労働者代表委員、使用者代表委員それぞれ10名ずつで構成される（労働政策審議会令２条、３条）。これは、労働政策の決定過程の「公労使三者構成原則」を示すものであり、労働政策決定に労使交渉を反映し、労働当事者の参加を保障する仕組みとなっている[17]。そして労働者代表委員には、各分野の労働組合代表が任命されているように、労働組合が労働政策に参加する公的なルートとされている。

労政審にはさらに、労働条件分科会、安全衛生分科会、職業安定分科会など、重要労働政策領域ごとに７つの分科会が設置され（労働政策審議会令６条１項）、これらの分科会においては、労働者を代表する委員の数と使用者を代表する委員の数の合計が同数となることが義務づ

けられている（6条2項）。実際に、現在の労働条件分科会は公益代表委員、労働者代表委員、使用者代表委員がそれぞれ8名の計24名で構成される。分科会はさらに部会に分岐されるが、ここでも労働者を代表する委員の数と使用者を代表する委員の数の合計が同数となることが義務づけられている（7条3項）。

　ここからみられるのは、教員の労働条件の基本ルールを定める給特法の改廃問題が、労働当事者たる教員、ないし教員組合を構成員に含めず、圧倒的に使用者が優位な中教審にて審議される異常性である。それゆえ、冒頭にみた自民党主導で形成された給特法改正案は、その内容においても問題であるものの、政党が主導する問題に加え、具体的な審議を担う中教審においても、労働者当事者の「同意」「参加」を徹底して排除するものであり、この決定過程の主体をめぐる問題もまた問われなければならない。

5．おわりに――「自ら学ぶ教師」像から「もの言う教師」像への転換――

　以上、アメリカの団体交渉方式にもとづく教員の給与、労働条件の決定過程を視座として、日本の教員の労働条件決定過程の特徴をみてきた。そこでは、労働当事者である教員、ないし、教員組合が徹底して排除されるという特徴をみることができる。さらには、根幹的な労働条件の仕組みにとどまらず、「学校・教師が担う業務に係る3分類」や「新たな研修体系」にみられるように、教員が担うべき業務や研修によって育成されるべき専門性についても、行政機関が独占的に決定、管理するという姿をみることができる。ここに、日本型の「教職ガバナンス」ともいえる特徴をみることができる。

　日本の教員、ないし、教員組合を取り巻くこのような状況は、教師教育研究における以下のような三つの課題を示していると思われる。

　第一に、中教審が教員の養成、採用、研修、さらには、労働条件に関わる基本ルールを策定、決定することを自明視することの問題である。上記にみてきたように、現在審議されてい

る給特法改正案は、その内容に重要な問題を示すにとどまらず、そもそも労働当事者である教員を除いて中教審という使用者優位の審議体で決定されること自体に問題がある。従来の教師教育研究は、中教審や関連機関が示す教員養成、採用、研修プログラムを、あるべき教師の専門性という観点から批判する重要な役割を果たしてきたものの、このような教師の専門性を規定する「ガバナンス」の問題に必ずしも取り組んでこなかったのではなかろうか。まさに、「教職ガバナンス」という、誰が教員の専門性を確定し、あるいは、その専門性を支える労働条件を決定するのかもまた教師教育研究の主題にされる必要がある[18]。

　第二に、上記の点と関わり、教員を制度の客体とすることを自明視する問題があげられる。新たな研修体系、給特法改正論議においても、行政機関が一方的に決定した施策の「受け手」とすることを自明視してきたのではないか。こうした中で、新たな研修体系にみられるように、強制的に促される「自律的な学び」という教師像が示されている。そこでは、このような施策の一方的な「受け手」ではなく、自らの専門性を規定する制度自体に働きかける「もの言う教師像」と、この教員の意思表明や政策参加を保障する制度的仕組みのあり方もまた教師教育の主要な研究対象となる必要があるだろう。アメリカの団体交渉方式にもとづく教員、ならびに、教員組合の政策参加のあり方は、一つの制度モデルとなるものであり、そのようなルートを閉ざしてきた日本の公立学校教員の労働基本権制約をめぐる問題が検討される必要があるだろう。教員の専門性を支える労働条件のあり方を検討する上で、教員の労働基本権問題という古典的な命題が、教師教育研究においても避けられない課題となるように思われる。

　第三に、教員養成、教職課程の場において、「もの言う教師」を育ててきたのかが、問われなければならない。いいかえれば、アメリカと同様の団体交渉にもとづく労働条件決定の仕組みが採用されたところで、これを担いうる教員

を、教員養成に関わる大学教員が育ててきたのかが問われる。われわれは、教員組合を政治的な存在とみなし、教員組合について語ることを教職課程の授業のなかでタブー視してこなかったか。そのことが、自らを保護する装置である教員組合という手段を、現場教員から奪ってきたのではないか。米国と比較してみえる日本の教員組合の組織率の低下は、教員の団体交渉権をめぐる法的仕組みの相違にとどまらず、教師教育の場面において、「教員の団結」や教員組合の政策参加を脱価値化してきたことにも帰せられるように思われる。強制的に「自ら学ぶ教師」像から、「もの言う教師」像への転換こそが、教師教育の場面において求められている。

注

(1)佐藤仁『現代米国における教員養成評価制度の研究』多賀出版、2012年：佐藤学『専門家として教師を育てる』岩波書店、2015年。

(2)牛渡淳『現代米国教員研修改革の研究』風間書房、2002年。

(3)藤村祐子『米国公立学校教員評価制度に関する研究』風間書房、2019年。

(4)これを指摘するものとして、石井英真「教職の専門性と専門職性をめぐる現代的課題」『日本教師教育学会年報』第30号、2021年、46頁。

(5)たとえば、「教員の長時間勤務に歯止めをかけ、豊かな学校教育の実現を求める教育研究者有志」による署名の趣旨文。(https://www.change.org：last visited on June 30th, 2023)

(6)本稿の3節、4節の一部は、著者がすでに公刊した内容が含まれており、新動向を踏まえて再整理するものであるが、事実の提示の必要上、重複箇所があることをご容赦いただきたい。

(7)これらの労使関係法の形成過程については、拙著『現代米国の教員団体と教育労働法制改革―公立学校教員の労働基本権と専門職性をめぐる相克―』風間書房、2011年。

(8)National Council on Teacher Quality, *Teacher Contract Database,* 2022.（https://www.nctq.org/contract-database/home: last visited on June 30th, 2023）

(9)National Teacher and Principal Survey, *Public School Teacher Data File 2015–16,* 2017.

(10)同法改正は、協約期間終了後の勤務条件が争われたTriborough Bridge and Tunnel Authority事件（1972年）における州公務雇用関係委員会の決定が立法化されたことから、このように呼称されている。

(11)ニューヨーク市学区の協約は以下より入手。(https://www.uft.org/files/attachments/teachers-contract-2009-2018_0.pdf：last visited on June 30th, 2023)

(12)新協定は以下より入手。（https://files.uft.org/contract2023/DOE-MOA.pdf：last visited on June 30th, 2023）

(13)給料表中の「C1+PD」は、1970年以前に採用された教員のみを対象としている。

(14)拙著（『聖職と労働のあいだ―教員の「働き方改革」への法理論―』岩波書店、2022年）においては、この研修等に活用される155分間を6時間20分の所定労働時間内に配分する記載をしていたが、この時間に付加して行われる業務であることを訂正したい。ただし、所定勤務時間を6時間50分から短縮するための経過措置であるため、裁量労働時間を勤務時間として確保する点において変わりない。

(15)初等中等教育企画課「教職員団体の組織の実態について」『教育委員会月報』第74巻第12号、2023年、6頁。

(16)橋本勇『新版　地方公務員法〔第5次改訂版〕』学陽書房、2020年、522頁。

(17)濱口桂一郎「労働立法プロセスと三者構成原則」『日本労働政策研究雑誌』第571号、2008年、16頁。その運用実態については、諏訪康雄「労働政策審議会―労働政策の形成過程における合議体の機能」『日本労働研究雑誌』第731号、2021年、4頁。

(18)これを先進的に提起するものとして、浜田博文『学校ガバナンス改革と危機に立つ「教職の専門性」』学文社、2020年、214頁。

※本研究はJSPS科研費　JP23H00923の助成を受けている。

ABSTRACT

A Comparative Study on the Decision-Making Process of Teacher Working Conditions in the U.S. and Japan : Transformation of the Teacher Model from a Passively Developed Profession to an Advocative Profession

TAKAHASHI Satoshi
（Osaka University）

The exceptionally high overtime work of public school teachers has emerged as one of Japan's most pressing social issues because of the rapid decline of novice teacher candidates and the gross teacher shortage in many public schools. Approaching the issue, many scholars have attributed this situation to the Special Act for Public School Teacher Compensation, which exempts public school teachers from the general rules of the Labor Standard Act. While the Labor Standard Act restricts the maximum working hours of all employees to eight hours per day and forty hours per week and requires, if employers extend the working hours of their employees over the restriction, to pay 125-150% of their salary for the overtime working hours, the Special Act mandates that employers pay a special salary amounting to 4% of the monthly salary for teachers in lieu of the overtime salary requirement. Recognizing the insufficient compensation for the overtime work of public school teachers, the Special Taskforce of the Liberal Democratic Party proposed to raise the amount of the special salary from 4% to 10% and establish new allowances for teachers who are in charge of specific policy areas. Although many scholars and educators criticize the insufficiency of the proposed agenda for compensating the huge amount of overtime work, this paper analyzes the structural deficiency of the education policymaking process which excludes teachers and their unions. To address this problem, the author analyzes the U.S. model of the teacher law system in which the salary, hours, and other employment conditions of public teachers are determined by a collective bargaining agreement between the board of school district and teacher union in each local area. The author emphasizes that the voice and participation of teachers in their labor decision-making process are necessary not only to improve their salary and working conditions but to develop specialized working rules based on their professionalism.

Keywords : Special Act for Public School Teacher Compensation, Teacher Unions, Labor Standard Act, Fundamental Labor Rights, Council of Labor Policy

キーワード：給特法改正、教員組合、労働基本権、労働基準法、労働政策審議会

教師の生涯学習における遊びの意義
——学習権宣言と子どもの権利条約を手がかりに——

金馬　国晴 (横浜国立大学)

1. はじめに——背景、目的、中心テーマ

若手の教師から「仕事が終わらず定時に帰れない」「持ち帰り仕事が多い」「家に帰っても、子どもの顔が思い浮かぶ」、そこで「プライベートな時間がほしい」と聞く。勤務時間(または労働時間)とは違う自由時間が多く欲しいという思いだろう。教師だけの要求ではない。勤務時間や時間外労働の短縮(時短)は、政府等の働き方改革も労働組合も、主な先行研究[1]も求めてきたことである。時短ができれば、自由時間が増やせることになる。いずれにしても焦点になってきたのは、時間の量の増減である。

だが、自由時間が存分に増やせたら何ができるか。自由と言う限り、何をしようと本人の自由である。とはいえ、自由時間に行なう生活活動について考察を深めることで、教師の生活時間全体を見通すことができ、勤務時間を捉え直すこともできないか。

近年、「学び続ける教師」がスローガンとされてきたが、自由時間に労働の準備を入れられては、実質的な勤務時間が増え、生活時間の全体から自由が締め出される。とはいえ、生涯を通じて学ぶことの意義は確かにある。

そこでまず、生涯学習の概念を問い直す。以下の2つの面を生涯学習概念から引き出すことが、本稿の独創性である。

第一に、生涯学習には、勤務時間に直結して役立てるための面(以下、労働面)があり、リカレント教育、近年でいうリスキリングがその一部となる。だが日常生活で学ぶことが、もっ

ぱら勤務に直結する内容で占められてもいいものか。すでに臨時教育審議会(臨教審)が第二次答申(1986年)以降、「生涯学習体系への移行」を打ち出し推進していたが、その内実も主に労働面の学習であった。

他方で、生涯学習には自由時間にふさわしい面があり、主に遊びと捉えておく(以下、遊び面)。遊びと言うと子どもの遊びが想起され、大人の遊びは余暇か暇つぶし、ふまじめ、不道徳なものなどと扱われる。少なくとも労働力の再生産の機能は果たす。だが、遊びこそ、子どもの頃から成長発達を促進し、大人になっても人格やアイデンティティの形成に意義がある、一生を通じて連続的に重視すべき、生涯学習の重要な側面ではないか。勤務すなわち生産とは異なる消費と捉えられるが、それ以上の意味と意義があろう。そもそも余暇や遊びは、人権の一環として国際的な条約や法令によりその保障と実現がされてきた。日本は現状が追いついていなかったが、2023年よりこども基本法もこども家庭庁も整備された。だがこれらが勤務時間外に大人が同僚や家族などで遊ぶことまで、人権として保障しようとしているかは疑わしい。

以上の理想と現実にあって、本稿の目的は、教師にとっての生涯学習のうち、勤務に直結する労働面でなく、遊び面に関する意義を明らかにすることだ。先行研究では、生涯学習における遊び面、とくに教師のそれに注目した論文は皆無である[2]。日本教師教育学会編の『講座教師教育』(全3巻、2002年)でも『教師教育研究ハンドブック』(2017年)でも(ともに学文社)、

教師にとっての遊びに関して、直接検討されていない。そこで、本稿が問いたい中心テーマは、遊びとしての自由時間の質を上げられれば、生活時間全体の質が上がることになり、量的にもっと多くの自由時間を要求できないかである。

ただし、勤務時間や残業の短縮・削減は不可欠だ。自由時間の質を上げれば勤務時間を減らすまでもない、との捉えられ方は拒否したい。

仮説の一つは、教師にとってこそ遊びが重要であり、教師が子ども達の「伴走者」であるのだから、教師の遊びが人権であると主張できないか、ということだ。現状からすると、教職を遊び中心で捉え直すことが困難に思われよう。だが、行政は教師に遊べる余地を保障すべきと考え、行政の認識を検討していく。

批判の根拠を、学習権宣言（1985年）、および子どもの権利条約（1989年）に求める。

本稿を通じて、勤務時間を減らし、遊ぶための自由時間を増やすことの正当性を明らかにする。そのため主に理論的に、政策分析と教育哲学的な考察を進める方法を採る。

２．教師にとっての生涯学習と余暇の位置

(1)生涯学習の必要性——「伴走者」として

生涯学習は、1965年のユネスコの第３回成人教育推進国際委員会におけるポール・ラングランによる生涯教育の提起[3]以来、様々な定義がされてきた。日本ではすでに1949年に、社会教育が法制化されていた。その後に現われた生涯学習は、社会教育も学校教育他も含む包括的な概念とされた。ユネスコでは、1974年にエットーレ・ジェルピがユネスコ成人教育課長を引き継ぎ、生涯学習の捉え直しを図ってきた。1986年来日時の東京講演の一節は示唆的である。

「労働者は単にサラリーのためだけではなく、知識の習得や文化的向上のために闘う必要があるのです。したがって現代の教育実践においては、技術者、社会学者、経済学者、科学者など、技術と情報の革新に専門的な理解をもつ人々を招いて、ともに学習することが大切です。

けれども、一方で詩人、画家、音楽家たちとも、つねに一緒に活動することを忘れてはならないと思います。」[4]

前半は労働面の知の強調だが、後半に遊び面が含まれる。「労働者はただ単に技術的な教育のみを求めているのではなく、文化的教養‥意味ある生活や生きがいをも求めているのです」[5]との指摘もされている。かつ、専門学者、芸術家と出会い共に活動することの提起は、半ば遊び的な意味をもつだろう。

教師にとってはどうだろう。近年、教師の成長に触れた重要な答申が出された。『「令和の日本型学校教育」を担う教師の養成・採用・研修等の在り方について〜「新たな教師の学びの姿」の実現と、多様な専門性を有する質の高い教職員集団の形成〜（答申）』（令和４年12月19日中央教育審議会）である。だがここに、生涯学習という用語は一カ所もない。研修段階におけるリカレント教育の言及があるに過ぎない。実際、多忙な教師には、生涯学習に十分な時間や機会が確保されていない。そもそも生涯学習は人間の基本的な権利であって、環境や制度の整備は行政の責任である。

その元の答申、次期学習指導要領の方向を示した『「令和の日本型学校教育」の構築を目指して〜全ての子供たちの可能性を引き出す、個別最適な学びと、協働的な学びの実現〜（答申）』（令和３年１月。以下、答申）には以下のような記述がある（下線は引用者）。

「教師が技術の発達や新たなニーズなど学校教育を取り巻く環境の変化を前向きに受け止め、教職生涯を通じて探究心を持ちつつ自律的かつ継続的に新しい知識・技能を学び続け、子供一人一人の学びを最大限に引き出す教師としての役割を果たしている。その際、子供の主体的な学びを支援する伴走者としての能力も備えている。」

教師が学ぶべきは知識・技能のみのようだ。それらを活用する面の言及もなく、探究も心に矮小化されて新たに養う必要がないかのようだ。要は、2008年改訂以来の学習指導要領が示

してきた習得─活用─探究という流れが見られない。教師が日常的に生涯を通じた学習の流れを自らイメージし、実際に経験ができ、身につける機会が得られないなら、子ども達の「伴走者」となれるかが疑わしい。

とはいえ、「伴走者」との表現は示唆に富むたとえである。親子マラソンや視覚障害者マラソンに見るように、伴走者は先回りをして身につけた走力や配慮をもってこそ、並走が楽に楽しくできるし、励ましの声やアドバイスを伝えられる。折出健二は、答申が出るより前に、副題に「伴走者」を含めた著書[6]をまとめ、次のように定義している。

「日常的に、一人のひとが育ち、生き方に迷い、手探りしながら歩み出して自立に挑んでいく。そのプロセスに登場する、その人にとっての固有の他者」

そして「〈伴走者〉という役割には、そのひととの『いま・ここで』生きている関係性の総和的なもの（アンサンブル）が凝縮されて現れ」ており「固定的なもの」でないという。

以下、折出の定義を念頭に置いた、「伴走者」という視点も活用し、答申を批判的に見ていく。

(2)教師にとっての余暇の意義と位置

そもそも国際的な人権論では、余暇が人間に不可欠なことが、再度確認されてきた。

すでに世界人権宣言（1948年）第24条に「すべての人は、労働時間の合理的な制限及び定期的な有給休暇を含む休息及び余暇をもつ権利を有する」と規定されていた。その第27条、国際人権規約（1979年）、レジャー憲章（国際レクリエーション協会、1970年）も具体的な規定を行なった[7]。

こうした動向を背景に、ヨーロッパ諸国は、労働時間の短縮と、余暇・休暇の権利保障を含んだILO（国際労働機関）条約を批准し、それらを国内法に規定して、勤労者の余暇の権利が明確にされた市民生活を目指し、自由時間が保障されているか、されつつある。こうした基底に、生涯学習の理論と政策があると考えられる。

だが日本政府は、1日8時間・週48時間労働を規定したILO条約第1号をはじめ、第47号（週40時間制）、132号（年次有給休暇）、140号（有給教育休暇）など、労働時間と余暇・休暇に関する条約を、今もって批准していない[8]。日本では、余暇、休暇がそもそもの人間の権利であるとの認識が足りず、広い合意に至ってないのではないか。

そもそも根本的な批判を言えば、余暇という捉え方に、遊びを労働以外の残余と見なす問題点がないか。リフレッシュ休暇、レクリエーションといった捉えにも問題が残る。

とくに教師に必要な生涯学習が、遊び面であるならば、余暇という捉えは消極的過ぎる。先述の答申にもある子ども達の「伴走者」を務めるためには、どの子どもより先回りして、遊びという「主体的な学習」を体験し、理論的に省察しシミュレーションするような学習・生活活動が不可欠ではないか。

というのも、教師が余暇や遊びを通じてリラックスしてストレスを解消し、心身の健康を回復した経験がなければ、子どもに遊びを実感をもって奨められないからである。単に楽しい、楽と言うだけでは不十分なほど本格的に、教師が日常的に遊び切ることで、初めて子ども達の遊びに共感し、十分な保障に努められる。

とくに近年の若手も中堅も、1970年代から指摘されてきたように、幼少期が習い事や塾、スポーツクラブ、スポーツ少年団に支配され、放課後や土日に外で仲間と遊んでいない[9]。すると、子ども達と遊びを楽しむ感覚もスキルも不足しがちで、遊びがリードできる人になり切れない。教師になっても、補い遊ぶ必要がある。

外遊びをしなかった若手は、ICTが使いこなせるとも言う。それについても遊びが解決策であり、日常の自由時間で、最先端のパソコンソフトや端末、装置で遊び尽くすことが要る。遊ぶ中から、高度な技能、ソフトの選択肢、使い方のアイデアも増える。そうした溜めを持つこ

とで、ICTが我が物と感じ、自由に使いこなせるようになる。

ただし、遊びもICTも、はじめから意図した研修としては逆効果となる。

(3)学習権宣言——人格・主体形成の人権として

重要なのは、役立つか否かにかかわらず、生涯学習を人権の一つとして、あらゆる人に保障するという思想でないか。それを明示した学習権宣言（1985年、第4回ユネスコ国際成人教育会議（パリ）採択。以下、宣言）を見る[10]。

> 「学習権とは、読み書きの権利であり、問い続け、深く考える権利であり、想像し、創造する権利であり、自分自身の世界を読みとり、歴史をつづる権利であり、あらゆる教育の手だてを得る権利であり、個人的・集団的力量を発達させる権利である。」

識字面から列挙されるが、学問、芸術の面も挙げられている。これらの権利が幼少期から保障されるべきだが、大人になって足りないとわかれば今から保障されるべきである。とくに「自分自身の世界を読みとり、歴史をつづる権利」は、人格やアイデンティティを探り、書いてみるような自分史や生活記録を綴る権利と読める。次いで「基本的人間の欲求が満たされることを望むならば」、これらの「学習権は、人間の生存にとって不可欠な手段である」と言う。だが手段といっても深く、生きるため、自己確証、自己実現のためにこそ識字が必要という順だ。パウロ・フレイレ[11]が前提にある。「"学習"こそはキーワード」で、「学習権なくしては、人間的発達はあり得ない」と言い切られている。続く、

> 「しかし、学習権はたんなる経済発展の手段ではない。それは基本的権利の一つとしてとらえられなければならない。学習活動はあらゆる教育活動の中心に位置づけられ、人びとを、なりゆきまかせの客体から、自らの歴史をつくる主体にかえていくものである。」

という記述は、勤務に直結した学習の一面性への批判と読める。「自ら歴史をつくる主体」とは

大仰なようだが、町づくりなどの砂山遊び、ヒーローごっこなどを想像すれば、その前段階として理解できないか。行事や自治活動にも、文化祭や体育祭のように、遊び半分だが学校史をつくる一員となる例がある。逆に、学ぶ意義は、大人が自ら生活活動をもって伝えなければ、子どもに伝わらない。子どもが経験しなければ、大人になって継承されない。

こうした意義は結果として、波及効果としてわかるもので、宣言自体はいわば生涯学習にとっての軸である。当初から狙うとその軸が自由時間を圧迫するよう傾き、労働のための遊びの手段化、つまり余暇化に陥りかねない。

(4)生涯学習政策の問題点——「手段化」

ここで「手段化」の問題性を、教師に限らぬ生涯学習一般につき、政策上の定義に即して明らかにしておきたい。

改正教育基本法（2006年）では、社会教育の条項に替わる第3条で、「生涯学習の理念」が規定された（下線は引用者）。

> 「第三条　国民一人一人が、<u>自己の人格を磨き、豊かな人生を送る</u>ことができるよう、<u>その生涯にわたって、あらゆる機会に、あらゆる場所において学習することができ、その成果を適切に生かす</u>ことのできる社会の実現が図られなければならない。」

ここに、教育基本法第1条に言う「人格」の形成・完成と日本国憲法第13条に言う幸福追求が盛り込まれている。だが「成果を適切に生かす」という記述に性急さが見える。

では、「あらゆる」機会・場所として、具体的にはいかなる学習の活動が、生涯学習に含まれるのか。令和3年度版『文部科学白書』（以下、白書）[12]に列挙されている。

> 「「生涯学習」とは、一般には人々が生涯に行うあらゆる学習、すなわち、学校教育、家庭教育、社会教育、<u>文化活動、スポーツ活動、レクリエーション活動、ボランティア活動、企業内教育、趣味</u>など様々な場や機会において行う学習の意味で用いられます。」（下線は

本稿で考察するもの）

ここに本稿に言う労働面と遊び面との両面が混在し、最後に「趣味」が取ってつけたように挙がる。政府が何を重視するのかは、すぐに続く記述からわかる。

「文部科学省では、生涯にわたる一人一人の『可能性』と『チャンス』の最大化に向け、職業に必要な知識やスキルを生涯を通じて身に付けるための社会人の学び直しの推進など、人生100年時代を見据えた生涯学習の推進に取り組んでいます。」

以上より、生涯学習が二つの面（目的や内容）に整理でき、問題点の指摘ができる。

第一が、労働面の学習・活動である。勤務時間に役立たせるべく自由時間を使う活動である。「1 社会人の学びの推進」として、「（1）社会人の学び直し（リカレント教育）の充実」を真っ先に挙げている。かつ「（2）高等教育機関における社会人の学ぶ環境の整備」も、リカレント目的の大学院教育を含むものだ。

こうした学習の場面では、勤務時間以外の自由時間を、労働面で浸食することになり、労働面が増えるという点で生涯学習の一面化、さらには「手段化」と言える。これでは働き方改革で空けた時間も労働に組み込まれる。

対して本稿がめざすのは、勤務時間と自由時間をいったん切り離し、後者に特有な遊び面を重視することである。

具体的には何が想定されているのか。白書の続きを見ていくと、「4 多様な学習機会の提供」ということで以下が挙がる。（1）放送大学の充実・整備、（2）大学、専修学校等における学習機会の提供、（3）公民館等社会教育施設における学習機会の提供、（4）社会通信教育、（5）民間教育事業者、NPO法人等との連携、である。

遊びを含む機会とは（3）（5）の一部に過ぎない[13]。（1）（2）（4）にも教養、文化、趣味的な科目が含まれよう。だが白書では、続く部分が「5 学習成果の評価・活用」と題され、そうした科目や機会が、勤務・労働の「手段化」

もなく認められるか疑わしい。

(5)教師の生涯学習の諸内容——遊び面

さらに、遊び面の具体的な内容を考えてみよう。その考察が先行研究にないため、整理と新しい視点が要る。

先の白書に見たうちで、「（3）公民館等社会教育施設」に挙げられるのは、図書館や博物館、生涯学習センター、青少年教育施設、女性教育施設である。具体的には、博物館・美術館、図書館、施設による文学・言語・歴史を含めた各種講座の受講、コンサートや演劇、展示などの鑑賞、そして文化活動である。

国語、社会、理科、英語、図工・美術、音楽、書道等の担当教諭には、勤務に直結する。だが、自分の担当教科に即役立たない内容も、それこそ遊びとしての意義があり得る。博物館や各種鑑賞は、一人で行くこともあるが、家族や友人、恋人と行けば、コミュニケーションの媒介や、生活世界を豊かにできる道具となる。

近年、人文や芸術の不要論が見られ、学校や大学では特定の教科・学問の軽視論がある[14]。だが人文や芸術を軽視するならば、人間生活に潤いやゆとりが、社会自体にも隙間がなくなり、システムに縛られ、経済効率至上主義、管理主義に陥る。政治・経済と文化・芸術との対立と言えるが、それら両面を含む生活像が、自己目的的な生活活動、すなわち遊びではないか。

次いで、「（5）民間教育事業者、NPO法人等との連携」も遊びを含む。文科省から見た外部組織としての扱い方で、（3）の民間版と言えよう。具体的には趣味、芸術・文化活動に加えて、自然体験・生活体験、サークル活動、地域活動、社会活動を指す。うちNPO・NGOではボランティア活動を含む。地域と言っても働き方改革と称して教師の仕事の一部を任せる先ではない。教師が一住民の立場に立ち戻り、住民とともに学び活動する場として地域を再評価する場合だ。

教師にとってこれらの組織や活動への参加と

は、仲間を得て楽しめる、いわば「教師の校外特別活動」と言える。趣味もここに含まれて、かつ共同的な生活活動となれば、趣味からボランティアまでどんなものでも、地域、そして他地域や世界に人脈を広げ、人生に転換期を提供する機会にさえなる。

　白書が挙げる5つの機会はノン・フォーマル学習と言える。だがそれら以外がないのか。生涯学習は、日常活動の結果としてのインフォーマル学習、いわば独力的学習、偶発的学習も含んでいる。すると、どんな趣味も、家族などでのレジャーも入れたくなるだろう。

　遊びを考察した現職教師の安藤浩太は、「遊びは活動の形態ではなく、遊び手の認識であり、心的態度であるとし、ある活動が遊び手にとって遊びに『なる』ことが大切である」[15]と結論づけた。そう考えると広く多様な遊びを挙げて分類できる。

　そこでロジェ・カイヨワ[16]の分類をもとに、それを解釈した論考を活用し、かつ補って列挙しよう[17]。なお、教師にとって想定されるものに下線を付け、上記の（3）社会教育施設でも、（5）民間、NPOでもできず、かつ個人でやると寂しいものを太字にする。

競争の遊び…**スポーツ**（その練習、試合、観戦）、ゲーム機でのゲーム

偶然の遊び…じゃんけん、宝くじ、とばく・賭け・ルーレット

模擬の遊び…（観ること、**または自ら演じることとして**）ごっこ遊び・人形遊び、幻想の遊び・空想遊び。仮面・変装。演劇・映画、見世物全般。芸能。

感覚の遊び…ブランコ・綱渡り・サーカス。**ダンス**。**スキー**、登山、**野外活動・アウトドア**。旅行・観光、遊園地・テーマパーク。芸術鑑賞・コンサート・ライブ。飲酒

収集の遊び…**コイン・切手・玩具・グッズ**などを集め・整理すること

創造の遊び…ブロック遊び、芸術・文化活動、**合唱・演奏**、絵画・造形、製作・工作・日曜大工。教養に関すること、文章やブログを書くこと

下線を引いた教師がやるものに、楽でなく、金銭もかかるし時間もあえてとるものがある。他方で、太字の個人でやりづらいものは、仲間が必要で、だからこそ部活動に含まれているものがある。そこで、意図して始めるには、様々な制約を越えなければならない。「楽しさ」はその自由と制約の矛盾を越えて実行に移す過程と結果に感じるだろう（後述）。

　これらの遊びに近いことを学習と呼ぶと、大企業優先の日本では、非難を受けることだろう。だが、これらを生涯学習に含めれば、現状を相対化できる点で意義がある。勤労や将来の仕事のため、または子どもにとっては勉強や試験のため、といった意図がない自由な学習を、遊びとして創造できる。

3．遊びの更なる意義の探究──教師にとって

(1)アイデンティティや人格形成という意義

　ここまで、生涯学習の政策における勤労面の偏重を批判して、余暇を強調し、そう呼ぶことの不十分さも指摘して、遊び面への注目を促してきた[18]。次に、子どもから大人に至る生涯にわたる人間生活を見通して、子どもの遊びの側から土台を得ると、宣言を軸に、いかに新しい観点が得られるかを示したい。

　学習権宣言を決めた第4回に続く第5回の先述した会議（1997年）が採択したハンブルク宣言では、成人教育（成人学習）は権利以上のもので、「積極的な市民性の帰結であると同時に社会生活への完全な参加の条件である。」「成人学習はアイデンティティを形成し、人生に意味を与えることができる。」と明記された。成人に即して考えられているが、子どものうちから、参加やアイデンティティ形成が、遊びを通じて始められれば磐石になる。

　だが、学校がそれを実現しているか。ペダゴジーに対してアンドラゴジー（成人教育または成人学習）が、主体的で能動的な学び、自己実

現を対置してきた。子どもの頃の遊びから自発的で主導的になれば、結果として将来的に、労働の質を上げられないか。

成人教育関連の国際会議の延長線上でユネスコ21世紀教育国際委員会が作成した『学習　秘められた宝』（ドロール・レポート）[19]は、知ることを学ぶ、為すことを学ぶ、共に生きることを学ぶ、人間として生きることを学ぶ、の4つを挙げている。

これを活用して言えば、教師の余暇、遊びは以下のように、共に生きること、人間として生きることまで学べる機会になり得る。

まず、遊びこそ、先述のように多様で、個人的な趣味も含むからこそ、波及効果として、自己肯定感や自信を高め、アイデンティティを構成する。折出らが強調するように、他者と交流できればなおさら、結果として人格が形成される[20]。アイデンティティや人格の形成こそ、遊びの結果としての意義である。

梅根悟は戦後新教育期に「人生のカリキュラム」というものを論じた[21]。人生のコアは遊びとして形成され始め、労働が遊びの周辺に現れて、相まって人格形成を促す。

理論的には、社会教育論でも、自己教育が重視されてきた。かつそれが共同学習を通じて実現することとされ、公民館活動、青年団、生活記録活動といった実践例が示されてきた[22]。21世紀にあって、実践例に先述のような遊びを加えたいのが本稿である。

そもそも生涯学習に、所有の領域以外に存在の領域がある。所有の領域は、リカレント教育に関する報告書を1973年に刊行しいち早く提唱したOECD（経済協力開発機構）が得意とするところだ。この組織はPISA（生徒の学習到達度調査、2000年～）を主催してきたが、人材育成的な志向性が問題視され始めた。所有の領域は「知ることを学ぶ」、「為すことを学ぶ」に親和的だが、個人間の競争を促しかねない。「自己啓発」やそのセミナーに矮小化されかねない。

対して、存在の領域における生涯学習こそ、「人間として生きることを学ぶ」学習として、ア

イデンティティを問い直し、構成する機会である。生涯学習がここまで進めば、教師という存在も問い直される。教師は近年、労働者としてだけでも、聖職者としてでもなく、専門職として再定義されてきた。職人、芸術家、演出家と捉える説もある（アートとしての教育（大田堯[23]）など）。これらは共通して、教師のアイデンティティを、遊びを含めて規定し直すもので、自らの楽しさ、自由さだけでなく、創造性も豊かにする仕事と捉え直す。

(2)遊び等の意義と保障——子どもの権利条約

そこで、労働以外の残りでも労働の手段でもない、余暇にとどまらない生涯学習を考えるため、遊び自体を考察したい。遊びを中心として生活し、本来そうあるべきと言われて疑問が出ないのが子どもである。子どもにとっての遊びはストレス解消やリフレッシュにとどまらない。子どもの遊びを土台に、大人、教師にとっての遊びの意義を考えることで、遊びをアイデンティティや人格の形成に必要なものと見て土台固めができるのではないか。

現状の日本では、遊びが十分保障されていない中、子どもの権利条約（1989年）の第31条1.はすでに、次のように宣言していた。

「締約国は、休息及び余暇についての児童の権利並びに児童がその年齢に適した遊び及びレクリエーションの活動を行い並びに文化的な生活及び芸術に自由に参加する権利を認める。」（政府訳）

3点に整理でき、すなわち①休息・余暇の権利、②遊び・レクリエーションの権利、③文化的生活・芸術への参加の権利である。

増山[24]は①休息を重視し、①の「余暇（leisure）」に、スペイン語の正文で用いられるesparcimiento（気晴らし）を訳語として充ててきた。また②遊びの権利に関しては、余暇（気晴らし）＝あそび（自由時間）の保障が不可欠であるため「あそび・遊び」をセットで捉えてきた。そして遊びや、③文化・芸術を含めたものの本質は、〈面白さ・楽しさ・心地よさ〉の追求にあ

ると見て、南欧におけるアニマシオンの概念が理解を助けると指摘してきた。

だが現実の日本では、遊びを子どもの基本権として重視する視点は弱く、ましてや休息や余暇（気晴らし）が権利であるとはとても認められない風潮が強い。2022年6月にこども基本法案（こども家庭庁設置法案）が可決され、2023年4月1日に施行された。法律制定の背景に子どもの権利条約があると言うが、31条を反映したような遊び、余暇の権利が明記されなかった。国際的にも31条は「忘れられた条文」と言われ続けて来たと言うが、日本の場合は特に、大人にとっても気晴らしを権利とは捉えようもない大企業優先社会の硬い現状がある。

増山はさらに、子どもの権利としての休息や余暇の本質は、気晴らしよりも基本的な「何もしないこと」の価値を認める点にあり、それが「ゆとり」の核心部分であると言う。子どもにもくつろぎ・のんびりし・何もしない時間をもつ権利を保障しようということが、子どもの権利条約の精神であると言う。

遊びの理論でも、いわば労働や必要からも、大人の評価や期待からも解放された「たわみ」や「ゆらぎ」[25]が強調されてきた。

統制の対概念としての自由であり、楽という意味の「自由からくる楽しさ」と概念化でき、この面の遊びは「離脱」と呼ばれてきた。学校で言えばまず、休み時間こそ「離脱」の自由時間である。

だが、係や委員会、行事の準備、業間勉強などが入れられる例が目立つ。運動場の制約も増えている。気晴らしの時間にならないと共に、子どもの肥満や精神疾患が増えた学校が各地に見られる。

本条よりも重要なのは、国連子どもの権利委員会の勧告である。2019年3月公表の第4・5回の審査結果は、第3回までの「競争的な学校環境」という社会の一部分の評価を超えて、「社会の競争的な性格」が子どもの権利を侵害していると批判がされた[26]。

日本社会全体の環境自体が競争的であると、

包括的に問題視されたのだ。「離脱」が子どもに必要とわかれば、大人にとっても必要と堂々と主張できる。だが競争社会では、大人の遊びも余暇と捉えられ、矮小化される。

(3)遊びの2方向の「楽しさ」──部活動他

勧告が言う競争社会と、先述の「競争の遊び」とくにスポーツとの間での競争観の違いは論点になる。部活動が時短の対象になるのは、勝利至上主義の場合だろう。教師と子ども達が共に楽しむ遊びとして、部活動を捉え直せれば、負担感が減らせないか。

そのためにも、理論的に考えたいのが、遊びの「楽しさ」である。学習権宣言を読むと、学習は遊びと言えないほどの困難が伴い、それを克服してこそ獲得される機会としてイメージされる。

そもそも遊びに制約、拘束、規則が伴うことを強調する説がいくつかあり[27]、人は制約を越えることに「楽しさ」を感じるという（その場合「越境遊び」と概念化できるが他日に考察したい[28]）。競争社会はすぐに変えられなくとも、スポーツのルールという規則、制約を守りつつも越える「楽しさ」は誰もが得やすく、すでに経験済だろう。鬼ごっこなどがつまらなくなった時、合議でルールを変えた経験もあろう。

M・チクセントミハイが、面接調査を踏まえてフロー概念として提起し「楽しさ」を解明している[29]。フローとは「全人的に行為に没頭している時に人が感ずる包括的感覚」とされる。その条件は、目標の明確さ、どれくらいうまくいっているかを知ること、挑戦と能力の釣り合いを保つこと、行為と意識の融合、注意の散漫を避ける、自己・時間・周囲の状況を忘れること、そして自己目的的な経験としての創造性とまとめられている。

ここに、「溶解体験」（作田啓一）、「生成変容」（矢野智司）[30]といった概念を加味すると、遊びから想像性や創造性が見出される。

以上を一言でまとめるに、いかにもできなそうなことに挑戦してできていく過程が自覚でき

た瞬間に、モノと行為をどうとでも操れるように感じ、ついには自分と世界に境界がない一体感がつかめる。この一連のことが、その活動が遊びと感じられる条件なのである。

遊びは拘束、制約、規則があってこそ高まる。自由、離脱と矛盾するが、そうした矛盾を乗り越えるときに「楽しみ」を感じるわけであり、いわば「弁証法的な楽しさ」と概念化できる（対して、先に見た「楽」という意味の「自由からくる楽しさ」は、暇な時間さえ空けられれば得られるが、弁証法的な楽しさまでの入口として不可欠でもある。両方向はつながってくる）。

遊びが直面する拘束、規則を乗り越えるには、遊びを手段にとどめず、自己目的性が十全に展開されなければならない。そこまで発展して初めて矛盾を越えられるか、そうできそうと感じられればフロー体験と呼べる。

学校教育では、勉強を労働として捉えると、遊びも余暇に矮小化される。労働モデルのみでは計画的・目的意識的・意図的に過ぎ、主体―客体関係では、子ども達が大人、あるいは支配者に服従、従属させられる。そこから逃れてみる時間が少し、余暇として捉えられるに過ぎなくなる。そこで遊びを、自己目的的な活動、生活活動自体から目的が自ら生み出せる活動として重視したい。遊びと言える生活活動自体が自由にできるように「余白」を空け「離脱」できるようにする。そうすることで、拘束、規則ある遊びにも安心して挑戦ができ、感動や新しい発見が得られてクリエイティビティが発揮でき、「新しい世界」が開くというか切り拓ける[31]。ねらってというより結果としてである。そしてさらなる波及効果は、アイデンティティや人格の形成である。

社会教育では、自由参加であるだけに、学校よりも自己目的的な生活活動が多い。アンドラゴジーのごとく主体性、自己実現が重視される。そこで、子どもの社会教育では、子ども会・少年団、冒険遊び場など多様な試みが意義づけられ、増山らは子どもの権利条約第31条の普及運動を進めてきた[32]。

働き方改革に関連しては、部活動を例にとってみる。教師が上で管理したり、子ども達が従属させられたりしない、教師も子どもと共にスポーツや文化を「楽しむ」活動として再編成できたらどうなるか。離脱の場として楽しく感じ、ときに制約があってもそれを乗り越えた瞬間も弁証法的な楽しみが得られる。対外試合やコンクールを続けても、学校の名誉や個人の成績・内申書のためではない。負けてもよく、楽しさを得るための壁と捉えられる。校外のスポーツ団体やサークルに入る子もいるが、入れない子達が楽しむため、遊ぶために部活動を保障する。ただし、活動量は各人の判断で、安全確保などの必要があれば教師や地域の大人が参加する。外部指導者としてでなく、大人自身が楽しむために加入してもいい。場所と予算だけは確保する。学校開放に近いようだが、遊びと楽しさを軸として、教師もそれ以外の大人も楽しめる場と時間に変えるのである。例えばすでに、生徒に混じって教師も動く陸上部や水泳部がある。音楽や美術の文化部ならばなおさら例があろう。球技でも、教師が混じって練習や試合をしてもいい。共に活動するからこそ、教え合い、学び合いが自然と生じ、楽しくできる。

以上のような遊びを、各人の人生のコアとして捉え直してみよう。すると、学校全体、さらには生活全体に影響が及ぼせる。遊びが各教科に絡んで横断し、既存の壁や境を揺るがすこともめざせないか。学校化した家庭や地域が問い直されることも期待できる。

⑷教師の遊びを兼ねた――共同の自主研修

これまで勤務に直結しない自由時間での、そして部活での遊びを見てきた。学習権宣言という軸、および子どもの権利条約という土台を得た今、遊びによる波及効果や遊び面との共通部分を、生涯学習の労働面にも見出しておきたい。その意義はやはり、教師一人一人のアイデンティティや人格の形成である。

一例は自由時間における「共同の自主研修」で、同僚以外の校外の教師達で行う学習・活動

である。授業技術の習得にとどまらず、実践記録の報告、論議や遊びを兼ねたワークショップもある。これこそユネスコの言う「共に生きることを学ぶ」例と言える。

日本教師教育学会編『教師教育研究ハンドブック』(2017年) 所収の拙稿「自主的な研究団体による研修」[33]で挙げたもので言えば、3.民間教育研究団体が、職務も官製研修も離れて、学び合い遊ぶ仲間を得る機会である[34]。1.半官半民の研究協議会は勤務時間内ではあるが、そうした仲間が得られていれば良い。また、4.そのほかの自主的なサークルに挙げた6つのうち、以下が合う。①自主的・自発的な実践検討会、記録や教材を交流しあう会、②関心のある教師や研究者を招いての講演会・研究会・シンポジウムなど、③教育雑誌、教育書などをもとにした輪読会、④教材発掘あるいは現地調査・見学などのためのフィールドワークやツアー、⑤ワークショップ、ファシリテーション、マネジメントやその研究会である。準備や終了後における食事、飲み、懇親も含めると、遊びの色が濃くなる。コロナ禍後は、オンラインによる会が増えた。深い交流は難しいようだが、遠方からの集まりやすさや、仕事・育児・介護中でも一時的参加が実現してきた事実がある。

自主研修と言うと、個人による学びや場面も多い。だが個人から出発しても、仲間を募って、活動を広げていく例がある。しかも教師同士[35]だけでなく、保護者や地域の人々、市民や専門家が参加する例がある。異業種間交流となるならば、越境の遊びとなりうる。

おわりに——要約と今後の見通し——

生涯学習や生活全体の軸となるのが学習権宣言であり、その軸に土台を敷くのが、子どもの権利条約31条での遊びの保障である。国際的な合意を手がかりにすることで、遊びの意義が、アイデンティティや人格の形成にあり、2方向の「楽しさ」がそれを可能にするとわかった。本稿で見たような自由時間における遊びを、量として増やしかつ質を上げられれば、遊びがコ

アに昇格できるため、生活全体の質が上がるだろう。すると勤務時間の方が遊びを支える周辺となり、その量が減っても、生活全体にとっては構わなくならないか。

教師が遊びを併走者として優先したいと言うと他の職から妬まれそうである。そう言う人には、先生に転職したらどうですか、と自信を持って言える教育界にしたい。その足がかりがすでに国際条約にある。他国の教師達の働き方には、余暇が多く、遊びが中心と言えるほどの生活全体があるからこそ生き生きと働け、アイデンティティや人格を大事に保てる例がある[36]。日本が追いついていないだけだし、かつて戦後も20世紀までは教師は時間的余裕があったのではないか。

遊びは波及効果をもち、社会全体に変化を及ぼせる。遊びを人生のコアに据える人が増えれば、労働偏重の日本社会が変革できる。遊び中心の社会をもざし、教師が先行して遊ぶ。そうした意味での働き方改革を教師が進め、まず学校を遊びや余白のある職場に変える。遊びの意義を社会全体に広げることがミッションだ。実現過程で、この活動に加わりたいと、教職志望者も増えるのではないか。

注・引用文献

(1)例えば、髙橋哲『聖職と労働のあいだ—「教員の働き方改革」への法理論』岩波書店、2022年。本稿はこの理論とこれに基づく運動を側面から補い支えるものとしたい。なお、尾関周二『遊びと生活の哲学—人間的豊かさと自己確証のために』(大月書店、1992年) における企業社会批判や遊びに展望を見出す方向性を本稿の基調とする。

(2)J-STAGEとCiNiiで、教師または教員、生涯学習、遊びで検索してヒットした600件以上の論旨を検討したところ、本稿の目的・主張に似た先行研究はなかった。

(3)ポール・ラングラン「生涯学習について」(1965年) の訳は、森隆夫編『生涯教育』帝国地方行政学会、1970年所収。およびポール・ラング

ラン著は、波多野完次訳『生涯学習入門』全日本社会教育連合会、1990年他を参照。

⑷エットーレ・ジェルピ、海老原治善編『生涯教育のアイデンティティ―市民のための生涯学習』エイデル研究所、1988年、25頁。藤岡貞彦の寄稿には、藤岡の質問にジェルピが答えた発言という（143-144頁）。

⑸同上、46頁他。なお、文化庁「文化に関する世論調査」（2002年報告）によって、文化芸術に触れることが、人々の生きがい・つながりと一定の関係をもっていることが示された。

⑹折出健二『そばにいる他者を信じて子は生きる―〈伴走者〉という役割―』ほっとブックス新栄、2015年、10・13頁

⑺一番ケ瀬康子他『余暇生活論』有斐閣、1994年、第1章

⑻ILO国際労働機関URLを参照。
https://www.ilo.org/tokyo/standards/list-of-conventions/lang--ja/index.htm （最終閲覧2023/6/30）

⑼戦後史における子どもの生活の変化については、子どもの学校外教育の必要性としても議論されてきた。例えば、日本社会教育学会『日本の社会教育第22集　地域の子どもと学校外教育』東洋館出版社、1978年

⑽日本にも国民の学習権論があり、源泉は欧米教育思想であって、学習権宣言と同根と言える。大槻宏樹『自己教育論の系譜と構造―近代日本社会教育史―』早稲田大学出版部、1981年も詳細に論じている。ただし、国民の学習権論で言う学習に、遊びを明示的に位置づけられるかは検討の余地がある。

⑾近年では、民主教育研究所『季刊人間と教育』110号（2021夏）、旬報社、に特集号がある。

⑿この定義は、「第3章生涯学習社会の実現」のうち「総論」、52頁にある。
https://www.mext.go.jp/content/20220719-mxt_sosei sk02-000024040_203.pdf （最終閲覧2023/6/30）

⒀行政の責任に基づき社会教育を重視すべきと考えた場合、民間に任せっきりにするのも不十分である。その前提を持ちながら、社会教育にNPOも位置づけたいが、その視点は佐藤一子『生涯学習と社会参加』（東京大学出版会、2012年）等を参照。なお、内閣府に「生涯学習に関する世論調査」は令和4年7月調査がありしばしば引用されるが、本稿は見ない。

⒁吉見俊哉『「文系学部廃止」の衝撃』(集英社新書、2016年)、小松佳代子、西島央他『周辺教科の逆襲』（叢文社、2012年）など異議申し立ても見られる。近年の一部の教科教育講座を閉鎖する国立教員養成系学部・大学の動向もある。

⒂安藤浩太『そこに、遊びがある授業』東洋館出版社、2023年

⒃ロジェ・カイヨワ、多田道太郎他訳『遊びと人間』講談社学術文庫、1990年

⒄例えば安藤前掲書、木津川計『人間と文化』岩波書店、1992年、123-124頁。山崎庸佑「遊び」『新・岩波講座哲学12文化のダイナミックス』（岩波書店、1986年）はホイジンハとの影響関係を丁寧に論じている。

⒅とはいえ、ユネスコ等が、生涯学習において職業、労働に関する教育を重視してきたことには積極的な意義がある。日本ではそうした意識が希薄であった点が問題であり、その一因は、日本の場合、高度成長期以降、企業が従業員の職業教育・訓練を抱え込んでしまっていたことにある。

⒆天城勲訳『学習・秘められた宝―ユネスコ「21世紀教育国際委員会」報告書』ぎょうせい、1997年

⒇折出健二『対話的生き方を育てる教育の弁証法―働きかけるものが働きかけられる』創風社、2018年他。本稿で言う人格形成は、本書の第Ⅲ章にもとづく。教育基本法にある「人格の完成」という教育理念の復権が提起されている。なお、弁証法とその活用については折出『否定の中に肯定をつかむ弁証法ノート』（高文研、2023年）が参考になる。

㉑金馬国晴「生活・経験か生産・労働か―民教協からの梅根悟・生活教育論批判の再検討―」東京大学大学院教育学研究科教育学研究室『研究室紀要』26号、2000年に詳述した。遊びと職業の間に位置づけられた社会奉仕は再検討の余地があり、ここに試みた。

(22)例えば、長浜功編『社会教育と自己形成―「終焉」論を超えて』明石書店、1987年、あるいは大槻宏樹、前掲書

(23)上野浩道・田嶋一編『大田堯の生涯と教育の探求―「生きることは学ぶこと」の思想』東京大学出版会、2022年、第7章

(24)増山均「子どもの権利条約31条と日本の子どもの生活・遊び」教育科学研究会『教育』2023年6月号、かもがわ出版、他。最近でも、日本生活教育連盟編『生活教育』が2023年4／5月号で、特集「子どもの権利条約の実践で「幸福・愛情・理解のある社会」をつくる」を組んだ。とはいえ、第31条を重視する実践記録はない。

(25)高橋勝『子どもが生きられる空間―生・経験・意味生成』東信堂、2014年、第1章

(26)こども基本法の問題点は、民主教育研究所『季刊人間と教育』118号（2023夏）「特集どうみる？こども基本法・こども家庭庁」などにまとめられている。

(27)例えば、長谷正人「遊びにおける「「離脱」と「拘束」―『丹下左膳余話・百万両の壺』をめぐって―」亀山佳明他編著『文化社会学への招待―〈芸術〉から〈社会学〉へ』世界思想社、2002年、他。

(28)すでに金馬国晴「風穴をあける越境の遊びへ―楽しさ、思い出、企み」教育科学研究会『教育』2023年6月号でイメージを示した。越境遊びとは、仮説としては自分と他者または自分と世界との間の境や壁を越えるような協働の遊びで、人と人、人とものをつなぎ一体感を取り戻すような遊びである。

(29)最新には、M・チクセントミハイ、浅川希洋志監訳『クリエイティヴィティ―フロー体験と創造性の心理学』世界思想社、2016年

(30)作田啓一『生成の社会学をめざして―価値観と性格』有斐閣、2001年、および矢野智司『幼児理解の現象学―メディアが開く子どもの生命世界』萌文書林、2014年、他

(31)鈴木大裕「学校に欠けている余白と「遊び」」『教育』2023年7月号他を参照。

(32)少年少女センター機関誌『ちいきとこども』他

を参照。なお、山村留学施設のだいだらぼっち（NPO法人グリーンウッド自然体験教育センター）での共同生活も注目できる。

https://www.greenwood.or.jp/daidara/da_sisetu.html
（最終閲覧2023/6/30）

(33)金馬国晴「自主的研究団体における研修」日本教師教育学会編『教師教育研究ハンドブック』学文社、2017年、298-301頁

(34)『教育』2022年4月号の特集2「民間研・サークルで学び、つながる」を参照。

(35)働き方改革の本丸として、波及効果で、同じ勤務校の同僚が遊び仲間になることが望ましい。今後の検討課題としたいが、ここでイメージのみを示す。

公開の授業研究や協議会は、語り合い、ワークショップ、アイスブレイク、チームビルディングなどを導入し、遊びと感じるものに変えたい。ある学校では、各教師が自主的なテーマで研修を進めておき、ときに仲間を募った自主勉強会を行ない、その報告会として研修の全体会を位置づけた。

日常的にも語り合いがほしい。職員室の後ろに丸テーブルを置く試みは広がっているが、そこで好きなお菓子のうんちくを語り合う会をもつなどの試みが興味深い。

やりたい人から自由に動き出してしまえば、いつの間か共同が始まり広がって、組織全体が学習するかのように活性化（アニマシオン）するという「学習する学校」（ピーター・M・センゲ）的なイメージである。子ども達とも生涯学習を共にするものとして、楽しい遊びを学校の行事、教科の自主編成、総合学習、学問・研究、生涯学習や社会活動にも拡張し、結果として地域、社会が変わってくるといい。

(36)日本教師教育学会の課題研究Ⅲ主催の連続オンラインセミナー「世界の先生の働き方とキャリアを知ろう」が例示してきた。

ABSTRACT

The Significance of Play in Teachers' Lifelong Learning : Clues from Declaration of the Right to Learn and Convention on the Rights of the Child

KIMMA Kuniharu

（**Yokohama National University**）

This study aims to clarify the significance of lifelong learning for teachers, emphasizing play rather than the work aspect that is directly related to work. The central theme of this study is whether improving the quality of free time for play is likely to increase the overall quality of life and whether more free time can be demanded quantitatively. As play is important for teachers, and teachers are children's "companions," can we propose that teachers' play is a human right? We could believe that the government should guarantee that teachers have room to play, and we will consider the recognition of the government. The basis for this consideration is Declaration of the Right to Learn (1985) and Convention on the Rights of the Child (1989).

If we can increase the quantity and quality of free-time play as presented in this study, play can be promoted to the core, and the overall quality of life will improve. Consequently, working hours become the periphery that supports play, and their overall impact is unaffected even if the amount decreases. In doing so, Declaration of the Right to Learn becomes the axis of life as a whole, and solidifying the foundation for this axis is the guarantee of play under Article 31 of Convention on the Rights of the Child. With these international agreements as clues, we can see that the significance of play lies in the formation of identity and personality and that the two directions of "fun" make this possible.

Keywords：lifelong learning, play, work, Declaration of the Right to Learn, Convention on the Rights of the Child

キーワード：生涯学習、遊び、労働、学習権宣言、子どもの権利条約

イギリスにおける働き方改革と教師教育改革
——教師の雇用と定着に関する戦略を中心に——

植田　みどり（国立教育政策研究所）

1．研究の目的

　本稿の目的は、イギリス（イングランド）における教師不足や労働環境問題を背景とした働き方改革の現状や課題を整理した上で、その課題解決に取り組むための施策の1つとして実施されている「教師の雇用と定着に関する戦略（Teacher Recruitment and Retention Strategy）」（以下、「雇用と定着戦略」と略す）に着目し、イギリスにおける働き方改革と教師教育改革の特徴を考察することである。

　イギリスにおける教師の働き方改革の背景としては、教師不足と教師の労働環境整備という課題がある。教師不足は近年だけの問題ではなく、長年にわたり常に課題となってきたものである。これまでは、教師養成の改革として養成ルートの多様化や学校現場での養成機会の拡充整備、教師養成機関の質的向上など、様々な改革に取り組んできている（高野2015、2016、盛藤2018、2020）。しかし教師不足の状況は、学校段階や教科間、そして地域間の格差という形で依然として生じている。このような課題を解決するための取り組みとして、教師の労働環境整備という視点が近年は重視されている。

　教師の労働環境整備という問題は、1997年以降に教育水準向上を最重要政策課題として発足した労働党政権下において積極的に取り組まれ、その後の政権においても継続して取り組まれてきている（国立教育政策研究所2013、2017、藤原2018）。現在に繋がる改革の出発点としては、2003年の「教育水準向上と教師の業務改革に関する全国協約（Raising standards and tackling workload：a national agreement）（以下、「2003年協約」と略す）がある。2003年協約で示された、教師のすべきでない業務[1]の明確化、教師以外の職（Teaching Assistantsなど）の拡充整備、労働時間の改編整備（PPA Time、Management Timeの導入など）などの施策が実施され、教師の労働環境整備を進めてきた。

　政権が変わった2010年以降においても、教師の労働環境整備のための働き方改革は継続的に行われた。そこでは、業務削減（workload reduce）に重点を置いたものとなっている。2014年から教育省は、「Workload Challenge」という取り組みを始めた。その目的は、学校における不必要な官僚的な業務や事務作業を減らし、教師自身が最も得意とすることに専念し、自らの可能性を引き出すことができるようにする労働環境整備を目指すことであった。そのような労働環境整備のために、全国教育研究所（National Foundation for Education Research. NFER）等が教師への継続的な勤務実態や意識調査[2]を行いデータ収集すると共に、教師へのコンサルテーション[3]も行った。それらの結果を基に、検証委員会（Teacher Workload Review Groups）から、データ分析、採点、計画の3つの分野に焦点化した業務削減のための取り組みが提示された[4]。そして、2018年には、それらの業務削減の取り組みを促進させるために、各学校での実践開発や研修等において活用できるようなツールキットを開発し、教育省のホームページで公表している[5]。

このような取り組みが進められる中で示されたものが、2019年に教育省が発表した「雇用と定着戦略」である。「雇用と定着戦略」では、教師の労働環境整備のための働き方改革の視点として、教師を魅力的な職業にするための、養成、採用、研修という教師のキャリア形成という教師教育の視点が重視されているものである。

そこで本稿では、「雇用と定着戦略」を中心に、教師教育の視点からどのような教師の働き方改革がイギリスにおいて進められているのかという概要を整理し、教師が自らのキャリア形成において、職能開発をしながら充実感を持って職務を遂行するための条件整備が、どのような視点でどのように行われているのかという現状と課題を整理し、教師の働き方改革と教師教育の在り方について考察する。

2．イギリスの教師に関する制度的特徴

イギリスの教師は、公務職員（public sector employee）である。公立及び公営学校の教師は、TRA（Teaching Regulation Agency）が認証する教師資格（Qualified Teacher Status, QTSを取得することが義務である。

その教師資格を取得するルートは多様である。大きく区分すると高等教育機関で取得するルートと、学校ベースで取得するルートがある[6]。高等教育機関で取得するルートとは、PGCE（Post Graduate Certificate Education）である。学校ベースで取得するルートとしては、School Centered Initial Teacher Training（SCITT）、School Direct（授業料ありとなしがある）、Future Teaching Scholars Programme、High Potential ITT、PGTA（postgraduate teaching apprenticeship）など多様なものがある。

教師の勤務条件（給与基準や勤務条件等）は、「教師の給与及び勤務条件に関する文書（School Teachers' Pay and Conditions Document, STPCD）」に規定されている。STPCDは、独立機関である学校教師調査委員会（School Teachers' Review Body, STPB）が毎年作成する給与や勤務条件等の調査報告書及び教師組合等との調整を経て教

育大臣が決定するものである。各学校では、STPCDの基準に基づいて各教師の給与及び労働条件、勤務内容を決定される。

教師の年間勤務日数はSTPCDに、年間195日と規定されている。190日が教授活動に当てる日で、5日は教授活動以外の教師としての業務日である。この5日間はINSET（In-Service Training）Dayとして研修等が実施される。

勤務時間は、労働時間規定（the working time regulation 1998）により、最大週48時間、または年間1,265時間とされている。1,265時間は、直接的勤務時間（Directed Time, DT）である。直接的勤務時間は、校長あるいは学校理事会が教師に対して直接業務を指示でき、教師はその指示された業務に従事しなければいけない時間である。これには、授業だけでなく、会議や保護者対応なども含まれる。また、授業の計画・準備・評価のための時間（Planning, Preparation and Assessment Time, PPA Time：教授活動の時間の10%以上の時間で、1回30分以上で設定）も含まれる。勤務形態にもよるがフルタイムの教師の場合には、1,265時間を195日に割り振った勤務日において雇用契約上の職務を果たす。なお、校長及び副校長等には直接的勤務時間の規定は適応されない。

教師の業務は、①児童生徒への教授活動、②学校の組織・方針・発展への貢献、③児童生徒の心身の健康・安全・規律の確保と促進、④人材及び教材等のマネジメント、⑤職能開発、⑥円滑なコミュニケーション関係の確保、⑦同僚及び他の専門職との協力関係の確保と規定されている。

3．イギリスの教師不足の現状と特徴

イギリスの教師不足は近年だけの問題ではない。これまでも、教師養成の多様化や教師の処遇改善などにより教師不足の改善に取り組んできた。しかし教師不足は十分には改善されていない。また近年の教師不足の特徴としては、全体的な教師不足だけでなく、教師の需給のアンバランスが特に重要な課題となっている。

例えば、議会下院の報告書（House of Commons 2021）では、教師数や教師養成課程の入学者は目標値を達成できているが、実際にはそれを上回る児童生徒数の増加に対応できるほど増加していないので、教師対生徒比率（Pupil Teacher Ratio, PTR）の数値が上昇していること（2010年：17.8→2020年：18.5）。中等学校の数学と化学は教師数の目標値を下回っているなど、教科による差があるという現状を指摘している。

また、EPIの報告書（Luke Sibieta 2020）では、早期（1年から5年）の離職率が高いこと（図1）。ロンドン及び社会経済的に不利益な地域や学校がより教師不足の教科の割合が高いなど、教師不足の状況には地域差があること。化学、一般科学、物理学、数学などの理数系教科や語学の教師が特に不足しているなど、教師不足の状況には教科間の差があることを指摘している。

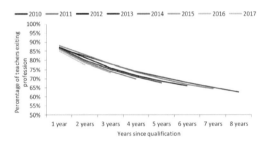

図1　勤務年数ごとの教職への残留率の変遷
（出典）Luke Sibieta（2020）p.11

全国教育研究所（NFER）の調査（NFER2018）では、教師が他の職（看護師、警察官）と比較して、長時間労働であること（図2）や、休暇の満足度が低いこと、給与増よりも短時間勤務を望んでいることを明らかにした。

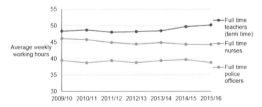

図2　警察官、看護士と比較した教師の勤務時間（週）の経年変化
（出典）NHER（2018）p.45

また教師の状況として、児童生徒数の増加に対して、教師及び実習生（trainee teacher）の増加が追いついていないこと、離職者及び教師の異動率が高まっていること（図3）で教師の配置において困難を抱える学校が増えていることなど教師不足の状況を示している。

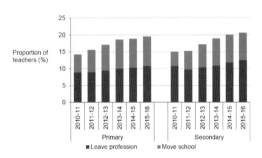

図3　学校段階別の教師の離職率及び異動率
（出典）NFER（2018）p.11

さらにこの調査では、教師の職務満足度と離職率との関係を検討し、職務満足度には、学校管理職の質、自律性の感覚、支援及び評価の実感、職務の効率性が関与していると指摘している。加えて、教師がすべきでない業務が規定されたことは評価できるが、実際には個別の学校により対応が異なること、教師の勤務時間短縮には関係者が自ら取り組むという意識を持つこと、フレックスな勤務形態（パートタイム、柔軟な働き方）及び勤務軽減が教師の定着に関する意識に関係していること、教師は給与増ではなく、職務満足やパートタイムに価値を置いて転職をしていることなどを明らかにした。

同じく全国教育研究所の調査（NFER2022）では、教師養成課程入学者の充足状況が教科により異なること（図4）、教師は類似する専門職よりも勤務時間が長く、短時間勤務を希望する割合が高いことを明らかにした。

このような教師不足の状況を整理すると次の6点にまとめることができる。第1に、教師数は増加傾向も見られるが、それを上回る児童生徒の増加や、教師養成課程の入学希望者の不足により、現状だけでなく将来的にも教師不足が予想されること。第2に、社会経済的に不利益な地域及び学校と、そうでない地域及び学校と

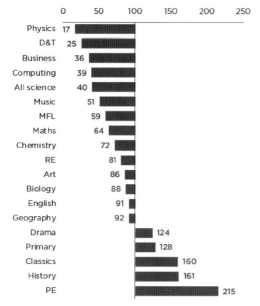

**図4　教科別の教師養成課程入学者の充足率
（2022年度）**
（出典）NFER（2022）p.9

の差があること。第3に、中等学校の理数系（化学、科学、物理学、数学など）及び言語教科の教師が不足していること。第4に、教師全体の離職率は改善傾向にはあるが、高止まりしており、加えて初任期の離職率が高いこと。第5に、教師の異動率も高く、教師配置における課題を抱える学校が多いこと。第6に、他の専門職に比べて、勤務時間が長く、休暇への満足度も低く、職務満足度も低いことである。

このような学校種、教科、地域的な需給のアンバランスを是正しながら、量的確保を行い、教師不足の課題解決を行うためには、教師の定着（retention）、育成（nurturing）、支援（support）、価値付け（valuing）に取り組み、教師として働くことへの動機付けをすることが重要であること、そして、そのことにおける校長と政府の役割が重要であると指摘されている（NFER2018）。

4．教師の働き方改革としての「雇用と定着戦略」

1990年代後半から現在に至るまで取り組まれてきた教師の労働環境整備において、当初は2003年協約に示された、Teaching Assistantなどのサポートスタッフの拡充整備や、PPA time等の勤務時間の改訂などの制度改革を中心に取り組んできた。改正された制度を実装し、教師の働き方改革につなげていくために、2014年からは「Workload Challenge」として、教師の業務削減（workload reduce）に力点が置かれた改革が進められている。そこでは、教師の負担になっているデータ分析、採点、計画等の業務削減に向けたツールキットの普及などによる教師の働き方改革が進められてきた。

そして2019年に「雇用と定着戦略」が発表されてからは、教師という職の価値を高め、優秀な人材を確保するために、これまで取り組まれてきた施策を整理し、教師の働き方改革を円滑に促進させるような取り組みが実施されいてる。

2019年の「雇用と定着戦略」では、教師の労働環境の問題として、生徒増に伴い、中等学校での教師不足が深刻であること、特に数学、化学、現代外国語の教師不足が深刻であること、一般的な雇用状況の改善により、教師の人材確保が困難な状況が継続していること、教師の離職率が約10％と高止まりしていることに加えて、5年以内の教師の離職率が年次ごとに高くなる傾向が続いていること（**図5**）などから教師の定着が課題であること、社会経済的に不利

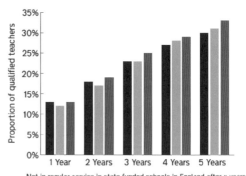

Not in regular service in state-funded schools in England after x years

■ Teachers who qualified in 2010
■ Teachers who qualified in 2011
■ Teachers who qualified in 2012

図5　教師資格取得後年数別の離職率
（出典）DfE（2019）p.11

益な地域ほど課題を抱えていることなどを指摘した。

このような問題状況に対する教師の意識や取り組み事例を分析した結果、教師の離職の理由が教師の労働負担であることを指摘した。また同時に、学校の積極的な文化（学習指導上の問題が少ないなど）があることが教師の定着に関係していること、フレックスな働き方やパートタイムでの勤務などが、教師の定着や教師の職場復帰の上で重要なポイントになっていることなども明らかにした。このような現状分析から、「雇用と定着戦略」では、次の4つの施策が提示された。

①支援的な学校文化の醸成と教師の勤務負担軽減

②新任教師への支援の改革

③ライフスタイルと志の変化に合わせた教育の維持と魅力的なキャリアの確保

④優秀な人材が教師になりやすくすること

そして、2022年3月に、教育白書「Opportunity for all：strong schools with great teachers for your child」、及び政策文書「Delivering world-class teacher development：Policy paper」が発表され、「雇用と定着戦略」を実装していくための具体的な施策が提示された。

5．「雇用と定着戦略」における教師教育改革

では次に、教師教育改革の視点から「雇用と定着戦略」の内容について整理する。

(1)新任教師の支援枠組み

1つめは、新任教師への支援改革である。前述したように、イギリスでは入職後の早期に離職する割合が高いという課題を抱えている。キャリアを始めたばかりの教師は、そのキャリアを築くために必要な支援を常に得られているとはいえない状況があり、その点を改善することが必要であるとして、初任期教師フレームワーク（Early Career Framework、以下「ECF」と略す）の導入を提示した。

ECFは、すべての新任教師に初任から2年

間、業務活動及び職能開発の支援を受けることを可能にする仕組みである。新任教師を雇用した学校は、政府が支給する2年間で一人あたり2,100〜2,600ポンド（378,000円〜468,000円：180円で換算、地域により金額が異なる）の補助金を活用して、職能開発機会の提供、メンターによる指導、助言などの初任期の教師への支援活動を提供する。支援活動の内容は、教師の役割期待、児童生徒の学習、教科と教育課程、学級運営、適応指導（特別支援教育を含む）、評価、生徒指導、職能開発という領域ごとに、何を、どのように学ぶかという観点から、教育省が提供するECFのフレームワークに規定されている。

ECFの支援活動は、ECF及びNPQの主要提供者（Lead Provider）と、National Institute of Teaching（NIoT）[7]が、NIoTのプログラムを提供する場であるInstitute of Teaching CampusやTeaching school Hub（TSH）[8]を提供者（Deliver partner）として指定した上で、彼らが同盟（alliances）を構築して、協働しながら担当地域内でプログラムを提供する仕組みとなっている。学校は、地域内の提供者を選択し、サービスを受ける。

この取り組みにより、初任期の教師は、専門的な研修を受けた専任のメンターと共に教師としての専門性の開発に必要な時間を享受し、かつ必要な支援を受けることが可能となるのである。

(2)教師の専門性に基づく新たな資格枠組み

2つめは、ライフスタイルと志の変化に合わせた魅力的なキャリアの確保である。問題状況として、教師としての専門性を生かしたキャリア形成の選択肢が十分に整備されていなかったという点がある。そこで、「雇用と定着戦略」で

図6　教師のキャリアモデル

（出典）DfE（2019）p.27

は、従来の管理職に至るルートの他に、教科や教師としての業務などの専門性に基づいた資格枠組みを持つ複数の選択肢を提供するキャリアモデル（図6）を提示した。

　イギリスには、教師のキャリア形成の枠組みとして、全国共通資格（National Professional Qualification, NPQ）の枠組み（図7）がある。教師はここに示されるNPQを取得し（義務ではない）ながら、職能開発をして管理職に繋がるキャリアを形成していく仕組みとなっていた。しかし、「雇用と定着戦略」により、ミドル段階が、教科や教師としての業務に準じたNPQに基づく枠組みに変更された（図8）。また、その受講も現在は無償となっている。

| PGCE SCITT School Direct Teach First | QTS | 教員 初期2年：ECF | NPQLTD NPQLBC NPQLT NPQLL NPQLPM | ミドルリーダー 熟練教師 | NPQSL | シニアリーダー （副校長等） | NPQH | 校長 | NPQEL | 統括校長 |

* NPQLTD: National Professional Qualification Leading Teacher Development
* NPQLBC: National Professional Qualification Leading Behavior and Culture
* NPQLT: National Professional Qualification Leading Teaching
* NPQLL: National Professional Qualification Leading Literacy
* NPQLPM: National Professional Qualification Leading Primary Mathematics

図7　2021年以前のNPQの枠組み
（出典）著者作成

| PGCE SCITT School Direct Teach First | QTS | 教員 | NPQML | ミドルリーダー （教務主任、教科主任、学年主任等） | NPQSL | シニアリーダー （副校長等） | NPQH | 校長 | NPQEL | 統括校長 |

* NPQML: National Professional Qualification for Middle Leadership
* NPQSL: National Professional Qualification for Senior Leadership
* NPQH: National Professional Qualification for Headship
* NPQEL: National Professional Qualification for Executive Leadership

図8　2021年以降のNPQの枠組み
（出典）著者作成

　2021年から新たに設定された教科や教師としての活動に準じたNPQを整理すると**表1**となる。

表1　2021年以降のミドル段階のNPQ

専門領域	名称
生徒指導	National Professional Qualification Leading Behavior and Culture (NPQLBC)
読み指導	National Professional Qualification Leading Literacy (NPQLL)
初等学校算数	National Professional Qualification Leading Primary Mathematics (NPQLPM)
学習指導	National Professional Qualification Leading Teaching (NPQLT)
職能開発	National Professional Qualification Leading Teacher Development (NPQTD)

（出典）著者作成

　そして、2022年に出された教育白書（HM Government 2022）において、これらの資格枠組みに基づいて、誰がどのような資格枠組みで何をするのかを整理した（図9）。

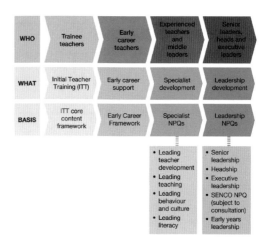

図9　教師の育成枠組み
（出典）HM Government（2022）p.20

　このような、学習活動や生徒指導等の教師の業務に関わる多様な資格枠組みをミドル段階に用意し、それらを選択できるようにすることで、教師自身が自らの希望に基づいて職能開発をする機会を提供すると共に、その機会を利用して、教師が多様なキャリアをモチベーションを持って歩むことができる機会を保障していると言える。

⑶柔軟な働き方を保障する仕組み

　3つめは、ライフスタイル等に合わせた柔軟な働き方を保障する仕組みの整備である。そこで重視されていることは、教師のウェルビーイングである。

　イギリスでは、「雇用と定着戦略」での提言を受けて、2021年5月に「教育職員のウェルビーイング憲章（Education staff wellbeing charter）」を制定した。この憲章は、教師及びサポートスタッフのウェルビーイングを保障する活動が学校において展開されることを目的としたもので、賛同する学校（大学や継続教育機関等も含む）がそれに署名する。

このような憲章を導入した背景としては、雇用主が従業員の健康、安全、福祉を保護することは法的に義務づけられていることを前提として、その上で、ウェルビーイングは、教師や職員の士気や生産性の向上が学校改善には不可欠であり、かつ優秀な教師や職員の雇用と維持には不可欠であるという認識がある。

この憲章では、ウェルビーイングを、「質の高い社会的関係を特徴とする完全な身体的および精神的健康状態」[9]と定義した上で、このようなウェルビーイングを保障するために、学校は、教師や職員の幸福とメンタルヘルスについて教師や職員と対話すること、ウェルビーイング戦略を作成すること、ウェルビーイングを重視する文化を醸成することなどが規定されている。

署名した学校は、教師のウェルビーイングの状況を確認しながら、ウェルビーイングやメンタルヘルスへの支援、業務削減、柔軟な働き方を実現する活動を行うことが求められている。そのための活動を支援するツールや関係団体からの支援もある。そして、各学校の取り組みは、教育省がモニタリングをする仕組みとなっている。

ウェルビーイングを保障する上で、柔軟な働き方が重視されている。イギリスでの柔軟な働き方とは、「従業員が仕事の量、タイミング、場所を変えることを可能にする取り決め」と定義されている。このような働き方を保障することにより、経験豊富な教師の確保、より幅広い層からの採用、ウェルビーイングの促進、ワークライフバランスの改善が可能となり、柔軟な勤務形態を提供することにつながる。そしてこのことにより、育児や介護等の責任がある、段階的な退職を計画している、キャリア中断からの復帰を計画している、学校での仕事と専門的な能力開発や専門分野での仕事を組み合わせている教師や職員のライフステージに合ったキャリアを保障することに繋がるとしている[10]。例えば、柔軟な働き方として、パートタイム、ジョブシェアリング、多様な勤務時間などが提示さ

れている。

このような柔軟な働き方を各学校が実現できるように、教育省内にも担当チームを設置し、ツールキットの提供や支援、現状把握のためのデータ収集などを行い、教師の柔軟な働き方改革の実現に向けた取り組みを支援している[11]。

(4)人材確保のための教職の魅力化

4つめは、人材確保のための教職の魅力化を図ることである。これまで記述してきた職能開発機会の整備やウェルビーイングを重視した職場環境の整備の他にも、給与や奨学金等の金銭的な面、簡素化などの手続き的な面での条件整備をすることで、教職に関心がある人が、教職に入りやすくするための条件整備が行われてきている。

前述した通り、イギリスにおいて教師になるルートは、大学での教職課程（PGCE）を終了することの他に、学校現場での養成プログラム（SCITTなど）がある。そのため、自分に適したプログラムを探すことやその申請、さらに教師免許取得後の職場探しやその申請など、複雑で負担になることが課題となっていた。そこで、教師になることを希望する人が、自分にあった養成プログラムを選択るための情報収集や申請を手軽にかつ分かりやすく行えるようなシステムの導入が提言されている。教育省は、「Get into Teaching」[12]というサイトを開設し、教師養成に関する情報や支援情報の提供、教師免許取得のためのプログラムの紹介、相談や助言などのサービス提供、教師への就職後のキャリア開発などに関する情報提供など、教師に関する情報を一元的に集約して提供している。このことにより、教職に関心がある人が気軽に教師へのルートにアクセスできるように、また現職の教師がキャリア形成や他校への異動に関する情報にアクセスできるようにするなどの環境整備を行っている。

また、奨学金等の財政支援を行い、教師養成のコースを受講しやすくすることや、教師不足が深刻な特定の教科（科学、数学など）の教師

養成を重点化することや、教育水準が低く社会経済的にも不利益な地域を教育投資地域（Educational Investment Areas）[13]として指定して、追加予算を配分するなど、金銭面でも条件整備を行っている。

さらに、教師の初任給を30,000ポンド（約540万円、1ポンド180円で換算）に上昇させるなど、教師になる人材確保に向けて、金銭的な面でも魅力化を図り、優秀な人材を確保するための取り組みを展開している。

6. 考察—働き方改革としての教師教育改革—

「雇用と定着戦略」において示された教師の働き方改革とその中での教師教育改革の特徴から、イギリスにおいて教師が充実感を持って職務を遂行する条件整備が、どのような視点でどのように行われているのかという視点を考察すると、次の4点にまとめることができる。

第1に支援と育成である。ECFや教科や教師の業務に関連したNPQの創設など、教師のニーズに基づいた多様な職能開発の機会を保障することで、教師が自らの希望やニーズにあった教師としての職能開発の機会を得て自己実現を図りながら、教師としての自己肯定感を持って生涯学び続けていくことを目指した支援と育成の仕組みを整備している。そしてこのような仕組みを整備することで、教師の職の魅力を向上させ、教師の雇用の促進と定着を図ることを目指していると言える。しかし、前述したように、イギリスにおいて教師のなり手をどのように確保するのか、入職した教師の定着をどのように促すのかという点はまだ多くの課題を抱えているのが現状である。この問題を解決するために、支援や育成プログラムについての広報の在り方も重要な条件整備の視点として位置づけられているのもイギリスの特徴と言える。その点については、前述したように教育省が一元的な情報提供サイトを創設し、SNS等を活用したキャンペーンを展開している。また、様々な求職情報や学校の多様なデータ（学力、経営状況、雇用条件等）に基づいた情報を提供している民間企業[14]も存在している。

第2に自律性と柔軟性である。1997年に発足した労働党政権により始められた今に繋がる教師の働き方改革においては、一貫して「専門職（professional）」という言葉が引用され、教師の教育活動や意思決定における自律性が重視されている。そして、教師自身が自らの判断で、柔軟な働き方を選択することの重要性も指摘されている[15]。イギリスでは、教師の自律性や柔軟な働き方が保障されることが、教師の職務満足度や教職への定着に影響するという研究成果もある[16]。そのため学校において、教師の自律的な判断に基づく柔軟な働き方をどのように保障していくのかは重要な課題である。一方で、柔軟な働き方は同時に、人事管理や財政運用等において学校への負担をもたらす問題でもある。そのため、良い教師を確保するために、柔軟な働き方が保障されたよりよい職場環境を保障するという学校の労働環境の整備を効果的かつ効率的に行う学校管理職の能力開発も重要となっている。さらに、教師自身が専門職としての的確な判断や意思決定ができるように、教師の職能開発を行う環境整備も重要である。加えて、多様化したNPQの資格枠組みを活用しながら、教師自身が職能開発していくようなモチベーションを持つような学校文化の育成も重要な課題である。

第3にワークライフバランスとウェルビーイングである。ワークライフバランスとウェルビーイングは、教師の職務満足や教職の定着に関係していることが研究[17]においても指摘されており、イギリスにおいても、教師のウェルビーイングは重視されている。イギリスでは、「教育職員のウェルビーイング憲章」を制定し、各学校がその憲章に署名することを促している。このことで、学校の中にウェルビーイングを重視する文化を定着させ、教師が心身共に健康で幸せな職場環境を整備することが、教師の雇用や定着の改善と安定に繋がるとして重視されている。また、ウェルビーイングを実現するための取り組みとして、柔軟な働き方などにより、

教師の働き方においてワークライフバランスが実現されることも重視されている。

第4に多様性とアカウンタビリティである。イギリスの教師養成やNPQ、ECFに基づく資格取得のプログラムは、大学、NIoTやTeaching Schools Hub等のネットワーク型の組織、学校、民間企業など多様な主体によって提供されている。しかし多様な機関により提供されるプログラムは、教育省が定めたフレームワークに基づくプログラムであり、その成果はofstedの監査や教育省のチェックを受けるというアカウンタビリティの枠組みの中で運用されているものである。このように、提供主体は多様性を保障しながらも、その質や成果は国が示すフレームワークに基づいて管理するという仕組みにより、事業の質管理の仕組みと施策の検証の仕組みが整備されていることもイギリスの特徴と言える。

イギリスでは、このような特徴を持った働き方改革とその中での教師教育改革を行うことで、教師という職の魅力化を図り、よりよい人材が教師になっていくことで、教育水準向上を図ることを目指している。

日本においても、2023年5月の中央教育審議会において「令和の日本型学校教育を担う質の高い教師の確保のための環境整備に関する総合的な方策について」という諮問がなされ、長時間勤務の抑制と、さらなる働き方改革、給与等の処遇の改善、学習及び運営体制の充実などの視点から、教職を魅力あるものとして質の高い人材の参入と育成、定着を図るための環境整備を検討しているところである。

日本とイギリスは、教師不足や教師の長時間労働という教師の労働環境に関する共通の課題を持っている。学校経営における学校の権限や、教師の任用や処遇等に関する法制度に違いがあるとはいえ、教師以外の職の拡充整備や教職の魅力化という改革の方向性には共通する点も見られる。そのような視点に立ったときに、イギリスが2003年協約から取り組んできた教師の労働環境整備のための様々な働き方改革の取り組み及びその円滑な運用のための様々な施策における4つの特徴は、今後の日本の教師が自己実現と幸福感をもって職能開発と教授活動に取り組んでいくための条件整備の在り方を考える上で示唆的であると考える。

引用文献

・ATL, DfES, GMB, NAHT, NASUWT, NEOST, PAT, SHA, TGWU, UNISON, WAG（2003）Raising standards and tackling workload：a national agreement

・DfE（2019）Teacher Recruitment and Retention Strategy

・HM Government（2022）Opportunity for all：strong schools with great teachers for your child

・Luke Sibieta（2020）Teacher shortages in England：Analysis and pay options, EPI

・NFER（2018）Teacher Workforce Dynamics in England

・NFER（2022）Teacher Labour Market in England：Annual Report 2022

・国立教育政策研究所（2013）『Co-teaching スタッフや外部人材を活かした学校組織開発と教職員組織の在り方に関する総合的研究』

・国立教育政策研究所（2017）『学校組織全体の総合力を高める教職員配置とマネジメントに関する調査研究報告書』

・高野和子（2015）「イギリスの教師養成課程の行政」、『明治大学教職課程年報』37巻、23-34頁

・高野和子（2016）「イギリスにおける教師養成の「質保証」システム—戦後改革からの40年間—」、『明治大学人文科学研究所紀要』77巻、209-242頁

・藤原文雄（2018）『世界の学校と教職員の働き方—米・英・仏・独・中・韓との比較から考える日本の教職員の働き方改革—』学事出版

・盛藤陽子（2018）「イギリスの教師養成教育に関する研究の動向と展望（1）」、『東京大学大学院教育学研究課紀要』第58巻、445-450頁

・盛藤陽子（2020）「イギリスの教師養成教育に関する研究の動向と展望（2）」、『東京大学大学

院教育学研究課紀要』第60巻、423-429頁

参考文献

・DfE（2019）Early Career Framework
・DfE（2021）Staffing and employment advice for schools
・DfE（2021）School teachers' pay and conditions document 2021 and guidance on school teachers' pay and conditions
・DfE（2022）Delivering world-class teacher development：policy paper
・House of Commons（2021）Teacher recruitment and retention in England
・Jack Worth, Sarah Tang and Maria A. Galvis（2022）Assessing the impact of pay and financial incentives in improving shortage subject teacher supply, NFER
・NFER（2019）Teacher Omnibus Survey
・高橋望（2021）「イギリスにおける教師の勤務条件と担当業務」、『季刊教育法』No.208、20-27頁
・永田祥子（2018）「イギリス（英国）の教師の働き方」、『季刊教育法』No.198、14-23頁
・PwCコンサルティング合同会社（2022）『令和3年度諸外国の教師給与及び学校における外部人材の活用等に関する調査研究報告書』

注

(1)2003年協約で示された、教師がすべきでない25項目

集金すること	学級名簿を作成すること（教員は、児童生徒の配置について適切な指示を行うこと）	児童生徒のレポートを回収すること	ICT機器の不具合への対応及び簡潔な修理を行うこと	会議の議事録をとること（教員には議事のポイントを伝えられる）
児童生徒の欠席した時に、欠席について追跡確認すること（教員に情報を伝えるスタッフが必要）	記録を保存し、ファイリングすること（教員は、アドバイス等の児童生徒への支援をすること）	職業体験学習の運営業務をすること（教員は専門的な内容を入れ、その役割に盛り込むこと）	新規のICT機器を調整すること	入札のコーディネートと決定をすること
大量の印刷をすること	教室の掲示物の掲示をすること（教員は、掲示の内容について専門的な意見を提供すること）	試験の運営業務をすること（教員は試験日程の作成した試験名簿の専門的な教員を持つ）	備品を発注すること（教員は選定に関与すること）	追跡したり、個人的な助言を与えること
文書の入力をすること	出席状況データの分析をすること（教員は分析結果を活用すること）	試験監督をすること	在庫管理をすること	児童生徒のデータを運用すること（教員は、児童生徒のデータを活用すること）
標準的な文書を作成すること（教員は趣旨に内容の枠組みを指示すること）	試験結果の処理をすること（教員は、試験の分析結果等を活用すること）	教員の代わりに入ること	備品及び教材の整理、準備、発注、修理をすること	児童生徒のデータを入力すること（教員は、管理システムに児童生徒の初期データを入力する）

（出典）ATL et al.（2003）より作成

(2)NFER等が実施する「teacher voice omnibus survey」、「the school snapshot survey」、「post-16 institutions omnibus survey」等に基づいてデータ収集

及び分析が行われている。
https://www.gov.uk/government/collections/nfer-teacher-voice-omnibus#2022-reports（最終確認：2023年6月30日）

(3)2015年2月に「Workload challenge：analysis of teacher consultation responses」、「Workload challenge：analysis of teacher consultation responses - sixth-form colleges」、「Workload challenge：analysis of teacher consultation responses - support staff」がまとめられ（https://www.gov.uk/government/publications/workload-challenge-analysis-of-teacher-responses最終確認：2023年6月30日）、それらに対する教育省の回答も「Government response to the workload challenge」としてまとめられた。
https://www.gov.uk/government/publications/workload-challenge-for-schools-government-response（最終確認：2023年6月30日）

(4)検証委員会に、データ分析、採点、計画の3つの小委員会が立ち上げられ、それぞれが2016年3月に下記の報告書をとりまとめた。
・「Eliminating unnecessary workload associated with data management」
・「Eliminating unnecessary workload around marking」
・「Eliminating unnecessary workload around planning and teaching resources」

(5)ツールキットについては、当初は3つの領域であったが、現在は業務削減、ウェルビーイング、コミュニケーション、生徒指導などが加えられ9つの領域でのツールキットが提供されている。
https://www.gov.uk/guidance/school-workload-reduction-toolkit（最終確認：2023年6月30日）

(6)2021／22年度では、教師免許取得コースの受講者の内、高等教育機関が45%、学校現場が55%となっている。高等教育機関での受講者が年々減少する傾向にある。
（DfE（2021）Initial teacher training：trainee number census 2021 to 2022）

(7)2022年9月に、Harris Federation、Star Academies、Oasis Community Learning、Outwood Grange

Academies Trustの4つの組織が運営する機関として設置された。166校（初等、中等学校及びシックスフォーム）を傘下において、提供機関であるアカデミーと協働しながら、ECF、NPQのプログラムや教師になるための支援や情報提供などを実施している。

(8)TSHとは、2010年から導入されていたTeaching Schoolを改編する形で2021年8月から設置された機関である。全国に87カ所が教育省から指定されている。教育省から補助金を受けて、教師養成、NPQ及びECFプログラムの提供、そのほか教師の研修プログラムや支援プログラムを提供している。

(9)DfE（2021）The Education Staff Wellbeing Charter, p.2

(10)DfE（2020）Exploring flexible working practice in schools

(11)https://www.gov.uk/government/collections/flexible-working-resources-for-teachers-and-schools（最終確認：2023年6月30日）

(12)https://getintoteaching.education.gov.uk/（最終確認：2023年6月30日）

(13)過去の学力テストの結果等から算定され55カ所が指定されている。信託基金や、授業完全プログラムの提供及びそのためのwifi環境の整備、教師の税制優遇措置などを受けられる。この指定を受けた自治体の内、特に重点な個別事項での支援が必要な地域を優先地域（priority education investment ares）として24カ所指定して、追加の支援（欠席対応、保護者対応など）を提供している。
https://www.gov.uk/government/publications/education-investment-areas/education-investment-areas（最終確認：2023年6月30日）

(14)例えば、TeachVacは、登録している学校の欠員状況及び求人情報を収集し、登録している学校や教師に対してマッチングサービスを提供している。https://www.teachvac.co.uk/（最終確認：2023年7月10日）また、SchoolDashは、学力、社会経済的状況、学校の組織状況等の多様なデータを収集し分析した上で、学校の状況を分かりやすく学校、教師、保護者、学校理事等に提供するサービスを展開している。教師は、異動を考える際に学校情報などを簡単に入手することができる。
https://www.schooldash.com/index.html（最終確認：2023年7月10日）

(15)例えば、教師組合の一つであるNASUWTでは、教師の勤務時間について、直接的勤務時間以外に、授業の準備や採点等を行うことは、「個々の教師によって決定され、これをどのように管理するかについて専門的な判断を下すのはあなた次第です。」として、教師が専門性に基づいて自己責任を持って時間管理や業務管理の判断することを促している。
https://www.nasuwt.org.uk/advice/conditions-of-service/teachers-working-hours/directed-time-england.html（最終確認：2023年6月30日）

(16)例えば、NFERの調査において主要なもとしては次のものがある。
・Jack Worth and Jens Van den Brande（2020）Teacher autonomy：how does it relate to job satisfaction and retention?
・Caroline Sharp, Robert Smith, Jack Worth, Jens Van den Brande（2019）Part-time Teaching and Flexible Working in Secondary Schools
・Matt Walker, Caroline Sharp and David Sims（2020）Job satisfaction and workload of teachers and senior leaders

(17)例えば、イギリス国内のものとしては、Ofsted（2019）Teacher well-being at work in schools and further education providers、NFER（2017）Teacher Retention and Turnover Researchがある。また国際的な状況を踏まえてまとめられたものとしては、Carine Viac and Pablo Fraser（2020）, Teachers Well-being：Framework for data collection and Analysis, OECDがある。

ABSTRACT

Workload and Teacher Education Reform in England
—Focusing on Teacher Recruitment and Retention Strategy

UEDA Midori

（National Institute for Educational Policy Research）

The purpose of this paper is to summarize the workload reforms that are taking place in England from the perspective of teacher education, focusing on the "Teacher Recruitment and Retention Strategy" announced by the Department for Education (DfE) in 2019. After having summarizing the current situation and issues, such as the kind of perspectives and conditions being developed, teachers can perform their duties with a sense of fulfillment in their career development, while developing their professional skills.

Since 1997, England has actively improved its working environment for teachers as part of its efforts to improve educational standards. However, the problems of teacher shortages and long working hours have not been fully resolved. To solve such problems, the DfE released its "Teacher Recruitment and Retention Strategy" in 2019. This strategy includes the creation of a support framework for novice teachers, the Early Career Framework (ECF), the creation of a new teacher professional qualification framework that specializes in teacher work and responsibility (NPQLBC, NPQLL, NPQLPM, NPQLT, and NPQTD), the guarantee of flexible working styles, and the development of a work environment that emphasizes well-being and financial incentives. The characteristics of England's initiative can be summarized as (1) support and professional development, (2) autonomy and flexibility, (3) work-life balance and well-being, and (4) diversity and accountability.

In Japan, efforts are being made to reform the way teachers work and teacher education to make the teaching profession more attractive. I believe that the four characteristics that England is adopting are suggestive when considering how to prepare conditions for future Japanese teachers to engage in professional development and teaching activities with self-fulfillment and a sense of contentment.

Keywords：England, Workload Reform, Teacher Recruitment and Retention Strategy, National Professional Qualification (NPQ), Well-being

キーワード：イギリス、働き方改革、雇用と定着戦略、全国共通資格、ウェルビーイング

公立小中学校の長時間過密労働と 教員定数算定に関する考察
——義務標準法「乗ずる数」に着目して——

山﨑　洋介（大阪大学大学院）

はじめに

　教員の長時間労働が社会問題となっている。2022年実施の文部科学省（以下、文科省）「教員勤務実態調査」によると、小学校教諭の約14％、中学校教諭の約37％は月80時間以上時間外労働の「過労死ライン」を超えて働いていた[1]。

　また、教員の労働は長時間であるばかりでなく過密で、授業・指導や業務をマルチタスクに休みなくこなし続ける状況にある。研究・構想・合議・準備・総括の時間が不十分なまま行わざるを得ない詰め込み教育は、教員ばかりか子どもや保護者を苦しめ、学校に対する不信を招く結果ともなっている。

　文科省は「学校における働き方改革」を推進しているが、長時間過密労働の改善は思うように進んでいない。2021年度には、精神疾患による休職者が過去最多の5,897人を記録した[2]。教職希望者の減少は止まらず、代替教員などが未配置となって、管理職が担任する事例が頻発している。欠員分の業務をカバーするための過重労働はさらなる病気休職や離職につながり、教員不足状況に拍車をかける負の連鎖が止まらなくなっている（佐久間、島﨑　2021）。

　もはや、各学校の自助努力による「業務改善」だけでは明らかに限界があり、教育課程の精選、教員定数増、超過勤務解消の法定整備といった抜本的な改革が強く求められる。

　教員は最大にして最優先の教育条件であり、子どもの学習権を保障するためには、現代の学校教育ニーズに対応する充実した教育活動の実施と教員の適正な業務負担の確保を両立可能とする、教員の量的質的充実のための教員定数算定制度の再構築が必要である。

　本稿では、「公立義務教育諸学校の学級編制及び教職員定数の標準に関する法律」（以下、義務標準法）における公立小中学校教員定数算定制度の仕組みを国際比較も含め解説し、法制定の経緯や改善の歴史について検討する。そして、特に「乗ずる数」（同法第7条1項1号）の制度理念と教員の授業担当時数のあり方について考察することで、適正な教員定数算定制度構築のための提言を行う。

1.　公立小中学校教員算定制度

1.1.　基準法未確立の下での教員定数算定

　まず、公立小中学校の教員定数算定の仕組みを概説する。本稿において主な研究対象とするのは、公立小中学校（中等教育学校前期課程、義務教育学校を含む）の副校長・教頭・主幹教諭・指導教諭・教諭・助教諭・講師であり、総称して「教員」と呼ぶ。

　義務標準法の教員定数算定方式に関する先行研究には、水本（2002）、三島（2002）、井深（2020）などをあげることができるが、法制定時の理念や算定方式設計については、当時文部省官僚として法律の作成に携わった安嶋（1958）、佐藤（1965）の法解説に依っており、両書の記述を軸に検討する。

　日本には教職員定数をはじめとする教育条件整備基準を定める法制度が未確立であるという問題が存在するが、義務標準法が都道府県と政

令指定都市（以下、政令市）に置くべき教職員定員の総数（以下、標準定数）の算定方法を規定している。標準定数は、国から交付される県費・政令市費負担教職員給与費である義務教育費国庫負担金の算定基礎定数[3]と地方交付税の測定単位[4]の財政補助基準となっている。そのため、義務標準法は「事実上、小・中学校の設置基準として機能」（文部科学省　2002）してきたと評価されている。

安嶋（1958、p.185）は義務標準法制定の意義について以下のように評価した。

この法律は完全な意味での基準ではない。すなわち学校教育法で予定しているような、学校の設置基準という角度から立案されたものではない。したがって個々の学校における学級編制とか教職員配置がどのようにあるべきかについてはなお法令上の問題が残るのであるが、これを公立学校については、一応都道府県単位に規制することにより、究極的には個々の学校における学級編制とか教職員配置が一定の水準に達しうるよう、間接的な形で学校設置基準の一部を定めたこととなる点で、新しい立法といえるであろう。

教員定数については、現行法第6条、7条、15条、17条、18条においてその算定方法が規定されている。佐藤（1965）は、「いわゆる設置基準として制定されたものではない」（p.54）としながらも、「実質的には、単に都道府県ごとの総定数を算定する方式を定めたにとどまらず、これらの算定方式を通じて、ある程度個々の学校ごとの教職員数をも算定しうる意味をかねそなえているものとみなければならない」（p.131）と述べている。

しかし、行政上の財政補助基準は、中央省庁間の予算折衝・協議のための基準という性格を有しており、教職員定数決定が財政事情に左右されやすい。原則的には、私立学校も含めた子どもの学習権保障のための包括的、体系的な学校制度基準の一部として、学校ごとの教職員定数の最低基準が法定されるべきであろう（小川1991、pp.277-282）。

1.2. 現行義務標準法における教員定数算定

図表1は、「教職員定数算定表」による2022年度の公立小中学校教員定数の内容別人数である。文科省は、義務標準法第6条の2と第7条1項1〜9号による定数を「基礎定数」[5]と称し、同法第7条2項と第15条及び公立義務教育諸学校の学級編制及び教職員定数の標準に関する法律施行令第3条、第7条1〜4項・6項による定数を「加配定数」と称している。

基礎定数は、児童生徒数や学級数などの客観的基準により自動算定される。加配定数は、特定の教育目的のために政令により基礎定数に上乗せして配当される。配当数は、都道府県・政令市の申請に応じて文科省が判断し決定するが、客観的配当基準は存在していない。

また、基礎定数分の給与費に係る義務教育費

図表1　2022年度公立小中学校教員定数

法律・政令	法第6条の2	基礎定数									加配定数		標準定数
		法第7条第1項									法第7条と15条		
		第1号	第2号	第3号	第4号	第5号	第6号	第7号	第8号	第9号	令第3条	令第7条第1〜4項及び第6項	合計
内容	学校長	教頭・教諭・講師等	教頭複数	過大規模	規模別加配	通級指導	日本語指導	初任者研修	分校	寄宿舎指導員			
小学校	18,634	316,639	1,580	411	6,094	6,360	1,058	1,505	73	0	12,277	12,082	376,713
中学校	9,039	177,206	486	1,785	3,065	1,282	367	867	68	39	8,319	11,102	213,625
小中計	27,746	494,207	2,072	2,189	9,168	7,651	1,424	2,369	142	39	20,587	23,253	590,847

法：公立義務教育諸学校の学級編制及び教職員定数の標準に関する法律
令：公立義務教育諸学校の学級編制及び教職員定数の標準に関する法律施行令

出典「教職員定数算定表（校長・教諭等定数）」より筆者作成

国庫負担金と地方交付税は同法の財政補助基準により積算され予算化されるが、加配定数分は毎年度の文科省と財務省の財政折衝を経て予算枠が決定される仕組みである。

基礎定数と加配定数の合計が教員の標準定数であり、2022年度には、公立小中学校教員標準定数約60万人のうち、基礎定数は約92.6％、加配定数は約7.4％であった。中でも同法第7条1項1号の規定により算定される「教頭・教諭・講師等」定数は、2022年度には49万4,207人であり、教員の基礎定数の約90.3％、標準定数全体の約83.6％を占めていた。本稿では、この定数を「教員主定数」と称する。

適正な教員定数算定制度の再構築のためには、何よりもこの教員主定数の算定方式について検討しなければならない。

2. 教員主定数の算定方式

2.1. 算定方式3つのタイプ

日本を含む11ヵ国の教員定数算定方式を比較した藤原他（2015、p.7）は、教員定数を「児童生徒のニーズ等を同質であると仮定して算定する『一律算定部分』と、特別支援教育、貧困、学習言語支援、生徒指導困難、学力困難など児童生徒のニーズ等を考慮して付加的に算定する『個別ニーズ算定部分』に論理上区分」している。前項で述べた日本の教員主定数は、「一律算定部分」にあたる。

さらに、各国の教員定数算定制度比較の結果、一律算定部分の算定方式は、①授業時数タイプ（フランス中等学校）、②児童生徒数タイプ（ドイツ、フランス初等学校、オーストラリア、シンガポール、韓国）、③学級規模タイプ（日本）の3つのタイプに分類できるとされた（同上書、p.8）。

教員定数算定にあたり考慮される変数は、a児童生徒数、b児童生徒の履修する授業時数、c教員1人当たりの授業担当時数（持ちコマ数）、d教員1人が担当する児童生徒数あるいはe学級規模（学級定員）と考えられる。

a児童生徒数及びb児童生徒の履修する授業時数を所与のものとした場合、c教員1人当たりの授業担当時数（持ちコマ数）とd教員1人が担当する児童生徒数あるいはe学級規模（学級定員）の基準値をどう設定するかによって必要な教員定数が決まる。

①授業時数タイプは、c教員1人当たりの授業時数（持ちコマ数）を重視して定数算定するもので、算定式に表すと「教員数＝全授業数／教員1人当たり授業担当時数×係数」とされた（同上書、p.8）。②児童生徒数タイプは、d教員1人あたりの担当児童生徒数の基準を設定して児童生徒数に応じて定数算定するもので、算定式は「教員数＝全児童生徒数／教員1人当たりの担当児童生徒数×係数」とされた（同上書、p.8）。そして、③学級規模タイプは、学級規模（学級定員）を重視して定数算定するもので、算定式は「教員数＝全児童生徒数／標準学級規模×係数」とされた（同上書、p.8）。

①授業時数タイプは、定数算定において、c教員1人当たりの授業担当時数（持ちコマ数）の適正化が優先され、教員が過重負担となることを防ぐ設計であると考えられる。このタイプは、教員を「授業の専門職」と考え、職務を授業に限定する教育文化に適合的な制度である。

②児童生徒数タイプは、アメリカの「生徒時間（Pupil-Hour）」[6]のような、教える児童生徒の人数に依った教員労働の基本単位に基づいてd教員1人あたりが担当する児童生徒数を算出しa児童生徒数に応じて教員定数を算定する設計と考えられる。この考え方は、個々の児童生徒の能力や適性の違い、そして教育活動や学習の多様性を前提にした個別学習や能力別学習と親和的であるため、配置された教員数を活用して学校が柔軟に学級や学習グループ編制を行うことができる。日本のような同年齢による固定的な学級だけではなく、複式学級や習熟度別授業、チームティーチングなどの柔軟な授業編制や学級編制が、それぞれの国、地域の文化に合わせて工夫されている。

①②の算定方式は、それぞれの教育文化に合わせて、1人の教員が担当する授業時数や児童

生徒数が1日いくらであれば適正な業務負担となるかを考慮した設計と考えられる。しかし、児童・生徒数が少ない小規模校は教員配当数が少なくなり運営が困難となりやすいデメリットもある。

③学級規模タイプは、同学年で編制する固定化した学級で、どこの学校でも同じ学年の児童生徒に標準化した教育内容を一斉に教えることを優先する考え方により設計されていると考えられる。

児童生徒数が少なくても学級が編制されるため、小規模校であっても一定の教員数を確保することができるが、「不経済な学級の編制」（佐藤 1965、p.92）となりやすい。

2.2. 学級規模タイプを採用した義務標準法

1958年に義務標準法が制定されて以来、日本では③学級規模タイプが採用されてきた。その理由は、授業や指導の場としての学級という単位を重視してきた教育文化にあった。

佐藤（1965、p.77）は、③学級規模タイプには「一学級の児童・生徒数の多い少ないを全く無視するという欠点があるといわなければならない」（同上書、pp.72-73）と明確にそのデメリットを認識していた。しかし、②児童生徒タイプについて、「わが国のように、学級を固定化し、しかも、同学年編制でなければならないという考え方にたつ限り、このような教員算定方式はなじまないというのが実感であろう」と述べている。苅谷（2009、p.254）は「機能的な学習集団にとどまらない、多様な役割を抱え込んだ生活共同体として、学級が日本の教育になじんでいたからこそ、標準法の設計者は、それを単位費用の積算根拠として受け入れた」と評価している。

しかし、実際のところ、③学級規模タイプ導入は、「厳しい財政事情のもとで、現状追認的に、今ある学校数、学級の数を考慮に入れて」（同上書、p.128）「地域格差の実態を制約条件として受け入れた末での苦肉の策」（同上書、p.129）だったともいえる。

2.3. 義務標準法の教員主定数算定方式

現行の義務標準法においては、都道府県・政令市ごとの公立小中学校の教員主定数の標準を「A標準学級数×B「乗ずる数」」という計算式で算定する（同法第7条1項1号）。

A標準学級数は、「同学年の児童生徒で編制される学級は小学校35人[7]、中学校40人、2学年の児童生徒で編制される複式学級は小学校16人（1年生を含む場合は8人）、中学校8人、特別支援学級は種別ごと8人」という学級編制標準の規定（同法第3条）に基づき各学校で編制した場合の総学級数（理論値）である。それゆえ、A標準学級数は「a児童生徒数／e学級規模（学級定員）」の式に表すことができる。

地域、学校の事情や教育政策などにより実際に編制される実学級数は、標準学級数と一致しないが、標準教員主定数の算定には、実学級数

図表2　義務標準法第7条1項1号の「乗ずる数」

小学校		中学校	
学校規模 （標準学級 総数）	乗ずる数	学校規模 （標準学級 総数）	乗ずる数
1	2	1	4
2	1.5	2	3
3	1.583	3	2.667
4	1.5	4	2
5	1.4	5	1.66
6	1.292	6	1.75
7	1.264	7～8	1.725
8～9	1.249	9～11	1.72
10～11	1.234	12～14	1.57
12～15	1.21	15～17	1.56
16～18	1.2	18～20	1.557
19～21	1.17	21～23	1.55
22～24	1.165	24～26	1.52
25～27	1.155	27～32	1.517
28～30	1.15	33～35	1.515
31～33	1.14	36～	1.483
34～36	1.137		
37～39	1.133		
40～	1.13		

出典：筆者作成

ではなく理論値である標準学級数が使用される。そのため、自治体が独自に「少人数学級制」を実施するなどして標準学級数を上回る学級編制を行った場合でも、標準学級数に対応する教員主定数分しか義務教育費国庫負担金、地方交付税が交付されない。

標準教員主定数算定のためにA標準学級数に掛け合わせる係数であるB「乗ずる数」は、現行法では、**図表2**のように学校規模（標準学級総数）ごとに1以上小数点以下3桁までの値で法定されている（同法第7条1項1号）。

例えば、6学級規模の小学校の「乗ずる数1.292」のうち「1」は学級担任教員分を、「0.292」は学級担任外教員分を算定し、学級数の約1.3倍の教員配当を行うことが妥当だという考え方で数値が設定されている。

各都道府県・政令市の教員主定数の標準は、**図表3**のように、学校規模ごとに「A標準定数数×B乗ずる数」で求めた値の小数点以下を切り上げた人数を積算したものとなる[8]。

図表3　教員主定数算定例

【例】X県の小学校

A 標準学級数		B乗ずる数	A × B	1未満小数点切り上げ
学校規模 × 学校数				
7学級の学校	10校	1.264	88.48	89人
9学級の学校	6校	1.249	67.446	68人
12学級の学校	10校	1.21	145.2	146人
15学級の学校	6校	1.2	108.9	109人
18学級の学校	4校	1.2	86.4	87人
合計	36校			499人

【例】X県の中学校

A 標準学級数		B乗ずる数	A × B	1未満小数点切り上げ
学校規模 × 学校数				
7学級の学校	5校	1.725	60.375	61人
9学級の学校	3校	1.72	46.44	47人
12学級の学校	5校	1.57	94.2	95人
15学級の学校	3校	1.56	70.2	71人
18学級の学校	2校	1.557	56.052	57人
合計	18校			331人

出典：筆者作成

B「乗ずる数」は、基本的に全ての授業数を担当するためには学級数（＝学級担任数）の何倍の教員数が必要となるかを表す係数である。義務標準法における都道府県・政令市ごとの公立小中学校の標準教員主定数の算定式モデルは、**図表4**のような式に表すことができる。

図表4　義務標準法の教員主定数算定式モデル

$$
\begin{aligned}
\text{教員主定数} &= \text{A標準学級数} \times \text{B乗ずる数} \\
&= \text{学級担任数} \times \frac{\text{全授業を担当できる教員数}}{\text{学級担任数}} \\
&= \frac{\text{a児童生徒数}}{\text{e学級定員}} \times \frac{\dfrac{\text{b児童生徒の授業時数}}{\text{c持ちコマ数}}}{\dfrac{\text{a児童生徒数}}{\text{e学級定員}}}
\end{aligned}
$$

教員主定数に連動するa、b、c、eの4つの変数のうちa児童生徒数は、その地域における学齢期人口の増減により変動し、その影響で教員主定数も「自然増」「自然減」となる。このa児童生徒数を所与のものと考えた場合、教員主定数を増やすには、A標準学級数の値を決めるe学級規模（学級定員）の学級編制標準を改正するか、b児童生徒の授業時数とc教員1人当たり授業担当時数（持ちコマ数）の比率からB「乗ずる数」の値を改正することが必要になる。

3. 教員主定数算定の仕組みと改善

3.1. 学級編制標準の仕組みと改善

義務標準法は、当時社会問題化していた「スシ詰め学級」（安嶋　1958、p.184）と表現された「おびただしい数の過剰収容学級」（同上書、p.181）の少人数化と標準化を主目的として制定された。そして、戦後ベビーブーマーが「通過」して児童生徒数が減少する時期にe学級規模（学級定員）の編制ルールである学級編制標準（同法第3条）を改正することで、定数の「自然減」による「教員整理という事態」を防いだり（佐藤　1965、p.103）、減少分の定数を少人数学級化などに振り向けたりする法運用により、教育条件整備が図られた。

1958年法制定時に50人と設定された単式普通

学級の学級編制標準（同法第3条）は、その後、45人（1963年法改正）、40人（1980年法改正）、小学校1学年35人（2011年法改正）、小学校全学年35人（2021年法改正）と改善が重ねられ、年次計画により段階的に少人数学級化された。

その間、「少人数学級実現」は、教育条件整備政策におけるメインテーマとして絶えず検討され続けた。教員定数増だけでなく、「ゆきとどいた教育」による学力向上、いじめ・不登校・非行など教育課題の克服、ゆとりある教育活動や、アクティブ・ラーニングや特別なニーズへの対応など新たな教育方法実施を可能にする条件整備、教育予算増、教員の長時間過密労働解消、学級数維持による学校統廃合の防止、感染症防止などへの様々な期待と目的のために、様々な立場の人たちから熱心にその必要性が検討され、研究され[9]、要求され[10]てきた。

3.2. 自治体独自「少人数学級制」の矛盾

しかし、学級編制標準の改善による教員定数増は多額の予算を必要とするため、その実現には財政の壁が立ちふさがった。2001年法改正時には、国民的世論となっていた30人学級実現要求にもかかわらず、主に財政的な理由で学級編制標準改善が見送られたが、同法第3条改正により学級編制の弾力化が進められると、自治体が独自に「少人数学級制」に取り組む事例が増えた。

ただし、既述の通り、自治体が独自に学級編制数を増やしても国からの財政措置は「A標準学級数×B乗ずる数」分のみであるため、「少人数学級制」のために増員する教員分の給与費は自治体が独自負担する必要がある。それゆえ、不安定で給与費の安価な臨時的任用教員や非常勤講師が増やされ、学級増に見合う十分な教員増が行われない事例が多い。

公立小中学校の自治体独自の増学級数と増教員数の全国計を示す図表5からは、2007年以来、増教員数が増学級数を下回っていることがわかる。「少人数学級制」によって学級人数が減っても、学級増に伴い増加する授業数に見合う教員増が行われない場合、c教員1人当たりの授業担当時数が増えることになる。学校教育活動にゆとりを生みだすことを期待されたはずの自治体独自の「少人数学級制」が、逆に教員からゆとりを奪う結果に、教育現場は苦悩している[11]。

しかし、2021年法改正により小学校単式普通学級の学級編制標準が35人に改善され、2021年度より小学校第2学年から年次計画で35人学級化が推進されていることで教員主定数も標準学級数増に連動して増えている。それが、自治体

図表5　自治体による公立小中学校の増学級数と増教員数

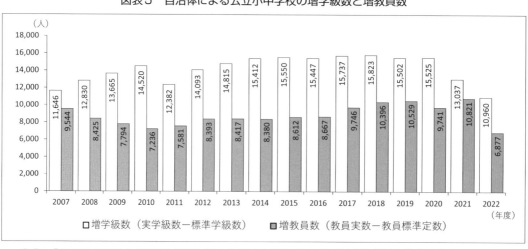

出典：「学校基本調査」「標準学級数に関する調査」「教職員実数調」「教職員定数算定表」より筆者作成

財政負担増と教員の業務負担増の上に成り立っていた自治体独自の「少人数学級制」の矛盾を解消しつつあることが、**図表5**の2021年度以降の変化からうかがうことができる。

3.3. 「乗ずる数」数値設定の根拠

以下に「B乗ずる数」数値設定の根拠とその改善について述べるが、紙幅の都合上、主に小学校について扱うこととする。

安嶋（1958、p.191）は、法制定時、「乗ずる数」数値設定のためb児童生徒の授業時数については、「学習指導要領に示された標準時数を各都道府県の小学校において実際に行われている教科課程の実態に合わせて平均化したもの」で算定したと述べている。

それは、法制定時の学習指導要領（1951年改訂版）が明確な指導時間数を定めていなかったからであるが、数値だけで比べると学習指導要領に示されていた小学校週あたり授業時数（国立教育政策研究所教育研究情報データベース）よりも、義務標準法算定に使用された指導時間数（安嶋　1958、p.192）の方が1〜4時間ほど多く設定されていた。

つまり、法制定時の文部省は、「B乗ずる数」の数値設定にあたり、b児童生徒の授業時数を学習指導要領の標準授業時数に限定せず、各学校で実際に編成されていた教育課程をもとに検討していた。

そして、c教員1人当たりの授業担当時数の標準を、「指導時数26時間（教科指導時数24時間＋教科外指導（道徳、特別教育活動等）時数2時間」と設定した。教科指導時数24時間は、1日8時間の勤務時間の半分の4時間（45分指導＋15分休憩）×6日[12]を教科指導に充てるものとして算出した。残りの時間は教科指導・教科外指導のための準備・整理、その他一般校務のための時間とされた（同上書、p.191）。

文部省がこの「指導時数」の標準設定にあたり検討したと思われる資料がある（文部省　n.d.[13]）。この資料によれば、単に教科指導・教科外指導のみならず教材研究、指導の準備・整理、学級運営事務、学校管理事務に個人研究・研修の時間も加えた教職員勤務実態調査を実施して「教員1人当たり担当授業時数の限界」の検討を行い、「現在教員の負担はきわめて過重であり、これ以上の勤務量は到底望むことができない。したがって、教員1人当たりの授業担当時数は1日3時間（45分授業として4時限）、1週24時限程度にとどめる必要がある」と結論づけた。

井深（2020、p.63）は、この資料が「個人研究・研修を教員の勤務時間量に含めている」ことに注目しつつ、「指摘されている授業担当時間1週24時限という数値は、教職員の勤務実態から導出されたものである点に、まずもって注目しておきたい」と評価している。

このような検討を経て、b：代表的な学校規模において実際に行われている教育課程に合わせ平均化した週授業時数を、c：教員1人当たり「指導時数週26時間」で除することで学級担任教員数以外に必要とされる補助教員数を学校単位で算出し、これをもとに整数で「B乗ずる数」数値が設定された。

安嶋（1958、p.192）は、1956年度調査で教諭1人当たり平均授業時間数が27.2時間であったという結果を引き「まずこの程度が適当であろうと考えた」と述べている。佐藤（1965）も「妥当なものであろうと考えられた」（p.97）としながら、「その内容も今日からふりかえってみれば、決して理想的な内容ではなく、当時の情勢から、さしあたって必ず守るべき最小限度の内容をもりこむことをもって主眼としたものとみてよい」（p.85）と記述している。

水本（2002、p.66）は義務標準法の教員定数算定方式を「平均担当授業時間数を固定的に考えた定数算定方式」と批判している。しかし、「さしあたって必ず守るべき最小限度」であった「指導時数」を「固定的に考え」ずに、「義務教育水準の維持向上」（同法第1条）という法の目的通り、教育現場の実態と必要に応じて「B乗ずる数」数値を改善する法運用を行ったならば、教員の適正な業務量を確保することもできたはずだ。

したがって藤原他（2015）に③学級規模タイプと分類された日本の教員定数算定方式は決して適正な教育の労働量の確保を等閑視した制度設計ではなかった。

3.4.「乗ずる数」の改善

1963年法改正では、「乗ずる数」数値設定の考え方を基本的に踏襲しつつ、学級数を単位に学校規模ごとに「乗ずる数」を乗じて算定する方法に変更した。そして、図表6のように、各学校規模段階の標準的学級数を想定し、分母を学級数（学級担任教員数）、分子を「学級担任教員数＋補助教員数」として「乗ずる数」を小数で設定した。

図表6　1963年改正義務標準法の小学校「乗ずる数」設定根拠

学校規模	乗ずる数	設定根拠
〜5	1.25	5／4＝4学級の学校につき5人の割合
6〜10	1.14	8／7＝7学級の学校につき8人の割合
11〜20	1.13	17／15＝15学級の学校につき17人の割合
21〜30	1.12	28／25＝25学級の学校につき28人の割合
31〜	1.115	39／35＝35学級の学校につき39人の割合

出典：佐藤（1996、p.117）より筆者作成

この変更の結果、教員主定数は旧法に比べ、2〜5学級規模で1人、12〜17学級規模で1人、21学級以上規模で1人の増員となり、小学校全学級数を30万学級として約1万2千人の定員増と試算された（佐藤　1965、pp.117-118）。

なお、中学校の「乗ずる数」についても若干の概説を加える。中学校「乗ずる数」も小学校と同様の原理で算定されたが、教科担任制や選択教科、男女別授業編制等を考慮し、小学校よりも大きな値で設定された。1958年法制定時は、教員1人当たりの「指導時数25時間（教科指導時数24時間＋教科外指導数1時間）」を基準とし、1963年法改正では、「指導時数24時間（教科指導時数22時間＋道徳1時間＋特別教育活動1時間）」を基準として数値を算出した（同上書、p.124）。

佐藤（1965、p.124）は、「中学校においては

教科担任制であるから、理想的には、教科ごとに必要教員数を算定することが望まれるが、財政上の制約をも考慮して、総時間数について平均24時間の割合で教員数を求めることにした」と弁明している。

その後、「乗ずる数」は、1968年、1974年、1980年、1993年の法改正時に、学習指導要領標準授業時数の改訂、小規模学校への補正、免許外教科担任解消などを理由に小幅に改善された[14]。1974年法改正時には、参議院文教委員会で「教諭の週担当授業時間数を、小学校20時間、中学校18時間、全日制高校15時間、定時制高校10時間とするよう定数増に努めること」とする附帯決議[15]（参議院　1974）が全会一致で議決された。

しかし、B乗ずる数算定におけるb児童生徒の履修する授業時数、c教員1人当たりの授業担当時数（持ちコマ数）の内容とあり方に関する十分な検討が行われないまま、数値設定根拠はあいまいなものとされ[16]。1993年の小幅改正を最後に30年間放置されている。

図表7　公立小学校教諭の1日平均授業担当時数と標準授業時数

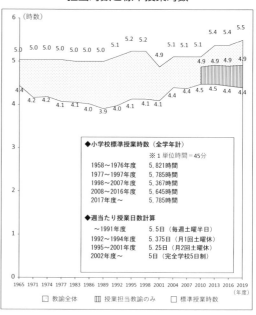

出典：「学校教育法施行規則」「学校教員統計調査」より著者作成

4．「授業空きコマ」減少と過密労働

4.1．小学校教諭の平均授業担当時数

図表7は、公立小学校1日平均標準授業時数と教諭1人当たりの1日平均授業担当時数のグラフである。1日平均標準授業時数は、学校教育法施行規則の小学校標準授業時数全学年合計数から、単年度35週として、学校5日制実施による授業日数減を勘案して計算している。1日平均授業担当時数は、特別活動、学校行事等の時間を除き調査されるようになった1965年度以降の文科省学校統計調査のデータから計算している。2010年度以降は、授業担当ゼロの教諭を除く授業担当教諭のみの統計も加えられている。

標準授業時数は、「ゆとり教育」実施によって1998年度より一時削減されたが、完全学校5日制実施による授業日数減の下でも2008年度に再び増やされ、2017年度からはさらに増やされ、1日平均授業時数は2019年度に5.5時数まで増加している。

1日平均授業担当時数は小幅ながら「乗ずる数」改善が行われた1993年度ごろまでは減少傾向が見られたが、それ以降は増加傾向である。特に学校5日制が段階的に実施された1992年度以降増加し、2002年度の完全学校5日制実施時には授業日数の減少（週5.25日から5日）によって1日平均授業担当時数が急増した。

また、授業担当時数増には、2001年法改正以降の増学級に見合う教員増を十分に行わない自治体独自の「少人数学級制」の実施も影響している可能性がある。2003年の「PISAショック」以降、学力向上のために標準時数を超えて教育課程を編成する学校が増える傾向にあることも、授業担当時数を増加させる要因になっている可能性がある。

その結果、図表7からは1日平均標準授業時数と1日平均担当授業時数の差（グラフの網掛け部分）つまり「授業空きコマ」が減少していることがうかがえる。充て指導主事など授業を担当しない教諭が拡大する中、2019年度には、授業担当教諭は1日の授業のほとんど（4.9／5.5時数）を担当する状態になっている。

4.2．「授業空きコマ」と学級担任外教員数

c 教員1人当たり授業担当時数とは、言い換えれば「授業空きコマ」数でもある。教員に直接指導だけではない授業準備や評価、学校事務、研究・研修などのための時間を勤務時間内に保障するためには、授業担当時数制限による「授業空きコマ」が必要となる。

文科省は、1時間の授業を行うために授業準備・研究等に同等の時間が必要という見解を示してきた[17]。しかし、1日5時数（45分×5）授業を担当する小学校教員が同等の時間を授業準備等に費やすと、それだけで7時間30分となり、業務がオーバーフローを起こして勤務時間外労働せざるを得なくなる。

しかし、埼玉県の教員が超過勤務手当支給を求めた2021年の訴訟では、手当支給対象となる法定外労働時間を算出する際、超勤時間から「空きコマ」時間を差し引くという判決が下された（髙橋　2022、pp.210-213）。

小学校教員の「授業空きコマ」数は、各校の学級担任外教員数にほぼ比例するため、「授業空きコマ」時間を作り出すには、「乗ずる数」数値の改善によって学級担任外教員数を増やすほかない。しかし、国会審議では、学級担任外教員が「遊軍的な定数」[18]と説明されたこともある。こうした判例や答弁には、直接指導こそ教員の業務であると考え「授業空きコマ」に行う業務を軽視する慣習が存在していると思わざるを得ない。

現行法の「乗ずる数」数値の設定根拠はあいまいになってしまっているが、現行標準授業時数から単純に逆算すると、小学校は教員（教員主定数－教頭数）1人当たりの週授業時間数をおおむね週24時数（コマ）と設定しているようだ。

これを週20コマに改善するとしたら、「乗ずる数」は1.2倍（24／22時数）する必要がある（図表8）。同様の計算を中学校で行い、週18時

図表8　学級数と教員1人あたりの
週平均授業担当数モデルケース

小学校　現行法乗ずる数の場合							
学年学級数〈クラス〉	学級総数〈クラス〉	乗ずる数	教員主定数（小数点以下四捨五入）〈人〉	教頭（1人）を除いた教員数〈人〉	学級担任外教員数〈人〉	週授業総数〈時数〉週27.5時数で計算	週平均授業担当数（小数点1位以下四捨五入）〈時数〉
A	B(A×6)	C	D(B×C)	E(D−1)	F(E−B)	G	H(G/E)
1	6	1.292	8	7	1	165	23.6
2	12	1.21	15	14	2	330	23.6
3	18	1.2	22	21	3	495	23.6
4	24	1.165	28	27	3	660	24.4
5	30	1.15	35	34	4	825	24.3
乗ずる数を現行法の1.2倍化の場合							
1	6	1.5504	9	8	2	165	20.6
2	12	1.452	17	16	4	330	20.6
3	18	1.44	26	25	7	495	19.8
4	24	1.398	34	33	9	660	20
5	30	1.38	41	40	10	825	20.6

※週授業数は学校教育法施行規則　標準授業時間
　数より算定
※特別支援学級、複式学級は考慮していない
出典：筆者作成

数から週15時数に改善するとしたら「乗ずる数」は同じく1.2倍（18／15時数）にする必要がある。すると、小学校教員の「授業空きコマ」は1日2コマ程度、中学校は3コマ程度確保できる計算になる。

2022年度の小中学校教員主定数494,207人（図表1）を1.2倍化するには、新たに98,841人（494,207人×0.2）の増員が必要となる。教員給与費単価（共済負担金、退職手当等負担分除く）を633万円[19]として必要な財政量を試算すると、国・地方合わせて6,256億6,606万円で実施が可能である。

教員の長時間過密労働は、こうした教育条件整備に必要な財政支出を怠ってきた政府の不作為によるものであって、「授業空きコマ」軽視の慣習は、それを合理化するために形成、維持されてきたといえる。

5．結論

教育条件整備基準を定める法制度が未確立な日本では、国からの教職員給与費の財政補助基準を定めた義務標準法が、実質的な教職員定数基準の役割を果たしてきた。同法の教員主定数算定方式は、多くの国が採用する②児童生徒数タイプとは異なる③学級規模タイプであった。それは、従来の日本の教育文化に適合的な制度であったが、適正な教員の業務量の確保よりも、同年齢で編制される固定した学級で標準化された学習内容を一斉指導することを優先する制度として作用してきた。

だが、厳しい財政状況と地域格差の時代的制約の中で、現状追認的に苦肉の策として③学級規模タイプを導入せざるを得なかったとはいえ、法設計者たちは、法制定にあたって教員の適正な業務量についても検討を行い、「乗ずる数」の値を設定していた。

義務標準法は、教職員給与費の財政補助基準を明確にし、法制定後に訪れたベビーブーマーたちの「通過」による定数「自然減」を利用した「スシ詰め学級」の解消と、全国どこででも標準的な学級編制を実現することが当初の目的であった。それらがほぼ達成された後も、ゆっくりしたテンポにも関わらず学級編制標準の改善による少人数学級化が徐々に拡充されていった一方で、「乗ずる数」改善はほとんど進まなかった。そして、標準授業時数増と標準を上回り授業時数確保する学校の増加、学校5日制、自治体独自「少人数学級制」などにより、教員の1日平均授業担当時数が増え、長時間過密労働の常態化を招いた。

それは、義務標準法が採用した③学級規模タイプの致命的な制度的欠陥のためというよりは、法運用において、教員の負担増をもためらわず学級編制とその少人数化に注力する一方で、「授業空きコマ」に関する検討と「乗ずる数」改善による学級担任外教員増員に無頓着であったことが原因だといえよう。

教員の長時間過密労働を解消することと、子

どもの学習権を保障することを両立させるには、教員定数算定にあたって、適正な教員の業務量を確保しうるc教員1人当たり授業担当時数の基準を適切に設定する必要がある。直接指導時間に限らず、授業準備や評価、学校事務、研究・研修などの時間を含めた業務全体の量と内容を調査し、勤務時間内にそれらを十分に担いうる「授業空きコマ」を確保するための「乗ずる数」数値の再検討が早急に求められる。

その上、教員の業務には、保護者対応や研修・研鑽などのために裁量的な自由時間の保障も必要である。そして、勤務時間自体の短縮や休憩・休暇の保障も労働者全体の課題となっている。社会が学校に要請するニーズが広がる中で、多様化する個に応じた教育を行いつつ、適正な教員の労働量を確保するためには、標準授業時数、授業担当上限時数、教員定数を含む包括的な教育条件基準が法制度として確立されることが必要である。

注

(1)文科省「教員勤務実態調査（令和4年度）【速報値】について」2023年4月28日、https://www.mext.go.jp/b_menu/houdou/mext_01232.html（最終閲覧2023年6月14日）。

(2)文科省「公立学校教職員の人事行政状況調査」2023年1月16日、https://www.mext.go.jp/a_menu/shotou/jinji/1411820_00006.htm（最終閲覧2023年6月14日）。

(3)義務教育費国庫負担法第二条ただし書及び第三条ただし書の規定に基づき教職員の給与及び報酬等に要する経費の国庫負担額の最高限度を定める政令第1条1項5号。

(4)地方交付税法第12条3項。

(5)加配定数導入と拡大の経過と近年の政策的動向については、山﨑（2023、pp.133-142）を参照。

(6)「いくつかの方法により補正された平均出席者数×教員が教える時間」により算出される教員の労働単位（苅谷　2009、p.88）。

(7)2021〜2025年度に学年進行で35人学級制化が進められる計画で、2023年度現在1〜4学年ま

でが35人学級制となっている。

(8)教員主定数のうち、副校長および教頭定数（以下、教頭等定数）が6〜8学級規模の小学校数×3／4、9〜26学級規模の小学校数×1、27学級以上規模の小学校数×2、3〜5学級規模の中学校数×1／2、6〜23学級規模の中学校数×1、24学級以上規模の中学校数×2、義務教育学校数×1で算定されている（同法第7条3項）。そのため、教員主定数から教頭等定数を減じた数が、主幹教諭、指導教諭、教諭、助教諭、講師の定数となる。

(9)CiNiiで「少人数学級」を検索（1958年以降）すると、320の論文と21の本がヒットした（2023年6月20日）。

(10)「1989年より取り組みがはじめられた30人学級実現、私学助成大幅増額等をもりこんだいわゆる『3,000万署名』運動だけで毎年2,000万筆以上の署名をこえて国会に提出されている。『3,000万署名』以外に『1,000万署名』にとりくんでいるところもある。請願採択はされないものの『国民の意志』として30人学級実現の要求となっている」（三島　2002、p.137）

(11)自治体独自少人数学級制の実態分析については山﨑（2017）を参照。

(12)当時土曜日は半日授業であったが、土曜日は半日4時間が教科指導時間と考えられた。

(13)3頁にわたる手書きの『参考資料』で作成年数は不明であるが、1957年5月1日の各種調査データが記載されている。

(14)水本（2002、pp.54-61）を参照。

(15)「公立義務教育諸学校の学級編制及び教職員定数の標準に関する法律の一部を改正する法律案に対する附帯決議」第72回国会参議院文教委員会第17号（発言番号238片岡勝治）1974年5月30日、https://kokkai.ndl.go.jp/#/detail?minId=107215077X01719740530&current=661（最終閲覧2023年6月14日）。

(16)2008年、著者らは文科省に1993年改正の現行「乗ずる数」数値設定の根拠についての資料を開示請求したが、資料は存在しないとの回答であったため、根拠は不明である。

⑰第192回国会衆議院文部科学委員会第5号（発言番号049藤原誠）2016年11月2日、https://kokkai.ndl.go.jp/#/detail?minId=119205124X00520161102&current=1（最終閲覧2023年6月14日）。

⑱第72回国会参議院文教委員会第3号（発言番号139矢野重典）2002年3月20日、https://kokkai.ndl.go.jp/#/detail?minId=115415104X00320020320&current=1（最終閲覧2023年6月14日）。

⑲文科省「地方教育費調査」2021年度の本務教員給与（共済負担金、退職手当等除く）、「学校基本調査」2021年度の本務教員数により計算。

参考文献

・井深雄二「教員の多忙化と教育財政―教職員定数問題を中心に」雪丸武彦・石井拓児編『教職員の多忙化と教育行政―問題の構造と働き方改革に向けた展望』福村出版、2020年、pp.61-81。

・小川正人『戦後日本教育財政制度の研究』九州大学出版会、1991年。

・苅谷剛彦『教育と平等―大衆教育社会はいかに生成したか』中央公論社、2009年。

・国立教育政策研究所教育研究情報データベース「学習指導要領一般編（試案）Ⅱ教育課程1小学校の教科と時間配当」、https://erid.nier.go.jp/files/COFS/s26ej/chap2-1.htm（最終閲覧2023年6月14日）。

・佐久間亜紀・島﨑直人「公立小中学校における教職員未配置の実態とその要因に関する実証的研究―X県の事例分析から」『教育学研究』88巻4号、日本教育学会、2021年、pp.28-42。

・佐藤三樹太郎『学級規模と教職員定数―その研究と法令の解説』第一法規、1965年。

・髙橋哲『聖職と労働のあいだ―「教員の働き方改革」への法理論』岩波書店、2022年。

・藤原文雄他「諸外国の教員数の算定方式に関する調査報告書」『国立教育政策研究所プロジェクト研究（少人数指導・少人数学級の効果に関する調査研究）報告書』2015年、https://www.nier.go.jp/05_kenkyu_seika/pdf_seika/h26/0-2_all.pdf（最終閲覧2023年6月14日）。

・三島敏男「『公立義務教育諸学校の学級編制及び教職員定数』及び『公立高等学校の設置・適正配置及び教職員定数』の標準等の改善の歴史的経過とその要因の分析」桑原敏明編『学級編制に関する総合的研究』多賀出版、2002年、pp.133-156。

・水本徳明「教職員定数の現状と課題―小・中学校の場合」清原正義編『少人数学級と教職員定数』AS選書、2002年、pp.51-73。

・文部科学省「小・中学校の設置基準について中央教育審議会初等中等教育分科会（第3回）配布資料2-1」、2002年8月2日、https://www.mext.go.jp/b_menu/shingi/chukyo/chukyo3/siryo/attach/1418670.htm（最終閲覧2023年6月14日）。

・文部省「義務教育職員の標準に関する算定基準案参考資料」総務省自治体学校所蔵『戦後自治史関係資料　第四集　地方税財政制度』丸善、DVD版、2017年。

・安嶋彌『地方教育費講話』第一法規、1958年。

・山﨑洋介『いま学校に必要なのは人と予算―少人数学級を考える』新日本出版、2017年。

・山﨑洋介「小学校高学年教科担任制導入に関する考察」『日本教育法学会年報』第52号、有斐閣、2023年、pp.133-142。

・文部科学省統計資料等
　「学校基本調査」2007〜2022年度。
　「学校教員統計調査」1965〜2019年度。
　「地方教育費調査」2021年度。

・文科省への情報公開請求により入手した統計
　「教職員定数算定表」2007〜2021年度。
　「教職員実数調」2007〜2021年度。
　「標準学級に関する調査」2007〜2021年度。

※開示請求した「ゆとりある教育を求め全国の教育条件を調べる会」と「全日本教職員組合」の使用許諾済み。

ABSTRACT

Long Hours of Excessive Workload in Public Elementary and Junior High Schools and Teacher Quota Calculation
——Focusing on the Obligatory Standard Act "Multiplying Number "——

YAMAZAKI Yosuke
（Graduate Student, Osaka University）

Japan's teacher quota calculation system is based on class size rather than the number of pupils a teacher is responsible for. While the number of students in each class was gradually reduced, the lack of policy to increase the number of teachers by setting an appropriate amount of work for teachers led to excessive workload. Elementary school teachers are spending more time teaching classes per day, and are now in charge of most of the classes. It is necessary to secure time for class preparation and clerical work during the working hours due to class assignment time restrictions. The fact that the government has not provided financial spending to increase the number of teachers is the cause of the overworked hours of teachers. To secure the number of teachers to meet the needs of modern school education, improving the "multiplying number" of the Compulsory Education Standard Law and rebuilding the system for calculating the number of teachers is necessary.

Keywords： excessive workload of teachers, teacher quota calculation system, appropriate amount of work for teachers, Compulsory Education Standard Law

キーワード：教員の長時間過密労働解消、教員定数算定制度、教員の適切な労働量、義務標準法

初任者教員のメンタルヘルスを支える職場づくり
──その方向性と課題──

新井　肇 （関西外国語大学）

1. 教員のメンタルヘルスの現状と課題

(1)教員のメンタルヘルスの深刻化

家庭や地域をはじめとして、学校を取り巻く社会環境の急激な変化と学校教育自体の揺らぎのなかで、教員のメンタルヘルス（心の健康）は極めて深刻な状況に置かれている。2022年に文部科学省が公表した『令和3年度における公立学校教職員の人事行政の状況調査の結果』によると、精神疾患による病気休職者数は5,897人（全教育職員の0.64％）で、過去最多となり、ここ20年間で倍増している（2001年度は2,503人）。

3か月以上の病気休職者に加えて、1か月以上（最長で6か月以内）の病気休暇を取っている教員の存在も看過できない。厚生労働省（2022）の『令和3年「労働安全調査」（実態調査）の概況』によると、メンタルヘルス不調により連続1か月以上休業した労働者は全産業平均で0.5％となっている。それに対して、教員の精神疾患による1か月以上の長期療養者（休職者を含む）は在職者の1.19％に上り、他職種と比較したときに教員のメンタルヘルスの深刻さが示されていると捉えることができる。

(2)深刻な初任者教員のメンタルヘルス

このような状況の中で、最近顕著にみられるのが、経験の浅い若手教員や初任者教員の精神疾患による病気休職や離職の増加である。

学校現場では、2000年代に入って以降、団塊の世代及びそれに続く世代の大量退職に伴い、新規採用者が急増している。その一方で、1年後に初任者が教壇を去って行く割合も増加し、2021年度において、教員採用試験に合格（35,067人）しながら1年間の条件附採用期間後に正式採用とならなかった教員は529人に上っている。四半世紀前の1997年度には、1年目退職者の割合が新規採用者の0.22％であったことを考えると、2021年度の1.5％という割合の示す深刻さがわかる。そのうち、37.2％にあたる197人が精神疾患による依願退職であったことも判明している（文部科学省、前掲）。これらの数字は、初任者の置かれているメンタルヘルスの現状の厳しさを物語るものと言える。

希望に胸を膨らませて教壇に立った初任者教員を、このような状況に追いやる背景には何があるのか。また、そのような課題に対して、職場の同僚や管理職、教育委員会、さらには、教員養成を担う大学はどう応えたらよいのであろうか。

初任者教員のメンタルヘルスの課題について論考することが本稿の目的である。

2. 初任者教員のメンタルヘルス悪化の背景

(1)教員のバーンアウト（燃え尽き）

2000年代に入って教員のメンタルヘルスが深刻の度合いを強めていくなかで、「もっとも多いのは抑うつ状態に陥る燃え尽き症候群（バーンアウト）」（中島、2003）であることが指摘された。バーンアウト（燃え尽き）とは、教員・カウンセラー・医師・看護師などの対人援助職に特有のストレスをさす概念で、単なる疲労とは異なり、「長期間にわたり人を援助する過程で、解決困難な課題に常に晒された結果、極度

の心身の疲労と情緒の枯渇をきたす症候群であり、自己卑下、仕事嫌悪、関心や思いやりの喪失を伴う状態」（Maslach, C. & Jackson, S.E., 1981）と定義される。

教師のバーンアウトについて、新井（2002）は「教師が理想を抱き真面目に仕事に専念する中で、学校での様々なストレスにさらされていた結果、自分でも気づかぬうちに消耗し極度に疲弊を来すに至った状態」であると指摘している。ここで言う「学校での様々なストレス」について、落合（2004）は、教員の職務構造と制度・社会的背景の視点から、①「明確な休憩時間のない職務構造」、②「職務配分の問題」、③「役割偏在の問題」（役割ストレッサー）、④「仕事の無定量性・無限定性」、⑤「担任役割の重さ」、⑥「教育現場の情報化、官僚制化による教員のアイデンティティの揺らぎ」、⑦「組織防衛の強化によるストレスと行動規範の外在化」、⑧「家庭教育機能の代替要請による負担荷重」、⑨「生徒指導の困難さと教育技術のギャップ」、⑩「教育のビリーフの世代間格差と評価」、⑪「方針決定への不関与と教育観・指導観の合意のなさ」（職員会議が校長の補助機関と位置づけられることによる教員の士気低下等）などを挙げている。

対人専門職のなかでも、教員は持続的な集団への対応を迫られる点に、他の職種と異なる困難さが存在すると考えられる。絶えず個と集団とのバランスをとりながら、児童生徒の変化や保護者からの要求を敏感にとらえることが求められる。また、担任と児童生徒、保護者との関係は少なくとも1年間は継続される。関係の形成や継続に選択可能性があり、相互の契約を前提とする医師やカウンセラーなどの専門的支援職とは異なり、関係に齟齬が生じた場合に教員の側を守る枠組みが整っていないため、人間関係がこじれると身動きがとれなくなってしまうケースも少なくない。

⑵教職に内在する困難さ

さらに、教師の仕事自体に内在する問題があ

る。佐藤（1994）は教職の特徴として、「再帰性」「不確実性」「無境界性」という3点を指摘している。

「再帰性」とは、教育行為の責任や評価が、児童生徒や保護者から絶えず直接的に返ってくることをいう。教員としての力量の評価といっても、客観的な基準がある訳ではない。したがって、児童生徒や保護者の間でのちょっとした噂や、同僚からの評判といったものを必要以上に重く受けとめがちになる。「話が面白くない」、「板書が下手」などと指摘されると、必要以上に不安を感じ、自信を喪失してしまう教員も少なくない。

「不確実性」とは、教える相手が変われば、同じ態度や技術で対応しても同じ成果が得られるとは限らないということである。異動に伴う環境変化からバーンアウトに陥るケースが少なくないことがそれを物語っている。先述の文科省調査によれば、精神疾患による休職者のうち、異動後2年未満で休職発令を受けた者が50.1％にも上っている。同様に、教職経験のない新任教員が、初めての職場で年間の見通しをもてないまま、学習指導や生徒指導、部活動指導や校務分掌や委員会の仕事などをこなしていくことがどれほど大変であるかは、想像に難くない。

「無境界性」とは、ここまでやれば完成というゴールが見えないために、仕事が職場外の日常生活にまで入り込みやすいことをいう。2023年に発表された文部科学省の『教員勤務実態調査（令和4年度）の集計（速報値）について』によれば、国が残業の上限として示している月45時間を超えるとみられる教員が、中学校の77.1％、小学校の64.5％に上り、「過労死ライン」と言われる月80時間の残業に相当する可能性がある教員も少なくない。「働き方改革」の影響もあり、2017年発表の同調査と比較すると、中学校で57.7％から36.6％、小学校で33.4％から14.2％と減少しているものの、依然として長時間勤務が続き、極めて深刻な事態であると言わざるを得ない（NHK NEWSWEB 2023年4月28日）。

とりわけ、毎日の教材準備や慣れない事務業

務に追われる新任教員の多くは、多忙を極めている。2年目教員が初任の1年間を振り返って、「毎日朝5時30分に家を出て6時30分には学校に着いて仕事をしながら子どもを待ち受け、授業や担任の業務を終えた後も、翌日の授業準備や事務処理に追われ、学校を出るのは夜の9時過ぎ、家に帰り着くと10時を回り、12時までには何とか床について明日に備えるといった毎日で、子どもへの思いと頑強な体力のおかげで何とかやってきた。友だちも同じような状況だったので、自分だけではないと思えたから、がんばることができたと思う」という語りが、そのことを裏付けている（新井、2015）。

⑶多忙化の中での疲弊

外国との比較においても、日本の教員の疲弊は大きな問題となっている。OECDが2018年度に実施した『国際教員環境調査（TALIS2018）』において、日本の中学校教員の1週間当たりの仕事にかける時間は、参加国平均では38.3時間であるのに対して、日本は最も長く56.0時間であった。また、小学校についても、参加国の中で日本は最も長く54.4時間であった。

その背景として、日本の教員が、学習指導や生徒指導、教育相談、進路指導、また部活動指導など、児童生徒に関するすべての指導・援助を受けもっていることが指摘できる。日本の教員が一般的な事務業務にかける時間は、中学校で5.6時間、小学校で5.2時間であるのに対して、中学校教員の参加国平均は2.7時間である。また、課外活動の指導にかける時間は、日本の中学校教員が7.5時間、小学校教員が0.6時間であるのに対して、中学校教員の参加国平均では1.9時間である。一方で、職能開発活動にかける時間は、日本の中学校では0.6時間、小学校では0.7時間であるのに対して、中学校教員の参加国平均では2.0時間である（文部科学省・国立教育政策研究所、2020）。

日本の教員は、学習指導以外にも部活動指導や事務業務などを抱え、授業力の向上を図ろうとしても難しい状況にあると言える。経験の浅い教員のなかには、オールマイティな教員像を描きながら、そこに到達できないジレンマの中で苦しんでいる者も少なくないと思われる。

学校現場では、2000年代に入ってからのめまぐるしい教育改革や成果主義の導入により、ゆとりのない勤務状況が生み出され、それに伴う事務作業量の増大が教員の多忙化に拍車をかけている。とりわけ、まだ業務になれていないなかで研修を受けたり、それに付随する業務をこなしたりしなければならない初任者教員は、強い多忙感を抱いている。新任研修のあり方についても、ストレスマネジメント教育の要素をこれまで以上にとり入れたり、研修の時期や場所の設定を工夫したり、同期の教員同士の交流を促したりするなど、メンタルヘルスの側面からの見直しを図る必要があると思われる。

⑷生徒指導や保護者対応の困難性の増幅

先述のOECDの調査によれば、日本の教員が業務に関してストレスに感じることとして挙げているのは「事務的な業務が多すぎること」が最も多く、中学校教員は参加国平均を約6ポイント上回る52.5％、小学校教員は61.9％となっている。次いで「保護者の懸念に対処すること」が多く、中学校教員は参加国平均を約12ポイント上回る43.5％、小学校教員は47.6％となっている。

2011年に設置された文部科学省の教職員のメンタルヘルス対策検討会議がまとめた最終報告書（2013）によれば、従来から指摘されてきた多忙化による疲労の蓄積に加え、多様化・深刻化する児童生徒の問題行動や不登校に関する生徒指導、および保護者からの苦情等への対応で日常的なストレスにさらされた結果、「うつ状態」などに陥って病気休職となるケースが増加していることが指摘されている。

従来は教師―児童生徒という役割の枠組みが強固で、そこにある種の権威的な関係が存在していた。しかし最近では、教員は指導者というよりも、児童生徒や保護者のニーズに応えるべき存在と位置づけられ、教師―児童生徒という

役割の構造が崩れつつある。教育実践には教員と児童生徒との間で「ワーキング・コンセンサス」（協働的な合意）が必要であるという指摘がある（古賀、2010）。教員が教員らしくふるまえるには、児童生徒が教室に存在する暗黙の規範に拠りながらその役割にふさわしい態度をとることが、前提として欠かせないということである。しかし、学校の価値低下が進むなかで、学校の勉学には興味が持てず、反抗する訳でもないが学校生活に深く関与することもない、「脱生徒役割」（古賀、前掲）の拡大がみられるようになってきた。児童生徒の多くが自分の将来の利益につながり、しかも心地のよい教育実践を要求するようになったため、教員はこれまで以上に、個々の状況理解やニーズの把握に細心の注意を払い、働きかけの正当性を丁寧な説明によって納得させるような対応（説明責任）を行わざるを得なくなっている。

また一方で、サービス化社会の進展のなかでの保護者からの過大な要求の存在や、学校に対する世論やマスコミの非難や攻撃などが、教員を萎縮させている。教員の社会的威信が低下し信頼や尊敬が薄れがちな状況にあって、保護者への対応は、年齢を問わず多くの教員にとって負担になっている。とりわけ、若い教員が自分よりも年上の保護者とうまく信頼関係を築けずに苦悩しているケースも少なくない。

以上のことから、生徒指導過程や保護者対応において「配慮の姿勢」を子どもや保護者に伝えようとして、時には本心と異なる感情表出を行う「感情労働」（Hochschild, 1983）の側面が拡大してきたと捉えることができる。過剰な感情の活用による「共感疲労」や「思いやり疲労」といった負担感が、新たなストレスとして初任者教員を襲うようになってきたと言えるであろう。

3．初任者教員のバーンアウトに関する促進要因と抑止要因

⑴初任者教員のストレスに関する質問紙調査から

初任者特有の職務ストレッサーとバーンアウトとの関連性を検討するために、中国地方のA県、及び近畿地方のB県・C県の小・中学校初任者教員約900名を対象に、質問紙調査を実施した。個人の属性、勤務実態、職場のソーシャル・サポート、教師レジリエンス、などの視点から分析を行った。分析手法としては、初任者職務ストレス尺度（和久田、2012）、精神的回復力尺度（小塩他、2002）、ソーシャル・サポート尺度（藤崎・越、2008）、MBI（マスラック・バーンアウト尺度）など既存の尺度を使用し、主に共分散構造分析を適用した。

調査は、上記3県の小・中学校初任者教員を対象に、2019年1月から3月にかけて、各県教育委員会主催の初任者研修会実施前に参加者に手渡しで配布し、記入後に直接回収する無記名式質問紙法により実施し、831人（小：514人　中：317人）から回答を得ることができた（回収率92.0%）。

初任者教員のバーンアウト抑止モデルについて共分散構造分析によるパス解析を行った結果図1のようなパスモデル図が描かれた。モデルの適合指標としてGFI=.867、AGFI=.811、RMSEA=.110であり、このモデルは適合していると判断された。

この結果から、職務ストレッサーとしては、多忙や生徒指導及び保護者対応の困難性以上に、職場の人間関係が最も強く影響していることが確認された。職場のサポートは、職務ストレッサーを低減する効果はもつものの、バーン

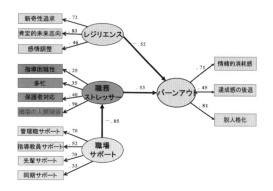

図1　小・中学校初任者教員のバーンアウト抑止要因

アウト抑止についての直接的な効果は示されなかった。このことから、初任者指導教員の支援方法と初任者教員同士の交流の在り方を見直すなどして、初任者教員と支援にあたる教員との間に信頼関係を築くとともに、適切なタイミングと方法でサポートを行うことの重要性が示唆された。また、個人のレジリエンスを高めることが、初任者のバーンアウトを抑止する効果をもつことも明らかになった。

(2)初任者教員の危機と回復のプロセスに関するインタビュー調査から

　10名の小・中学校新人教員を対象に半構造化面接を実施し、初任者としての1年目に、どのような出来事があり、どのようにモチベーションの変化やバーンアウト状態が現れたのかを、教職観、児童生徒との関係、保護者との関係、同僚（特に初任者指導教員）・管理職との関係、職場の雰囲気などの観点から、TEMアプローチに依拠した分析を行った。

　TEMアプローチは、個々人がそれぞれ多様な径路を辿っていたとしても、等しく到達するポイント（等至点）があるという考え方を基本とし（安田、2005）、人間の発達や人生径路の多様性・複線性の時間的変容を捉える分析・思考の枠組みモデルである。調査協力者には、初任者としての1年目に、どのような出来事があり、どのようにモチベーションの変化やバーンアウト状態が現れたのかを探るために、各月ごとに自分のモチベーションを10段階で自己評価しプロットしたものをつないでライフライン図として表し、それを見ながら、落ち込みの理由や元気が回復した理由などについて自由に語ってもらった。困難を感じ、バーンアウトへと至り（あるいは至らない）、回復（あるいは、休職、離職等）する過程、および職務上の困難を生じさせる心理的・社会的要因について、逐語から切片化されたデータをラベル化し、TEM図にそってラベルを順に配置し、調査協力者の経験が追体験できるように記述し、複数データによるTEMモデルを作成し、それらを比較検討するこ

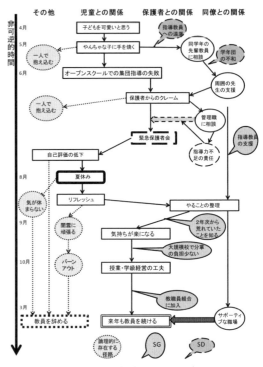

図2　D教員の危機と回復のプロセス

とによって、初任者が経験する困難の多様性と共通性を析出した。

　調査は、B県およびC県の合計10名の小・中学校新人教員（勤続3年以内、小・中各5名）を対象に、2019年8月から2020年8月にかけて、対面、もしくはオンラインにより実施した。インタビューに要した時間は、平均1時間15分であった。

　D初任者教員の初任1年間の危機と回復プロセスを図2に示した。インタビューから得られたデータには基づかない、実際は行われなかったが可能性としてはあり得た選択肢に関するラベルを作成し、論理的に存在すると考えられる場合の径路を点線で描いた。また、径路でどのような支援が得られたかという「社会的ガイド（Social Guidance：SG）」と、阻害要因である「社会的方向づけ（Social Direction：SD）」について示した。なお、TEM図の縦列を学級経営・授業関係、児童との関係、保護者との関係、職場の人間関係、その他に区分してラベルを空間配置した。

D教員は、「子どもはかわいい」と学級担任であることをポジティブにとらえていたが、2週間後には、「手に負えない児童への支援に手を焼き」、さらに緊急保護者会では「やめたい」とまで思ったが、最終的には、「来年度も今年度学んだことを活かし、小学校教員として頑張りたい」と、意欲を示した。

D教員が直面した困難の特徴は、「やんちゃな子への対応」、「学校行事等での集団指導の難しさ」、「保護者からの理不尽な要求」、「学年集団の不和」「学校長への不信」など、生徒指導に関することと教員間の人間関係に由来するものが多かった。

一方、初任者研修会において、同じ立場にある初任者教員と悩みを打ち明け合うことや、大学時代の指導教員のところへ相談に行って話をしたりすることによって「相談する相手が増え、支援を受ける機会につながった」と捉えていることがわかった。

このような個人プロセスについての分析を行ったうえで、10名の初任者教員の危機と回復のプロセスの共通性について検討した。その結果、初任時の教職への意欲喪失、職場不適応、離職意思など、バーンアウト状態に陥る心理的・社会的要因として、授業準備のための時間不足、授業以外の業務の負担と多忙に加えて、保護者対応の困難性および中学校における部活動指導の負担感、職場のサポート体制の欠如による孤立感等が、共通して見いだされた。特に、初任者がメンタルヘルスを維持・向上することができるか否かは、教師としてのアイデンティティや信念、職業適性、特に楽観性を核とする教師レジリエンスなどの問題と並んで、学校に「信頼的で協働的な教師集団がつくられているかどうか」という人間関係の問題が大きく影響することが10ケースから示唆された。

つまり、初任者のメンタルヘルスの問題は、個人の心理的・性格的要因のみから捉えられるものではなく、初任者が置かれた学校の組織環境の影響、少なくとも個人的要因と環境的要因との相互作用から生じるものであると捉える必

要があることが確認された。

4．初任者教員に対するメンタルサポートの方向性と課題

(1)職場の同僚性の構築

教員の仕事は、①児童生徒との人間関係、②保護者との人間関係、③教職員間の人間関係、という三つの複雑な人間関係に取り囲まれている。特に、児童生徒や保護者との人間関係が悪化した場合には双方にとって大きなストレッサーとなる。仮に児童生徒や保護者との関係がこじれた場合でも、教員間の人間関係が良好で、協力的に解決を図ろうとするサポーティブな雰囲気と体制とが職場に確立していれば、モチベーションを低下させずに困難な状況に取り組んでいくこともできる。しかし、教員間の人間関係が崩れ、孤立が進んでいる場合には、職場の人間関係そのものがストレッサーとなり、児童生徒や保護者との関係の悪化がメンタルヘルスに直接的に影響を及ぼすことになる。

現在の学校の職場状況をみると、皆がパソコンに向かい無言状態が続く職員室、多忙により交流機会が減少した人間関係など、学校内で教員同士が本音で語り合い、愚痴をこぼし合うような時間が失われつつあるようにと思われる。加えて、新型コロナ感染症への不安が、これらに一層拍車をかけることになった。初任者研修において、「いろいろと先輩方に相談したいのだが、とてもお忙しそうなので、相談したら申し訳ないと思ってしまう」というような声を聞くことが少なくない。悩みを抱えたときには弱音を吐いたり相談したり、助け合ったりすることを可能にする「職場の同僚性」が薄らぐと、若手教員が問題を一人で抱えて孤立していくことにもなりかねない。学校という職場において、愚痴がこぼせる、必要なときには遠慮せず休める、疲れ消耗している感じの同僚がいたら周りから休むことやカウンセリングを受けることを勧めるような雰囲気をつくることが大切である。園田（2002）が指摘するように、「しんどさ」を感じることは、その教員の未熟さや非力

さではないし、しんどさを感じることが不適切なのではなく、しんどさを感じぬふりをしたり、しんどさを特定の児童生徒や同僚への攻撃や排除などに無自覚に転化したりすることが不適切なのである。

がんばって、がんばりすぎて限界に近づく前に、若手教員も、中堅もベテラン教員も、素直に「しんどい」と言える温かい職員室の人間関係と支持的な風土をつくることが、バーンアウトを防ぐために、第一に行われるべきことであると思われる。

(2)省察し、学び続ける教員としての 土台づくり

これまで確認してきた教員の厳しい職務状況を考えると、困難な状況や危機に対して心の健康を保持しながら、柔軟な姿勢で問題解決に取り組む姿勢を身につけることが、若手・中堅・ベテランを問わず必要とされるであろう。大学における教員養成の課題の一つは、そこにあると考えられる。

横山・新井・古川・山中（2012）の調査において、「困難や問題の対処にあたり、大学の学びは役に立っているのか」という質問に対しては、「学習指導上の問題」「学級経営上の問題」では比較的「役に立った」という答えが多かったが、「生徒指導上の問題」「発達上の課題を抱えた生徒への対応」「保護者への対応」では「役に立たなかった」という回答が多くみられた。児童生徒や保護者との構造化されにくい場面での対応に、大学での学びは十分に応えていないということになる。しかし、自由記述をみると、「人との接し方やコミュニケーション力」「自己理解の深化」「努力することや諦めない姿勢」など、人間的な成長に関するものを大学で学ぶことができ、それが教職において生きているというコメントが多くみられた。目の前の困難や問題を「直接」解決できる訳ではないが、大学の学びは教員としての力量形成の土台をつくるという点において役立っていると捉えることができる。

そう考えると、これからの教員養成に求めら

れるものは、「知識として何を学ぶか」に加えて「経験から学ぶ思考過程はどうすれば身に付くか」（榎本、2012）ということへの視点の転換であるように思われる。とりわけ生徒指導の領域においては、いつ問題が生じるか分からず（偶発性）、発生後は即座に対応しなければならず（即時性）、指導が受容されるかどうかは個々の教員と児童生徒の関係性によるところが大きい（個別性）という側面があるため、理論化を図ることが難しいと考えられる。しかし、問題行動に即座に対処する応急的な場合でも、学校としての指導の原理・原則をもって臨まなくては、学校全体に混乱を招きかねない。特に、「分かりにくさ」を伴う最近の生徒指導上の諸課題に取り組むには、児童生徒理解と対応の基本方針について教員間で共通理解しておくことが不可欠となる。そうでないと、組織的な生徒指導は機能せず、個々の教員の消耗感だけが募っていくことになりかねない。

社会が大きく動いたり、学校現場を揺るがすような問題が生じたりしたときには、専門的な理論や知見なしに方向性を模索することは難しい。児童生徒の危機が深刻化するなかで、『生徒指導提要』が12年ぶりに改訂され、生徒指導の転換期ともいえる現在、教員一人ひとりが学問と現場、理論と実践の繋ぎ手としての役割を果たすことが求められている。教員を目指す学生が、専門的な学びの経験に基づき、自らの実践を批判的に対象化し（省察）、相互に学び合う意欲や態度を身につけるような学びの機会を提供することが、これからの教員養成おいて目指すべき方向性であるように思われる。

(3)「学習する組織」としての学校へ

教員の力量形成において、「省察」と並ぶもう一つの鍵は、「協働・連携」する姿勢であろう。生徒指導上の課題が複雑化・多様化していくなかで、実効性をもった組織としての対応が問題解決にあたって不可欠である。しかし、個業的な色彩が濃い教員の仕事のなかで、組織を意識し教員間の連携と対応の組織化を進めることは

口で言うほど容易ではない。学校における協働を実現するためには、学年や分掌といったチーム内での議論の活性化と役割分担、相互扶助の具体化を進めると同時に、チーム間のネットワークの確立を図る必要がある。そうすることで、やらされているのではなく積極的に自らの役割を果たすという雰囲気が教員間に生まれ、各自の個性を活かせるようになる。「協働」は単に行動面で同調する凝集性とは異なり、「個々の教師が相互信頼をベースとして知識や意味を共有し、また、その相互作用を通じて新たな知識を創造していくプロセス」（藤原、1998）である。

したがって、「協働・連携」の具体化には、問題解決をめざして濃密に「話し合う」ことが不可欠の前提となる。授業や生徒指導上の課題を協働して解決していくことによって学校教育全体の質の向上が図られるとともに、教員一人ひとりの認識や行動が変化することを通じて個々の教育実践の質の向上がもたらされると考えることができる。学校組織としての学び合いを通じて「教員自身の成長・発達」を志向していくことが、今後の課題であろう。

曽余田（2011）によれば、学習する組織（Learning Organization）とは、自らの実践や経験を絶えず検証し、成功や失敗から気づきや教訓を得て、実践を修正し、次に生かすことを通して学習が生まれるような、省察的な学習能力を備えた組織である。そのためには、対話、つまり、異質な声に耳を傾けて相互の価値観の理解を深めつつ、新たな意味を創造するというコミュニケーションが不可欠となる。

同じ職場の新人教員と中堅・ベテラン教員、また管理職といった異質性をもつ者同士が、同じ生徒指導上の課題に向き合い、「事例検討」や「ケース会議」を通じて、多様な視点から「対話」をすることによってその解決を図ろうとするならば、共通理解の形成のみならず、人間関係の改善や意欲の向上が図られ、職場のモラル（士気）とメンタルヘルス（心の健康）も高まっていくのではないだろうか。

(4)「心理的安全性」が確保された学校組織

『生徒指導提要（改訂版）』（2022）では、組織が真に機能するためには、「『無知、心配性、迷惑と思われるかもしれない発言をしても、この組織なら大丈夫だ』と思える、発言することへの安心感を持てる状態（心理的安全性）をつくり出すことが不可欠」であると指摘されている。

Edmondson, E.C.（2019）によれば、医療チームの在り方と医療行為のパフォーマンスとの相関について調べたところ、ミスの多いチームほどパフォーマンスが高いという結果が見られた。再調査を行っても同じ結果が見られるため、細かに分析していくと、医師・看護師・作業スタッフで形成されている医療チームの中で、例えば、看護師が「これで大丈夫だろうか、もしかしたら間違っていないだろうか」という懸念を抱いたときに、そのことを口にできる、そしてその発言をリーダーである医師が取り上げる、そして皆で検討した結果、それがミスであったらミスと認め、記録し、次の実践につなげていく、そういう取組ができるチームほど、パフォーマンスが高いということがわかってきた。

つまり、メンバーの誰かが、気がついたこと、気になることなどを、ためらわずに発言することができるような組織であることが、組織のパフォーマンスを高めるということである。学校組織も同じで、心理的安全性が十分に高く、どの立場の、どの年齢のメンバーも対等にアイディアや意見を出し合うことができれば、組織は協働的で実効的なものとして機能すると考えられる。

(5)初任者教員同士が語り合える場の設定

最後に、学校内に留まらず、所属する学校を越えて初任者教員同士が、思いや悩みを語り合うセルフヘルプ・グループのバーンアウト抑止効果について考えてみたい。

筆者ともう1名の現職教員がファシリテーターとなって、2021年6月から現在に至るまで、

２ヶ月に１回のペースで、オンラインによるセルフヘルプ・グループを開催している。参加者は、小・中・高・特別支援学校の教員（経験３年未満の新人教員３〜７名と経験のある教員４〜11名）で、地域的には東京から九州・沖縄まで各地に広がっている。週末の夜に、オンラインでの対話を約２時間行っている。

セッションのテーマや語りの分析から、初任者のバーンアウトは、個人のメンタルヘルスの問題というよりも、学校という組織の状況や職場の雰囲気、教育をとりまく社会状況などと密接につながっている問題であることが示唆された。同時に、初任者と限らず教員の多くは、このグループで取り上げられるような問題について、日常的に語る場をあまり持っていないことも確認された。

学校外のグループでより深く語り合うことは、新たな気づきを生んだり、困りごとへの対処の方向性を見いだしたり、共通の思いを確認したりすることにつながり、参加者相互のエンパワーメントが行われる機会となっていると捉えることができる。

初任者教員へのメンタルサポートを効果的に進めるためには、学校の内外において、メンター役の教員も加わりながら、初任者同士が交流し語り合うことができる「対話の場」を設けることが、重要であると思われる。

参考文献

・文部科学省『令和３年度における公立学校教職員の人事行政の状況調査の結果』2022年。
https://www.mext.go.jp/a_menu/shotou/jinji/1411820_00006.htm （2023年７月15日最終アクセス）。

・厚生労働省『令和３年「労働安全調査」（実態調査）の概況』2022年、３ページ。
https://www.mhlw.go.jp/toukei/list/r03-46-50b.html （2023年７月15日最終アクセス）。

・中島一憲『先生が壊れていく―精神科医がみた教育の危機―』弘文堂、2003年、22ページ。

・Maslach C. & Jackson S.E. "The measurement of experienced burnout" Journal of Occupational Behavior,2,1981,pp.99-113.

・新井肇「教師バーンアウトの『なぜ』と『どうする』」『労働の科学』 第57巻第４号、2002年、14-17ページ。

・落合美貴子「教師のバーンアウトのダイナミズム―解釈的アプローチと生態学的視点によるバーンアウトモデルの構築―」『人間性心理学研究』第22号、2004年、133-144ページ。

・佐藤学「教師文化の構造―教育実践研究の立場から―」稲垣忠彦・久冨善之編『日本の教師文化』東京大学出版会、1994年、21-41ページ。

・文部科学省『教員勤務実態調査（令和４年度）【速報値】について』2023年、10-17ページ。
https://www.mext.go.jp/b_menu/houdou/mext_01232.html （2023年７月15日最終アクセス）。

・NHK「現場の努力は限界」『NEWSWEB』2023年４月28日。
https://www3.nhk.or.jp/news/html/20230428/k10014052081000.html （2023年７月15日最終アクセス）。

・新井肇「生徒指導の担い手としての新人教員のメンタルヘルス」『生徒指導学研究』 第14号、2015年、43-50ページ。

・文部科学省・国立教育政策研究所『OECD国際教員指導環境調査（TALIS）2018報告書vol.2のポイント』2020年、２ページ。
https://www.mext.go.jp/b_menu/toukei/data/Others/1349189.htm （2023年７月15日最終アクセス）。

・教職員のメンタルヘルス対策検討会議『教職員のメンタルヘルス対策について（最終まとめ）』文部科学省、2013年、8-12ページ。
https://www.mext.go.jp/component/b_menu/shingi/toushin/__icsFiles/afieldfile/2013/03/29/1332655_03.pdf （2023年７月15日最終アクセス）。

・古賀正義「「教育困難」と教師の実践」岩井八郎・近藤博之編『現代教育社会学』有斐閣、2010年、153-170ページ。

・Hochschild、Arlie Russell, 1983 The Managed Heart：Commercialization of Human Feeling, University of California Press.（石川准・室伏亜希訳『管理される心－感情が商品になるとき』世界思想社、2000年）。

・和久田耕平『小学校教員初任者の職務ストレスに関する研究―初任者特有のストレッサー及びストレス構造の検討―』兵庫教育大学修士論文（未公刊）2012年。

・小塩真司・中谷泰之・金子一史・長峰伸治「ネガティブな出来事からの立ち直りを導く心理的特性―精神的回復力尺度の作成―」『カウンセリング研究』 第35号、2002年、57-65ページ。

・藤崎直了・越良子「教師間の協働関係における相互作用と教師の教育観との関連―ソーシャル・サポートの観点からの検討」『学校教育研究』 第23巻、2008年、144-158ページ。

・安田裕子「コミュニティ心理学におけるTEM／TEA研究の可能性」『コミュニティ心理学研究』第19巻第 1 号、2015年、62-76ページ。

・園田雅代「教師のためのアサーション」園田雅代・中釜洋子・沢崎俊之編著『教師のためのアサーション』金子書房、2002年。

・横山香・新井肇・古川雅文・山中一英「教員養成大学卒業後のキャリア形成と大学の学び―兵庫教育大学学校教育学部卒業者へのアンケート調査結果の考察（ 1 ）―」『兵庫教育大学研究紀要』第40巻、2012年、153-163ページ。

・榎本龍「初任者教員の力量形成についての研究」『和歌山県教育センター学びの丘平成24年度研究紀要』2012年、23-33ページ。

・藤原文雄「教師間の知識共有・創造としての『協働』成立のプロセスについての一考察」『東京大学大学院教育学研究科教育行政学研究室紀要』第17号、1998年、2-21ページ。

・曽余田浩史「学校の組織力とは何か―組織論・経営思想の展開を通して―」『日本教育経営学会紀要』第52号、2011年、2-14ページ。

・文部科学省『生徒指導提要（改訂版）』2022年。

・Edmondson,E.C.2019TheFearless Organization：Creating Psychological Safety in the Workplace for Learning, Innovation, Growth. John Wiley & Sons, Inc.（野津智子訳、村瀬俊朗解説『恐れのない組織』 英治出版、2021年）。

[付記]
　本研究における「初任者教員のストレスに関する質問紙調査」および「初任者教員の危機と回復のプロセスに関するインタビュー調査」は、日本学術振興会科学研究費（基盤研究（C）課題番号17K04416）の助成を受けたものです。

ABSTRACT

Building Workplaces that Support the Mental Health of
Novice Elementary and Junior High School Teachers——Direction and Issues——

ARAI Hajime
(**Kansai Gaidai University**)

A questionnaire survey was conducted to determine the relationship between burnout and job stressors among novice elementary and junior high school teachers. Simultaneously, we conducted semi-structured interviews with ten novice faculty members using the TEM approach. Synthesizing these analyses confirmed that enhancing workplace collegiality effectively supports the mental health of novice teachers. Thus, the study results revealed the importance of schools becoming "learning organizations" and ensuring "psychological safety." Accordingly, we believe that fostering an environment at work that enables top and middle leaders to offer mental support, provides a place for novice teachers to discuss their concerns, and enhances resilience through mutual exchanges will prevent burnout.

Keywords：novice teacher, burnout, collegiality, learning organization, psychological safety

キーワード：初任者教員、バーンアウト、同僚性、学習する組織、心理的安全性

日本教師教育学会年報
第32号

3

〈研究論文〉

〈研究論文〉

中国における「薄弱学校」の教員の課題が生成される要因構造

——若手教員とベテラン教員の認識に基づく分析——

毛　月（筑波大学大学院）

1．問題意識と研究目的

本稿は中国における「薄弱学校」の教員の勤務実態を、若手教員とベテラン教員の認識の差異に着目して分析することを通じて、「薄弱学校」の教員が抱えている課題とその要因構造を明らかにすることを目的とする。

現代教育における重要な課題の一つに、教育格差の拡大がある。学校教育の質を保障し、学校間の教育格差を縮小することは重要な意味を持っている。中国は現在、深刻な教育格差問題を抱えている。1970年代以降、市場経済化の進展による地域間の経済格差の拡大と義務教育段階における地方政府への権限委譲は、教育インフラをめぐる大きな学校間格差を生み出した[1][2]。その後、公教育における市場原理の導入と共に、激しい学校間競争が学校間の教育格差をさらに拡大した[3]。このような競争環境の中で、格差の下位に置かれる学校は「薄弱学校」と呼ばれている。

「薄弱学校」問題は1970年代以降に広がった「重点学校」制度と密接な関係がある。「重点学校」とは、一般の学校よりも整った施設設備と優れた教員を割り当てられた学校で、そこには試験で選抜された児童生徒のみが入学することが可能とされた[4]。教育予算は「重点学校」に優先的に配分された[5]。それと対照的に、学校の施設設備、教員の質および量、基本的な教育経費が保障されず、それゆえに教育の質の低い「薄弱学校」が現れた[6]。

このように、教育資源の分配の偏りによって現れた「薄弱学校」は、1986年に教育部（当時は国家教育委員会）から教育政策問題として提起された[7]。これ以降、「補償的な分配」思想に基づいて「薄弱学校」の改善政策が実施された。具体的には、学校施設設備の改善・拡充、優れた教員を「薄弱学校」に派遣する短期交流制度の構築、「薄弱学校」の教員の待遇改善により教員の定着を促す職階評価の優遇制度の創設などである[8][9][10]。

このような方策によって、学校施設の整備状況は改善し、「薄弱学校」の教員集団の質と継続性も一定程度保障された。しかし、「薄弱学校」の教員の課題が解決されたとは言い難い。例えば、期限付きの短期派遣には、質の高い教員を平均的に分配する志向が伺われる。しかしながら、その目的は「薄弱学校」の勤務教員の質改善ではないため、学校全体の教育の質改善への効果は疑問視されている[11][12]。行政を通じた補償的な分配は、一見「薄弱学校」の教員の課題に対応しているようだが、「薄弱学校」の教員の質向上に十分に寄与できておらず、検討の余地がある。そこで「薄弱学校」の教員が抱えている課題を解決し、教育の質を向上させるには、その課題の背景を探究し、課題生成の要因構造を解明する必要がある。

「薄弱学校」の教員の課題は多様であり、教授方法や教育研究等の資質能力の低さ、向上心の不足、若手や質の高い教員の流出等があげられる[13][14][15]。この多様な課題の生成要因を分析するため、課題を包括的に捉える概念が必要である。

本稿では「薄弱学校」の改善に関する研究で提起された学校の「内生的な発展力」概念を用いる。姚・範は学校改善の観点から「薄弱学校」の問題点を分析し、学校の「内生的な発展力」（自己発展意欲と自己発展能力）、特に教員の向上心と資質能力の不足が「薄弱学校」の弱みの根源であると考えた[16]。それを踏まえて、楊は「薄弱学校」に自己改善できる力を与えることが重要であり、その力を引き出す環境づくりが必要だと論じた[17]。

以上のように「薄弱学校」の教員の課題は、自己発展意欲と自己発展能力という「内生的な発展力」の不足と捉えることができる。しかし、「内生的な発展力」がなぜ不足しているのか、その原因の検討はなされてこなかった。また、「薄弱学校」の教員の課題に関わる先行研究のほとんどは、「薄弱学校」の改善に焦点を当てているが、そこでは外在的な視点から改善過程が記述されるに止まり、教員の課題は背景として列挙する形が多い[18][19]。つまり、「薄弱学校」に勤務する教員自身の認識が十分に明らかにされていない。教員は「薄弱学校」の課題に対して、どのような認識を抱いて、どのように対応しているか、また、どのような支援を受けて／求めているのか等、教員自身の認識から実態を説明した研究は極めて少ない。

そうしたなか、莫はテスト中心の一連の教育制度の下で、農村部の「薄弱学校」の勤務教員が有している、改善に消極的な教員文化の様相を描いた[20]。彼女はテストスコア重視の政策の下、教員全体がテストスコアの向上に専心しているが、「薄弱学校」ではスコアの向上は困難であり、結果として教員は無力感を抱くことを指摘している[21]。これは「内生的な発展力」不足の原因としてテスト政策の存在を指摘している点で注目に値するが、教員政策には十分に言及できておらず、検討の余地がある。また、この研究では「薄弱学校」の現状に慣れた、ベテラン教員のみを対象としたため、若手教員の実態が見えてこない。後述するように、「薄弱学校」の教員に対する政策は勤務年数の違いによって異なる。よって、若手教員とベテラン教員それぞれが依拠する制度背景を踏まえて、両者の認識の差異に着目する必要がある。

以上のことから、本稿は中国における「薄弱学校」の教員の勤務実態を、若手教員とベテラン教員の認識の差異に着目して分析することを通じて、「薄弱学校」の教員が抱えている課題とその要因構造を明らかにすることを目的とする。それを達成するため、第一に、制度的背景としての「薄弱学校」の教員に対する政策を検討し、現在「薄弱学校」の教員が受けている政策的な支援とその課題を明らかにする。第二に、農村部の「薄弱学校」1校を対象に、具体的な学校の課題と、それに対応する教員の勤務実態を明らかにする。第三に、若手教員とベテラン教員の認識の差異を検討することを通じて、「薄弱学校」の教員が抱える課題の要因を分析する。最後に、以上の課題を踏まえて、「薄弱学校」の教員の課題が生成される要因構造を明らかにし、「薄弱学校」の教員を支援する方策について考察する。

2．教育資源の分配をベースとした「薄弱学校」の教員への政策

中国では、経済発展の偏在によって、都市部と農村部の教員の質と待遇の差が明白であり、農村部の教員問題を改善することが従来の教員政策の重点であった。そのため、農村部教員を対象とした政策は多く展開された。一方、「薄弱学校」の大多数は農村部にあるものの、「薄弱学校」の教員を対象とする政策は極めて少ないのが現状である。

現在、直接に「薄弱学校」の教員を対象とした改善政策としては、学校間で教員をある程度均衡的に配置することを目的とする短期的な交流制度の推進と、教員流出の抑制を目的とする教員職階評価の優遇措置がある。

2.1．「薄弱学校」の教員の質保証を志向する短期交流制度
中国には日本のような定期的な教員異動制度

は存在しないが、応募や昇進等の形で学校間の異動が行われている。この教員異動のほとんどは、より良い職場環境の獲得を目的として教員個人が農村部の学校や「薄弱学校」から流出するものである[22]。そのような中、2003年、教員を均等に配置するため、都市部の学校の教員を農村部の学校や「薄弱学校」に派遣する交流制度の構築が教育部から要求された[23]。その後の関連政策[24]は、交流する人員の割合や交流期間・方法の紹介を行い、積極的に交流を推進した。

短期交流制度は、優れた教員を「薄弱学校」に一定期間派遣するため、「薄弱学校」自身で質の高い教員を確保するプレッシャーは緩和されたと評価された[25]。しかし、現実には短期交流制度を継続している学校は多くない。また、この制度には課題も少なくない。例えば、都市部の学校の優れた教員が「薄弱学校」の現実に適切に対応できるのか、その学校改善にどの程度効果を発揮できるかは疑問の余地がある[26]。また、この制度は都市部の優れた教員の派遣を規定したものの、「薄弱学校」に勤務する教員自体に策を講じるものではなかった。そのため一時的な教員の均衡的な配置にとどまり、「薄弱学校」の教員の問題に対処しているとは言い難い。

2.2.「薄弱学校」の教員の量的確保を志向する職階評価の優遇措置

中国の正規教員には職階制度がある。1986年から小・中学校の学校段階ごとに、職階は三級、二級、一級、高級の四段階に区分された[27]。2015年からは小・中学校の職階が統一され、小・中学校三級、二級、一級、高級、正高級の五段階に区分された[28]。職階の昇進には相応の資質能力[29]が必要であるため、高い職階をもつ教員は資質能力が高いという見方もある。職階制度は教員の給与と直接に関係し、高い職階をもつ教員の給与は相対的に高い[30]。各学校の職階別の教員の割合は教育行政機関によって規定されているが、「薄弱学校」や農村部の学校に割り当てられる高い職階の教員は常に少ない傾向がある[31]。

その中で、「薄弱学校」や農村部学校の教員を対象とする職階評価の優遇措置が創設された。国務院は2012年、「薄弱学校」や農村部学校の教員を対象とする給与、職階等の優遇措置が必要だとして、具体的には高級教員の割合を引き上げる等の意見を述べた[32]。また、2013年から「薄弱学校」の実態に応じた教員職階評価制度の構築が必要だとして[33]、その後、このような学校で長期的に勤務する教員の職階評価では所要条件を一部免除した[34]。

「薄弱学校」に長期間勤務する教員の職階評価を優遇する政策は、教員の経済的な処遇の改善につながったと評価された[35]。しかし、経済的に低位の地域では「薄弱学校」や農村部学校では高級教員の割合を増大することはできない等、地域間の経済格差により政策の具体的な遂行の程度には差が見られた。また、「長期間勤務する教員」とは25年から30年勤務する教員を指しており、若手教員に対する効果には疑問が残されている[36]。

このように「薄弱学校」の教員に対する政策は教員集団の質と量の保証を考える傾向があり、優れた教員資源と高級職階等を分配する形で改善を図ってきた。以下では、これら政策の実施と「薄弱学校」の教員の課題との関係について、具体例を基に分析を試みる。

3．調査の概要

本稿では四川省D市[37]のX小学校を事例とし、若手教員3名、ベテラン教員3名[38]と校長を対象に実施した半構造化インタビューのデータを用いる。事例校は、筆者がD市教育行政機関の学校評価を担当するY課長より、D市の学校評価で長年低位にいる学校[39]として紹介された学校である。

教員を対象とした質問項目の大枠は、勤務する学校の背景、勤務状況、勤務環境、自身と学校が抱えている困難、期待する改善等の項目である。そして、学校の全体像を把握するため、

表 1　調査の概要

	教職年数	X小での勤務年数	教科	職階	調査年月日	調査時間
A校長	33年	9年	国語	小中学校一級	2022.07.12	1時間2分
B教員	41年	23年	国語	小中学校一級	2022.07.13	58分
C教員	34年	30年	数学	小中学校一級	2022.07.15	1時間22分
D教員	27年	27年	数学（体育）	小中学校一級	2022.08.29	1時間22分
E教員	8年	6年	国語	小中学校二級	2022.07.13	1時間17分
F教員	6年	6年	数学	小中学校二級	2022.08.30	1時間21分
G教員	2年	1年	英語	なし（非正規）	2022.07.15	1時間30分

事例校の校長を対象に、学校の基本情報、学校の課題、教員の課題について、半構造化インタビューを実施した。また、事例校の制度背景を把握するため、D市の学校評価指標を入手した。

インタビューは1対1のオンラインインタビューであり、その概要は**表1**の通りである。本調査は、筆者の所属機関における研究倫理審査により承認されている。なお、引用するインタビューデータは内容を損ねない範囲で修正している。中略は（…）で、筆者による補足は（　）で示している。

4．教員の勤務環境——X小学校の状況と課題

4.1．X小学校の基本情報

X小学校は児童数227名の小規模校である[(40)]。農村部の山間地域に位置するが、都市部に近いため、校区内の児童の流出問題が深刻である。児童数を確保する方法として、出稼ぎ労働者家庭の子どもを多く受け入れており、全体のおよそ半分を占めている。その結果、X小学校は出稼ぎ労働者家庭の子ども、一人親家庭の子ども、教育に関心の低い家庭の子どもが多く集まっている。

X小学校に勤務する23名の教員のうち、40歳以下は5名である。20代の教員は1名で、非正規教員として勤務している。総教員数は学校設置基準以上になるが、若手教員の流出による教科教員の人手不足問題を抱えている。

X小学校は、近隣の複数の農村部小学校を統合して設立されたため、当該地域の中で唯一の小学校になっている。こうした背景の下、A校長は特色ある教育課程の開発、都市部の学校との連携等の改善方策を取り入れている。しかし、全市範囲内の学校評価では3年連続低位にある。

4.2．X小学校が直面している課題

この節ではまずX小学校の現状を確認しながら、教員が共通に認識した二つの学校課題について論じる。

4.2.1．児童の低学力と問題行動

X小学校の課題として、まず児童の問題への対応が語られた。X小学校に通う児童は出稼ぎ労働者家庭、一人親家庭等の不安定な家庭環境にいる子が多く、児童の学力の低さや問題行動によって、教員に大きな負担が課せられていた。

G教員：（子どもの家庭は）勉強をあまり重要視していない感じがあります。（…）勉強が苦手な子どもがほとんどです。そのため、基礎的な学力の保障がこの学校の教育活動の中心となっています。
F教員：（子どもの）多くは祖父母に育てられていて、（…）出稼ぎ家庭の子が少なくとも1クラスの半分を占めています。（だから、）大した達成感はありません。

不安定な家庭環境の下、保護者は子どもの教育問題より、生活の問題に関心を寄せていた。X小学校の教育目標は児童の基礎的な学力を保

障することであり、教員は教育期待の低い環境に置かれている。そのため、「達成感」を抱きにくく、疲労を溜めて、意欲が低下傾向にあるという様子がA校長へのインタビューからうかがわれる。

A校長：（学校の課題について）ひとり親家庭や留守家庭の子どもの管理には困難が多いです。そのような子どもの教育には非常に長い期間を見据えることが必要です。（…）しかし、先生たちも疲れを感じていて、あらゆる方法を使い果たしましたが、それでも効果が見えないんです。

また、X小学校の教員は児童の安全問題を多く提起した。児童の問題行動が頻発したX小学校では、勤務中のプレッシャーについて、「事故がなければいい」（D教員）、「安全問題が一番重要なこと」（E教員）等の語りが頻繁に現れる。現状では児童の管理問題が発生すると、学校、特に教員の責任が最も問われる傾向にある[41]。その時、責任を問われる教員は、学校の対応に失望感を抱くことがインタビューの中にも見られる。

4.2.2. 教員の意欲の低さと無力感を招く評価制度

X小学校の教員は学校・教員の評価制度について、次のように語っている。まず教員評価について、X小学校の教員評価は市レベルの統一試験の合格率、平均点数、優秀生徒の割合と密接な関係がある。「薄弱学校」における学力達成の困難さに対して配慮が十分ではないため、教員の勤務意欲が下がっているということが、E教員の話から伺える。

E教員：私たち（「薄弱学校」の教員）にとって、市の平均点数を達成することは非常に難しいです。だから多くの教員は強い挫折感を抱いてしまい、モチベーションが下がります。適切なところまで基準を下げて、類似の学校と比較すればいいと思うんです。

X小学校では、教員組織の安定性に配慮したため、教員間の評価結果の差はごくわずかとなっている。しかし、それは教員の動機づけとしては機能しない。その結果、現在の教員評価制度は教員にとってネガティブな効果をもっている。

G教員：現在、評価の意義は高まっていません。基本的には形式的なものになっています。でもそれはおそらく評価を厳しくすると、評価の低い先生の不満を招く恐れがあり、大きな差は（学校を）不安定な（競争的な環境に変える）のです。

B教員：（もし学校が高い）評価を得るために奨励金を出したら、少しは先生の動機づけになるでしょう。（しかし現在）ほとんどの先生は（県統一テストの）合格最低水準だけを目指しています。

また、現行の学校評価制度の下、低い評価結果が長期にわたって続いていることがX小学校の「無力感」を醸成した。A校長は、積極的な学校改善活動を展開しているが、そのような活動ではX小学校の低い評価を挽回できず、A校長と教員たちの改善意欲を失わせたことがC教員の語りから伺える。

C教員：校長先生も最初、学校の教育課程に特色を持たせようとしたり、色んな学校間交流をやったりしました。（…）しかし、評価は変わらない。どんなに頑張っても、（学校評価が）いつも低い。先生も校長もとても無力感を持っています。

このように、X小学校の教員は、児童の低学力と問題行動への対応が必要とされながら、意欲の低下や無力感をもたらす評価制度の下で勤務せざるを得ない状態にある。

5．X小学校に勤務する若手教員と
　　ベテラン教員の認識差

こうした状況で、若手教員とベテラン教員はいかにこれらの課題を認識し、勤務しているのか。本節では両者の認識の差異について検討する。

5.1．若手教員の成長意欲と職務環境の落差に関する葛藤

まず、X小学校の若手教員に共通して語られたことは、第一に、自身の能力不足に対する認識である。児童問題が深刻なX小学校では、教育経験の浅い若手教員がそれに対応できず、迷っている姿が見られる。例えば、仕事で困っていることについてF教員は以下のように語った。

F教員：頭が痛くなるような子が本当にいる。とりあえず話を聞かない。(…) 実践して子どもに効果が出るような、実践的な（メソッド）を教えてほしいです。

また、県レベルの若手教員を中心とした授業参観に参加したG教員は、X小学校にいる若手教員の授業面での能力不足を認識した。そのため、自身の能力を向上させたいと強く願っている。

G教員：他（都市部の先生）の発表を見て、「こういうところをこうすれば」とか、新しい授業の入り方とか。(…) 自分の能力が足りないと感じます。早く上達できるように指導してくれる人が一層欲しくなります。

しかし、第二の共通認識は成長するためのプラットフォームがないことである。まず校内研修の不十分さが語られた。教科担任制の下で、校内研修は教科ごとに実施される傾向がある。X小学校は農村部の小規模校であるため、教員の数は都市部の学校よりはるかに少ない。その結果、X小学校では校内研修活動の頻度が少なく、質も低いという。

F教員：大きな学校の中にはグループがあって、一つのグループに10人以上の先生がいて、指導してくれます。でも、私たちは基本的には自分たちでやるしかないです。だから学校での教育・研究活動は基本的に少ないんです。

E教員：（校内研修に対して）ほとんどの先生は少し適当な態度を取っていますね。(…) おそらく先生の数が少ないので、評価をしてくれる人も少ないと皆が感じていて、自分にとって大きな改善にはならないと。

A校長は、小規模校での校内研修の効果が限られていることに気づき、意識的に都市部の学校からの支援と、教員の学校外の研修を促している。しかし、A校長自身も認めるように、表面的な交流と研修に止まっている。若手教員も都市部の学校での研修は、その教育対象である子どもが違うため、X小学校には応用できないと指摘した。また、学校外の研修は教育理論を中心とした集中講義が多いため、実践とうまく結びつかず、結果として、研修の効果は高くないと語られた。

E教員：（他校での授業参観について）子どもが違うので、その時はいい方法だと思えても、帰ってきてから自分のクラスではうまくいかない。(…) そのような経験も重要ですが、私たちが欲しいのは、この学校の子どもに適用できる教え方です。

G教員：講義が多すぎて、良い講義もあるけど、冗長に感じたこともあります。(…) あまりにも有用じゃない感じがします。理論は抽象度が高すぎて、具体性が乏しい話だと思います。

このように、X小学校の若手教員が求めているのは、目の前の現実の問題を解決できる研修

である。都市部の学校との連携よりも、「同じような状況の学校（「薄弱学校」）とのワークショップ」（E教員）が期待されている。

以上のようにX小学校では、学校の教育課題に対応できない、自身の能力不足を認識している若手教員の姿が伺える。彼らはX小学校の児童問題に苦慮しており、都市部の教員より授業面での遅れも痛感している。この二つの側面での能力の向上が強く求められているが、彼らが望むような、成長に資する研修は存在しない。結果として、X小学校の若手教員は自身の成長意欲と職場環境の落差によって、葛藤を抱えている。

5.2. 若手教員の離脱
葛藤状態の中で、若手教員の中にはX小学校から離脱する思いが生まれる。先行研究にも、「薄弱学校」の深刻な教員流出問題が指摘されてきた[42][43]。この問題を解決するため、上述した職階評価の優遇措置や日常的な交通手当を与えること等の方策が掲げられた[44]。その効果について、A校長は、ベテラン教員の流出を抑制しているが、「若い先生の流出現象は確かにあります。（…）もう常態になっています」と述べている。つまり、資質能力が不足している若手教員の離脱の抑制には効果がないことが伺える。

実際に、一部の若手教員は、都市部の学校への異動を強く希望している。都市部の学校では、教員の数が多いため、良い校内研修が展開できる。予算等の教育資源もより豊富で、外部から専門の講師を招くことや、研修補助金を出す等、教員の成長への支援が提供されているためである。

G教員：今の学校に勤務していれば職階の昇進は楽ですが、（…）若い人はここにいると将来がすでに見えています。（…）都市部の学校には授業研究チームがあり、授業を評価・改善してくれるし、外部講師も招いて指導します。若い先生は指導力をかなり向上できま

す。

G教員のいうX小学校にいると「将来はすでに見える」ことは、向上の上限が見えることを指している。この点について、F教員はX小学校を「快適な環境」と表現した。その背景には先述のX小学校の課題の中に出てきた、児童への教育期待の低さと教員評価の甘さがある。若手教員がそれらに慣れて、向上心を失うことに対する危惧が語られた。

F教員：（学校の課題について）快適な環境にいると、自分がダメになります。（…）大きなプレッシャーはない。（学力向上について）学校側からの要求も厳しくないし、子どもの学習意欲も低い、親も厳しくない。（…）この環境では、堕落していくかなぁと。

教員としての成長に葛藤を抱えるX小学校の若手教員は、離脱を考えるようになった。「薄弱学校」の教員流出問題を解決するために職階評価の優遇措置が設けられているものの、それは若手教員の流出問題を解決できていない。彼らの一部は「薄弱学校」の教育課題に対応できないという理由から離脱を選択している。他方、教育に対する期待が低く、プレッシャーの少ない「快適な環境」より、自身が成長できる環境を求めて、より良いプラットフォームを持っている都市部の学校への異動を希望する人も存在する。いずれにしても、若手教員は常に離脱しようとする傾向にあり、長期間在職しない状況となっている。そして、離脱しない若手教員は年月を重ねて「薄弱学校」のベテラン教員になっていく。

5.3. ベテラン教員の高齢化と意欲低下
X小学校のベテラン教員には、児童の低学力を深刻に受け止める認識が乏しい。また、問題行動には経験の長さで対応可能だという認識が強いことから、児童の諸課題に対する「慣れ」が見られた。そして、ベテラン教員は自身の教

育経験に頼るあまり、新しい教育理念を受け入れようとせず、現代教育の発展に追いつかないことがA校長から語られた。

A校長：（教員の）年齢層が高いので、教育理念に対する理解が相対的に不足しています。（…）授業も比較的ずっと同じやり方で、これまでの自分のやり方を変えようとはしないですね。（…）新しい教育方法に戸惑いや違和感を抱いている人もいます。

この点について、ベテラン教員であるD教員もベテラン教員の高齢化による児童の指導効果の低下を語った。

D教員：私たちみたいな教員は現代的な教育技術を用いることに慣れておらず、習得も遅いです。（…）年配の先生は、向上心が低下していることや、子どもとの世代間ギャップも難点です。生徒を惹きつける力が弱く、指導効果が半減してしまいます。

他方で、教員研修について、D教員は、一部のベテラン教員にとっては、教育研究活動と研修は時に形式的であり、指導のない状況があると指摘した。質が保障できないため、ベテラン教員の参加意欲も低くなった。また、教育研究活動と研修に参加する機会が限られており、学校側とベテラン教員はそのような機会を若手教員に譲ることが多い。その結果、ベテラン教員には能力向上の機会が比較的少ない現状があるとC教員はいう。

D教員：教育研究活動の参加は任意で、関連する指導が少ないです。基本的には自分で考え、自分で資料を探すことになります。それでは質が保障できないです。正直、職階の昇進も優秀評価も望んでないし、参加しなくてもいいやと思いますね。
C教員：教育研究活動にはもう参加していない。（…）あんまり効果が見えないのが一つ

で、自分が歳をとったので、もっと若い人にやらせたいと思い、課題チームから退出しました。（…）年配の人は、基本的にオンライン学習の研修が多いですね。

C教員は研修や教育研究活動から身を引いた理由を「歳をとった」ためとしている。これはD教員の語りにあった職階の昇進と優秀な評価を望まない状態である。その結果、X小学校のベテラン教員には「若者に譲る」意識が形成されたと考えられる。また、研修と教育研究活動の質の低下も参加意欲が低下する原因であるといえる。

5.4. ベテラン教員の現状維持意識の強化

以上のようにX小学校のベテラン教員にも能力の問題が表れているが、能力の向上に関しては若手教員より低い意欲が見える。その原因は、上述した「快適な環境」である。まず、X小学校の質改善のプレッシャーとは、市教育局による学校評価である。しかし、長年学校評価の中で低位に置かれ続けているX小学校の教員はその評価に慣れてしまっている。また、学校評価の結果は教員の待遇に反映されている[45]が、評価の低さを素直に受け入れている教員の姿勢が見られた。ベテラン教員にとって、児童の学力は自分たちがいかに努力しても向上できないという認識が根強く浸透しているため、基本的な教育目標の達成だけを追求するようになっている。

B教員：（X小学校は）どんな方法を使っても、都市部の学校より高い学力は無理です。（…）差が広がらなければいいやと、みんな思ってしまうのです。年度末の評価となると、少し給与が減額しても大した差ではないし、それにはもう慣れています。
D教員：私たちのような学校は、学力を他の学校と比較することはありえないので、プレッシャーはあまりなく、やれることをやればいいです。

また、上述した職階評価の優遇措置は確かに
ベテラン教員の流出を抑制している。

B教員：以前は何名かの先生が都市部の学校
に異動する機会があっても行きたくないと言
ってましたね。ここで30年勤務すれば、大き
な昇進制度があります。だから20年以上ここ
で働いた先生は、他の学校に行きたがらない
です。

X小学校に適用されているこの優遇制度は、
D市を管轄する四川省が2015年に示したもので
ある。農村部学校や「薄弱学校」で累計30年間
の勤務経歴があり、現在も勤務している教員
は、高級職階を直接に申請できるとされた[46]。
つまり、この政策を利用できる教員は、年度の
「優秀教員」・市レベル以上の優秀論文を表彰す
る経歴等の厳しい要件を一部免除され、学歴と
研修時間数の要求等の条件に基づいて昇進可能
である。

高齢化によって教育理念の更新が難しく、授
業面での能力不足を自覚するベテラン教員は、
若手教員とは違って、研修と教育研究活動に参
加する意識が薄れており、その効果についても
疑問を抱いていた。「薄弱学校」というラベルの
下、学校全体に対する低い評価と、それによる
待遇の低さに慣れて、優れた成績と教育実践を
促す自身の能力向上を求めないようになってい
る。また、職階昇進への優遇措置は、上述した
「快適な環境」をより安定させるようになり、ベ
テラン教員の改善意欲をむしろ低下させてい
る。

5.5. まとめ

このように、X小学校の教員の自己発展能力
と自己発展意欲が不足する原因について、若手
教員とベテラン教員の視点からは異なる解釈が
見られた。若手教員は教育経験が浅いことによ
る自身の能力不足を認識し、向上意欲をもって
いる。しかし、X小学校ではその向上を促進で
きる支援が薄く、学校や保護者からの教育期待

の低さも相俟って、その向上心を減退させてい
る。ベテラン教員の場合は、現代的な教育の発
展と長年通用している自身の教育経験との差を
意識しており、能力不足を自覚している。しか
し、現任校の「快適な環境」の下、ベテラン教
員は自身の能力を向上させようとする意欲を低
下させている。

X小学校の若手教員の経験不足とベテラン教
員の現代的な教育課題に対応する能力の不足の
問題は、「薄弱学校」だけの特徴ではない。一般
の学校に勤務する教員にもこのような違う側面
の能力不足問題は指摘されている[47]。ただし注
目すべき点は、X小学校の教員が「内生的な発
展力」を低下させる原因が、教員の能力不足を
受け入れる「快適な環境」の存在である。この
事例から、「快適な環境」を形成したのは「薄弱
学校」の教育の質向上や教員の資質能力向上に
対する期待の低さである。求められる研修の困
難さ、教育に対する保護者の関心・期待の低
さ、教育行政機関からの評価の長期にわたる低
さ、教員評価の甘さと優遇措置、といった諸要
因がこのような低い期待に拍車をかけていると
考えられる。

6．考察

本稿ではまず「薄弱学校」の教員を取り巻く
制度背景としての短期交流制度と職階評価の優
遇措置を検討した。短期交流制度は「薄弱学校」
に勤務する教員の異動ではないため、その効果
については検討の余地がある。一方の職階評価
の優遇措置に関して、若手教員に対する効果に
は疑問が残される。その後、「薄弱学校」1校の
事例を取り上げて、学校の実態に関する教員の
語りを分析した。児童の低学力状況に加えて問
題行動の頻発、意欲の低下や無力感をもたらす
評価制度の下、若手教員とベテラン教員は、そ
れぞれ異なる点において自身の能力・意欲低下
の実態が見られた。これらの「薄弱学校」の教
員の課題を生み出す根源は「快適な環境」の存
在であることが指摘できる。ここで言う「快適
な環境」は若手教員にとっては、自身の専門性

の向上を阻害する環境として危惧される一方で、ベテラン教員にとっては、現任の職場への定着を促す環境であることが伺えた。この認識の差を踏まえると、「薄弱学校」の教員が抱える課題に対して二つの改善の方向性が示唆される。

若手教員に関しては、「薄弱学校」の児童が抱える課題への対応と授業に関する専門性の向上が望まれているが、それらのニーズに対応する研修にアクセスできない実態がある。そのため、向上意欲が抑制されるという「研修の不足による意欲の低下」傾向が見られた。「薄弱学校」に対しては、これまで改善のための政策が実行されてきたが、「薄弱学校」の教員を対象とする研修は行なわれていない。「薄弱学校」の教員が参加した校内研修について研究した毋らの調査結果では、「薄弱学校」の教育課題に基づく研修、特に児童生徒の指導問題に関する研修が不足していると指摘されている[48]。また、先行研究から「薄弱学校」には、児童生徒の家庭状況の不安定さ、社会経済的な困難さ、少数民族の児童生徒への対応など多様な問題に直面していると指摘している[49]。しかし、教員がその問題状況の中で勤務できるための育成・研修制度の構築はいまだに整備されていない。今後は「薄弱学校」の課題をさらに詳細に検討し、それらに対応した研修を展開する必要がある。

一方、ベテラン教員は、学校評価の結果が長期にわたり好転しないことと「薄弱学校」の教員を対象とする優遇措置によって、自身の現状に満足する姿が見られた。自身の能力向上に拘らないという「意欲の低下による資質能力の不足」になる傾向がある。それを打開するためには、「薄弱学校」の教員の意欲を持続的に喚起する方策が必要である。

まずは学校評価制度の在り方の再検討である。現在の学校評価は県レベルの教育行政機関によって展開され、管轄地域内のすべての学校を同一基準の下で評価する絶対評価である[50]。点数によって可視化された評価であるため、一部の指標は量化しやすいように簡易化されてい

る[51]。例えば、教員の資質能力を職階のレベルで判断し、各職階の割合や人数の多少によって相応する得点が得られる。このような学校評価はテストの成績と所有する教育資源によって学校を査定する傾向にあり、「薄弱学校」のように元々不利な条件をもつ学校に対して、改善の方向性を示唆する機能は弱い[52]。そのため、学校改善を目的とする多元的な評価基準の検討が重要であり、第三者評価等の方式も検討されるべきである。

そして、職階評価の優遇措置は本来「薄弱学校」の教員流出問題を抑制する意図で設けられたはずであった。実際にはベテラン教員の意欲の低下を維持する機能を果たしてしまっている。それは教員が「薄弱学校」に長期間定着することを促してはいるが、同時に、教員の資質能力の向上への意欲を減退させている。その結果、教員集団の継続性はあるものの、その質を低位に留めている。このような事態を改善するため、勤務時間要件と資質能力向上の要件を組み合わせた、柔軟で弾力的な政策設計が必要であると議論されているが、未だ構想段階にとどまっている[53]。

現段階では「薄弱学校」の教員に関する研究は極めて少なく、課題の解決に向けた政策の参考となるような研究データの収集が必要である。本稿は、農村部の小規模「薄弱学校」に限定した事例調査であるため、限られた範囲での知見である。都市部の「薄弱学校」での調査を今後の課題としたい。

注・参考文献

(1)楠山研『現代中国初中等教育の多様化と制度改革』東信堂、2010年。
(2)園田茂人・新保敦子『教育は不平等を克服できるか』岩波書店、2010年。
(3)張揚「中国における『国家レベルの学校教員研修プログラム』政策の実施状況と意義：教師教育の専門化と教育格差の是正の視点から」『北海道大学大学院教育学研究院紀要』第139巻、2021年、125-143ページ。

⑷楠山、前掲、注⑴。

⑸徐菁菁「重点学校政策的嬗変及其啓示」『教育研究与実験』第4巻、2014年、74-78ページ。

⑹教育学辞典委員会編『教育学辞典（2013）』高等教育出版社、2013年、117ページ。

⑺国家教育委員会『関于在普及初中的地方改革初中招生办法的通知』1986年。

⑻熊梅・陳綱「標本兼治、総合治理—関于我国部分大中城市義務教育階段加強薄弱学校建設情況的調研報告」『教育研究』第4巻、1998年、39-45ページ。

⑼晋銀峰「我国薄弱学校改革発展三十年」『課程.教材.教法』第10巻、2015年、3-9ページ。

⑽師丹慧「教育生態学視野下薄弱学校的変革：現状与展望」『当代教育科学』 第2巻、2020年、52-58ページ。

⑾仲米領「城乡義務教育教師流動政策常規変遷的問題研究」『教師教育研究』 第32巻第6号、2020年、54-59ページ。

⑿欧陽修俊・謝水琴「我国城乡義務教育教師流動政策的回顧与思考」『教育発展研究』第42巻第4号、2022年、68-77ページ。

⒀于冰・于海波「薄弱学校師資問題研究—来自OECD国家的経験与啓示」『比較教育研究』第4巻、2015年、96-100＋112ページ。

⒁党志平「農村薄弱学校教師队伍整体素質提升研究」『教学与管理：理論版』第1巻、2016年、59-62ページ。

⒂張艶・範小梅「新時代義務教育階段薄弱学校発展問題与取径」『教育与教学研究』第35巻第4号、2021年、106-116ページ。

⒃姚永強・範先佐「内生発展：薄弱学校改造路径選択」『中国教育学刊』第4巻、2013年、37-40ページ。

⒄楊建朝「薄弱学校何以可能変革成功：従幇扶補償到可行能力」『教育科学研究』第4巻、2019年、23-29ページ。

⒅鄭亮『薄弱学校文化変革研究』中国社会科学出版社、2019年。

⒆周少偉・陳丽伊・黄秀平「発達地区農村薄弱学校発展的困境和出路—以民楽小学転型発展為例」『科学咨询』第49巻、2021年、83-86ページ。

⒇莫丽娟「"堕落"与"逃離"：応試圧力下農村薄弱学校教師的順従与反抗」『当代教育科学』第1巻、2017年、62-67ページ。

㉑莫、前掲、注⒇。

㉒娄立志・劉文文「農村薄弱学校骨干教師的流失与応対」『教師教育研究』第28巻第2号、2016年、75-80ページ。

㉓教育部・人事部『関于深化中小学人事制度改革的実施意見』2003年。

㉔教育部・財政部・人力資源社会保障部『関于推進県（市、区）域内義務教育学校校長教師交流輪崗的意見』2014年。

㉕姚計海・韓月雪「教師輪崗交流政策有効実施的対策探析」『中国教育学刊』 第11巻、2022年、15-20ページ。

㉖余雅風・姚真「教師輪崗：質量風険与制度完善」『中国教育学刊』 第11巻、2022年、7-14ページ。

㉗小野寺香「中国における教員評価制度の展開」『国際教育』第21巻、2015年、9-22ページ。

㉘教育部『関于深化中小学教師職称制度改革的指導意見的通知』2015年。

㉙例えば、学士号を持つ小中学校二級教員が一級に昇進する場合、二級教員として4年間の勤務経験、雑誌論文の執筆、受賞歴、三級教員を指導した経験等が必要とされている。

㉚小野寺、前掲、注㉗

㉛高慧斌「乡村教師職称（職務）評聘制度演変及改革策略」『当代教育科学』 第1巻、2017年、17-21ページ。

㉜国務院『関于深入推進義務教育均衡発展的意見』2012年。

㉝教育部・国家発展改革委・財政部『関于全面改善貧困地区義務教育薄弱学校基本办学条件的意見』2013年。

㉞人力資源部・教育部『関于做好2018年度中小学教師職称評審工作的通知』2018年。

㉟王紅・邬志輝「乡村教師職称改革的政策創新与実践検視」『中国教育学刊』第1巻、2019年、42-47ページ。

㊱曾新・高臻一「賦権与賦能：乡村振興背景下農村小規模学校教師队伍建設之路—基于中西部6省12県『乡村教師支持計劃』実施情況的調査」『華中師範大学学報：人文社会科学版』第57巻第1号、2018年、174-187ページ。

㊲D市は県レベルの市であるため、県の扱いをされている。

㊳ここの若手教員は教職年数10年以下の教員を指し、ベテラン教員は25年以上を指す。

㊴D市の学校評価は毎年教育行政機関によって行われており、そこに低位に位置づく学校は教育の質が相対的に低いと認識され、校長の評価および教員の待遇は他の学校より低くなる。そのような学校は本稿で「薄弱学校」と定義している。X小学校は「薄弱学校」であるが、A校長が着任して以降を見る限り、「短期的な交流制度」は実施されていない。

㊵中国では児童数200名以下の学校が小規模校と認定される。X小学校の児童数は毎年200名ほどであり、校長と教員のインタビューからも「X小学校は小規模校である」という共通認識が確認できる。また、X小学校は「農村部の学校」及び「薄弱学校」としての教員支援政策をともに受けているが、本稿はそのうち後者に注目して分析する。

㊶王瑜・馬小婷「論我国義務教育問責制実施困境及其破解思路」『教育科学研究』第9巻、2019年、29-35ページ。

㊷張・範、前掲、注⒂。

㊸党、前掲、注⒁。

㊹邬志輝『中国農村教育：政策与発展（1978〜2018）』社会科学文献出版社、2018年。

㊺待遇への反映について、「薄弱学校」は一般の学校と同様で、「薄弱学校」のための特別な減額／増額はしない。

㊻四川省教育庁・財政庁・人力資源庁『関于推進県（市、区）域内義務教育学校校長教師交流輪崗的実施意見』2015年。

㊼肖百惠・張秀峰「教師队伍中新老教師群体“緘黙式”冲突的原因及解決途径」『現代教育科学』第2巻、2019年、109-113ページ。

㊽毋改霞・祁占勇・羅淦匀「薄弱学校教師専業発展的現状与改進—基于X市59所初中的調査」『教育理論与実践』第41巻第32号、2021年、40-44ページ。

㊾孔養涛「農村薄弱学校成因分析及建設路径」『教学与管理』第6巻、2019年、27-29ページ。

㊿王薇「学校評価結果解釈標准探析」『上海教育科研』第2巻、2020年、47-52ページ。

(51)周晔・徐好好「乡土文化功能：乡村学校評価内容的革新与発展」『当代教育科学』第2巻、2021年、53-58ページ。

(52)鄭美良・範国睿「超越結果与績效、回帰過程与改進—基礎教育学校評価的変遷与改進路向」『教育科学研究』第6巻、2021年、41-46ページ。

(53)白亮「乡村教師激励政策優化」『教育研究』第42巻第12号、2021年、142-150ページ。

ABSTRACT

Factor Structure Generating Challenges for Teachers in "Disadvantaged Schools" in China
—An Analysis Based on the Perceptions of Both Young and Experienced Teachers—

MAO Yue

(Graduate Students, University of TSUKUBA)

This study analyzed the working conditions of teachers in disadvantaged schools in China with a focus on differences in perceptions between young teachers and experienced teachers to clarify the challenges they face and their underlying causes. This study initially examined the policy for teachers in disadvantaged schools to obtain an institutional background as well as understand the policy-related support these teachers currently receive and the difficulties they encounter. Second, identified school-specific issues and the corresponding working conditions of teachers in disadvantaged rural schools. Third, analyzed factors contributing to the challenges teachers face by examining the differences in perceptions between young teachers and veteran teachers. Finally, clarified the factors underlying these challenges and discussed measures to support teachers.

This study examined the short-term exchange system and preferential treatment of job evaluations as the background for the situation of teachers in disadvantaged schools. Because this exchange system was not originally designed for teachers working in disadvantaged schools, there is room for further research on its effectiveness. However, the effectiveness of preferential treatment for job evaluation among young teachers remains questionable. This study selected the case of a disadvantaged school and analyzed teachers' narratives about their working conditions. Under the evaluation system, which frequently causes problematic behaviors, lowers motivation, instills a sense of powerlessness, and results in the lower academic performance of students, the perspectives of young teachers as well as experienced teachers showed different levels of competence and low motivation, respectively. The root cause of these challenges is the lack of a comfortable environment. In response, This study suggest two directions for improvement: the enhancement of training programs for teachers in disadvantaged schools and the establishment of a support system that motivates them to continuously improve.

Keywords：disadvantaged school, development of teachers, policies for teachers, veteran teacher, education policy

キーワード：薄弱学校、教員の成長、教員に対する政策、ベテラン教員、教育政策

〈研究論文〉

教職大学院を修了した新人教師の「省察」経験
——「子どもの事実認識」に着目して——

森田　智幸（山形大学）／佐藤　瑞紀（新庄市立新庄小学校）

1．研究の目的

新人教師[1]の成長をどのように保障するかは、古くて新しい課題だ。新人期は、「教師になる」という適応的な過程において様々な困難に直面する[2]。そこでは、新人教師は「できていない存在」として支援、指導の対象となることが多い。

一方で、「専門家としての教師になる」過程において、新人の「有能さ」に注目し、関わりのあり方について検討する必要が生じている。Kelchtermans（2019）は、新人を知識、技術、資質、能力の欠損した存在として見る「欠損思考」により捉え、知識の注入、技術の修正、練習の反復等の「矯正アプローチ」による対応の問題を指摘している[3]。こうした捉え方が、求められる「教師」への適応過程（「社会化」）を過度に重視し、教職の単純化を招く危険性がある[4]。ここでの問題は、新人教師を専門家として学ぶ「主体agent」として捉えること[5]、すなわち新人教師の自律性をめぐる問題である。

教師の自律性については、教職員の「同僚性」や「チーム」としての学校論の中でも既にその重要性が指摘されてきた[6]。しかし、新人教師の自律性をめぐる議論は、専門性において未熟であるがゆえに、支援や指導の対象としてのみ議論される傾向にあり、十分な蓄積があるとは言いがたい。

本研究の事例の新人教師佐藤は、教員4年目を迎えた202x年度、初めて低学年（2年生）担任となった。佐藤は、その日々を、「なんとか乗り切るような」日々として振り返った。4、5、6年生を担任してきた経験がほとんど通用せず、一からやり直す1年であり、初めて体育主任、安全主任になり、想像を超える業務量を抱え追われるような1年だった。佐藤にとってこの年は、様々な求めに応じて「教師になる」適応的な経験だった。

一方、その過程を当時の日記を通してさらにたどり直すと、佐藤にとってこの1年は、教職大学院での学びをいかし、「子どもの事実」を出発点に、省察的な実践を試みた1年でもあった。新人教師の経験世界には、適応的な経験に埋もれるような形で、同時に、自律性を探索する省察的な経験が存在している。それは、どのような省察だったのだろうか。

本研究では、新人教師佐藤による省察の中でも、日常的な省察の展開過程を、日記の叙述における「事実認識」とそれに伴う対応の展開に着目して分析し、新人教師の専門家としての自律性をめぐる経験世界の一端を明らかにしたい。

2．先行研究

(1)新人教師の省察経験

新人期の経験については、「社会化」の視点から、求められる「教師になる」過程を描出する事例研究が多く蓄積されてきた[7]。新人期は困難との直面が避けられない[8]。曽山（2014）によると、新人小学校教師は学校のリズムに圧倒され、多くの経験を積みながらも、それを冷静に振り返ったり考え直したりする時間がないま

ま、「乗り切る」ように、すなわち、「教師にな
る」という適応的な過程に追われるように、日
々を過ごしている[9]。そのような中で、新人教
師は専門家としての発達を実現するための実践
的な思考である「実践をしながらの省察reflec-
tion-in-practice」に限界を抱え、発達プロセスを
阻害されているという[10]。こうした「実践をし
ながらの省察」については、その難しさが指摘
され[11]、現場から離れた場での省察を促す仕組
みが提案されてきた[12]。

　教職大学院は、省察により成長し続ける教員
の養成を目指して構想された仕組みである[13]。
しかし、導入当初より大学の授業、現場双方に
おける省察の難しさが指摘されてきた[14]。教職
大学院修了後の経験について、現職院生につい
ての研究[15]はあるものの、学部卒院生の新人教
師としての経験の分析は、依然、課題として残
されている。

(2)日常的な行為としての省察

　佐伯（2018）は、ショーンが「行為の中の省
察」概念を提唱した当時の文脈を重視し、省察
を過度に特殊な行為とすることに対して警鐘を
鳴らしている[16]。実践家は、その文脈の中で何
とかしようとしているときに、行為の中で考
え、感じていることを吟味の俎上に載せ、自分
なりの実践を創り出していく。それは決して特
殊な行為ではなく、日常的な実践の中で行われ
るものである。確かに、Schön（1983）は、「行
為の中の省察」、「実践の中の省察」を説明する
際に、自身の日曜大工や子どもの積み木遊びな
ど、誰もが経験する中に生じていることを対象
として説明している[17]。新人教師も、日常的に
何らかの省察をしていると捉える方が妥当だろ
う。

　この点から見れば、先行研究は、「実践につい
ての省察reflection-on-practice」に対する「実践
をしながらの省察reflection-in-practice」の限界
や困難を指摘するにとどまっており、新人教師
が「実践をしながらの省察」においてどのよう
な限界を経験するのかについては十分に検討し

ていない。

　注目すべき点は、ショーン（2001）の言及す
る「実践をしながらの省察」[18]が抱える時間的
制約である。岡村（2017）も、ショーンの「省
察」概念が、瞬時になされる選択と判断及びそ
れらを対象化した思考の両者を包括した概念で
あることを指摘している[19]。ショーン（2001）
によれば、「実践している真っ最中の省察」は、
「現在の行為」が目の当たりにしている現実、特
に、変化を生み出し続けられる時間の範囲に制
限されている[20]。「現在の行為」は、目の前の
現実の捉え方により、「分、時間、日、あるは週
や月にまで拡がりをもつ」[21]。それでは、新人
教師は、目の当たりにしている現実をどのよう
な「状況」として捉えているのだろうか。

(3)日常的な省察を捉える理論的枠組み

　この点を分析するには、「事実認識」に着目す
ることが重要となる。ショーンの省察概念を検
討した佐藤（1996）によると、専門家の「事実
認識」、すなわち、その現実世界から何を「事実
（どうであるか）is」として認識するかは、それ
自体、すでに、具体的な問題解決への志向性を
帯び、「選択と判断ought to be」への展開を前提
として表現されている[22]。確かに、ショーン
（2001）は、「反省的実践家」としての専門家の
専門性を、「問題解決」の巧みさ以上に、「問題
設定」において見出していた[23]。複合的な現実
世界から具体的な「問題」を構成した時点で、
解決に向けての対応の多くが決定づけられてい
るのである。

　しかし、省察を検討した先行研究の多くは、
省察という行為における「事実認識」がある種
の志向性を帯びている点に着目してこなかっ
た。この点で、北田（2011）の研究は、重要な
位置を占める。北田（2011）によると、授業研
究会における対話の中で、子どもについての
「事実認識」の変容、特に、「固有名の子どもの
学びの事実」に着目することが、教師の実践的
知識の再構築を促すという[24]。

　それでは、新人教師は、授業研究会を離れた

場において、複雑な現実を、特に子どもについての現実を、どのような「事実」として認識しているのだろうか。藤井（2018）は、これまでの授業の省察研究において、教師の「内面世界」における省察の展開過程の描出が課題として残されていることを指摘し、熟練教師を対象として分析している[25]。一方、新人教師を対象とした、「事実認識」の展開については検討されていない。

以上より、本研究は、新人教師による「実践をしながらの省察reflection-in-practice」の経験の一端を明らかにすることを目指す。その際、それを遂行している最中の、「子どもの事実認識」の展開に着目して分析する。

3．研究の方法

曽山（2014）の研究は先行研究の方法上の課題を提起している点において重要である。新人教師の経験世界を描出する先行研究は、経験を振り返るインタビューを主な方法として採用してきた点に限界を抱えている[26]。曽山（2014）は、経時的インタビューを方法として採用することにより、新人教師にとって「日常から離れた省察」が重要であることを見出した[27]。それに対して本研究では、新人教師の「実践をしながらの省察」における「事実認識」が表現された日記を分析対象として用いる。

本研究が用いるのは、新人教師佐藤（第二著者）による202x年1年間の日記である。202x年は佐藤にとって教員歴4年目であり、初めて低学年担任となった年である。日記には、その日の実践や子どもの様子をめぐって感じたこと、考えたことが叙述されている。ここには複雑な現実世界をどのように「事実認識」していたのかが表現されており、日常的な自己内対話の展開を表現している資料である。

一方、日記の叙述は断片的なものもあり、解釈が容易でないものもある。そのため、本研究では、第一著者（森田）と第二著者（佐藤）による「共同構築的インタビュー」[28]を実施した。調査は以下の手順で行った。まず、佐藤から第

一著者に本研究の共同研究者としての参加が要請された。第一著者は佐藤にとって大学院時代の担当教員であり、佐藤のこれまでの経験、実践に対する認識、信念に関する予備知識をもっていたためである。両者は協同的に解釈を行う役割を担っている。インタビューは2022年4月から12月にかけて、月1回程度、3時間から4時間の半構造化インタビューとして行い、日記の叙述に沿って、当時抱えていた業務、悩んでいたこと等、叙述の背景を共に探った。授業研究会用ノートや研究会の報告資料、毎月授業を録画してきたビデオを適宜資料として用いた。音声は録音し、全て文字に起こしデータ化した。共同研究を行うにあたり、研究の趣旨や研究からの離脱についてお互い合意を得て実施した。成果の公表にあたっては双方で確認した。佐藤以外の論文中の教師と子どもの名前はすべて仮名である。

検討の結果、第一に、日記の叙述に、「どうであるかis」に関する叙述、教室での具体的な実際の対応に関する叙述、そして、目指すべき姿に関する叙述があることを確認した。

第二に、佐藤が、初めての低学年を担任することになった時、教職大学院当時の授業観察で出会った低学年教室の風景を目指すべき教室風景として設定していたこと、それに対して当初、「コの字型の机配置」と「椅子に座ってコーディネートする」という2つの方法を対応の中心として試行錯誤していたことを確認した。

第三に、202x年5月30日と202x年9月11日の2回にわたって佐藤が行き詰まりを経験していること、202x年10月9日に参加した県外の授業研究会をきっかけとしてそこからの打開がみられることを同定した。

第四に、2回の行き詰まりと、研究会への参加前後の「事実認識」の展開を中心に分析した結果、「事実認識」をめぐる2つの展開を確認した。2回の行き詰まりの時に確認されたのは、目の前の現実を、目指すべき姿に対して何かが足りない、もしくは欠けている事実として構成する「事実認識」の有り様だった。研究会参加

時とそれ以後には、具体的な子どもが「どうであるか」という「事実認識」の有り様、すなわち、「固有名をもった子どもの事実認識 is」があった。結果として、「固有名をもった子どもの事実」への気づきが行き詰まりの打開の鍵になったこと、特に、その気づきが、「時間の範囲」に注目した時に、よりミクロな対応を可能にしていたことを作業仮説として見出した。

　以上より、本研究では、新人教師の日常的な省察の展開について、「子どもの事実認識」に着目し、日記の叙述及びそれに関する語りを時系列に沿って検討する。

4．結果と考察

(1)初めての低学年担任への挑戦と挫折

①教職大学院時代のイメージを頼りに

　佐藤は、4年目、教職人生初めての低学年、2年生の担任となった。初めての低学年担任として取り組んだことは2点あった。1つ目は、「べったりコの字型」に机を配置すること。2つ目は「椅子に座ってコーディネートする」こと。4月以後教室の様子を映してきたビデオには、この2点について変えることなく取り組んでいる様子が記録されている。

　この2点は、教職大学院の院生だった201x年度、月に1回続けてきた1年生の教室の観察からつくってきたイメージだった。観察していたのは、同じ研究室の現職院生川原さんが担任する1年生の教室だった。最初の訪問日201x年5月18日のフィールドノーツには「コの字」、「T座る」というメモがあり、その下に、「みんなが考えると子のトーンが下がる」こと、「近寄ると小さい声になる」ことへの気付きが記録されている。翌月6月30日に観察した際には、「コの字」型の机配置の図がメモされ、その隣には、「(低学年でも)小さい声も拾おうとしている」ことに気づいたことが記録されている。8月30日には、「ペアの話し合いのトーンが下がってきた」こと、「全体の話し合いのトーンも下がってきた」ことなど、教室に醸成される雰囲気への気づきがメモされている。

　佐藤は、1年生の教室での観察を、1年間続けることを通して、子どもがお互いの声を聴き、学び合うようになっていく様子に感銘を受けた。こうした経験の積み重ねにより、低学年の教室では「べったりコの字型」に机を配置する、「椅子に座ってコーディネートする」という対応は、佐藤にとって疑う余地のない、目指すべき自然なこととなっていた。

②低学年の「目指すべき姿」を追究する

　子どもと初めて対面した202x年4月7日の日記には、「べったりコの字型」の机配置の実践に取り組みたいことが記述されている。

> 低学年はびっちりコの字したいけど、学校の方針に引っかからないか気にしながら実践している。(略)今日改めて、30人以上の子を「コントロール」するのはムリって思った。もっと寄せて、子と子、子とオレのつながりをつくって、結果として、落ち着くをつくらないと、互いにつらいよね。

　新型コロナ禍、子ども同士の物理的な距離を確保することが学校の方針となっていたため、一人ひとりを離した机の配置で初めて低学年の子どもたちと向き合った。佐藤には、子どもたちが「コントロール」を必要とする「30人以上の子」として見えていた。改めて「コの字型」の机配置にすべきであることを確認し、子ども同士を「もっと寄せて」、「落ち着く」雰囲気をつくることを目指すことを決める。翌週の4月12日月曜日には、早速「べったりコの字型」に机を配置し椅子に座ってコーディネートを試みた。その時感じたことが、日記に以下のように記述されている。

> 活動的じゃないとすぐにあきてくる。意味ある活動を、どんどん仕組んでいく。板書は視覚的な共有のため。ノートのためはいらない。「書く」にかなり労力がかかっちゃう。今はガマンの時期。子を「しつけて」いく。耳をすますこと、人の話をきくことをつくっていく。半年〜

1年くらいのスパンで。

　目の前には、佐藤が想像していた様子とは異なる子どもたちの様子があったようだ。佐藤には、「活動的じゃないとすぐにあきてくる」子ども、「書く」ことに苦労する子どもとして見えていた。同時に、目の前の子どもたちは、佐藤自身がもつ理想的な子どもの姿から比べて、どこか足りない対象に見えていた。佐藤にとって「コの字型」で近くに居れば耳をすますこと、人の話を聞くことは、当然のことだった。教職大学院時代観察した1年生の教室では、5月には子どもたちが「近寄ると小さい声になる」こと、6月には「（低学年でも）小さい声も拾おうとしている」ことを実感した。しかし、目の前にいる子どもはそれができていない。佐藤は、子どもを「しつけて」いくことが必要だと考えていた。

　その後、佐藤は、どのような対応をしたのだろうか。日記の記録では、翌週の4月20日に「話を聞く→今のをペアで（確認して）」という活動に取り組んだことが唯一記録されている。この対応に「結構手応え」があり「質を上げていく」ことを目指すことが記録されている。4月22日、以下のような叙述がある。

　昨日と今日、知能検査とNRT。バラバラの机。より「コントロール」が求められる。オレも子もツラい。やっぱり変。「教室」って。時間はかかっても、べっちょりコの字やっていこう。日野Tならどうするかなぁ。川原さんなら、を考えないと。

　机を「バラバラ」に離して実施するテストの日、佐藤は再び「コントロール」を必要とする子どもの様子を目の当たりにした。そして、「べっちょりコの字型」の机配置が必要だ、と子どもの様子から確認している。同時に、昨年度まで同じ学年を組んでいた日野T、教職大学院時代観察していた川原さんの名を挙げ、対応を考えようとする姿もある。ここでは、「目指すべき

子どもの姿」から事実を認識し、対応を考えるという展開が見られる。

③校務に追われて行き詰まる

　しかし、5月に入ると日記の記述は10日と30日の2日分だけに大幅に減少し、新しい対応が思いつかず、手詰まりの状態に陥る。背景には校務分掌に伴う業務量の増加がある。佐藤はこの年初めて体育主任、安全主任を任され、5月中旬の運動会、6月上旬の地区陸上記録会の運営に追われる日々だった。

　5月30日の日記には以下の記述がある。

　体育主任（運動会・マラソン・水泳・陸上…）、2年担任、不登校への対応…土日に学校に行き、滞在時間もかなり増えている。日々こなすので精いっぱい。自分が薄っぺらくなっていく感じ。本を読むエネルギー、時間がない（本当にないの？）。授業も場当たり的。

　体育主任としての業務量は佐藤の想像をはるかに超えていた。運動会の準備はもちろん、地区陸上記録会の会議への出席が特に負担だった。教室を空け、自習にせざるをえない時間が多くなり、教室の子どもたちと向き合えない。運動会翌日の振替休日に地区陸上記録会の運営のために学校に出勤していたときには、運動会で一番仕事量が多い体育主任が振替休日に休めない、という理不尽さに押しつぶされそうになったという。授業が「場当たり的」になっていることを反省しながらも、次の一手を見出すエネルギーもなくなってきた、そんな1か月を過ごした。

(2)子どもの一言を受けての再挑戦
①子どもの一言から対応を省みる

　6月に入り、日記の記述は再度増加する。きっかけはある子どもの一言だった。

　今日（6月7日※引用者註）、ケイくんに「先生、4月はいっぱい笑っていたのに、どうして最近笑わなくなったの」って言われた。ドキッ。

同様の出来事が立て続けに起こり、佐藤は「場当たり的」ではない実践に再挑戦する。6月18日に以下の叙述がある。

昨日、町探検中に隣の（学級の※引用者註）2－1の女の子から「ユメちゃん、（佐藤※引用者註）先生のことこわいって言ってたけど、やさしいじゃん」って言われた。ハッとした。「こわいＴ…」やっぱ「こわさ」でコントロールしようとしているんだなって。

今日はいかん、と思って、子を受け入れ、そこに合う言葉を「おいていく」イメージ。なんと。子も自分もスっといく感じ。難ありの子もいるけど、、、なんというか、、、解決はしていないけど、解消している感じ。

子どもの言葉を通して、子どもに「笑っていない」、「こわい」と映っていたことを知った。この出来事により自分自身の居方・対応が問題として見えてきた。体育主任の業務量とそのリズムに圧倒され、無意識の内に「こわさ」を使い、子どもを「コントロール」しようとしていた。佐藤は、その居方を「いかん」と反省し、忙しさの中で取り組めていなかった、今まで目指していた対応を確認して試みている。「子を受け入れる」こと、「そこに合う言葉」を探すこと、そして、その言葉を「おいていく」こと。やってみると、「スっといく感じ」と手応えを感じたことを表現している。同時に、うまくいっていない子どもの様子も目に留まった。「難ありの子もいるけど、、、なんというか、、、」という記述の「、、、」には、その子たちの様子をどのように解釈するべきか迷う佐藤の姿がある。

しかし、この時点では、「解消」するという解釈にとどまった。「解決はしていないけど、解消している感じ」は、『物語としてのケア』（野口裕二、医学書院、2002年）を引用したものである。なぜ佐藤はこの著書から解釈するにいたったのだろうか。

② 「目指すべき姿」に立ち戻る

佐藤がこの著書を読むきっかけとなったのも、先に紹介した6月7日のケイくんの一言だった。その日の日記には、ケイくんの言葉にショックを受けた叙述に添えて、『「子どもがケアする世界」をケアする』（佐伯胖、ミネルヴァ書房、2017年）、『子どもを「人間」としてみるということ』（佐伯胖他、ミネルヴァ書房、2013年）、『＜学級＞の歴史学』（柳治男、講談社、2005年）、先述の『物語としてのケア』の4冊のタイトルがメモされている。

ケイくんの一言により、佐藤は自身が目指すべきものを見失っている状態にあると考えた。佐伯の本は、ケイくんの一言に「これはちょっとまずいな」と思い教職大学院時代に学び目指すべきだと考えていたことに「立ち戻る」ためにその週末に手に取ったものだった。6月13日、19日の日記には、本を読んで「院生のころを思い出した」、「反省させられた」という叙述がある。しかし、本を読んだ結果、子どもを「手のかかる子ども」という集団として捉え、問題を「学級というシステム」に起因する抽象的な問題として構成した。21日の日記は以下の通り叙述されている。

忙しくてつい→学級というシステムが持つ力学に自覚的になれない。水の中にいるのになぜ苦しいのかわかっていない？意思だけでは限界。自覚しつつ、解決せずに解消する、というスタンスが二人称的アプローチにつながるのかも。（結果として、解決）＋空間デザイン。やっぱり、人の学びとして不自然な空間。低学年の「手のかかる子」たちは、それをメッセージとして表してくれている。

佐藤の事実認識が、ケイくんの一言を受けて読んだ著書の内容を組み合わせることにより表現されている。『＜学級＞の歴史学』により、うまくいかない原因を「学級というシステム」の問題として解釈しようと試み、『物語としてのケア』により、うまくいかないことを「解決せずに解消する」というスタンスでいることの大

切さを確認している。

結果として、佐藤の目には、うまく対応できない子どもたちのことが「手のかかる子」として映っている。その子たちは旧来型の教室空間が起こす問題として「論じる」対象となり、「解決」の対象ではなく「解消」の、具体的には、「ガマン」の対象となった。しかし、一方で、目の前の一人ひとりの子どもに対する、よりミクロな時間の範囲における対応へと展開しなかったとも言える。

7月に入ると、評価に関する業務量の増加に伴い、日記の記述がなくなる。9月11日には6月以来となる記録がある。

昨日の夜、ふと、これまでの自分の不満すべてが「実ほど、頭を垂れる、稲穂かな」に還元できるのではないかと。職場への一つ一つの不満は、＜すごいことをしようとしている自分＞への足かせとして。「大変な子ども」は、これだけ研究して本も読んでいる自分が違っているはずはない、この子たちが悪い、「大変な学級」を預けられ、本当はできるはずのオレの足を引っ張っていると。子どもたちの姿は、頭でっかちなオレに実践の場の難しさ、喜びを教えてくれる。学ぶほど無知の自分が出てくる。何も知らない。けど、それがいつしか＜これだけやっているオレ＞になってた。自分一人では何もできないはずなのに。「実ほど、頭を垂れる、稲穂かな」謙虚に。

佐藤は、うまくいかない原因が職場や子どもにあると考えていたことを反省し、「頭でっかち」になり、傲慢になっていたことを自己批判している。しかし、教室での実際の対応の具体とその結果についての叙述はない。自分自身に問題があると気づいたとしても、ミクロな時間の範囲での打開策は見えず、手詰まりの状態は続いた。教室風景を記録し続けてきたビデオ動画によると、4月当初始めた「べったりコの字型」の机の配置と「椅子に座ってコーディネートする」ことに変わることなく取り組む姿が9

月時点でも続いていた。そこには、目の前の子どもたちを「解消」の対象として、より具体的には「ガマン」の対象として処理し、よりマクロな時間の範囲において、変化することを期待する姿があった。

⑶「固有名をもった子どもの事実認識」から実践をつくる

①「固有名をもった子ども」の姿に気づく

202x年10月9日、佐藤は他県で行われた研究会に報告者として参加した。研究会には、約30名の現職教員と大学院生や大学生、大学教員が参加した。研究会では、最初に15分程度、参加者の自己紹介をした後、佐藤の授業実践1時間分の動画記録を視聴し、1時間程度参加者同士で議論した。最後に大学教員からのコメントがあった。

この日の報告は、教員になって初めて、自身の授業実践1時間分をじっくり見る機会となった。ノートには、自分自身の授業での居方や対応と子どもの様子をどのように見たのかに関することを5ページにわたって記録している。当日のノートには、子どもの様子について、以下のように叙述し発見している。

ペアのつながりつくれない。ナオーシュウヘイ、ユウーアキ。オレの入りが、より孤立させてしまっている？

でもちょっとずつ、ユウーアキがつながっている？ようやく。Tがユウの活動をまず支えてたから？ナオーシュウヘイ、ユウーアキがつながってようやく、Tは後ろへ。too lateな子いたかも？→ミキ、ダイキtoo late。

佐藤はこのとき、だれがペアでつながっていないか、固有名をもった子どもが「どうであるか is」を目の当たりにした。「固有名をもった子どもの事実 is」の気づきは、よりミクロな時間の範囲における自身の対応の問題への気づきと同時に展開されている。ノートには、「いすにすわっているけど、みてない。ただすわっている」

「子に入っている身体がカタい」等、自身の居方や対応に関する言及がある。佐藤は、「固有名の子どもの事実」に気づくと同時に、自身の対応が「より孤立させてしまっている」可能性、自身の介入が「遅すぎる」ことにも気づいた。

②「固有名の子どもの事実」に注目する

研究会の経験の影響は大きかった。10月24日の日記にも「10月9日の会はすごかった」と叙述されている。翌日25日の日記には、以下のような記述がある。

10月4日・15日の授業研究会であんまりにもいろんな先生に「騒がしい」って言われて、あんまりにも言われるから、「静」の時間が少なすぎるんじゃないかと。で、ビデオを見てみると、自分の作業が終わるとおしゃべりする子が多い。そこのざわつきから「さわがしく」「雑に」なっているのかも、と。子に「終わってもまだやっている人のために静かな時間をつくって」「そのためにペアで見比べるんだよ」と伝えた。大分良い。オレもゆったりしてこれるし。分からない時にペアに聞くことと静けさは矛盾するわけではない。学びの作法として明示していくのはありかも。

この日記には、6月以来となる佐藤による対応の具体が記録されている。「終わってもまだやっている人のために静かな時間をつくって」「そのためにペアで見比べるんだよ」と伝えてみるという試みである。この対応はこれまで見られなかったものである。この試みにはかなり手応えがあったようで、適宜伝えるだけでなく、「学びの作法」として子どもと共有してみることも考え始めている。

こうした対応に至った背景には、これまでにない佐藤の省察の様式がある。授業を見た他の教員から「騒がしい」と指摘されたことについて受け止め、「静」の時間が少なすぎるのではないかと考えるまでの過程は、ケイくんから「先生、どうして笑わなくなったの」と言われたときの展開と同様に、他者からの言葉が自身の対応を吟味するきっかけになっている。

違いはビデオを見直している点にある。ここで佐藤は、授業を記録したビデオを見て、「さわがしい」という状態において子どもが「どうであるかis」について検討している。結果として、「自分の作業が終わるとおしゃべりする子」を発見し、「ちょっとしたおしゃべり」が「ざわつき」になり、「さわがしさ」をつくっているのではないかと考え、「騒がしい」状態の背景に子ども一人ひとりの作業への取り組み方の違いを見出している。

新しい対応は、固有名をもった子どもが「どうであるか is」に基づいた省察の産物である。11月9日には、「引いて全体を見る」ことを試し、「局所的にケアがいる子」の存在を発見し、「いかん」と考え、対応を修正したことも記録されている。4月当初、子どもは「こうなるはずだ」と考えた理想像との関係において捉えられ、「しつけ」と「ガマン」の対象だった。行き詰まりの中では抽象的に「論じる」対象となっていた。「ガマン」は続き、対応の問題に気付くことはなかった。一方、今回は、佐藤の対応に修正を迫り、よりミクロな時間の範囲における対応を考える対象となっている。

③具体的に対応を探る

12月15日、佐藤は「課題の準備」の「ていねい」さを心がけた授業をした。11月17日、同じ2年生を担任する先輩の授業を見たとき、どの子も課題と向き合っている様子を見て、課題の準備の大切さに気付き、試したことである。やってみた結果を日記に以下のように記している。

今日は「ていねい」を心がけた。やっぱり、その時間、何したかが分かるって大切。あと、成果物（応答・手応え）あるって大切。

ここで佐藤は、「子も手応え」を感じている様子から、やりがいがある課題や対象の重要性を確認している。12月18日には、課題や対象を「ていねい」に用意してみると、「手応え」を感

じている様子だけではなく、「困っている様子」も見えてきた。その様子に気付くことを通して、「ようやくTの居方が問える」と、自身の対応の修正を図っている。佐藤には、このとき、用意した課題や対象が「もう一人の教師」として、「見守り役」として機能しているように見えていた。そして、課題や対象について考慮してこなかった自分の実践について「真空の状態」で「あたふたしている」ようだと振り返った。

2月22日、再度新型コロナ感染症の流行により子ども同士の物理的な距離を確保することが学校としての方針となった。全員前向きで距離を確保することは、佐藤には、やはり「きつい」ものがあった。しかし、以前のように「コの字型の机配置」や「椅子に座ってコーディネートすること」に固執する様子はない。机の配置や課題、教師の居方に関するこれまでの自身の解釈を再構築している。佐藤は「今までは『子がコの字orグループ』じゃないとだめという頭。そうじゃない」と述べる。そして、「授業が面白いと子も落ち着く」、「対象がいいんだよな」というように、課題や対象を用意することの大切さを再確認し、「空間、対象に子がどう反応するかを見て（一息ついて）そこに添っていくイメージ」が自身にとって「居心地がいい」ことを実感している。記録されている動画で確認できる教室での居方も変わった。そこには、椅子に縛られることなく、柔軟にポジションを変え、柔軟に子どもに対応する佐藤の姿を確認できる。一人ひとりの固有名をもった子どもが「どうであるかis」に基づいた認識は、ミクロな時間の範囲における新たな対応を生みだした。

5．総合的な考察

教職大学院を修了した新人教師である佐藤は、曽山（2014）による、経時的なインタビューによる分析[29]の結果と同様に、校務の業務量とそのリズムに圧倒され「乗り切る」ような日々に陥っていた。しかし、日記の叙述を分析することにより、第一に、新人教師であったとしても、「実践をしながらの省察」を遂行していた

ことが確認された。

第二に、「事実認識」の叙述に着目した結果、日常的に行う「実践をしながらの省察」の限界が、教室の子どもの様子を、「こうであるべき」という理想像に照らし合わせて「事実」として構成してしまう点により生じていたことが析出された。4月から6月にかけて佐藤にとって子どもは「ガマン」と「しつけ」の対象だった。佐藤は当時の自身の「事実認識」を、「目指すべき子どもの姿」にどれだけ子どもが及んでいないのかに注目してしまう、「引き算的な事実認識」と表現している。

第三に、よりよい解決方法を探り、「目指すべき姿」を確認することは、実践から柔軟さを奪い、実践を硬直化した。佐藤は、子どもから「笑わなくなった」と言われたことをきっかけに、「できていない自分」と向き合うことになった。しかし、本を読み、「目指すべき子どもの姿」を確認したことで、目の前の子どもを、近代学校の教室空間の問題として「論じる」対象に、また、「解決」ではなく「解消」の対象とした。結果として、「ガマン」して対処することが続き、よりミクロな時間の範囲における「できていない自分」の姿と向き合うことにはならなかった。こうした「目指すべき子どもの姿」に固執して探索する様子を、現在、佐藤は東畑（2021）を参考に「魔法にかかりにいった」と表現している[30]。

第四に、「固有名をもった子どもの事実認識is」は、よりミクロな時間の範囲における「できていない自分」を認識することにつながり、それに基づいた対応を創出する点において重要であった。「魔法」を解くきっかけは、県外で開催された研究会に参加したことだった。

佐藤は、教師になって初めて、自身の授業1時間分の「どうであるかis」を見直した。「固有名をもった子どもの事実」への気付きは、同時に、修正すべき自身の対応の気付きにつながった。「教室が騒がしい」と指摘されたときには、ビデオを見返した。目の前の子どもが「どうであるかis」に基づいて何が問題なのか考え、ミ

クロな時間の範囲における対応を考えた。こうした佐藤の姿は、本を読み、目指すべき姿を確認し、同じ対応を続けていた以前の省察の様式とは大きく異なっている。「コの字型の机配置」や「座ってコーディネートすること」に執着することなく、柔軟に対応することができるようになった。

本論文の実践上の示唆は新人教師に対する支援の適切性について新たな方途を示した点にある。「乗り切る」ように過ごす教師の「行き詰まり」は、「できていない自分」に気付いたとしても、問題の解決や「目指すべき姿」を重視し、自身の「事実認識」を再構築できなくなる点にある。教室が一見混沌に見えたとしても、新人教師であるからこそ、子どもと向き合う中で敏感に察知し、柔軟に対応している例も少なくない。しかし、今回の事例のように、行き詰まる中で「目指すべき姿」から「引き算的に」「事実」を構成して対応策を考え始めると、ミクロな時間の範囲での「事実」が捉えられなくなる。結果として、ミクロな範囲での「できていない自分」に気付き、修正するという柔軟性が失われてしまう。

新人教師は解決方法に関する助言を必要としているように見えることも多いだろう。しかし、「こうすべき」という対応方法の助言は、内実を欠き、「事実認識」に問題があることに気づくきっかけを失う危険性もある。結果として、その人らしい、柔軟な対応が生まれにくくなる可能性、即ち、専門家としての自律性における疎外が生じる可能性がある。

複雑な現実をどのような「事実」として認識し、「問題」として設定するのか。ショーン（2001）によれば、これは「状況との対話」により可能になることであり、実践に従事し続ける限り、完璧はありえない[31]。そのため、「どうであるかis」を共に探り、現実をどのような問題として捉えるかに関する協同が重要になる。同時に、新人教師から提示される「事実」は、熟練教師にとっても異なる「事実」との出会いとなる。新人教師を「欠損」としてではなく「有

能さ」において捉えるとは、「問題設定」という、実践に参加する誰もが従事し、かつ、絶えず問い直すべき行為をめぐる学び合いにつながるものである。

研究上の示唆は、新人教師の省察経験を、「事実認識」とその対応の展開において捉える枠組みを提示した点にある。そのことによって、新人教師が実践しながら省察する過程を描写しつつ、その省察の質が「どうであるかis」の認識によって規定される過程を記述することが可能になった。この枠組みは、新人教師佐藤一人の経験だけでなく、他の教師の省察経験についても実態に即して記述することを可能にするだろう。

「チーム学校」論や「同僚性」論は、一人ひとりが「専門性」を発揮する自律性が重要であることを指摘してきた[31]。特に、新人教師については「専門性」における未熟さから、支援と指導の対象として議論が終始する可能性がある。本論文の佐藤の1年間の経験も、インタビューにおいては、当初、業務量の多さ等、「教師になる」適応的な過程としての語りが中心だった。日常的な省察の展開は、日記の叙述を振り返る過程でようやく見えてきた経験だった。「教師になる」適応的な過程に埋もれる形で、新人教師は必死に何とかしようと省察している。そうだとするならば、新人教師の専門家としての自律性の発揮を中心として、チーム及び同僚のかかわりを再考する必要がある。

その点で、佐藤の「子どもの事実認識」が、研究会という場において再構築されていったことは重要である。新人教師の省察が、適切な「問題設定」を遂行する上で欠かせない「事実認識」において限界を抱えているとすれば、他者との協同は、問題の解決方法以上に、問題の設定において重要な意味をもつことを示唆している。佐藤は、1年を振り返る中で、同僚教師からのケアがあったことや、それにより自身の事実の捉え方が変わったことに気づき、何度も感謝の気持ちを言葉にしていた。また、佐藤が参加した研究会も、教師の学びをネットワークと

して支援するために、教職大学院の教員が小中学校の教員と協同的に開いているものである。教職大学院が校外にこうした場を構築することは、修了生の支援として機能しうるだろう。なお、本稿の射程を超えるため、佐藤の省察の展開における同僚をはじめとする、他者との協同の影響については、本研究では分析することができていない。今後の課題としたい。

注・引用文献

⑴本研究では、山﨑（2002）の研究に依拠して10年目までを想定している（山﨑準二『教師のライフコース研究』2002年、創風社）。

⑵和井田節子「若い教師の現状が教師教育研究に提起するもの」『日本教師教育学会年報』第24号、2014年、42-50ページ。松永美希他「新任教師のリアリティ・ショック要因尺度の作成」『心理学研究』第88巻4号、2017年、337-347ページ。なお、2021年度、精神疾患により休職した公立学校教員は過去最多を更新し、中でも若手教師ほど休職者・休暇取得者の比率が高かった。若手教師の支援は、2022年12月現在、喫緊の課題となっている。朝日新聞（2022年6月26日）「心の病で休職の公立校教員、最多5897人　若い世代ほど高い割合」https://digital.asahi.com/articles/ASQDV44JYQDQUTIL03D.html?ptoken=01GN7ZF38BQSF8A7NW1S0BCG74（2022年12月26日確認）。

⑶G. Kelchtermans. "Early Career Teachers and Their Need for Support: Thinking Again", In A. Sullivan, B. Johnson, M. Simons（eds.）Attracting and Keeping the Best Teachers, 2019, Springer Singapore, p.83-98.

⑷A. Sullivan, B. Johnson & M. Simons "Introduction", In A. Sullivan, B. Johnson, M. Simons（eds.）Attracting and Keeping the Best Teachers, Springer Singapore, 2019, p.1-11.

⑸秋田喜代美「教師教育から教師の学習過程研究への転回―ミクロ教育実践研究への変貌」矢野智司・今井康雄他編『変貌する教育学』世織書房、2009年、45-75ページ。

⑹紅林伸幸「協働の同僚性としての《チーム》：学校臨床社会学から」『教育学研究』74巻2号、2007年、174-188ページ。

⑺高井良健一「欧米における教師のライフヒストリー研究の諸系譜と動向」『日本教師教育学会年報』第4号、1995年、92-109ページ。浅田匡・藤岡完治・生田孝至編著『成長する教師―教師学への誘い』金子書房、1998年。

⑻木原敏行「自分の授業を伝える―対話と成長」前掲、浅田ほか編著、185-196ページ。曽山いづみ「新任小学校教師の経験過程―1年間の継時的インタビューを通して―」『教育心理学研究』第62巻4号、2014年、305-321ページ。

⑼曽山、同上論文。

⑽同上論文。

⑾村井尚子「教師教育における『省察』の意義の再検討：教師の専門性としての教育的タクトを身につけるために」『大阪樟蔭女子大学研究紀要』第5号、2015年、175-183ページ。若木常佳・村田育也「教職大学院における理論と実践の往還を具体化するプログラムの実証的研究」『日本教師教育学会年報』第26号、2017年、112-122ページ。

⑿コルトハーヘン編著、武田信子監訳『教師教育学―理論と実践をつなぐリアリスティック・アプローチ』学文社、2010年。

⒀中央教育審議会「今後の教員養成・免許制度の在り方について（答申）」（2008（平成18）年7月11日）。

⒁油布佐和子「教師教育の高度化と専門職化―教職大学院をめぐって」佐藤学編『岩波講座教育変革への展望4　学びの専門家としての教師』岩波書店、2016年、135-165ページ。

⒂有井優太ほか「教師の生涯発達における教職大学院での学びの意義と構造―教職大学院を修了した現職院生による学びの意味づけ―」『教師学研究』第24巻第2号、2021年、79-89ページ。

⒃佐伯胖「リフレクション（実践の振り返り）を考える―ショーンの『リフレクション』論を手がかりに」佐伯胖他『ビデオによるリフレクション入門―実践の多義創発性を拓く』東京大学出版会、2018年、1-37ページ。

⒄D. Schön *The Reflective Practitioner: How profes-*

sionals think in action. London: Temple Smith, 1983.
（D.ショーン著、佐藤学・秋田喜代美訳『専門家の知恵―反省的実践家は行為しながら考える』ゆみる出版、2001年。 D.ショーン著、柳沢昌一・三輪建二監訳『省察的実践とは何か―プロフェッショナルの行為と思考―』鳳書房、2007年。）

⒅ショーン、前掲書、2001年。

⒆岡村美由規「D.A.ショーンのreflection-in-action概念の再検討」『日本教師教育学会年報』第26号、2017年、64-74ページ。

⒇ショーン、前掲書、2001年。

㉑同上書。

㉒佐藤学「実践的探究としての教育学」『教育学研究』第63巻3号、1996年、278-285ページ。

㉓ショーン、前掲書、2001年。

㉔北田佳子「授業の省察における生徒固有名を伴う語りの機能：Shulmanの『学習共同体』モデルを手がかりに」『埼玉大学教育学部附属教育実践総合センター紀要』第10号、2011年、21-28ページ。

㉕藤井佑介「授業省察における教師の自己内対話―ハーマンスの対話的自己論をてがかりとして―」『教育方法学研究』第43巻、2018年、25-36ページ。

㉖曽山、前掲論文、2014年。

㉗同上論文。

㉘藤原顕・松崎正治・遠藤瑛子『国語科教師の実践的知識へのライフヒストリー・アプローチ―遠藤瑛子実践の事例研究』溪水社、2006年。

㉙曽山、前掲論文、2014年。

㉚東畑開人『心はどこへ消えた？』文藝春秋社、2021年。

㉛紅林、前掲論文、2007年。

［付記］
　本研究はJSPS科研費20K13840の助成を受けたものです。

ABSTRACT

The Reflective Experience of an Early Career Teacher Who Trained in a Professional School of Teaching : Focusing on the "Recognition of the Facts in Children's Learning"

MORITA Tomoyuki（Yamagata University）
SATO Mizuki（Shinjo Elementary School in Yamagata Prefecture）

This paper analyzes the development process of "reflection-in-practice," especially on the "recognition of the facts in children's learning" in diary narratives and the development of approach toward children of an early career teacher who trained in a professional school of teaching.

Previous research on the experience of early career teachers focused on the adaptive process from the perspective of "socialization." Early career teachers face difficulties in daily "reflection-in-practice." However, the problems in analyzing the kind of limitations they face remain, and how early career teachers reflect while in the process of practice remains unexplored.

Analyzing the daily narratives of an early career teacher by focusing on his "recognition of the facts in children's learning" revealed four points. First, he indulged in "reflection-in-practice" during the adaptive process. Second, the limitations of "reflection-in-practice" for him were regarding the construction of facts by comparing the children's actual learning with the ideal of "what it ought to be." Third, his practice became less flexible by confirming the aforementioned ideal. Finally, the "recognition of facts in each child's learning" enabled him to find better solutions over a shorter time period.

Early career teachers often seem to seek advice on "what they ought to do." However, because of the advice, they do not notice the problems of recognizing the facts. It is important not to advice "what they ought to do" based on one's experience but to explore "what it is" based on the "facts in children's learning" collaboratively.

Keywords：reflection-in-practice, early career teachers, recognition of facts, teachers' autonomy, normative leap

キーワード：実践の中の省察、新人教師、事実認識、自律性、規範的跳躍

〈研究論文〉

性的マイノリティとの出会いは、非性的マイノリティの教師に何をもたらしたか？

——『季刊セクシュアリティ』における「性の多様性」に関わる実践記録に着目して——

堀川　修平（埼玉大学）

はじめに

(1)目的ならびに問題の所在

　本研究は、ジェンダー・セクシュアリティといった〈性〉に関わる教育（以下、「性教育」）を担った「非性的マイノリティ」の教師たちにとって、性的マイノリティとの出会いは何をもたらしたのかを明らかにすることを目的とする。そのために、日本の性教育実践雑誌『季刊セクシュアリティ』[1]に描かれた「性の多様性」に関わる実践記録を考察する。

　昨今、日本社会において可視化が進む性的マイノリティに関して、学校内外においても権利保障に向けた対応が進められている。

　そもそも、日本における性的マイノリティに関わる教育制度をさかのぼると、まず同性愛に関する記述が存在している。同性愛に関する記述の初出は、1979年に文部省が刊行した『生徒の問題行動に関する基礎資料』になる。この資料で同性愛者は「倒錯型性非行」として扱われており、指導して改善すべき「問題行動」として位置づけられていた。この資料から、1994年に記述が削除されるまで、少なくとも同性愛者にとって学校は、「同性愛者である」という自己の属性が保障される空間ではなかった。

　このような状況が変化を見せたのは、2010年代に入ってからである。2010年には、文科省は、「児童生徒が抱える問題に対しての教育相談の徹底について」という通知を出している。これは、男子を女子として受け入れることとなった性同一性障害の事例を示したものであり、これが日本の学校教育において初めて性的マイノリティの権利保障を前向きに捉えた通知である。

　その後、2013年には、文科省が「学校における性同一性障害に係る対応に関する状況調査」を実施し、それをもとに2015年には、同省が「性同一性障害に係る児童生徒に対するきめ細かな対応の実施等について」を、また翌年には「性同一性障害や性的指向・性自認に係る、児童生徒に対するきめ細かな対応等の実施について（教職員向け）」を通知した（以下、「2016年通知」）。これらによって、学校現場は「性的マイノリティへの支援・理解」に関する対応を迫られたのだ[2]。

　このような点だけを見ていると、日本の学校教育において性的マイノリティや性の多様性に関する対応は、2010年代に入ってからなされたように考えられるだろう。しかし、それは誤認である。というのは、教育制度の不備を乗り越えようとする形で、教育実践現場では、1980年代後半から性の多様性に関する教育実践がなされていたためである[3]。

(2)先行研究の検討

　このような実践に関連して、ジェンダー・セクシュアリティ不平等な社会、学校における状況を変革するために、性的マイノリティを既存の差別構造に付け足す形ではない教育実践について考察をしてきたのが、性教育に関する研究である[4]。

　内海﨑貴子も指摘している通り、近年性的マイノリティへの着目も教師教育研究において蓄

積がなされており、有間梨絵ら[5]による性的マイノリティ当事者の教師への聞き取りなど、「当事者」への着目も重要視されている。

長らく性的マイノリティ当事者が可視化されず、その中で、当事者の語りからかれら[6]の置かれてきた状況を考察していくことは間違いなく重要である。しかし、学校教育現場には、かれら当事者と共に、多くの「非性的マイノリティ」の教師たちも存在している。多くの人びとが性の多様性に関して無関心さを抱いていることが、学校における性差別を温存することに大きく関係しているのだ。

このような事態をふまえると、いわゆる当事者の教師以外の非性的マイノリティの教師の様相を考察していく必要がある。

そのような中で、渡辺大輔や堀川修平は、学校内外においてなされている性の多様性に関わる教育実践について考察しており、「クィアペダゴジー」の視点を重要視している[7]。

クィアペダゴジーとは、批判的教育実践に位置付けられるものであり、ヘテロノーマティブ（異性愛中心的な性規範）や、シスジェンダー（生まれた時に割り当てられた性別に違和感を抱かない人）、性分化が「典型」であることを前提とした教育実践や学校のあり方を改革し、ジェンダー・セクシュアリティに関わる権力性を問い直す教育実践である[8]。

このクィアペダゴジーは、「ジェンダーと教育」研究において着目されてきた、隠れたカリキュラムへの着目はもちろんのこと[9]、「正常／異常」といった規範自体を攪乱する「クィア理論」を教育学に導入し、「学校教育における『知』や『無知』、自然化され正常化される『主体』を産出するヘテロノーマティヴな教育を再考する」[10]という特徴をもっている。

つまり、子どもたちに対して、LGBTを他者化して教えることを目的とするのでも、既存の不平等な状況に性的マイノリティを馴化させることを目的とするのでもない[11]。かれらを生きづらくしている既存の社会・学校における文化・制度を問い直す教育実践がクィアペダゴジーである。

このような中、堀川は、敗戦後日本における性の多様性に関わる教育実践の変遷を、教育実践はもちろん、実践を進めてきた教師の課題意識の変容に着目して描いてきた[12]。その結果、性の多様性に関する教育実践が、2016年通知前から実践されていたことを明らかにしただけでなく、その実践の内実が、既存のジェンダー・セクシュアリティ不平等な社会に性的マイノリティを馴化、付け足すものではなく、むしろ、教師たちが自己の非性的マイノリティとしての権力性を問うてきたこと、そして子どもたちに社会構造における性差別を問う機会を創り出すものであったことを明らかにしている。

ただし、堀川の研究は、日本におけるクィアペダゴジーの萌芽期にあたる1991年までにとどまっており、なおかつ性の多様性に関わる教育実践の中でも同性愛に焦点を絞っている。そのため、後述の「同性愛プロジェクト」に関わった教師によってなされたクィアペダゴジーが、その後どのように展開されたのか、実践そのものが広がりを見せたのか、あるいは実践者に広がりを見せたのかは明らかにされていない。

1991年以降は、ジェンダー・セクシュアリティ史的状況をふまえると、あらゆる性的マイノリティが、カミングアウトをしながら社会運動をしていった時期と言える[13]。社会状況を捉えていた性教育実践者たちが、同性愛以外の性的マイノリティ当事者と出会った可能性は大いにありうる。また、そのような経験を通して、教育実践の問い直しを進めていったことも考えられる。

このことを考察することは、今日においてもジェンダー・セクシュアリティ平等に関わった整備が不十分な学校教育現場で、クィアペダゴジーを進めることの意義や、留意点、そして実際に実践しようと考えている教師にとっての指針と励ましになるだろう。何よりも、性に関わって様々な背景を持つ子どもたちを教育という営みにおいて取りこぼさないためにも重要なことである。

⑶方法

　以上から本研究では、考察対象として『季刊セクシュアリティ』に掲載された2016年通知以前の性の多様性に関わる教育実践記録を用いる。

　『季刊セクシュアリティ』は、2000年にエイデル研究所から発刊され、2023年1月現在で109号まで刊行されている性教育実践・研究雑誌であり、性教協の機関誌的位置付けにある。

　日本において性教育実践・研究は2つの組織によって進められてきた。その1つが1972年に設立された日本性教育協会（JASE）であり、もう1つが1982年に設立された"人間と性"教育研究協議会（性教協）である。JASEが厚生省・文部省（当時）や大手出版社である小学館の支援を受けて設立され、医者・医学者を中心とした団体であるのに対し、性教協は、特定の団体の支援を受けずに設立された、教師中心の民間教育研究団体という特徴があげられる。

　いずれの団体も、性教育実践・研究を広げるために研究雑誌を刊行している。JASEは設立当初から1983年まで『現代性教育研究』（小学館）を58号にわたって刊行していた[14]。一方で、性教協は、1990年から1995年まで『Human Sexuality』（東山書房・全20号）、1995年から2000年まで『性と生の教育』（あゆみ出版・全28号）を、そして、本研究で着目する『季刊セクシュアリティ』を刊行してきた。

　この『季刊セクシュアリティ』の特異性として、その刊行号数を挙げることができる。2001年に刊行されて以降、20年以上、日本国内にとどまらず、世界各国の性教育をとりまくジェンダー・セクシュアリティ状況や、性教育実践、そして実践に関わる人々をつぶさに描き出してきた。

　また、刊行されてきたその時代性も重要である。『季刊セクシュアリティ』の発刊された2000年代初頭は、日本において「性教育バッシング」が起こった時代であり、文科省や厚生労働省が背後にない民間教育研究運動団体である性教協は、バッシングの影響を強く受けた。その性教協や、日本の性教育の置かれていた状況、ジェンダー・セクシュアリティ不平等な社会情勢を確認できるという点においても、重要な書物である。

　この『季刊セクシュアリティ』は、基本的に、4月・7月・10月・1月の年4回に加え、毎年4月に増刊号が刊行されており、それぞれ特集が組まれている。その特集テーマにそって性教協の会員によってなされた性教育実践と、その考察が加えられた実践記録が、複数本掲載されており、性教育をとりまくジェンダー・セクシュアリティ状況と併せて実践を学ぶことができるような構成となっている。本研究で取り扱う性の多様性に関わる教育実践と実践記録も、これまで複数回にわたって掲載されてきた。

　本稿の考察対象は、2001年に刊行された1号から、2015年10月に刊行された73号までとした。本稿が2015年までを考察の対象としたのは、「2016年通知」以前の状況をおさえたいためである。ジェンダー・セクシュアリティ平等に関する整備が不十分な学校教育現場においてなされた実践の記録から、実践を進めていくためのポイント、子どもたちを取りこぼさないための視点を探ることができるだろう。

1.『季刊セクシュアリティ』における「性の多様性」教育実践

⑴掲載されている実践の特徴

　『季刊セクシュアリティ』1号（2001）から73号（2015）において、「実践」として記されているものに焦点を絞り性の多様性について言及されているものを表1にまとめた[15]。

　表1のとおり、『季刊セクシュアリティ』において、性の多様性教育実践は、これまで34件掲載されてきた[16]。そのうち、非性的マイノリティの教師と性的マイノリティの出会いの経験について触れられたのが、10件である。

　乳幼児期から高校生まで教育実践の学習対象者が幅広く設定されており、テーマとしては、恋愛や交際といった性的指向に関わるものが多く、他に性表現・性役割に関わる「らしさ」について取り扱うもの、性自認、あるいはその性

自認と割り当てられた性別として位置づく「制度上の性別」との不一致に関わる「トランスジェンダー」をテーマとしたものや、「性別」とはなにかを問う実践となっている。実践は教科に限らず、1998年の学習指導要領改訂によって登場した「総合的な学習の時間」、あるいはゲストスピーカーとして当事者を招いた特別活動、学活、生活指導において行われている[17]。本稿で見ていくように、教師自身が性的マイノリティ当事者との出会いの経験を語っているが、これらの多くが2000年代初頭に集中しているのは、教師たちの所属していた性教協の活動の動きと関連するだろう。

(2)性教協の「性の多様性」に関する組織的性格

性教協では、性教育実践における性的マイノリティへの着目が1980年代後半からすすめられていた[18]。そこで重要になるのが「同性愛プロジェクト」である。この組織は、性教協内に1988年から1991年まで存在していた。

そもそも、性教協では、1982年の設立当初から、国内にとどまらず、日本国外の性教育実践に着目し、組織としても実践研究を続けてきている。その中で、1987年には「アメリカ性教育研修旅行」が行われ、そこで参加者は、性的マイノリティ、とりわけ多数の同性愛者と出会っていた。出会いに衝撃を受けた非性的マイノリ

表1 『季刊セクシュアリティ』における「性の多様性」教育実践
（第1号 [2001.1]-第73号 [2015.10] をもとに筆者作成）

号	年	月		特集名	掲載本数	掲載された実践名・実践者名・校種（所属）※非性的マイノリティと性的マイノリティとの出会いについて触れているものは太字ゴシック体で表した
1	2001	1		10代の性はいま	1	田中紀子「卒業後の笑顔が見たいから―自己肯定感を育てる性教育をめざして」（障）
2	2001	4		"男らしさ" からの解放へ―	1	宮崎留美子「ジェンダーフリーとセクシュアルマイノリティ―ＴＧ教師が授業で自分を語る」（高）
4	2001	10		さまざまな性を生きる	4	川端多津子「ハッシー―性のグラデーションを風のように生きる」（小）・林宏美「『恋する心』授業実践から」（中）・丸山慶喜「同性愛―心がゆさぶられる学習」（高）・花本ヨシエ「当然のことですが、障害児・者にも性的マイノリティがいるのです」（障）
6	2002	4		カウンセリング・相談の中の性／総合学習と性教育2	1	背戸恵子「総合学習と性教育の位置づけ―"共に生きる力" をつけたい」（小）
9	2003	1		思春期の性と自己決定	1	寺田由美「人との出会いが、心を揺さぶる―自己否定感を越えて」（高）
10	2003	4	増刊	性教育実践2003	1	半田利和「『ドラマづくり』で恋愛を演じよう」（障）
12	2003	7		平等なの？女と男	1	大沼峰子「『女』と『男』枠に縛られない生き方」（中）
13	2003	10		いま性教育が熱い！	1	北山ひと美「女？男？―性別を考える」（小）
15	2004	4	増刊	性教育実践2004	2	南里さゆり「なぜ性交するのだろう―こころとからだのふれあい」（小）・四海智奈美「教師同士が磨き合う性と生のリレー授業」（小）
20	2005	4	増刊	性教育実践2005	1	原田瑠美子「思春期の子どもたちに何を語るか」（中）
27	2006	7		ケータイ・ネットと子ども性／地域の性と生―大阪	1	棚橋正明「『男らしさ・女らしさ』を考える」（小）
29	2007	1		ここでかわった！「私の実践」14例	1	二川政文「『も』では、対等に聞こえません！」（小）
30	2007	4	増刊	性教育実践2007	2	大江亜紀子「『すきま性教育』実践のススメ―恋愛編」（中）・石川ゆり「人間の性のさまざまな側面をとらえる―生徒の心と頭に、楽しい授業でゆさぶりを‼」（中）
35	2008	4	増刊	性教育実践2008	4	吉田直美「好きになったら」（小）・森登美子「地域でつながる、親子で学ぶ」（小）・高橋節子「恋する心を考えよう」（中）・阿部和子「ジェンダーってどういうこと？」（高）
39	2009	1		性の貧困とメディア	1	岩田清彦「小学校教諭が取り組む中学生への出前授業」（中）
40	2009	4	増刊	性教育実践2009	2	篠原美香「学び合い高め合う性と生の学習『いのちの大切さを考える授業』」（中）・高橋よしの、遠藤清美「愛知淑徳中学・高等学校の性教育」（中高）
46	2010	4		多様化する家族	1	澤田悦子「『家族』とは？」（小）
50	2009	4	増刊	性教育実践2009	1	楠裕子「『多様なセクシュアリティ』の授業」（中）
55	2012	4	増刊	今日もおいしい！性のレシピ―性教育プリント52選	4	「『性の多様性（1）・（2）』"好き" という気持ち」「『思春期』ってなに？」
71	2015	4		性教育実践2015	2	西真理子「ステキなステキなコミュニケーション」（中）・阿部和子「性別って何？」（高）
73	2015	10		"性の権利" ってなに？～脱貧困・脱暴力から平和へ～	1	水野哲夫「『暴力』を対象化し、乗りこえる知恵を身につける」（高）

ティの会員によって1988年に同性愛プロジェクトが組織化された[19]。

同性愛プロジェクトは、国内に当時存在していた複数の同性愛者団体と協働しながら、同性愛者のおかれている社会状況や、かれらの生きづらさを学び、自らの性教育実践に学びを反映していた。そこでなされていた実践は、同性愛という概念を通して、異性愛中心の教育実践を問うクィアペダゴジーであった[20]。

このような性教協内の一組織であった同性愛プロジェクトの活動が性教協全体にもたらした影響は大きい。その一つとして、1990年に起こった「府中青年の家事件」[21]に関わる裁判を性教協が支援した背景に、同性愛プロジェクトが関わっていることを挙げられる。

性教協では年に一度、「全国夏期セミナー」と呼ばれる研究実践を報告する大会のほか、「理論と実践講座」と呼ばれる、性教育に関する理論と性教育実践の学習会が開催されている。この裁判を起こした原告であるアカーと同性愛プロジェクトが協働していたこともあって、夏期セミナーや理論と実践講座にアカーは招かれ、支援や理解を得る機会をつくっていたのだ。

このような性教協は、「科学・人権・自立・共生」の4つの柱を、1995～1997年に刊行された『シリーズ　科学・人権・自立・共生の性教育』(あゆみ出版、全8巻)以降、性教協が目指す性教育の理念として明示している。ここでの「人権」や「共生」概念自体が明確となった背景に、1987年のアメリカ研修旅行における同性愛者との出会いや、「同性愛プロジェクト」の活動、府中青年の家事件裁判といったマイノリティとの協働があったのである[22]。

府中青年の家事件後、性教協は、同性愛者に限らず、さまざまな性的マイノリティ当事者と協働しながら、かれらの生きづらさに着目していく。例えば、インターセックス[23]として社会運動に関わっていた橋本秀雄がその一人である。橋本は、1996年1月に行われた第10回「理論と実践講座」(参加者数191名)と、1999年1月に行われた第13回「理論と実践講座」(参加者

数210名)の講演者の一人として登壇している[24]。この橋本からインターセックスについて学んだことや、橋本を勤務校に招いて学習機会をつくった記述が複数掲載されている[25]。

また橋本の他にも、トランスジェンダーである虎井まさ衛や、性教協の幹事としても活躍していた教育者のゲイである伊藤悟など、様々な性的マイノリティがかれらの実践に登場する。

かれらが教師の目の前に登場したことに加えて、とりわけ2000年代初頭は「性同一性障害者の性別の取扱いの特例に関する法律」(2003年成立、2004年施行)の成立に向けた社会活動なども盛んになった時期であり、性をとりまく「ニュース」としても性の多様性に関して意識が高まった時代であったと考察できる。

以上のことをふまえて推察するに、2000年代初頭は、当事者との出会いそのものが、教師にとって大きな衝撃であり、その出会い自体が、実践の練り直しの動機につながっていたのではないか。だからこそ、かれらにとって性的マイノリティが身のまわりに存在していることが「当たり前」となった00年代中盤以降は、性的マイノリティとの出会いを明記しなくなったのだと考えられる。

このように、00年代初頭は、教師たちの記述の中にも、性的マイノリティとの出会いの経験がみられる。では、かれらは当事者との出会いの経験を通して、何に気づいたのだろうか。

2. 出会いの経験がもたらした気づき

(1)自身の子ども観の偏りへの気づき

まず、性的マイノリティ当事者が、教師自身の身のまわりにも存在しているということへの気づきである。例えば、高校教諭であった丸山慶喜による、第4号(2001)「同性愛 - 心がゆさぶられる学習」から次のように見て取れる[26]。

　性教協が主催する「理論と実践講座」に、11人の同僚たちと一緒に参加した。壇上のパネリストの一人が伊藤悟さんで、同性愛者という存在に出会うのは全員が初めてのことで、

いわば"衝撃的な"出会いであった。帰りの料理店での交流会ではもっぱらそのことが話題の中心になり、「人間の仲間の幅が広がったような気がする」「人間て不思議だなあ」という話になった。／後から考えてみると、その後の「性と生」［注：丸山の所属した大東学園高校の性教育に関する総合学習の通称］の実践の中で授業に臨む私たちの原点としていった、「自分も性を持っている一人の性的存在として生徒の前に立ち、同時代を生きる人間として生徒と学びあう」ということは、この伊藤さんとの出会いを一つの源流にしていると言えなくもない[27]。

先述の通り伊藤は、ゲイであることをカミングアウトして活動していた。丸山や同僚たちは、「初めて」同性愛者と出会ったことに衝撃を受けている。ここでいう「初めて」とは、同性愛という概念を初めて知ったということではなく、いわゆる「生」での出会いを意味しているのだろう。直接当事者と出会うことで、自分自身の人間観が広がるという経験をしたという。

このような人間観の広がりは、教師にとっての生活空間だけでなく、職場、つまり子どもたちに関わる人間観の問い直しにもつながっていった。それに関わって、第4号（2001）の林宏美による「『恋する心』」という授業実践には、次のような記述がみられる[28]。

平成8年（1996年）に、京都で開催された第15回"人間と性"教育研究協議会全国夏期セミナーに初めて参加し、多様なセクシュアリティーを持つ人々との出会いが私自身のこれまでの授業の取り組みを大きく変えた。一番衝撃的であったのはインターセックスの方との出会いであった。現場の先生方の中でも存在さえ知らない人もいる。私自身もそれまで恥ずかしながら、存在さえ知らず、保健体育の授業では、男性、女性の発達の違いを教えていただけであったが、その取り組みのまずさ、学校においてジェンダーの視点などか

けらもない授業を展開していたことを反省した。その後も、性同一性障害の方や、障害者の方、ゲイ・レズビアンの方と直接出会い、当事者の話を間近に聞いたことで、私自身の「性」に対する偏見にも気づかされた。いろいろな方の生き方にふれることで、性的指向の多様性を実感するとともに、人間の一生において生と性との関わりの深さを感じた[29]。

ここで林が述べている「インターセックスの方」とは、橋本のことである。かれらの存在を知らなかったことを反省している林は、橋本と出会うまでは、子ども＝「シスジェンダー・ヘテロセクシュアル・『典型』的身体」であると捉えていたことが推察される。「当時担任していた中学2年生の生徒に、学活を利用し」、「人には異性愛・同性愛・両性愛などさまざまな性的指向があることを知らせ、同性愛についての偏見に気づかせることがねらい」[30]とした実践を行った林は、「この授業実践でマイノリティの性を人間形成の重要な時期にある学校教育の場で自然に語ることの必要性を感じた。常に目の前にいる生徒の中に当事者がいることを忘れてはならない」[31]というように、自分自身が関わっている子どもたちを取りこぼさないように確認している。

子ども観の変化は、林だけに限らない。先の同性愛プロジェクトにおいても同様の気づきを得た教師がいた。組織を牽引した教師の一人である木谷麦子は、アメリカ研修において訪れたキンゼイ研究所で聞いた同性愛者の割合に関するデータを受けて、自分が担当してきたクラスにも気づかぬだけで性的マイノリティ（同性愛者）が存在していた可能性に気づき、反省していた[32]。

また、林と同時代に活躍した養護教諭であった花本ヨシエも同様の気づきを得ている。それは、第4号（2001）「当然のことですが、障害児・者にも性的マイノリティがいるのです」から読み取れる。

今までこうしたことを考えることもなく過ごしてきましたが、性同一性障害の人たちが声を上げるようになり、男でも女でもない性を生きる、そういう人たちがいるということを知るに及んで、今まで私の授業を受けてきた子どもたち（障害児・者というマイノリティ）の中に、まれにではあるが、性同一性障害という性的マイノリティに属している子どもが居なかったとは言えないのではないか[33]。

このように、かれらは自分の目の前にいる子ども全員が非性的マイノリティとは限らないという気づき、あるいは、単一の属性に関わる生きづらさだけを抱えているわけではないという気づきを得ていたのである[34]。

(2)自己の偏見への気づき

一方で、次に見ていくようにセクシュアリティに関する自己の偏見にも気づいている。例えば先に見た丸山は、次のように述べている[35]。

職場へ帰ってから、もっとたくさんの人にこの体験をしてもらうということになり、伊藤さん、やなせさん［注：伊藤のパートナーである簗瀬竜太］のカップルにお出でいただくことになった。私はここで得難い体験をすることになる。当日会場の教室に集まったのは教師中心に30余名、私が司会でお二人を紹介するのだが、私は右隣の伊藤さんからまるで電波のようなものが出ていて、自分の右半身がピリピリするような感じを受けた。この一瞬の体験は、実は私の中にある歪み、"異質"なものに対する緊張がそうさせたのであって、それは差別につながる、私の無意識の世界から浮かび上がってきたものであったのだと思う。それから幾度となく自分の中に立ち現れる、この歪み、長い間の男性優位の文化の中で作り上げられ私の内にもしみついた"常識"〜「そういうもんだ」を削り落としながら、生徒だけでなく私自身も変わりつつ進

んできたのが私の「性と生」の関わりであったと思える[36]。

また、林は、以下のように自己の偏見について表していた。

生徒も、私自身もそれまで女装していたり、しぐさの女らしさを同性愛者と混乱していた（中略）この授業時の準備段階で戸惑いが無かったかと言えば嘘になる。それまで、自分の周りには同性愛に対して否定的なイメージしかなく、よく見る吉本のお笑いやバラエティ番組も笑いの要素として取り上げており、そのまま受け入れていた自分がいる。この授業がきっかけで出会った伊藤悟さんからも、バラエティ番組で実際に受けた不快な体験を語って頂けたり、何冊かの本を読み、資料を集めていく中で、自分の「人権感覚」の乏しさを実感した[37]。

重要なのは、性の多様性に関する知識をどこから入手していたのかを林は考察している点である。そもそも、教師自身が、性の多様性について学ぶ機会を得ていない問題性は、今日においても変わらない。教員養成課程において、性の多様性に関する知識を学ぶことのできる性教育に関する講義は、多くの場合必修化されていない。もちろん、多くの教員が子ども時代に性教育を受けていないからこそ、子どもたちと同様に、性の多様性に関する知識は「バラエティ番組」や「お笑い」で得ていた／いるということだろう[38]。

林の記述からは、当事者から「実際に受けた不快な体験を語って」もらったことが、学びなおしのきっかけとなっているように読み取れる。このような、マイノリティからの抗議に近い語りである「不快な体験」談を、マジョリティである自分の問題として受け止められるかどうかが、偏見を解きほぐせるか否かにつながるのではなかろうか。では、丸山や林をはじめ、性教協に所属した非性的マイノリティの教師が

受けとめ、実践に活かすことができた背景には何があったのか。

そこで、自己の偏見と向き合い「自戒」を込めて教育実践へと生かしていった経験が記載されている、二川政文による、第29号（2007）「『も』では、対等に聞こえません！」を見てみたい[39]。

3. 自己の偏見への気づきを実践に活かす

(1)二川の気づきと実践への影響

小学校教諭であった二川は、「いのちのはじまり―生殖としての性交とふれあいとしての性交」について学習するための模擬授業の際に、「ふれあいの対象の発展ということで、小さい頃は親やまわりの大人たちとのふれあいが楽しく、今の自分たちの時期になると同性の友だちとのふれあいが楽しく、もっと成長していくとそのふれあいの対象が異性にかわっていきます。でも、中には同性の人とずっとふれあいたいと思う人もいます」[40]と説明をする模擬授業を行った。

この説明に関わり、模擬授業が終了した後、二川は、性教協のサークルのメンバーであるAから「ふれあいの対象が同性から異性に変わっていくというところについて」[41]次のような指摘を受けたのだという。Aは、「同性愛者であり、思春期に自分の性的指向（恋愛感情や性的欲求がどの性別に向かっているか）で悩んでいたということを聞いて」いたと二川は語っている[42]。

私としては、ある程度同性愛について学んでいたし、何よりAさんが同じサークルにいたことで、その部分には注意して授業をしたつもりでした。「異性愛が当たり前で、みんな思春期になったら異性を好きになる。」というような誤解を与えないように、「もっと成長すると異性に触れあいたくなるが、中にはずっと同性とふれあいたいと思う人もいる」と表現しました。／ところが、そのAさんが模擬授業の中で違和感をもったのがまさにその

部分だったのです。もちろん、きちんと同性愛者のことを考えて語ってもらったのはうれしいと前置きした上で、それでも違和感を覚えるのは、「も」という表現だというのです。／私には、最初はなんのことかわかりませんでした。「も」でどうしていけないんだ。だって、数からいえば少ないんだから日本語としては、「そういう人もいる」で正しいじゃないか、それは事実を言っているだけで差別的な表現ではないはず…。そんな思いで、最初は聞いていました。私の中のどこかに、同性愛についてもちゃんと触れたのだからいいじゃないか、という思いあがった感覚があったのかもしれません[43]。

二川の言う「どうしていけないんだ」というのは、葛藤を表しているのだろう。

先に見たように、二川は、「人権」「共生」という柱を重視する性教協の活動のなかで学びを深めていたはずである。そのような学びをしていた自身の実践への、いわば「差別的である」といった指摘を受けた二川は、当初「事実を言っているだけで差別的な表現ではないはず」とその指摘が腑に落ちなかったと述べている。つまり、この時点では、二川は、性的マイノリティからの指摘を受けとめ切れていない。

しかし、そのような状況から、Aとの関わりの中で次のように理解を深めている様子が文中では描かれている。

Aさんと話し合う中でAさんの言おうとすることが少しずつですが分かってきました。「も」が使われる場合、ほとんどがマジョリティ（少数派）の説明が後でなされます。「ふつうは○○だよ。でも、○○なやつもいるんだよ。」といったニュアンスです。「も」の前には、「ふつうは」という言葉がつかわれ、マジョリティが「普通」で、マイノリティが「特別」といったニュアンスがどうしても感じられてしまい、対等には聞こえないということでした。Aさんとしては、どちらにも「も」

をつけたらいいのではないかという考えでした[44]。

異性愛中心な捉え方を「ふつう」という表現で表しており、異性愛に付け加えられる存在として性的マイノリティ（ここでは同性愛者）を捉えていたことに、二川自身は当初違和感を抱いていなかった。しかしAとの話し合いの中で、ジェンダー・セクシュアリティに関わる権力性に気づいたのだ。そして、その気づきを次のように実践へと生かしている。

その後、私は同性愛について学びなおしました。理論的なことはもちろんですが、とりわけ当事者の手記については、その被差別の状況を理解するためにていねいに読みました。もちろん、Aさんからも学びました。／そして今では、ふれあいの対象の発展を「大人→同性の友だち→異性の友だち（中には同性も）」という流れではなく、「大人→いろいろな友だち→とっておきの友だち（同性も異性も）」という流れで語るようになりました[45]。

Aから学ぶことだけでなく、その当時出版されていた当事者の手記を読んで学んだのだという二川は、同性愛を異性愛中心の性教育実践に付け加えるのではなく、並置することでAの指摘を乗り越えようとしたのである[46]。これは、本稿の冒頭で触れたクィアペダゴジーに位置づく実践であったと考えられる。

(2)学び合いの場の重要視

本稿では、非性的マイノリティの教師が性的マイノリティと出会い、気づき、実践へとその気づきを活かしていった様相を整理した。

かれらは、自分自身の性的マイノリティへの偏見や、子ども観の偏りに気づき、それを実践の練り直しに活かそうとしていたが、どうしてそのようなことが可能となったのだろうか。

可能となった背景には、かれらが一人きりで熟考していたのではなく、教師同士、あるいは

性的マイノリティ当事者といった仲間と共に、「学び合い」の場を組織し、情報を共有したり、整理したりしていたことがあげられるのではないか。これに関わり、二川は次のように記述していた。

差別の問題は、きちんと理性的に学ぶことと、感性的に共感することの両方が大事だと思います。もちろん、同性愛の場合は「性的指向」ですから、異性愛者がその部分で共感することはできないのかも知れませんが、そのおかれている生きづらい状況や自己肯定感（観）を育みにくい状況には共感することができると思います。その「感性的な共感」にとって、当事者との出会いや当事者の手記などが大きな役目を果たしてくるように思います。[中略]自分の実践の問題点を自分で自覚することは大変難しいことです。やはり、サークルの仲間や当事者、そして子どもたちに気づかせてもらうしかないようです[47]。

上記のように二川は、民間教育研究運動や、当事者、そして子どもたちから学んでいくことの重要性を説いていた。先に見てきた丸山の場合であれば、同僚たちと共に性教育を学んでいたことに触れられていた。

そもそも、先に指摘した通り、教師自身が性の多様性はおろか性教育についても十分に学ぶ機会を得ずに教師になっている。そのような状況で、自分自身がこれまで受けとめてこなかった性の多様性に関する知識を得た時、関心が無かったり、あるいは考えたくないという場合は、「なかったこと」にしてしまうだろう。

しかし、仲間と学び合うという素地がある状況であれば、自分自身の困惑や衝撃自体を共有することから、情報の整理ができるのではないか。丸山は、「帰りの料理店での交流会ではもっぱらそのことが話題の中心になり、『人間の仲間の幅が広がったような気がする』『人間て不思議だなあ』」と語り合ったことを記述していたが、それは、まさに学び合いの場における

「効用」を示していたのではなかろうか。

二川でいえば、自己の偏見にまず気づくために、「理性的に学ぶ」ことを指摘しているが、それと同時に、「共に学ぶ」ということを重視しているように考えられる。

本稿で着目した教師たちは、もちろん、個人の資質として性の多様性についての感度が高かったことは言うまでもない。ただし、かれらの共通性として、性的マイノリティと協働しながら実践・理論の研究を行っていた性教協に所属し、サークル活動や学内での教材研究を通して学びを深めていたこと、つまり「学び合い」の場を通して、自己を相対的に捉える機会があったのではないか。学び合いの場を通した学習によって、実践の必要性・重要性を仲間たちと確認することができなければ、たとえ自身の偏見に気づいたとしても、それは個人的な気づきに留まり、実践を練り上げていくことにはつながらなかったのではないだろうか。

おわりに

本研究は、性教育を担った「非性的マイノリティ」の教師たちにとって、性的マイノリティとの出会いは何をもたらしたのかを明らかにすることを目的とした。

教師たちの多くは、そもそも性的マイノリティ当事者が、自分たちの身のまわりに存在しているということに気づいておらず、自分や子どもたちとは関係のない存在として捉えてしまっていた。その一方で性的マイノリティへの偏見を持っていたことが整理できた。

そのようなかれらが当事者と出会う中で、子どもたちの中にも性的マイノリティが存在していたかもしれないということに気づき、また自己の偏見にも気づいていった。そして、性教育実践の練り直しがなされていった。

教師にとって、身近に存在した性的マイノリティたちは、自分自身が抱いていた「正常」／「異常」といった価値観や、学校内で取り扱う／扱わないといった、「知」／「無知」の問いなおしを迫った存在であった。「当事者との出会い」

は、実践者である教師本人のセクシュアリティ観、目の前にいる人の存在を消し去らないことに関わる問い直しにつながっていた。

このような実践を可能にした背景には、サークル活動や学内での教材研究といった「学び合い」の機会が存在していた。この機会は、自己を相対的に捉えることだけではなく、子どもたちにその実践を届けたいという課題意識を仲間と確認する場、そして実践そのものの練り直しの場になっていたのである。

本稿は、教育的基盤が十分でなくとも、教師同士が、あるいは教師と特定のマイノリティたちとが協働しながら「学び合い」を続けることで、実践に取り組めるだけでなく、その実践を励ましあえることを示した。

以下では、本研究の今後の課題を示す。

まず、「非性的マイノリティ」の教師を中心に着目したため、性的マイノリティたちが教育に期待したねらいやその理由については十分に描ききれなかった。次に、民間教育研究団体に着目したことで、その組織に所属したことで当時外部では得られにくかった情報に触れる教師の姿を考察できたものの、所属した教師同士でどのような学びがなされ、それがどのような広がりを見せたのかは十分に考察できなかった。

これらの課題に共通するのは、取り扱った考察資料と方法の限界性である。文字化された実践記録だけでなく、非性的マイノリティの教師や、教師に関わった性的マイノリティへの聞き取りを方法として選択することにより、一層探究が深まるだろう。

以上を継続して考察していくことで、性的マイノリティと非性的マイノリティとの協働、そして非性的マイノリティの教師同士による教育実践の創造についてつぶさに描くことができるであろうし、ジェンダー・セクシュアリティ平等な社会、学校を作るということに、より近づく知見が得られると考えている。

注・参考文献

(1)「性の多様性」とは、性の構成要素が多様であ

り、その構成要素ひとつひとつが、いずれも「男女」の二分にはできず、グラデーション状にあることを示すものである。性の構成要素とは、「SOGIESC」と呼ばれる、Sexual Orientation（性的指向）Gender Identity（性自認）Gender Expression（表現の性）Sex Characteristic（身体的特徴）の頭文字をとったものである。性の多様性には、LGBTはもちろんのこと、シスジェンダー・ヘテロセクシュアルといった非性的マイノリティも含まれている。

(2)橋本紀子「LGBT教育の内容とは何か、それをどこで扱うか」『体育科教育』64、大修館書店、2016年、20-23ページ。

(3)堀川修平「日本の性教育実践における同性愛／同性愛者のとらえなおし―"人間と性"教育研究協議会『同性愛プロジェクト』（1988-1991）を担った教師たちのライフヒストリーに着目して―」東京学芸大学、2021年、博士論文。

(4)内海﨑貴子「フェミニズム研究とジェンダー研究」日本教師教育学会編『教師教育研究ハンドブック』学文社、2017年、114-117ページ。

(5)有間梨絵・植松千喜・石塚悠・志津田萌「性の多様性に向けた教育実践の諸相：セクシュアル・マイノリティの教師の語りの分析」『日本教師教育学会年報』第28号、2019年、84-94ページ。

(6)「かれら」は性別二分法を避けた表記として本稿では用いている。

(7)渡辺大輔「学校教育をクィアする教育実践への投企」『現代思想』青土社、2015年、210-217ページ。渡辺大輔「教育実践学としてのクィア・ペダゴジーの意義」菊池夏野ら編著『クィア・スタディーズをひらく1』晃洋書房、2019年、134-165ページ。堀川修平「ジェンダー・セクシュアリティに着目した『総合的な学習』の指導法―性教育を担った教師の課題意識と授業実践案に着目して」武蔵野美術大学『武蔵野美術大学研究紀要』52、2022年a、21-33ページ。

(8)堀川修平『気づく 立ちあがる 育てる―日本の性教育史におけるクィアペダゴジー』エイデル研究所、2022年b、2ページ。

(9)木村涼子『学校文化とジェンダー』勁草書房、1999年。木村涼子・古久保さくら編『ジェンダーで考える教育の現在：フェミニズム教育学をめざして』解放出版社、2008年。

(10)渡辺、2019年、前掲論文、142ページ。

(11)堀川、2022年b、前掲書。

(12)堀川修平「"人間と性"教育研究協議会における教育者の同性愛者観の変容：『『同性愛プロジェクト』を中心に」同時代史学会編集委員会『同時代史研究』11、2018年、22-33ページ。

(13)堀川修平「日本のセクシュアル・マイノリティ運動の変遷からみる運動の今日的課題―デモとしての『パレード』から祭りとしての『パレード』へ―」『女性学』日本女性学会学会誌、23号、2015年、64-85ページ。

(14)広瀬裕子「戦後日本の性教育主流言説の形成における『現代性教育研究』の役割」日本教育学会「日本教育学会大會研究発表要項」74、2015年、260-261ページ。

(15)特集内容によっては、実践が掲示されていない号も複数あるため、実践未掲示号、性の多様性に言及のない号については除外した。

(16)74号（2016）から98号（2020）という5年で23件の実践が掲載されており、2016年通知以降は、これまで以上に関心が高まっていると考察できる。

(17)堀川、2022年a、前掲論文によれば、性教協では、「総合的な学習の時間」を批判的に捉えながらも、性教育科がない日本で、各教科の枠組みを超えた形で性教育を実践する機会として積極的に用いるための議論がなされていたという。

(18)堀川、2022年b、前掲書。

(19)同上書。

(20)堀川、2018年、前掲論文。

(21)府中青年の家事件裁判とは、1990年2月に、動くゲイとレズビアンの会（アカー）が東京都府中青年の家で合宿利用中に、他団体による差別を受けたことに始まる一連の裁判のこと。1997年9月に東京高裁にてアカー側が勝訴。

(22)田代美江子「《科学・人権・自立・共生の性教育》と包括的セクシュアリティ教育」『季刊セクシュアリティ』101、エイデル研究所、2021年、

6-15ページ。

(23)当事者によって「インターセックス」あるい
は、「DSDs（Differences of Sex Development：さま
ざまな身体的特徴の発達）」と呼ばれている。本
稿では、「インターセックス」と表記する。

(24)第20回記念全国夏期セミナー実行委員会『"人
間と性"教育研究協議会　設立20周年記念誌』
2001年、77ページ（非公刊）。

(25)第4号（2001）の川端多津子による「ハッシー
―性のグラデーションを風のように生きる」、第
6号（2002）の背戸恵子による「総合学習と性教
育の位置づけ―"共に生きる力"をつけたい」、
第12号（2003）の大沼峰子による「『女』と『男』
枠に縛られない生き方」、第13号（2003）の北山
ひと美「女？男？―性別を考える」など。

(26)丸山慶喜「同性愛―心がゆさぶられる学習」
『季刊セクシュアリティ』4、2001年、81-85ペー
ジ。なお、丸山の勤めていた大東学園高校の性教
育実践に関しては、水野哲夫『性の学びが未来を
拓く　大東学園高校　総合「性と生」の26年』エ
イデル研究所、2023年、が詳しい。以下引用に関
して引用文における改行は「／」で表した。

(27)丸山、同上論文、81-82ページ。

(28)林宏美「『恋する心』授業実践から」『季刊セク
シュアリティ』4、エイデル研究所、2001年、
77-80ページ。

(29)同上論文、78ページ。

(30)同上論文、78ページ。

(31)同上論文、79ページ。

(32)堀川修平、2021年、前掲論文。

(33)花本ヨシエ「当然のことですが、障害児・者に
も性的マイノリティがいるのです」『季刊セクシ
ュアリティ』4、エイデル研究所、2001年、87-89
ページ。

(34)花本の気づきは、障害という生きづらさと、性
的マイノリティという生きづらさのいずれも抱
えた子どもたちへの気づき、つまり「インターセ
クショナリティ」に関する気づきであったとも
考えられる。昨今ようやく着目が進んでいるイ
ンターセクショナリティに関して、花本が2000
年代初頭に着目できた理由については本稿で十

分に考察ができないため、今後の課題として明
らかにしたい。

(35)丸山が具体的にどのように学びなおしていっ
たのかは別稿にて改めて考察したい。

(36)丸山、2001年、前掲論文、81-82ページ。

(37)林、2001年、前掲論文、78-79ページ。

(38)マスメディアによる「ホモネタ」に関して、例
えば、1988年から放映された「とんねるずのみな
さんのおかげです」では「保毛尾田保毛男（ほも
おだ／ほもお）」というキャラクターによるコン
トがなされていた。この番組は、「常に20％台の
高視聴率」で「この番組を見ないと、翌日、学校
で話題についていけない、といったブーム現象
を生んでいた」番組だったといい、そのことから
も子ども文化に「ホモネタ」いじりが蔓延してい
たことがうかがえる（朝日新聞「『とんねるずの
みなさんのおかげです』半年間休養マンネリ回
避へ」1990年2月20日夕刊）。

(39)二川政文「『も』では、対等に聞こえません！」
『季刊セクシュアリティ』29、エイデル研究所、
2007年、22-25ページ。

(40)同上論文、23ページ。

(41)同上論文、23ページ。

(42)同上論文、23ページ。

(43)同上論文、23-24ページ。

(44)同上論文、23-24ページ。

(45)同上論文、25ページ。

(46)二川が読んだ「手記」については明らかにでき
なかった。ただし、本稿にも登場した、性教協と
関わりのあった橋本や虎井、伊藤らはそれぞれ
に自身のセクシュアリティと人生に関する書籍
を出版している。それらが「手記」に含まれてい
るのではないかと推察している。

(47)二川、2007年、前掲論文、25ページ。

[付記]
　本稿は、JSPS科研費（課題番号JP21K20261）
の助成による研究成果の一部である。

ABSTRACT

What have encounters with sexual minority parties brought to non-sexual minority teachers?
：Focusing on the Record of Practices to "Sexual Diversity" in the "Quarterly Journal of Sexuality"

HORIKAWA Shuhei
（**SAITAMA University**）

This study aims to determine what encounters with sexual minorities have done to "non-sexual minority" teachers charged with sexuality education.

Many teachers were unaware of sexual minorities' existence in their immediate surroundings and viewed them as irrelevant to themselves and their children. By encountering sexual minorities, teachers learned that sexual minorities could exist among children and became aware of their prejudices. Thus, they adjusted their sexuality education practices.

For the teachers, the presence of sexual minorities in their daily lives forced them to rethink their values of "normal／abnormal" and "knowledge／ignorance," and whether to treat them in school. The "encounter" with the participants was not only a new experience but also led to a reconsideration of the practitioner's view of sexuality and the need to not erase the presence of those in front of them.

One factor that made this practice possible was the opportunity to "learn together" through the private educational research movement and the study of teaching materials on campus. These opportunities allowed us to both look at ourselves relatively and provided an opportunity to confirm with our peers our awareness of the issues we wanted to bring to the children through our practices and to refine these practices themselves.

Essentially, thinking about and practicing "sexual diversity" was an opportunity for the children to become aware of how unequal society is in terms of gender and sexuality and learn to change it. Above all, it was an opportunity for the teachers themselves to review their attitudes toward gender and sexuality.

Keywords：Queer pedagogy, Sexual minorities, non-sexual minority teacher, History of Japanese Sexuality Education, the private educational research movement

キーワード：クィアペダゴジー、性的マイノリティ、非性的マイノリティ教師、日本性教育史、民間教育研究運動

常勤講師の教職に対する満足度を規定する要因
——TALIS 2018を用いた正規教員との比較分析——

菊地原　守（名古屋大学大学院）

1．研究の目的と課題

本稿の目的は、2018年にOECDが実施した国際教員指導環境調査（以下、TALIS 2018）における日本の個票データを用いて、正規教員との比較から、常勤講師の教職に対する満足度の規定要因を明らかにすることである。

なお、常勤講師とはフルタイムで勤務する有期雇用契約の教員を指し、パートタイム勤務の非常勤講師と併せて非正規教員と呼ぶ。

1.1．問題の所在

教員の非正規化は世界的な潮流となっている。財政的逼迫の影響によって、低廉な労働力である非正規教員が各国で積極的に活用されているのである[1]。同様の傾向は日本でも見られる。TALIS 2018の報告書によると、日本の中学校における非正規教員の割合は24.7%に及んでいる[2]。

教員の非正規化が拡大する背景について、先行研究は主として、労働需要側（雇用者）の論理を用いて説明してきた。まず議論の始点として義務教育費国庫負担法の改正が挙げられる。同法の改正によって、各都道府県は教員給与の水準を主体的に調整することが可能となった。このことは、教員給与の削減によって、少人数学級の実現などを目的とした自主的な教員加配が可能になったことを意味する[3]。一方で、削減した予算を教員給与以外の費目に流用することを可能にした面も看過できない[4]。この点は都道府県データを用いた実証研究でも分析され

ており、福祉需要の「調整弁」および学校問題への「対応策」として非正規教員が活用され、教員の非正規化が拡大していることが明らかとなっている[5]。したがって金子真理子が指摘するように、財政の効率化を図ろうとする需要側の思惑や正規の仕事を非正規教員に代替させようとする搾取の構造の中で、教員の非正規化が拡大しているという説明が成り立つ[6]。

さらに、先の説明で警鐘を鳴らされるのが、「正規教員でないこと」による権利の剥奪である[7]。非正規教員は任用の空白期間や頭打ちする給与制度などの待遇面での問題を抱え[8]、不安定な雇用の中でキャリアの見通しが不透明なまま勤務している[9]。需要側の論理のもとで搾取され、非正規雇用の立場で抑圧されるヴァルネラブルな非正規教員像が、先行研究によって描かれてきたと言えるだろう。

しかし、かかる説明の中では労働供給側（非正規教員のなり手）の視点が不可視化される危険性も孕んでいる。確かに、非正規教員たちを取り巻く過酷な労働環境や法制度の不整備は早急に改善すべき点である。一方で当事者は、たとえ非正規雇用であっても「教員であること」を経験し、教員として勤務することへの満足感を見出している実態もあり、こうした事実にも目を向ける必要がある。

次の**表1**は、TALIS 2018の個票データを用いて[10]、60歳未満の常勤講師と正規教員の仕事への満足度を比較したものである。

一般に正規雇用労働者に比べて、非正規雇用の労働者は職業満足度が低い傾向にある[11]。し

表1 常勤講師と正規教員の仕事への満足度

	全体としてみれば、この仕事に満足している			
	全く当てはまらない	当てはまらない	当てはまる	非常によく当てはまる
常勤講師 (N=960)	20 (2.1%)	144 (15.0%)	655 (68.2%)	141 (14.7%)
正規教員 (N=4,890)	130 (2.7%)	726 (14.8%)	3,411 (69.8%)	623 (12.7%)

$\chi^2(3) =3.65$, $p=.30$：残差分析の結果、全ての項目で $p>.10$

かし表1では、正規教員と比べて、常勤講師が不満感を抱く様子は見られない。カイ二乗分析および残差分析においても各項目の偏りは有意でなかった。すなわち、常勤講師は不安定な非正規雇用でありながらも、正規教員と同程度に満足している実態がある。そして仕事に満足度を見出す当事者によって非正規の雇用枠が充足され、教員の非正規化が維持されている現状があると考えられる。

したがって、搾取や抑圧の構造に組み込まれるヴァルネラブルな非正規教員像を暗黙裡に前提とするだけでは、教員の非正規化メカニズムの全貌を解明することはできない。非正規化の一端を担っている当事者の論理を照射する必要があり、いかにして非正規教員の教職に対する満足度が形成され、非正規雇用としての勤務を可能にしているのか、その構造を明らかにすることが肝要となる。

そこで本稿は、正規教員と同等の職務を担う常勤講師に焦点を当て[12]、教職への満足度の規定要因を分析することで当事者の論理を浮き彫りにする。それは、労働需要側の論理に焦点を当ててきた従来の非正規教員研究に対して、非正規の雇用枠を充足する供給側の視点も考慮していく必要性を示すものとなる。

1.2. 先行研究の検討と研究課題

近年、徐々に俎上にあがるようになった非正規教員であるが[13]、佐久間亜紀が指摘するように、これまで実態さえ正確に把握されてこなかった[14]。それゆえ国内の学術研究においても看過されがちな対象となっていた。そこでまず、蓄積が豊富な海外の研究を参照し、次に限られた国内の先行研究を概観する。その上で非正規教員の満足度に関わる仮説を提示し、本稿の研究課題を明確にする。

海外の研究で注目を集めてきた点の一つに、非正規教員の周縁性が挙げられる。アメリカの小説や映画における非正規教員の表象を調査したWeems（2003）は、同僚性や学校文化から逸脱しやすい特徴によって、非正規教員は周縁化されたアウトサイダーとしてのイメージが付与されている点を指摘している[15]。このような周縁性は非正規教員の当事者も認識するところでもあり、周縁的な環境に対するコーピング・ストラテジーの研究層も厚い[16]。また周縁的な立場は自己への認識にも影響を与えている。オーストラリアの非正規教員に対して職務や役割を尋ねたUchida et al.（2021）は、正規教員と比べて地位が低く、自分は代替可能であるという認識が形成されている点に言及した[17]。総じて、周縁的な環境下に置かれて同僚関係が希薄になることが、非正規教員として働くことへの自己認識や満足感に影響を及ぼしていると考えられる。

国内研究でも同様に、正規教員との非対称的な位置関係の中で生じるストレス[18]、非正規雇用であることによる差別[19]、といった同僚との関係で生じる周縁性が指摘されてきた。海外の知見に見られるように、正規教員との差異が浮き彫りになりやすい存在として非正規教員が位置づいていることがわかる[20]。加えて、教職において職場の人間関係が職務満足感に影響を及ぼすことを踏まえると[21]、非正規教員は相対的に満足感を得づらい環境に置かれていることが推測できる。

一方、国内の研究で指摘される、非正規教員であることを正当化する構造は看過できない。非正規教員は教員採用試験に不合格であったとしても教職につくことができる安全弁として学生に認識されている[22]。また教員採用の実態を見ても、非正規教員を経験してから正規教員に就く者が4割程度いる点で、試補制度的役割を

担っている[(23)]。加えて、ひとたび非正規教員になると、児童生徒の成長に携わることで得られるやりがいなどの諸条件が不安定さやストレスへの認識を緩和し、継続して働くことを可能にしている[(24)]。そのため、たとえ過酷な非正規雇用であっても教員として働いている事実が、非正規教員たちの不満足を緩和していることが予想される[(25)]。

以上の点を踏まえると、常勤講師の満足度について次のように考えられる。まず、正規教員でないことから生じうる同僚との希薄（ないし差別的）な関係は満足度を下げるものとして機能するだろう。しかし、先述のように常勤講師は正規教員と同程度に満足している実態がある。そしてこの矛盾の背景として浮かび上がるのが、非正規教員であることを正当化する構造であり、教員として児童生徒の成長に携わるやりがいが不満感を緩和する機能である。換言すれば、「正規教員でないこと」から生じる同僚との関係は満足度を下げる機能を持つが、一方で、オルタナティブなルートであっても「教員であること」で子どもと親密に関わり、その成長に携わることで得られるやりがいが満足度を高める機能の方がより強い、という理論仮説が生起される。

そこで同僚および児童生徒との関わりに着目し、後述の変数を用いて、常勤講師の満足度の構造に関する仮説を実証的に検証する。

なおここでいう「教員であること」は、正規教員と同様の職務を担い、教員文化を内面化し、"教員"として勤務していることを指す。

2．研究方法

2.1.　分析に用いるデータと対象

一般化可能性の高い知見を導出するためには、厳密な手法で標本抽出されたデータが必要となる。そこで本稿が用いるのは、TALIS 2018における日本の個票データである。

TALIS 2018は教員の指導環境や研修の状況について尋ねた国際的な大規模調査である。日本では、国内全体の教員を母集団とした層化二段抽出によって、小学校197校3,308人、中学校196校3,555人の教員から有効な回答を得ている[(26)]。加えて、母集団に対する代表性を確保するために分析用のウェイトが設定されている[(27)]。以上の点から、国内の非正規教員の実態を捕捉する上で、TALIS 2018を使用することの妥当性があると言える。

分析対象の選定を以下の通りおこなった。TALIS 2018では、雇用契約について尋ねる質問（終身雇用or有期雇用契約）および勤務時間について尋ねる質問（フルタイムorパートタイム）が設定されている。また10歳幅での年齢を収集することができる。これらの質問項目を用いて、有期雇用でありフルタイム勤務している60歳未満の教員を常勤講師（N=969）、終身雇用でありフルタイム勤務している60歳未満の教員を正規教員（N=4,931）とした。なお分析対象の年齢を限定した理由は、60歳以上の非正規教員では正規教員を経て再任用されている者も含むので、これら教員を分析対象から除くためである。

2.2.　従属変数

従属変数には「教職に対する満足度」を設定した。これはTALIS 2018における既存の合成変数（T3JOBSA）を使用したものである[(28)]。この合成変数は、「労働環境に対する満足度（T3JSENV）」「教師の専門性に対する満足度（T3JSPRO）」「担当クラスの運営や授業の自律性（T3SATAT）」の3つの合成変数から構成されており、「現在の学校での仕事を楽しんでいる」「全体としてみればこの仕事に満足している」などの13の質問項目が変数の構成に用いられている（α=.864；.859）。

2.3.　独立変数

独立変数には、「同僚との関わり」および「児童生徒との関わり」に関する変数を投入した。

2.3.1.　同僚との関わり

「同僚との職業的交流」および「同僚との専門

的交流」の2変数を投入した。「同僚との職業的交流」は既存の合成変数（T3EXCH）を用いた。これは、勤務する学校においてどのくらいの頻度で行われているのかを尋ねた質問項目「同僚と教材をやりとりする」「特定の生徒の学習の向上について議論する」などの4つから構成されている（ω＝.753；.736）。「同僚との専門的交流」は既存の合成変数（T3COLES）を用いた。この合成変数は「同僚との職業的交流」と同様に勤務校での頻度を尋ねたもので、「学級内でチーム・ティーチングを行う」「他の教員の授業を見学し、感想を述べる」などの4つの質問項目から構成されている（ω＝.608；.651）。

　上述のように、これらの合成変数は勤務する学校の状況について尋ねた質問項目から作成されている。そのため「同僚との職業的交流」の値が低い教員は、自分の勤務校が同僚との職業的交流に消極的であると認識していることを意味する。しかし、この値では勤務校の特徴を示していても、教員個人が認識する同僚との関わりを正確に捕捉できているとは言い難い。そこで、上記の2変数について集団平均中心化（CWC：centering within cluster）の処理を行った。これは教員個人の変数の値から、その教員が勤務する学校の平均値を引くことであり、中心化によって勤務校内の平均的な値からの乖離（集団内個人差）を示すことができる。加えて、処理後は全ての集団平均が0となるため、説明変数に関する集団間の違い（勤務校の違い）を排除できる。すなわち、中心化後の「同僚との職業的交流（CWC）」が低い教員は、同僚たちと比べて、勤務校における職業的交流の活発さへの認識が低いことを意味する。周囲が認識している交流の程度に対して個人が認識する交流の程度が下回っている時、その個人は同僚との関わりが希薄であると見ることができるだろう。

2.3.2. 児童生徒との関わり

　「児童生徒との関係性」「児童生徒ストレス」の2変数を投入した。「児童生徒との関係性」

は、既存の合成変数（T3STUD）を使用した。この変数は勤務校の教員－児童生徒関係を尋ねた質問項目「通常、教員と生徒は互いに良好な関係にある」「ほとんどの教員は生徒の声に関心を持っている」などの4つに対して、4件法（「全く当てはまらない：1」～「非常に良く当てはまる：4」）で回答した値を集約している（ω＝.880；.870）。「児童生徒との関係性」においても、集団平均中心化の処理によって、集団内個人差を算出した。

　「児童生徒ストレス」には、既存の合成変数（T3STBEH）を用いた。この変数は、学校での業務に対するストレスの程度を尋ねた質問の中で、「学級の規律を保つこと」「生徒に脅迫されたり生徒から暴言を受けたりすること」など3つの質問項目について4件法（「全く感じない：1」～「非常に良く感じる：4」）で答えた値を集約したものである[(29)]。

2.4. 統制変数

　独立変数の効果を測定するために、教員個人と学校に関わる統制変数を設定した。

　まず教員個人に関わる要素としては、「性別」「年齢」「多忙さ」「雇用条件満足度」「自己効力感」の5つの要因を考慮した。

　これまでの研究では、年齢と職務満足度は負の線形関係があり[(30)]、労働時間も職務満足度に負の効果を持つことが示されている[(31)]。さらに、世界的に見ても給与条件は満足度に影響し[(32)]、自己効力感は正の効果を持つことが知られている[(33)]。これらの要因はいずれも雇用形態を区別した分析が行われているわけではないが、常勤講師でも同様の効果を持つことを想定し、以下の手順で統制変数とした。

　性別と年齢は、それぞれについて尋ねた質問項目の回答を用いた。性別は、男性であれば1となる「男性ダミー」を設定し、年齢は50代を参照カテゴリとして、「20代ダミー」「30代ダミー」「40代ダミー」を投入した。

　多忙さを表す指標では、実質的な忙しさである多忙と、忙しさへの認識である多忙感を分け

て捉えるため、「労働時間」と「職務ストレス」を投入した。「労働時間」は質問項目「直近の『通常の一週間』において、あなたの学校で求められている仕事におよそ何時間従事しましたか」に答えた値を用いた。「職務ストレス」は既存の合成変数（T3WLOAD）を用いた。この変数は、職務に対するストレスの程度を尋ねた質問項目「多大な授業準備があること」「事務的な作業が多すぎること（例：書類への記入）」など5つについて、4件法（「全く感じない：1」〜「非常に良く感じる：4」）の回答を集約した値である（ω=.854；.814）。

雇用条件満足度には、「給与満足度」と「雇用満足度」の2変数を投入した。前者は質問項目「職務に対して支払われる給与に満足している」に対して、後者は「給与以外の教員としての雇用条件に満足している（例：福利厚生、勤務時間）」に対して、「全く当てはまらない：1」〜「非常に良く当てはまる：4」の4件法で回答した値である。

自己効力感は、既存の合成変数（T3SELF）を用いた。この変数は、「生徒のために発問を工夫する」「学級内の秩序を乱す行動を抑える」などの13個の質問項目に対して、それぞれ4件法（「全くできていない：1」〜「非常に良くできている：4」）で答えた値を集約したものである（α=.923；.913）。なお、ここでいう「自己効力感」とは、授業や学級経営、生徒指導に関わる自己効力感を指している。

次に、学校に関わる統制変数として「小学校ダミー」「私立校ダミー」「大都市ダミー」「ST比」「学校内の荒れ」の5変数を投入した[34]。これらの変数は、校長質問紙からデータ収集し、学校IDで教員個人へ紐づけたものである。変数の設定は以下のように行った。

「小学校ダミー」は、勤務校が小学校であれば1、中学校であれば0とした。「私立校ダミー」も同様に、勤務校が私立校であれば1、国公立校であれば0の値をとる変数である。「大都市ダミー」は、勤務する学校が人口10万人以上の都市に所在するか否かを表した変数である。ま

た「ST比」は、勤務校に所属する児童生徒数を教員数で除した値であり、既存の変数（STRATIO）を用いた。「ST比」が低いほど少人数学級が達成しやすく、教員の負担も軽減されやすい。「学校内の荒れ」は、既存の合成変数（T3PDELI）を用いた。この変数は、学校内の非行や問題行動（「器物損壊・窃盗」、「生徒間の脅迫又はいじめ」などの4項目）の頻度について、5件法で尋ねた質問項目から構成されている（ω=.789；.821）。

2.5. 記述統計量

各変数の記述統計量を表2に示した。記述統計量には平均値（Mean）・標準偏差（SD）・最小値（Min）・最大値（Max）・歪度（Skew）・尖度（Kurt）を記載している。歪度とは分布の歪みを表した統計量であり、分布が左に偏っている時に正、右に偏っている時に負の値をとる。尖度は分布の尖りを表しており、データが平均付近に集中している場合は正、平均から散らばっている場合には負の値をとる。

従属変数である「教職に対する満足度」は、常勤講師の方が正規教員よりもわずかに平均値が高いが、歪度・尖度の値はほとんど変わらないことから、分布が類似していることが分かる。それゆえ先に見たように、常勤講師は正規教員と同程度に満足度を抱いている実態を改めて確認できる。一方、独立変数の「同僚との関わり」および「児童生徒との関わり」では、雇用形態間で分布の差異が確認された。

まず「同僚との専門的交流」については、平均や標準偏差に大きな差異は見られないものの、常勤講師の方が尖度は小さくなっており、データが平均から散らばって裾野が広いことが分かる。また「児童生徒との関係性」では、常勤講師の歪度は負の値となっており、比較的高い値をとる層が多いと言える。

そのほか、データの特徴に関する着目すべき点として、雇用形態間で年齢構成にばらつきがあることが挙げられる。年齢のダミー変数を見ると、常勤講師は20代の教員が半数程度を占め

表2 記述統計量

	常勤講師							正規教員						
	N	Mean	SD	Min	Max	Skew	Kurt	N	Mean	SD	Min	Max	Skew	Kurt
個人レベル														
教職に対する満足度	962	12.38	2.01	5.27	16.5	-0.31	0.31	4,906	12.04	2.02	5.19	16.5	-0.29	0.28
同僚との職業的交流	963	11.57	2.10	5.95	14.90	-0.41	-0.59	4,893	11.66	1.99	5.95	14.90	-0.35	-0.52
同僚との専門的交流	964	9.07	1.81	3.76	14.59	0.05	0.11	4,896	9.11	1.68	3.76	15.09	0.15	0.46
児童生徒との関係性	963	13.60	2.23	3.23	17.09	-0.14	0.54	4,911	13.51	2.12	3.23	17.09	0.07	0.44
児童生徒ストレス	962	9.21	2.27	6.19	13.76	0.43	-0.56	4,908	9.47	2.25	6.19	13.76	0.29	-0.67
男性ダミー	969	0.46	0.50	0	1	—	—	4,931	0.50	0.50	0	1	—	—
20代ダミー	969	0.45	0.50	0	1	—	—	4,931	0.18	0.38	0	1	—	—
30代ダミー	969	0.23	0.42	0	1	—	—	4,931	0.27	0.45	0	1	—	—
40代ダミー	969	0.16	0.37	0	1	—	—	4,931	0.26	0.44	0	1	—	—
労働時間	952	55.61	15.08	1	100	-0.53	1.52	4,835	58.68	13.57	2	120	-0.31	1.82
職務ストレス	963	9.15	2.05	6.10	15.11	0.74	0.28	4,909	9.80	2.14	6.10	15.11	0.53	-0.21
給与満足度	960	2.36	0.81	1	4	-0.22	-0.73	4,906	2.26	0.79	1	4	-0.13	-0.77
雇用満足度	959	2.29	0.80	1	4	-0.09	-0.72	4,902	2.28	0.81	1	4	-0.07	-0.75
自己効力感	965	12.41	2.00	5.95	19.45	0.54	0.29	4,901	12.84	2.06	5.95	19.45	0.31	-0.07
学校レベル														
小学校ダミー	349	0.51	0.50	0	1	—	—	393	0.50	0.50	0	1	—	—
私立校ダミー	348	0.05	0.22	0	1	—	—	391	0.06	0.24	0	1	—	—
大都市ダミー	347	0.65	0.48	0	1	—	—	391	0.65	0.48	0	1	—	—
ST比	339	15.78	5.22	0.67	28.59	-0.54	0.21	383	15.46	5.33	0.67	28.59	-0.49	0.00
学校内の荒れ	348	7.24	2.15	4.87	19.44	1.67	5.36	392	7.14	2.14	4.87	19.44	1.66	5.10

※記述統計量は中心化や標準化を行う前の値を記載した。また、ダミー変数の歪度と尖度は表記していない。

ているのに対し、正規教員の場合には20代はやや少なく、30代以上の層が厚い。先述のように年齢は職務満足度に対して負の線形関係にあることを踏まえると[35]、年齢構成のばらつきが常勤講師の職務満足度の高さに影響していることが予想される。

2.6. 分析の手法

TALIS 2018は各学校からおよそ20人ずつ標本を抽出しており、同じ学校に勤務する教員から変数を収集した場合、似通った情報が集まりやすい。この前提を無視して収集したデータに対して重回帰分析などの従来の分析手法を用いると、サンプルサイズを過大に評価してしまい、誤った推定をおこなってしまう危険性が高まる。したがって、TALIS 2018のデータを用いて教員の満足度を分析する上で、教員個人の要因

と学校に関わる要因を分けて捉える必要がある。

そこで用いる手法がランダム切片モデルによるマルチレベル分析である。これは、個人レベル変数Xと集団レベル変数Zを投入して、ある集団jに所属する個人iの従属変数Y_{ij}を推定する手法である。具体的な推定式は以下の通りである。

$$Y_{ij} = \beta_{0j} + \beta_1 X_{ij} + \varepsilon_{ij} \qquad \cdots (1)$$
$$\beta_{0j} = \gamma_{00} + \gamma_{01} Z_j + \mu_j \qquad \cdots (2)$$
$$Y_{ij} = \gamma_{00} + \gamma_{01} Z_j + \beta_1 X_{ij} + \mu_j + \varepsilon_{ij}. \cdots (3)$$

式（1）は個人レベル変数Xのみを投入した推定式である。従属変数Y_{ij}は、個人レベル変数Xと切片β_{0j}および誤差項ε_{ij}によって表される。この式だけであれば、通常の回帰分析と変わら

ない。重要なのは次の式（2）である。式（2）は集団ごとに異なるβ_{0j}の推定式であり、集団レベル変数Zと切片γ_{00}および誤差項μ_jによって表される。そして式（2）を式（1）に代入することによって式（3）が得られる。これが個人レベル変数と集団レベル変数を投入したマルチレベル分析の推定式となる。本稿の研究課題と合わせると、学校jに勤務する教員iの「教職に対する満足度」Y_{ij}を、「同僚との関わり」、「児童生徒との関わり」、教員個人に関わる統制変数を含む個人レベル変数Xと、学校に関わる統制変数である集団レベル変数Zによって推定を行うこととなる。

なお分析データを用いて、説明変数を投入しないNullモデルにおける級内相関係数（ICC）を雇用形態ごとに測定したところ、常勤講師が0.09（95%信頼区間は［0.02, 0.16］）正規教員が0.07（95%信頼区間は［0.05, 0.09］）であった。どちらの値も0.1を下回っているものの、95%信頼区間では0を超えており、級内相関が存在しているとみなすことが妥当である。そして級内相関を持つデータでは、従来の線形モデルが前提とする観測値の独立性の仮定が成り立たず、第一種の過誤が生じる確率が増加する[36]。それゆえ、分析データでは、マルチレベルモデルによってデータの階層性を考慮する必要があると言える。

全ての分析はR ver 4.1.3を使用し、マルチレベル分析にはlme4パッケージを用いた。

3．分析結果

マルチレベル分析による推定結果を表3に示す。なお推定にあたって、変数間の比較を行うために標準化偏回帰係数を算出している。

推定結果のModel 2は全ての変数を投入したモデルである。Model 1は「同僚との関わり」「児童生徒との関わり」に関する変数を投入していないモデルである。これは上記の独立変数を投入することの妥当性を検証すべく設定した。両モデルのAIC、BIC、逸脱度を見ると、どちらの雇用形態においてもModel 2の方が全て

の適合度指標で低い値を示し、モデルの当てはまりが改善された。以下ではModel 2の推定結果を確認する。

推定結果から得られた、常勤講師の満足度を規定する要因の主要な知見は三点である。

第一に、常勤講師の満足度を規定する上で、個人の属性（性別・年齢）の影響が小さいことである。正規教員の場合、「男性ダミー」「20代ダミー」「30代ダミー」が0.1%水準で有意となり、若年層ほど、また女性よりも男性の方が満足している傾向にあることが分かる。一方常勤講師では、投入変数で有意となったものは「20代ダミー」だけであり、30代以降の年齢層での差異や性差は見られなかった。

この背景には、常勤講師の性別分布が挙げられる。常勤講師の中では40代の67.5%、50代の75.0%が女性となっている（正規教員ではそれぞれ51.3%、53.6%）。そして彼女らの職務満足度（12.29）は、同世代の女性の正規教員（12.00）よりも高く（$p<.05$）、労働時間も有意に少ない（$p<.001$）。それゆえ、中堅の女性常勤講師たちはワークライフバランスや配偶者の転勤などを考慮して、自ら非正規雇用であることを選択している層がいると考えられる。そして、このような層の存在が、正規教員に見られていた男性の優位性や、年齢と満足度の負の線形関係とは異なる様相を常勤講師に生じさせているといえる。

第二に、「同僚との関わり（CWC）」の効果が見られない点である。まず、正規教員では「同僚との職業的交流（CWC）」と「同僚との専門的交流（CWC）」は1%水準で有意となったが、常勤講師では10%水準でも有意ではなかった（それぞれ$p=.38$、$p=.62$）。すなわち常勤講師の場合、同僚との希薄な関係と職務への満足度には関連が見られなかったのである。

しかし、常勤講師は同僚との交流が盛んであるとは言い切れない。例えば「同僚との職業的交流（CWC）」では、20代の常勤講師の値（-0.14）が、20代の正規教員の値（0.16）よりも有意に低い（$p<.05$）。「同僚との専門的交流（CWC）」

表3　マルチレベル分析の推定結果（標準化偏回帰係数）

	常勤講師				正規教員			
	Model 1		Model 2		Model 1		Model 2	
	β	S.E.	β	S.E.	β	S.E.	β	S.E.
切片	−0.01	0.04	−0.02	0.04	0.00	0.02	0.00	0.02
個人レベル								
〈統制変数〉								
男性ダミー	0.00	0.03	0.02	0.03	0.04	0.01 **	0.06	0.01 ***
20代ダミー	0.13	0.05 **	0.10	0.04 *	0.09	0.02 ***	0.07	0.02 ***
30代ダミー	0.04	0.04	0.03	0.04	0.05	0.02 **	0.05	0.02 ***
40代ダミー	0.03	0.04	0.03	0.04	−0.01	0.02	−0.01	0.01
労働時間	0.06	0.03 †	0.06	0.03 †	0.05	0.01 **	0.03	0.01 *
職務ストレス	−0.14	0.03 ***	−0.11	0.03 **	−0.22	0.01 ***	−0.16	0.01 ***
給与満足度	0.11	0.04 **	0.08	0.04 *	0.12	0.02 ***	0.12	0.02 ***
雇用満足度	0.18	0.04 ***	0.16	0.03 ***	0.13	0.02 ***	0.12	0.02 ***
自己効力感	0.19	0.03 ***	0.13	0.03 ***	0.23	0.01 ***	0.16	0.01 ***
〈同僚との関わり〉								
同僚との職業的交流（CWC）			0.03	0.03			0.05	0.01 **
同僚との専門的交流（CWC）			−0.02	0.03			0.04	0.01 **
〈児童生徒との関わり〉								
児童生徒との関係性（CWC）			0.25	0.03 ***			0.19	0.01 ***
児童生徒ストレス			−0.10	0.03 **			−0.12	0.01 ***
集団レベル								
〈統制変数〉								
小学校ダミー	0.08	0.04 *	0.08	0.04 *	0.07	0.02 ***	0.08	0.02 ***
私立校ダミー	−0.03	0.04	−0.03	0.04	−0.01	0.02	−0.01	0.02
大都市ダミー	0.06	0.04	0.05	0.04	−0.00	0.02	−0.01	0.02
ST比	−0.03	0.04	−0.02	0.04	0.02	0.02	0.02	0.02
学校内の荒れ	−0.03	0.04	−0.02	0.04	−0.05	0.02 **	−0.04	0.02 *
Individual	905		898		4,631		4,613	
Group	338		337		381		381	
AIC	2585.5		2516.0		12701.4		12341.2	
BIC	2667.2		2616.8		12810.9		12476.4	
−2 Log Likelihood	2551.5		2474.0		12667.4		12299.2	

† $p<.10$　* $p<.05$　** $p<.01$　*** $p<.001$

は、40代・50代の常勤講師の値（−0.18）が、同世代の正規教員の値（0.10）よりも有意に低い（$p<.01$）。世代を区切ってみれば、常勤講師は正規教員と比較して同僚との関わりが希薄になっている。しかしながら、それが満足度を規定する構造に組み込まれていない点に常勤講師の固有性が窺える。

第三に、満足度を規定する構造に正規教員との類似性が大きい点である。統制変数として設定した個人レベルの変数や、給与および雇用条件（福利厚生や労働時間など）への満足度は正規教員と同様に有意となっていた。そしてなによりも類似点として主要な知見は、これらの変数を統制しても、雇用形態を問わず、満足度を規定する上で最も影響を与えていた要因が「児童生徒との関わり（CWC）」となることである。常勤講師においても正規教員と同様に、子どもとの関わりで得られるやりがいが満足感を規定し、教師として働き続けることを可能にしている点が確認された。

4．考察と今後の課題

本稿は、TALIS 2018の二次分析によって、常勤講師の教職に対する満足度を規定する要因について実証的に検討してきた。分析を通して、先に提示した仮説は一部修正された。

まず、常勤講師の満足度を規定する上で、教員個人の属性の影響は少ない。この背景には、「教員であること」を達成するために、ワークライフバランスなどを重視して主体的に非正規教員になる中堅女性の存在が想定される。すなわち常勤講師とは、皆が正規教員になることを志向している一枚岩としての存在ではなく、「正規教員でないこと」を求める層も存在する。このような内部の多様性も一因となって、非正規教員全体で見たときの高い満足度が規定されているのである。

次に、常勤講師たちは「正規教員でないこと」から生じる同僚との希薄な関係を経験しているものの、これは満足度を規定する要因ではなかった。むしろ、教職に対する満足度にとって最も重要な要素は、正規教員と同様に、「教員であること」によって可能となる児童生徒との関わりの深さであった。子どもの成長に携わっていく中でやりがいが得られるからこそ常勤講師たちは、継続して勤務することが可能になっていると言えるだろう。

これらの知見は、上原健太郎が質的研究によって示唆した[37]、非正規教員の過酷な労働実態を緩和するやりがいの様相を、統制変数を用いて、計量分析によって示したことに意義がある。そしてさらに非正規教員に関わる研究に対して、次の学術的示唆を持つ。

教員の非正規化に関する従来の研究は、法制度を切り口として、労働需要側の力学に焦点を当てて非正規化の背景を論じてきた。ここで指摘されるのは、需要側の論理のもと、財政の効率化を図る中で正規教員の仕事を非正規教員へと代替させる搾取の構造であり[38]、「正規教員でないこと」がもたらす権利の剥奪や待遇・労働面の過酷さである[39]。

対して、本稿が明らかにしてきたのは、「正規教員でないこと」を求める層の存在であり、さらに、「教員であること」に比重を置く当事者の論理である。正規教員と同程度の職務満足度を抱く常勤講師たちの間では、「正規教員でないこと」から生じやすい同僚との希薄な関係よりもむしろ、「教員であること」によって子どもとかかわることで得られるやりがいが満足度を強く規定する構造が存在していた。

この点は正規教員のやりがいを規定する構造と類似する。ダン・ローティが指摘したように、教員の報酬は現金収入や地位名声などの外発的報酬よりも、子どもとの関わりの中で得られる精神的報酬に傾倒している[40]。そしてこのような教員文化は、非正規教員にも内面化されている。精神的報酬の影響が大きいからこそ、非正規雇用であっても継続して勤務することが可能になっているのである。

したがって、搾取や抑圧されたヴァルネラブルな非正規教員像を前提として、「正規教員でないこと」による差異や不遇を強調するだけで

は非正規教員の実態を十全に理解することはできない。さらには、脆弱な存在としてのみ描出することは同時に、ステレオタイプを付与する危険性すらも孕む。非正規教員は非正規雇用であると同時に、教員として勤務している事実がある。そして正規教員と同様に、「教員であること」に比重を置く当事者の論理がある。これらのことに目を向けながら、現代の非正規化を検討する必要がある。すなわち、「"非"正規教員であること」で雇用枠を生成する需要側の力学だけでなく、「非正規"教員"であること」で雇用枠を充足している供給側の力学の双方から、非正規化の実態を捉える視座が求められているのである。

ただし、ここで急いで付け加えておきたい。本稿は非正規教員の過酷な労働実態や雇用条件を肯定しているわけではない。分析結果で見られたように、雇用条件に対する満足度は常勤講師のやりがいを左右しうるものとなる。特に雇用の不安定さは、継続して児童生徒に関わることを困難にさせるものであり、「教員であること」さえも揺るがしかねない。それゆえ、非正規教員を安価な労働力としてではなく一教員として扱い、彼／彼女らの権利獲得や身分保障を目指すことが、非正規教員の働きがいを担保する上で肝要となるだろう。

最後に残された課題を示す。本稿が照射した非正規教員の実態は一時点で量的に捕捉されるものである。したがって非正規教員として勤務する中で、「正規教員でないこと」による課題に直面しながらも、目の前の課題を乗り越えるような、当事者の動的な解釈実践を検討することはできていない。またその時、非正規教員の内部に存在する多様性を踏まえ、当事者の属性によって異なる実態や解釈実践の様相を描出していくことも必要である。非正規教員たちはいかにして「非正規教員であること」さらには「非正規教員になること」を捉えているのか。当事者の解釈実践の内実については今後の検討課題としたい。

[付記]

本研究は、名古屋大学及びJST科学技術イノベーション創出に向けた大学フェローシップ創設事業 JPMJFS2120による「名古屋大学融合フロンティアフェローシップ」の支援を受けたものです。この場を借りて御礼申し上げます。

注・参考文献

(1)Chudgar Amita, Chandra Madhur, and Razzaque Ayesha. "Alternative forms of teacher hiring in developing countries and its implications：A review of literature". *Teaching and Teacher Education*. Vol.37, 2014, pp.150-161.

(2)OECD. *TALIS 2018 Results（Volume II）Teachers and School Leaders as Valued Professionals*, OECD Publishing, 2020.

(3)磯田文雄「戦後教員養成政策から見た教師教育の"高度化"」『日本教師教育学会年報』第23号、2014年、82-90ページ。

(4)青木栄一『地方分権と教育行政：少人数学級編成の政策過程』勁草書房、2013年。

(5)菊地原守「教員の非正規化の拡大を規定する要因―都道府県の財政構造と学校問題に着目して―」『日本教師教育学会年報』第30号、2021年、172-182ページ。

(6)金子真理子「非正規教員の増加とその問題点―教育労働の特殊性と教員キャリアの視角から―」『日本労働研究雑誌』645号、2014年、42-45ページ。

(7)学術書ではないが、非正規教員の実態を記述したルポとして下記の文献が挙げられる。
佐藤明彦『非正規教員の研究―「使い捨てられる教師たち」の知られざる実態―』時事通信社、2022年。

(8)上林陽治『非正規公務員のリアル―欺瞞の会計年度任用職員制度―』日本評論社、2021年。

(9)金子、上掲、注(6)。

(10)TALIS 2018の個票データは下記のURLより収集した。
https://www.oecd.org/education/talis/talis-2018-data.htm（アクセス日：2023年1月1日）

(11)森田慎一郎「ホワイトカラーの正規雇用労働者と不本意非正規における職務満足感とメンタルヘルスの関連―上司と同僚のサポートに着目して―」『産業・組織心理学研究』第31巻2号、2018年、155-166ページ。

(12)常勤講師はフルタイムで勤務し、授業や学級経営、課外活動、校務分掌など正規教員と同等の職務を担っている。一方、パートタイムで働く非常勤講師は授業のみを担当し、勤務形態や職務内容が正規教員と大きく異なる。そのため、本稿では非常勤講師を分析の視野には入れず、常勤講師のみを対象とした。

(13)2022年には月刊誌『教育』の3月号および10月号や季刊誌『教育法』No.215で、教員の非正規化に関する特集が組まれるなど、社会的な関心は近年高まりつつある。

(14)佐久間亜紀「序章 教師を目指す」佐久間亜紀・佐伯胖『アクティベート教育学②現代の教師論』ミネルヴァ書房、2019年、3-13ページ。

(15)Weems Lisa.‒"Representation of substitute teachers and the paradox of professionalism". *Journal of Teacher Education*. Vol.54, No.3, 2003, pp.479-497.

(16)例えば、以下の文献が挙げられる。

Vorell Matthew S.〝A qualitative analysis of the coping strategies of substitute teachers". *Alberta Journal of Educational Research*, Vol.57, No.4, 2012, pp.479-497.

(17)Uchida Minami, Cavanagh Michael, and Moloney Robyn.〝A casual teacher is a gardener：metaphor and identities of casual relief teachers in the Australian primary school context". *Educational Review*, Vol.73, No.3, 2021, pp.297-311.

(18)上原健太郎「正規教員を目指すことはいかにして可能か―沖縄の非正規教員を事例に―」『都市文化研究』第18巻、2016年、71-83ページ。

(19)井上いずみ・村松泰子「臨時的任用教員の就業意識とその実態」『東京学芸大学紀要 総合教育科学系』第58集、2007年、515-531ページ。

(20)海外で見られるアウトサイダーのイメージは、国内の常勤講師では管見の限り見られていない。これは正規教員とほぼ同等の職務を担うこと、複数年に渡って同一校で勤務する可能性が高いことなどが理由として挙げられる（TALIS 2018のデータで見ると、2年以上勤務している者は51.2%であった）。

(21)本間啓二「教員の教職満足感に与える職場環境要因の影響」『キャリア教育研究』第24巻第1号、2006年、11-19ページ。

(22)三上彩・伏見葉月・関由起子「なぜ学生は臨時的任用教員になることを選択したのか―教員養成学部の新卒者の場合―」『埼玉大学紀要 教育学部』第65巻、2016年、117-129ページ。

(23)山崎準二「教師の現状と教師教育研究の課題」『日本教師教育学会年報』第24号、2015年、30-40ページ。

(24)上原、前掲、注(18)。

(25)特に常勤講師は、授業だけでなく学級経営や課外活動、校務分掌など正規教員とおおむね同等の職務を担う。そのため、「教員」として勤務していることの満足を感じやすい存在であると言えるだろう。

(26)国立教育研究所編『OECD国際教員指導環境調査（TALIS）2018報告書［第2巻］専門職としての教師』明石書店、2020年。

(27)学校レベルと教員レベルのウェイトが設定されているが、本稿の関心は教員個人の満足度にあるため、教員レベルのウェイトを用いる。なお、分析結果はウェイトが考慮された推定値であり、記述統計量はウェイトを反映していない値である。ウェイトの詳細については以下の論文に詳しい。

卯月由佳「国際比較データ」『日本労働研究雑誌』No. 741、2022年、65-69ページ。

(28)TALIS 2018の既存の合成変数を構成する質問項目やクロンバックのα係数、ω係数は下記の文献を参照した。なお、α係数およびω係数は、日本の教員における信頼性係数であり、小学校・中学校の順番に記載した。

OECD, *TALIS 2018 and TALIS starting strong 2018 user guide*, OECD Publishing, 2019.

(29)合成変数（T3STBEH）は、日本の小学校および中学校においてはω係数が算出されていない。

これは日本を含むいくつかの国では、この合成変数の信頼性が低いことに起因する。そのため、推定結果を解釈する際には考慮する必要がある。

㉚高原龍二「日本における公立学校教員の年齢・職務満足関係―教員労働組合員と民間労働組合専門職労働者の比較検討―」『産業衛生学雑誌』第56巻4号、2014年、91-101ページ。

㉛森田玉雪・山本公香「日本の中学校教員の満足度―OECD国際教員指導環境調査（TALIS）結果から―」『山梨国際研究：山梨県立大学国際政策学部紀要』第10巻、2015年、115-129ページ。

㉜森田玉雪・山本公香「OECDにおける公立中学校教員の職業満足度―法定給与水準を考慮した分析―」『山梨国際研究：山梨県立大学国際政策学部紀要』第11巻、2016年、107-119ページ。

㉝Klassen, Robert and Chiu Ming Ming. "Effect on teacher's self-efficacy and job satisfaction : Teacher gender, year of experience, and job stress". *Journal of Educational Psychology*, Vol.102, No.3, 2010, pp.741-756.

㉞「私立校ダミー」「大都市ダミー」「学校内の荒れ」は、TALISを用いて職務満足度とSESの関連を検証したMatsuoka（2015）を参考にして投入した。ただし、「私立校ダミー」と「大都市ダミー」はMatsuokaの研究において有意とはなっていないため、あくまでも学校の客観的特徴を統制するための変数である。

Matsuoka Ryoji. "School socioeconomic context and teacher job satisfaction in Japanese compulsory education". *Educational Studies in Japan : International Yearbook*, Vol.9, 2015, pp.41-54.

㉟高原、前掲、注㉚。

㊱Kreft Ita and Leeuw Jan de. *Introducing Multilevel Modeling*, Sage, 1998.（小野寺孝義編訳『基礎から学ぶマルチレベルモデル―入り組んだ文脈から新たな理論を創出するための統計手法―』ナカニシヤ出版、2006年。）

㊲上原、前掲、注⒅。

㊳金子、前掲、注⑹。

㊴佐藤、前掲、注⑺。

㊵Lortie Dan Clement. *School Teacher : A sociological study*, University of Chicago Press, 1975.（佐藤学監訳『スクールティーチャー―教職の社会学的考察―』学文社、2021年。）

ABSTRACT

Factors Determining Job Satisfaction of Fixed-term Fulltime Teachers : Comparison with Permanent Teachers Using TALIS 2018

KIKUCHIHARA Mamoru
（Graduate Student, Nagoya University）

Spreading casualization into teaching, nearly a quarter of the teachers in lower secondary schools in Japan currently work on fixed-term employment contracts. Previous studies pointed out that the casualization of teachers in Japan is due to the operation of labor demand side (governments and school board system), and thus, some research raised an alarm about the severe working conditions of fixed-term teachers. However, we should not overlook the fact that despite the unstable contracts, fixed-term fulltime teachers' job satisfaction is comparable with permanent teachers. Hence, it could be inappropriate to regard fixed-term teachers merely as vulnerable employees. We should take not only the logic of the labor demand side but also the situation of the labor supply side into consideration. Therefore, this study examines the structural factors that influence the job satisfaction of fixed-term fulltime teachers compared to permanent teachers. Specifically, referring to previous studies, I focus on two major factors, namely "relationship with colleagues" and "relationship with students." I use multilevel analysis with the raw data of the Teaching and Learning International Survey 2018 (TALIS 2018).

First, in terms of individual characteristics (age, gender), only the twenties dummy variable significantly affected fixed-term teachers. This may be related to the presence of a segment of mid-career women who proactively choose to be fixed-term teachers. Second, divided by age group, the casual teachers experienced an alienation from colleagues, but relationship with colleagues was not part of the structure decreasing or increasing job satisfaction. Third, the significant factors were similar to those of the permanent teachers, and the paramount factor was relationship with the students. These findings indicate the necessity to consider fixed-term fulltime teachers with the scope of not a monolithic entity but an entity that includes internal variety. Moreover, it is also important for fixed-term teachers to not "be on fixed-term contracts" but "be a teacher." Accordingly, to reveal the mechanism of casualization, we should consider the labor supply side perspective and view fixed-term teachers in the light of "being a teacher."

Keywords : **Casualization of teachers, Fixed-term teachers, Job satisfaction, Comparative research, Multilevel analysis**

キーワード：教員の非正規化、常勤講師、職務満足度、比較研究、マルチレベル分析

校内研修の組織化における地域性とその特質
——1958年から1960年代初頭の沖縄県を事例に——

松田　香南（名古屋大学大学院）

1．はじめに

　本稿の目的は、琉球政府期沖縄における校内研修の組織化過程から、1958年〜1960年代初頭に着目し、その地域的特質を明らかにすることである。

　中留武昭によれば、校内研修の組織化は、1958年以降がその萌芽期であり、本格的に展開するのは1965年以降であった[1]。より詳細には、終戦から1958年ごろまでは、日教組による自主研修活動の影響で、校内で自主的なグループや少数の推進者が啓蒙的に研修を組織化する動きが見られたものの、学校全体で共通テーマをもって取り組まれるような組織化ではなかった[2]。しかし、その後行政側が、校内研修を学校経営の一環として強く自覚するようになり、1965年に行政による校内研修の協同体制化の方針が確立したとされる[3]。

　これは、文部省による集権化志向の行政研修と、日教組による民主化志向の自主研修との間に生じた対立を均衡化するために、文部省が学校経営の機能・役割の強化を図り、戦略的に校内研修を教育委員会の指導のもと進めるようになったことを背景としている[4]。文部省と日教組の対立は、1958年の学習指導要領改訂が一つの大きな機運となっており[5]、校内研修の展開も、その後の学習指導要領改訂期に対応していくことが指摘されている[6]。

　このように、戦後、各学校における研修は事実として行われていたものの、校内研修の組織化は、行政の戦略的な体制構築によって展開し

ており、教員集団が校内で行った自主的な研修活動は、学校全体で組織化したものにはならなかったとされている。しかし、行政と教職員組合との関係性や、それらが学校に対して持った影響力は、地域ごとに違いがあるため、校内研修をめぐっても、組織化の過程には地域性が存在していると考えられる。

　実際、本稿で取り上げる沖縄県においては、戦後しばらく行政側の琉球政府と、沖縄教職員組合の前身である沖縄教職員会（以下、教職員会）という団体が協働的な関係にあり、校内研修をめぐっても、教職員会が先導した1954年の第1回教育研究集会（以下、教研集会）を契機として、その体制構築が始まった[7]。教職員会に関しては、浅野誠、奥平一、櫻澤誠、戸邉秀明、藤澤健一らによって、組織や活動の実態が様々明らかとされている[8]。

　これら先行研究によれば、教職員会は、戦後荒廃した地での教育再興へ向けた活動を行うと同時に、日本復帰運動など占領期沖縄の諸運動全体を先導し、沖縄全土で大きな影響力を持った教職員団体であり[9]、とくに1950年代は、琉球政府と教職員会が一体性をもって活動していた[10]。教職員会は、1952年に結成され、県内12地区（辺土名・名護・知念・宜野座・石川・胡差・前原・那覇・糸満・久米島・宮古・八重山）を単位団体とした連合組織であった。幼稚園から大学、校長から事務員までのすべての教職員や、文教行政の関係者までが加入する団体で、県内教職員の加入率はほぼ100％であったとされる[11]。

そして、教職員会が主催した教研集会は、「戦前戦後を通じて、これだけの組織力をもって、全教師の自主的な努力によって、民主的に積み上げられた教育者の事業は、ほかにはなかった」[12]とされるように、各学校の研修にも多大な影響力を持っていた。しかし、教職員会が先導した校内研修の組織化について明らかとなっているのは、1954年時点の状況のみである。日本本土で校内研修の組織化が進みだした1958年から60年代にかけては、沖縄でも方針に変容が生じ、当時ならではの特質が見られるものの、その詳細は明らかでない。よって本稿は、沖縄県において、校内研修の組織化に関わる方針が変容・強化される1960年前後に着目し、校内研修の組織化過程とその特質を明らかにする。

2．校内研修に影響を与えた学習指導要領の告示と教育指導委員制度

沖縄県は、戦後1972年に至るまで米軍の占領下にあり、日本とは全く異なる行政の組織体制がつくられていた。その中でも特に1952-72年は琉球政府期と呼ばれ、教育行政は米国占領軍のもと、琉球政府の文教局が担った[13]。1960年前後の沖縄では、教職員会と文教局が協働的な関係にあり、文教局が実施した諸政策にも、教職員会の関わりが見られる。そこで、本章は、校内研修に大きく影響を与えた1960年前後の政策として、学習指導要領の告示と教育指導委員制度を取り上げ、検討を行う。その際、史料として『沖縄の戦後教育史』および『沖縄の戦後教育史　資料編』、さらに、文教局が発行した機関誌『文教時報』、中央教育委員会会議録などの政府文書を用いて分析していく。

2-1．沖縄県における学習指導要領の告示

沖縄県における学校の教育課程は、教育課程委員会規則（一九五四年一月十六日中央教育委員会規則第一号）が制定された1954年以降、基準教育課程に基づいていた。基準教育課程は、文教局の教育課程委員会が示した教育課程の基準であり、小・中・高等学校・幼稚園版がそれ

ぞれ1954・1955・1956・1957年に策定された。策定当時、基準教育課程は教師が参考資料に用いる手引きという位置づけであったものの、1957年8月20日に中央教育委員会によって、正式な学校教育課程の基準として告示された[14]。1958年には、教育課程審議会規則（一九五八年中央教育委員会規則第五号）の制定により文教局に教育課程審議会が設置され、学校教育課程の基準（一九五八年中央教育委員会規則第四十一号）第2条において、「小学校、中学校、高等学校及び幼稚園の教育課程の基準はそれぞれ…文教局編の基準教育課程によるもの」と定められた。

しかし、その後、日本における1958年の学習指導要領改訂を受けて、沖縄県でも、教育課程の改訂が求められるようになる。1959年7月20日、行政主席の諮問機関である文教審議会から「教育課程改訂に関する答申」が出された。答申では、「次代の日本国民を育成する教育基本法の理念に立ち、同じ学制、同じ教科書を使う沖縄として教育課程の改訂はさしせまった問題である。文教審議会としては基本的には本土の教育課程改訂に準じて、…沖縄の教育課程も改訂されなければならない」ことが提言された。ただし、「本土の教育課程改訂についてはまだいろいろの批判もあり、又沖縄の現状からそのまま取り入れる事については今後充分研究検とうさるべき点もあると思われる」との留意事項が付された。

この答申を受け、中央教育委員会の諮問機関である教育課程審議会がさらなる検討を行った。教育審議会規則第3条によれば、教育課程審議会の委員は、「学校教育職員、文教局職員及び学識経験者のうちから委嘱又は任命する」とされており、委員はそれぞれ学校・領域別に分けられ、小・中・高等学校ではそれぞれ50人以内の委員を置くとしている。そして、中央教育委員会の定例会議資料を見ると、実際に、教育課程審議会の委員は、文教局職員や教育委員会の教育長だけでなく、大学教員や沖縄教職員会の代表、各学校の校長、さらには一般の教諭が

多く含まれており、当時の教育関係者が幅広く参加して、学習指導要領の内容を検討した様子が窺える[15]。

　教育課程審議会の検討を経て、1960年1月9日に出された「教育課程改訂に関する答申」では、「琉球の教育課程を文部省の教育課程に準じて改訂し、小学校においては一九六一年四月一日から、中学校にあっては一九六二年四月一日から施行する」ことが提言された。本答申の中では、いくつかの事項を「琉球の地域社会の現状やその要請に即応して改訂すること」が求められており、それら事項の一つでは、「学習指導要領を作成し、琉球における教育課程の基準とするように規則を改めること」として、以下のような記述がなされた。

　　従来、琉球の教育課程の基準は文教局編の「基準教育課程」によってきたのであるが、その内容は極めて精細にわたり、むしろ指導書としての性格をもつものであった。そこで、今回の教育課程改訂を機会に、文部省の学習指導要領に準じて、内容の精選された学習指導要領を作成し、琉球の教育課程の基準を明確にする必要がある。

　以上のことから、沖縄における学習指導要領の告示は、教育基本法の理念に立ち、日本の教育課程に準ずることを目的としたのと同時に、もともとの基準教育課程が極めて精細であったため、内容を精選した基準とするための意図も含まれていたことがわかる。

　上述の文教審議会・教育課程審議会による答申を基に、琉球政府文教局は、1960年4月12日に小学校学習指導要領、同年11月25日に中学校学習指導要領を告示した。ここでの学習指導要領はいずれも、日本本土の内容とほとんど同じであるが、一部沖縄の地理的、社会的特殊条件に基づく相違箇所を修正して、制定されたものとなった[16]。

　このように、沖縄県の学校教育課程は、基準教育課程に基づくものとされたが、1958年の日本における学習指導要領改訂を受けて、教育課程の見直しが進められ、1960年に沖縄県の学習指導要領が告示されるに至った。また、学習指導要領の検討段階では、文教局や教職員会をはじめ、大学教員や一般教諭など幅広い教育関係者が審議に関わった様子が窺え、その結果、沖縄の社会条件に沿った修正がなされつつ、ほとんど日本本土の学習指導要領に準じて策定されることとなった。

2-2. 日本本土からの教育指導委員派遣

　学習指導要領の告示と重なる時期に、沖縄の学校現場に大きく、直接的な影響を与えたものに、教育指導委員制度が挙げられる。教育指導委員制度とは、文部省が沖縄県の学校等へ、各県教育委員会の指導主事、現職教員、文部省職員や大学教員を、教員研修の指導者として派遣する制度であり、1958年6月に琉球政府文教局が文部省に要請を行ったことで実施に至った[17]。

　当時の琉球政府文教局長である古波蔵政光が文部省にあてた要請文書「本土よりの派遣教員について」（琉文学第二四〇号　一九五八年六月六日）には、要請の背景として、以下のような沖縄の状況が記されている。

　　教育の水準を日本並みに引きあげるためには、なお多くの困難点が山積している状況でございます。とりわけ教員構成の上で、戦争により多くの優秀なる中堅教員を失い、戦後において養成された教員は経験年数浅く、したがってその教育技術の未熟は、教育効果の低下を来すなど最も憂慮するところであります。

　このように、教育指導委員の派遣を要請した背景として、当時の沖縄の教育現場が、戦争により多くの中堅教員を失い、若手教員の指導者が不在であるという、非常に困難な状況にあった様子が窺える[18]。

　そして、要請の翌年1959年9月には、24名の教育指導委員が来沖し、その後、中断や方法の変更がありながらも、1971年度まで、毎年24名程度の教育指導委員が、年度により2ヶ月から6ヶ月派遣されることとなった[19]。

教育指導委員の活動内容を示した行政資料「沖縄県教育指導委員年度別派遣実績」によれば、第1～第2次派遣（1959～1960年度）の教育指導委員は、「小・中学校、高等学校、特殊教育諸学校での模範授業の実施を中心に、学校現場における教育指導の実際について全琉において指導を行った」とされている。

実際の様子については、1959年11月の文教時報に、教育指導委員が「現場に与える影響は大きなものがある。指導委員の指導方法の中心をなすものは、公開授業をするということである。指導助言という形の単なる理論の指導でおわることなく自ら実践することにより、…徹底した技術の訓練を行っている」ことが報告された（『文教時報』第61号、1959年11月、巻頭言）。さらに、本誌では、「指導委員にきく　沖縄教育の問題点」として、来沖した教育指導委員24名と、文教局学校教育課指導主事との座談会で指摘された、沖縄教育の問題点が掲載されている（1-2ページ）。そのうち、校内研修に関わる意見としては、「個人的には優秀な教師は多いが、それがまとまって指導性や教育効果をあげる組織性に欠けている」点や、「研究組織を作ってもうまくゆかないことが多いが、それは指導者がいないからだ。指導者の養成をせねばならない」という点、「校内研修をもっと強化する必要がある」等の点が指摘されていた。

第1次教育指導委員派遣終了後の1960年5月に発行された『文教時報』では、巻頭言「教育指導委員の残した業績」において、「教育指導委員の残された業績は各方面から高く評価され、今年度文教行政の一大ヒットだとの世評で、この制度は次年度もぜひ実現すべしとの要求が教育関係のみならず…起こっている」という評判が報告された。その上で、教育指導委員の業績について、特に教員の研修に関わっては、「教職員の自主的研究組織が強化されたこと」、「講義によってでなく、…学習指導および指導主事としての指導に共々に励む事により有効に行われ、その資質向上に大いに役立った」ことが、示された（『文教時報』第67号、1960年5月6日、巻頭言）。

さらに、文教局だけでなく、教職員会による反応は、教職員会の機関新聞『教育新聞』で確認できる。それによれば、1961年に第2次派遣を終えた所感として、「第一次、第二次指導委員を迎えるまでにはいろいろの困難があった。しかもその固い壁をつき破ってその実現に成功し、沖縄教育の向上に大きな進展を見せた。…第三次教育委員（ママ）の来沖について…沖縄教職員会を始めあらゆる教育団体、教育行政機関がその実現を要請し、立法院はさる二月二十一日全会一致で実現要請の決議をした。われわれは今後もこの実現のために強力な運動をつづける」と述べられている（『教育新聞　号外　月間情報』1961年4月）。

このように、戦後の沖縄では、指導者層としての中堅教員が圧倒的に不足していた状況を背景に、文教局と教職員会をはじめとする教育界全体の要望として、教育指導委員制度が始動した。第1～第2次派遣（1959～1960年度）における教育指導委員の働きとしては、各学校での公開授業や、日々の教育活動を通した指導を行っており、さらに、沖縄の校内研修の組織性に課題があるとして、「教職員の自主的研究組織」の強化が図られた。この時期の教育指導委員の派遣事業については、教育指導委員を迎えた沖縄の文教局と教職員会も共に、高く評価していたことがわかる。

しかし、行政資料「沖縄県教育指導委員年度別派遣実績」によれば、第3～6次（1962～65年度）の教育指導委員は、「改訂教育課程講師」として派遣されており、「全琉の小・中・高等学校の教員を対象とする学習指導要領についての指導を行った。（講習会形式）」と報告されている[20]。沖縄の学習指導要領が1960年に告示され、1961年に施行された後は、それが本土の学習指導要領に準じて策定されたが故に、教育指導委員が教員へ伝達・指導する役割を担うようになったことがわかる。この傾向は、教職員会が主催した研究集会でも確認することができ、1960年度時点で既に、教育指導委員が教研集会

を通じて学習指導要領に関する指導をしていた様子が窺える。教研集会では毎回、各分科会の運営をリードしたり、参加者に指導助言を行う指導班が配置される。指導班は通常、県内のベテラン教員や文教局の指導主事、琉球大学の教員等から構成されたが、1960年度の第七次教研集会でのみ、設けられた10分科会ほぼすべての指導班に、教育指導委員が配置されていた[(21)]。このように、教育指導委員は、教研集会を通しても教員たちへ学習指導要領に関する指導を行っていたことがわかる。

　以上みてきた通り、沖縄県では各学校の実践に影響するものとして、1960年前後に学習指導要領の告示や、教育指導委員の派遣が行われていた。学習指導要領の告示は、日本本土における1958年学習指導要領改訂を受けて実施されており、内容もほぼ日本の学習指導要領に準ずるものであったことが確認される。沖縄県の学習指導要領告示をめぐっては、日本本土でこの時期に顕在化・激化した「文部省対日教組」のような対立が、沖縄ではほとんどみられなかった[(22)]ことや、「情報不足の沖縄では学習指導要領こそが金科玉条とされた」[(23)]という状況が指摘されている。

　これらの点に関して、行政と教職員団体の関係は、文教局に教職員会が従属的であったのではなく、文教局と教職員会が協働して学校教育の整備を進める関係性にあったという特殊な状況が影響していた。そのため、学習指導要領の審議過程でも、文教局だけでなく教職員会、大学教員や一般教諭など幅広い教育関係者が参加して、検討を行った様子が確認される。また、日本に準じて学習指導要領が策定された点については、確かに、戦後であらゆる情報や資料が不足していたこともあっただろう。しかし、戦後の米軍占領下で教育環境の整備に困難を強いられた沖縄からすれば、沖縄県も日本並みの水準で、教育基本法の理念に照らした教育保障を求めており、その延長線上に、日本に準じた教育課程の見直しが位置づいていたと言える。

　この点に関しては、教育指導委員制度も同様な状況にあった。教育指導委員の派遣は、沖縄側から文部省に要請を行って実現した制度であり、教育指導委員は各学校に配置されて指導を行うため、学校の実践・研修に直接的な影響を与えるものであった。しかし、「指導の方法や時期、また委員の人選など、沖縄の教育関係者の望むものとは異なることも生じて…沖縄の教育をともに創っていくものではなく、沖縄に対して日本の教育を指導する制度となってしまった」[(24)]との指摘もなされている。

　確かに、第1〜2次派遣では、学校で教育活動を共にしながらの指導であったが、学習指導要領告示後の第3次派遣以降は、講習会等を通した学習指導要領の伝達・指導が主な役割となっていた。これについては、米軍から出された、教育指導委員は「教員の指導を行なうべきであり、…児童生徒に対する直接指導は行き過ぎである」[(25)]との反対意見が影響したと考えられるが、指導者層が不足し、学習指導要領を告示したばかりの沖縄にとっては、それでもなお、教育指導委員の派遣が必要とされたのであろう。

　ただ、少なくとも第1〜2次派遣の時点では、教育指導委員が校内研修の組織性を課題とし、「教職員の自主的研究組織」を強化したとされ、教職員会主催の教研集会にも指導班として関わったことから、具体的な方法は明らかでないが、教育指導委員が校内研修の組織化に大きく影響する存在であった様子が窺える。

3．教研集会を通した校内研修の組織化過程

　教職員会が主催した教研集会は、各学校の研修にも多大な影響力を持っており、校内研修の体制構築も1954年の第一次教研集会が契機とされている[(26)]。教職員会の影響力や教育指導委員との関わりを踏まえると、教研集会は1960年前後の時期においても校内研修の実践に影響を与えたと考えられる。

　そこで、以下では、第五〜八次教研集会（1958〜1961年度）に着目して、各次の教研中央集会要項や『沖縄教育』、『沖教職教育新聞』、関係者の回顧録を用いて、校内研修の整備方針と各学

校の対応について分析を行う。

3-1. 第五・六次教研集会（1958・1959年度）にみる活動方針の転換と同好会組織の萌芽

　前述した通り、沖縄県では1954年の第一次教研集会を契機として、校内研修の体制構築が始動した。当時の方針としては、校内研修の整備を進めるとしながらも、各学校・地区の取り組みを把握する実態調査に重きを置き、それぞれの自主的な研究活動を強調的に推進したこともあり、校内研修の内容・方法は地区ごとに多様な状況が残されていた[27]。しかし、教研集会も回を重ねるにつれて、その方針に変化が見られ、授業に直接活用できる実践研究に重きが置かれるようになる。その理由として、教職員会会長の屋良朝苗は、会員から「実態調査に時間を取られて負担が重いわりには、実際の指導に役立たない」という批判が出されるようになり、「教研集会の新しい方向をどのように見つけるか、一つの転換点に立たされた」と説明している。その後、第三次教研から実践研究に重きが置かれはじめ、第五次以降は実践研究と共に公開授業を行う方針転換がなされた[28]。

　翌年の第六次教研集会（1959年度）では、授業への実用を重視する方針が引き継がれつつ、さらに新たな様相が確認される。『第六次教研中央集会要項』によれば、「第六次教研は相対的に授業を通して、普断（ママ）の実践の場に立脚して二ヶ年間活動をつづけて来た。そしてその教研確立の素地は…本土指導委員による組織的指導助言、各校毎又は地区毎の同好会組織による研究等々で十分培われてきた」（2ページ）とされる。このように、当時、教研集会へ向けて研究に取り組む教員たちは、教育指導委員から指導助言を受けており、学校・地区ごとに同好会を組織しての研究方針が見られるようになっていた[29]。

　しかし、その方針に対する各学校・地区の反応として、第六次教研集会の報告を掲載した、『沖教職教育新聞』第164号の記事には、算数科分会から「個人研究が多く、組織や共同の研究が少いことは淋しい」状況や、「各地区を主体とした算数同好会を組織し更に全琉一円までもり上げ…るべき」との主張が報告されている。さらに、同上記事には第六次教研集会の反省点として、以下の点が挙げられた。

　　（2）この教研活動が一人一人の実感として自覚され個人の積極的参加を高める為に同好会組織をより高めねばならない点
　　（3）その為の組織化その他テーマ設定についての問題…

　上記のことから、以下のような状況が読み取れる。すなわち、第六次教研の時点では、本土からの教育指導委員による同好会の組織と、それによる研究活動の実践が出現し始めていた。しかし、その広がりは十分でなく、当時はいまだ個人研究の発表が多かった。そのため、同好会組織を増やすことが課題とされており、教研集会で発表をする教職員からもそれを求める声が報告されていた。そして、個人でなく同好会による研究を進めるためのテーマ設定についても、検討課題とされていた。

　このように、1958年度の第五次教研集会では、授業に直接活用できる実践研究に重きがおかれつつ、公開授業が導入される方針となっており、1959年度の第六次教研集会の段階では、教育指導委員からの指導助言を受け、同好会組織を通した研究活動が学校・地区ごとに見られるようになっていた。実践研究の重点化は、教職員会会員の要望を反映させての方針であった。第六次教研の方針は、1959年から派遣が始動した教育指導委員の影響を受けていたことがわかる。教育指導委員からは、同好会を組織することで研修体制を整備することが促された。ただし、1959年の時点では、同好会が組織され始めた段階であり、各学校・地区では未だ組織や共同の研究が十分に広がっていなかった様子が窺える。

3-2. 第七次教研集会（1960年度）による同好会組織体制の構築

　『第七次教研中央集会要項』には、教研の進め

方が次のように示されている（2ページ）。

　二、第七次教研活動の方法

　（一）まず、同好会を充実せしめ、又は、組織化して、…テーマを… （2）移行措置にどのように対処していくか。等を大きな二本の柱とする。

　（二）同好会組織にあたっては、各地区とも教科が一方にかたよらないように調整する…。

　（四）研究のすすめ方については、

　（1）毎週午後の一回を校内同好会の研究日にあてるように各学校分会で対策する。

　（2）毎月午後一回、地区又は、村で同日、同時刻の研修日を設けて教研活動が深められるように対策する…。

　このように、同好会組織による研究の推進が、第七次教研集会からは、教職員会全体の研究方針として取り入れられ、教研活動の方法として、同好会の充実・組織化が促進された。その際、同好会の教科にかたよりが出ないよう調整し、且つ校内同好会としての毎週一回の活動が求められていた。

　そして、「自主性を発揮し、形だけのものでなくほんとに生き生きとした教育研究集会たるためには、同好会による集会の持ち方が最も適切であると考え、…第七次集会は各地区とも各科その同好会が結成されて、同好会を中心としての研究集会がもたれていたのであります。全般的に同好会結成にふみ出したところに第七次集会の特質があります」（『沖縄教育　第七次教研集会研究集録　第一集』巻頭言）と報告されていることから、1960年度の第七次教研が、同好会組織による教研活動を本格化する画期であったことがわかる。

　この方針を各学校・地区がどのようにして受け止めたかについては、教研集会の研究集録『沖縄教育　第七次教研集会研究集録　第一集』から、その様子を窺うことができる。本研究集録には、社会・国語科分会の各地区代表による報告が掲載されており、例えば糸満地区の社会科分会は、次のような報告を行った[30]。すなわち、「従来の研究の仕方は、個人毎のものや学校単位の研究でありましたがそれを変えて今度は同好会組織により（ママ）研究に切り換えられたのであります。本糸満地区社会科研究部もその線にそって去った（ママ）六月一日に地区内各学校の社会科研究部員の集会がもたれ、そこで本会の結成と共にその発足を見た」（170ページ）。

　このように、糸満地区においては、教研集会の方針を受けて地区内の各学校から教員を集め、同好会を組織したことがわかる。さらに、教研集会の要項に示された方法に沿って、校内同好会と地区同好会の研修日を設定した上での研究活動が試みられた。その他、社会科分会では、各地区における同好会の組織・運営状況が【表1】のように報告されている。

【表1】社会科同好会の運営状況

地区	社会科同好会の運営状況
石川	会員は二十人程度で、小中高を一つにした組織。どの同好会に入るかは自由であった。
コザ	教研主任が集って話し合い、各学校に趣旨を徹底させて各三地区ごとに結成。活動はまだこれからだが、毎月第二木曜に行う。悩みは研修時間が少ない、連絡の徹底が難しい。
前原	社会科を本当に好む教師を中心に組織。毎月第二・三金曜が研修日。
那覇	同好会は各自の研修に目標をおく（各自負担）（自由意志）。
久米島	本当の同好の志の集りではない。小さい学校が多いため時間的余裕がない。経費の面に悩み。
宮古	同好会結成後十年。会としては目標をきめない。各分科できめる。
八重山	離島が多く夏、冬休暇を利用している。石垣市を中心とした同好会が中心に活動。竹富町は学校で同好会に教師を割り当てる。
宜野座	結成されているが運営について詳細記述無し。全琉的な同好会の組織を要望。
名護	昨年五月に結成。毎月十五日が研修日。全琉的組織に賛成。
知念	結成されているが運営について詳細記述無し。全琉的組織に賛成。
辺土名	同好会結成に関する記述無し。全琉的組織に賛成だが組織運営方法の研究の必要性と小中高別での組織を要望。

注）『沖縄教育　第七次教研集会研究集録　第一集』pp.254-256をもとに筆者作成。

　【表1】に示すとおり、運営状況を報告した11地区のうち10地区では、すでに同好会が結成されていることがわかる。各地区の運営状況として、コザ地区・前原地区・名護地区では毎月研修日を設定しており、石川地区や前原地区は

入る同好会を自由に選べた一方、久米島地区や八重山地区は離島で教員数が少ないためか自由に選択できなかった状況が窺える。また、地区によっては、研究時間の少なさが問題点として報告されており、宜野座地区など4地区から、全琉的な同好会を組織する要望が出されている。

上記の報告を踏まえて、社会科分会の同好会組織においては、「問題点・新指導要領をいかにして教壇実践と結びつけていくか」（249ページ）という点を今後の課題とし、全体討議の結果「全琉的な社会同好会の組織に意見が一致したため、その産婆役を教職員会執行部の教文部にお願いする」（256ページ）ことを要請事項としてまとめた。その他、国語科分会においても、【表2】に示すとおり、各地区から同好会の活動状況が報告された。

【表2】国語科同好会の運営状況

地区	国語科同好会の運営状況
辺土名	同好会としては結成されていないが、動き出している。六一年中には結成されよう。
名護	会則もでき、町村に組織をもっていて、会員は百名。活動は三、四年前からやっている。春・夏休みに小学～中学三年までの研究授業。月一回特別な教材研究。
知念	四月に結成。
宜野座	七月に結成。二十名の会員で、毎月第四水曜日に授業研究。
石川	五月に結成し、会員は二十二人。小中高の関係のあるものを毎月第二・四水曜日は地区、第一・三水曜日は校内の研究にあてている。研究が二時間では短い。
コザ	コザ、普天間、読谷、嘉手納が一体になっているが全体的に何もうまく行っていない。
前原	五月初めに会長選出、小中ともに研究した後、十月に小中別れて研究討議。水・金曜日は五時間で授業を打ち切り、研究にあてている。一月に二回の研究授業をもつ。離島は直接的に参加できない状態。
那覇	中学校は結成されていない。六年ほど前はやっていたが範囲が大きく小中いっしょにしていたので長続きしなかった。小学校は野田先生（指導委員）が来島されてから結成されている。
糸満	四月に結成。地区各中学国語担任で構成し、会員は九人で小学校とは別々。毎月第二・四月曜に放課後研究会。問題点は①研究時間がたりない②小さな学校は参加できない③離島は直接参加できない。
久米島	二つの会がある。一つは八年前からあり、同人的で文学的。あと一つは教育的。予算面で苦労。
宮古	教研集会は発表のわりに実践の方に結びつかない感があった。壁になったのは大家族的な組織であり、そこから小グループ制（研究サークル）を考える。

注）『沖縄教育 第七次教研集会研究集録 第一集』pp.166-168をもとに筆者作成。

【表2】のとおり、国語科分会においては、11地区のうち10地区がすでに同好会を結成しており、残り1地区も、来年度には結成するとしている。各地区の運営状況としては、名護・宜野座・石川・前原・糸満地区の5地区で、定期的な研修日が設定されている。名護・久米島地区など数年前から先行的に同好会を組織した地区もあれば、糸満・前原地区などは、研究時間の不足や小規模校・離島校が参加しにくいという問題点を報告しており、コザ地区にいたっては、全体的に何もうまくいっていないという困難な状況が確認できる。

国語科分会においては、各地区の同好会報告の後、全体討議を行い、そこでは学習指導要領の告示を受けた「国語科の移行措置について」が議題とされた（165ページ）。さらに、全体討議を踏まえて国語科分会の要請事項が取りまとめられ、教職員会の執行部に対して、「教研テーマの持ち方は共通のテーマ」とすることが要請された（169ページ）。

以上みてきたように、第七次教研の時点で、ほとんどの地区で同好会が結成されており、校内・地区の研究日を設定して活動した地区の様子も確認できる。他方、教研集会の要項に示された通り、同好会組織の際は、教科に偏りが出ないよう、地区によっては教員が参加する同好会を選択できない状況もあった。しかし、好きな同好会を選択できた地区や、以前から独自に同好会での活動を行っていた地区、学校内での同好会組織に課題を抱える地区や、組織したものの全く活動できていない地区など、この時点では同好会の組織・運営状況に地区ごとの差が大きくあったことがわかる。研究の内容としては、1960年度の学習指導要領告示の影響を受けて、この移行措置に対応しようとする方針が散見された。

また、各分科会で会員から執行部に対する要請事項がまとめられ、同好会の全琉的な組織や、教研集会全体の共通テーマの設定が要望として出されていたことが確認される。

3-3. 第八次教研集会（1961年度）による同好会組織強化と校内研修との連動

『第八次教研中央集会要項』によれば、第八次教研では、下記のような方針で研究活動が進められた（2ページ）。

> 同好会やサークルや研修組織をさらに拡充強化するために、従来の一群二群のわくをはずして、全教科にわたって研究を進め…、研究活動は、中央、地区だけでなく、市町村、学校分会まで計画立ててきた。そのため学校及び地区研修を設定し、一人一人の日常の教研活動を分会の教研活動に組織化し、各学校のカリキュラムと教研活動を結びつけてきた

このように、第八次教研集会においては、同好会やサークルを組織しての研究活動をさらに拡充強化しながら、地区だけでなく学校ごとの研修を教研の活動として計画立て、学校分会として組織化し、さらに、各学校のカリキュラムが教研活動と結びつけられて進められることとなったことがわかる。

さらに、第八次教研集会の研究集録『沖縄教育　第八次教研集会研究のまとめ』においては、「第七次教研集会までは地区自体で研究テーマを設定しそのテーマによって研究を進めてきましたが、今回第八次教研集会では中央でテーマも設定されましたので、それを地区集会のテーマとし組織を通して研究」（179ページ）したことが報告されている。

このことから、第八次教研集会では、大会全体の共通テーマを設定することで、各学校の研修を、テーマも含んでより組織的に教研活動と連動させる方針へと強化されたことがわかる[31]。この方針を受けた各学校・地区の反応を確認すると、例えば社会科分会においては以下の反省がなされた（72ページ）。

> 1、同好会中心の共同研究を進め得たことは、…地について研究成果があった
> 2、テーマが一つにしぼられ研究が進められることはよい反面、同好会の独自の立場で研究を進めていく上から同好会活動に制約を受けさせるきらいがある
> 3、同好会組織も各自好きな教科に入ることが出来るようになるのが望ましいと思うが、教研大会発表のために一校から全教科同好会に入るために仕方なく好きな教科ではない教科にも入会している先生方もいる…。
> 8、中央でテーマを設定する場合は、テーマの概念をはっきりさせその範囲を明確にすべきだと思う…。
> 13、改訂指導要領に沿って…系統的に研究が進められていることは、今次研究の成果である…。

上記からは、第八次教研集会では、同好会による研究活動で、テーマを一つにしぼり、学習指導要領に沿った系統的な研究が進められたことが成果とされたとわかる。ただ、その反面、同好会の独自の活動に制約をかけるきらいがあることや、教員が各自好きな教科の同好会に入ることができるべきということ、共通テーマを設定する際は概念を明確にすべきことが指摘されていた。この反省を踏まえ、第九次教研へ向けては、「指導要領の研究を各同好会でもっとおし進めていかなくてはならない」点や、「テーマが一つにしぼられたことは研究を進めるためにはよかった」点が、次回方針として提示された（72ページ）。

以上確認したように、第八次教研の時点では、各学校のカリキュラムとの連動や、共通テーマの設定という方針と合わさり、同好会の組織は県全域に定着しつつあったことがわかる。同好会中心の共同研究は、各校から全教科同好会に割り振られるため、好きでない教科に入会する可能性のある点が課題として残っていた。この実態からは、必ずしも全ての教員が自発的な研修を行えていなかったという状況が見えるのと同時に、ほとんどの学校・教員が同好会を組織するという方針が県全体に広がっていた様子も窺える。

共通テーマの設定については、共通テーマに沿う方向性での研究・討議が求められるため、

同好会の独自性が制約を受ける懸念が示されているものの、第八次教研の段階では、共通テーマの設定には肯定的な評価がなされ、第九次への継続が要請された。さらに、第七次教研に増して、改訂学習指導要領に沿った取り組みが研究成果としてあげられており、当時は各同好会でより指導要領の研究を進める必要があると認識されていたことがわかる。

以上のように、1960年前後の沖縄では、教育指導委員の影響で同好会の組織が広がり、それが教研集会の方針となることで、研修日や共通テーマの設定、学校カリキュラムとの連動などの組織的な体制が整えられ、各学校の校内研修として形づくられたことがわかる。

4．おわりに

本稿は、琉球政府期沖縄における校内研修の組織化過程から、1958年〜1960年代初頭に着目し、その地域的特質を明らかにすることを目的として、琉球政府文教局の政府文書や教職員会の関係史料を中心に史料分析を行った。これにより、次の2点が明らかとなった。

第一に、1960年前後の沖縄では、学習指導要領の告示と教育指導委員の派遣が、校内研修に対して大きく、直接的な影響を与えており、教職員会も文教局と協働して、それらを各学校へ繋げる立ち位置にあった。

第二に、教職員会は、教研集会を通じて校内研修の組織化を図っており、第六次教研集会（1959年度）以降は、学校・地区ごとの同好会組織による整備方針が採用されていた。そして、第七次教研集会で同好会組織はほとんどの地区に広がり、第八次教研集会では学校カリキュラムとの連動や共通テーマの設定により、各学校の研修と教研集会とを体系的に整備する方針が強化されるようになった。

このような沖縄における校内研修の組織化は、組織化の推進主体が教職員会であったことや、体系整備の方針が同好会組織によるものであったことなど、日本本土における組織化過程とは全く異なるものであった。これは、高い加入率を誇る教職員会であったからこそ実現可能であったのと同時に、教職員団体と行政側が協働的な関係にあった沖縄県特有の地域的特性であったと言える。

しかし、この頃の校内研修組織化過程では、日本から派遣された教育指導委員の先導が確認され、研修内容も学習指導要領への対応に重きが置かれていた。これに関わって、1960年代前半までの教職員会の方針については、「本土政府の教育方針を無批判に受容していく」というような沖縄の「日本化」をめぐる指摘がなされている(32)。これについては確かに、当時の教職員会が日本復帰運動を先導する組織であり、1960年前後の時代は日本の情報が特に不足していたこともあって、学習指導要領への抵抗は少なかったと言える。そのため、学習指導要領が告示されると、教育指導委員から指導を受けながら、実践研究に重きが置かれるようになり、学習指導要領への対応も重視された。

本稿は、沖縄県における校内研修の組織化過程を捉えることに焦点を当てるため、当時の沖縄が「日本化」傾向にあったか否かという議論には立ち入らない。しかし、米軍の占領下で日本復帰をスローガンに、全琉を団結させる必要があったことを踏まえると、当時としての選択肢は限られたであろうし、少なくとも、日本本土における校内研修の組織化と比べると、行政機関だけでなく、教職員団体や地域住民など沖縄の教育関係者全体で議論・決定しようとする過程は特徴的であった。

学習指導要領の告示に際しても、その審議過程には幅広い教育関係者が参加しており、教育指導委員の派遣も教育界全体から要請が出されたものであった。さらに、教研集会では、地区・同好会から教職員会や文教局への要望を集約しており、会員の声を教研活動に反映させる仕組みを確保していた。同好会の組織や共通テーマに関しても、会員から活動の効率化や負担軽減を趣旨とする要望が出され、運営に反映された側面も確認される。

しかし、この時点で教職員会の方針が、沖縄

に良い影響を与えたと結論付けることはできず、1960年代中頃以降は、教職員会と文教局の一体性が離反に転じ、教職員会内部でも、徐々に教研集会に対する教科偏重という批判や、日本復帰をめぐる意見の相違などが生じることで、教職員会の方針にもまた変容が見られるようになる。1960年代中頃以降の分析については、今後の課題として残されている。

ただ、沖縄の特殊な社会状況を考慮すると、戦争により荒廃した土地で、米軍の占領下にあった沖縄が、人として当たり前の権利や生活が保障され、教育を受ける機会や環境を確保するためには、戦後の日本国憲法や教育基本法に定められるような権利を沖縄でも保障してほしいと願い、「日本並み」の水準を求めて沖縄の法律や環境整備を進めたことは、当時として自然な要求でもあったと推測される。

その中で、沖縄県における校内研修の組織化が、資源に乏しく多くの制限がかかる中、沖縄の教育環境改善のために教職員団体が先導した、組織的で全琉的な取り組みであったことは否定し得ない。これは、日本の文部省と日教組の対立構造の中で行政が戦略的に行ったとされる校内研修の組織化とは様相を異にする事例として特筆されるべき実践である。

注・参考文献
(1)中留武昭「校内研修経営の歴史と課題」牧昌見編著『教員研修の総合的研究』ぎょうせい、1982年。
(2)同上、233-239ページ。
(3)同上、252-253ページ。
(4)中留武昭『校内研修を創る―日本の校内研修経営の総合的研究』エイデル研究所、1984年。
(5)中留、前掲、1982年。
(6)高木宏康・藤井基貴「校内研修の歴史と研究動向」『静岡大学教育学部附属教育実践総合センター紀要』第18号、2010年、93-103ページ。
(7)松田香南「琉球政府期沖縄における校内研修体制の構築―1950年代の沖縄教職員会による体系整備の萌芽―」『日本教育行政学会年報』第48
号、2022年、122-138ページ。
(8)浅野誠「沖縄の教育実践と教育研究活動―民間教育研究運動を中心に―」『現代教育科学』第260号、1978年、91-100ページ。浅野誠『沖縄教育の反省と提案』明治図書、1983年。奥平一『戦後沖縄教育運動史―復帰運動における沖縄教職員会の光と影―』ボーダーインク、2010年。櫻澤誠「戦後沖縄における『68年体制』の成立―復帰運動における沖縄教職員会の動向を中心に―」『立命館大学人文科学研究所紀要』第82号、2003年、163-182ページ。櫻澤誠「1950年代沖縄の地域における教員の役割について―社会運動の基盤形成を軸に―」『立命館大学人文科学研究所紀要』第90号、2008年、177-204ページ。戸邉秀明「一九五〇年代沖縄教職員会の地域『診断』」『史観』第147巻、2002年、1-16ページ。藤澤健一『移行する沖縄の教員世界―戦時体制から米軍占領下へ―』不二出版、2016年。
(9)屋良朝苗『沖縄教職員会16年―祖国復帰と日本国民としての教育をめざして―』労働旬報社、1968年。
(10)藤澤、前掲、204ページ。
(11)櫻澤、前掲、2008年。
(12)屋良、前掲、105ページ。
(13)沖縄県教育委員会『沖縄の戦後教育史』1977年。
(14)同上、453-454ページ。
(15)小学校教育課程審議会は、琉球政府中央教育委員会「第70回定例 会議案 議案第二十一号」(1959年9月17日)、中学校教育課程審議会は、「第80回定例 会議案 議案第十号」(1960年9月10日)に記載があった。
(16)沖縄と日本の学習指導要領の相違点は、沖縄県教育委員会、前掲、1977年、459-470ページを参照。
(17)同上、674ページ。
(18)ちなみに翌1959年の年齢構成をみると、全学校段階で20代が突出しており、小学校で全教員の51％、中学校44％、高校63％を20代若手教員が占めていた。藤澤、前掲、62-64ページ。
(19)教育指導委員制度は、復帰後も1982年度まで

続いた。沖縄県教育委員会『沖縄の戦後教育史（資料編）』1978年、823-824ページ。

⒇沖縄県教育委員会、前掲、1978年、823ページ。1961年度は米軍からの反対で派遣できず、その後交渉の末、1962年度以降は、琉球政府が開催する改訂教育課程講習会の講師として派遣された。近藤健一郎「琉球政府期の沖縄への教育指導委員派遣—文部省による沖縄教育援助—」『教育学研究』第86巻第4号、2019年、46ページ。

(21)10分科会のうち、社会科を除く9分科会に各1〜3名の教育指導委員が配置された。「第七次教研中央集会要項」5ページ。

(22)浅野、前掲、1983年、60-61ページ。

(23)奥平、前掲、120ページ。

(24)近藤、前掲、41・46-47ページ。

(25)近藤、前掲、44ページ。

(26)松田、前掲。

(27)同上。

(28)屋良、前掲、107-108ページ。

(29)「同好会」という名称が使われた理由については、日本本土でも行われた実践が取り入れられたものと推測されるが、本史料からは確認することができなかった。

(30)ここで示す『第七次教研集会研究集録』は、第一集とされており、第二集で他教科の報告もされていると考えられるが、1950-60年代の現存する『沖縄教育』は欠号が多く、第二集は見つかっていない。そのため、ここでは社会科と国語科のみ取り上げる。

(31)『第八次教研集会研究集録』によれば、共通テーマは教科分会ごとに設定されていた。例えば、国語「説明的文章の読解指導はどのようにしたらよいか」、算数・数学「数理的な思考力をのばすため文章題の指導はどのようにしたらよいか」、社会「小中高校における読図指導をどのようにしたらよいか」など。

(32)猿谷弘江「『日本化』の実践—アメリカ統治下における沖縄の教師たち」『沖縄関係学研究論集』第4号、沖縄関係学研究会、1998年、15・19ページ。

ABSTRACT

Regionality of In-school Teacher Training Systematization
—The Case of Okinawa from 1958 to the Early 1960s—

MATSUDA Kanan

（**Graduate Student, Nagoya University**）

The purpose of this paper is to clarify the systematization of the teacher training system led by the Okinawa Teachers Association from 1958 to the early 1960s. Accordingly, government documents and reports from the Conference on Educational Research in Okinawa (1950s-1960s) were analyzed.

The findings of this study follow. First, the Courses of Study and Teacher Consultant Program for the Ryukyus affected teacher training in each school. During the period studied, the Okinawa Teachers' Association and the government of the Ryukyu Islands established a collaborative relationship. Jointly, they discussed and implemented policies for in-school teacher training.

Second, in Okinawa, the systematization of in-school teacher training was designed to work with the Conference on Educational Research. Thus, the conference's policy directly affected in-school teacher training. At the 6th Conference, the Okinawa Teachers Association attempted to systematize in-school teacher training by founding clubs. By the 7th Conference, founding clubs had spread to most districts. At the 8th Conference, the Okinawa Teachers Association adopted systematization methods that linked school curriculums with conference content and established common themes for the conference. These processes reinforced the policy of systematizing in-school teacher training.

Keywords：**In-school Teacher Training, Conference on Educational Research, Period of the Government of the Ryukyu Islands, Okinawa Teachers Association**

キーワード：校内研修、教育研究集会、琉球政府期沖縄、沖縄教職員会

〈研究論文〉

子ども支援をめぐる教師間協働における多様な役割遂行
——立場や経験の異なる教師間の協働はどう達成されたか——

小田　郁予（早稲田大学）

1．問題と目的

　本研究は、個々の経験や専門性が活かされる教師間協働の特徴を教師の役割認識や役割遂行に着目して明らかにすることを目的とする。

　昨今、多様化、複雑化する子どもの課題や慢性的な教員不足等、学校をめぐる様々な課題が指摘されている。こうした課題に加え新たな学びに向け多方面から寄せられる要請に応えることが求められる学校現場において、教師間協働の重要性は一層高まっている。協働は成員の関係性や文脈によって相互作用や協働の意図、頻度、強度、効果が異なる。これについてLorraine（2004）は学校における協働の4つの要件として、共通目標（common goals）の下で、成員が目標達成に向け相互にコミットし（interdependence）、立場の違いがあっても教育活動に対して同等の貢献が各々の立場からできるという対等な関係性（parity or equity）の中で、主体的に目標に向け参加していくこと（voluntary participation）を挙げている[1]。しかし近年様々な学校の機能障害に対する批判や、それを受けた諸改革による影響から[2]、教師は同僚からの評価に敏感になり、教師間の承認・協働関係が弱体化、親密な関係性が後退していることも指摘されている[3]。深刻な教師の長時間労働や肥大化した業務に同僚性文化の弱体化や教師の学びの個人主義化、教師集団の制度化も指摘される中[4]、いかに個々の教師の良さを活かしあい、組織としてより良い教育実践を創出していくことができるか、教師の日常生活の中で協働の4要件が

いかに達成可能かは重要な課題である。では、学校における協働はなぜ容易ではないのか。

　第1に、教師の学びの個人化に関する点に難しさの一側面がある。日本の教師は認知した期待をそのまま応えるべき責任あるものと捉える傾向にあり[5]、献身的な職務への関わりが他者との信頼関係構築の回路となっている[6]。そのため、期待に応えようと業務を抱え込んだり、援助要請に消極的であったりする傾向がある。

　第2に、こうした教師らに向けられる期待は、立場によってその受け取り方が異なり、それが責任意識の違いや選択される対処法の違いとなり、時にそれらが協働の場面において意見の不一致や方向性のズレとしてやりづらさに繋がることがある[7]。それは「期待」がその役割の担い手が他者に対していかに行為すべきかを規定するもので、それが同調−逸脱の次元に沿って構造化されている為である[8]。つまり同じ現象を巡っても例えば担任と支援員のように立場が異なれば認知される期待や責任意識も異なり、そうしたことが意見の不一致ややりづらさに繋がる[9]。

　第3に、こうした認識のズレ、とりわけ立場が異なるアクター間で生じる認識のズレは、会議や非公式な場における意見交流や交渉によって解消が可能とされる[10]。しかし深刻な多忙化が指摘される現場において、協働に不可欠となる情報や目標を共有する場や時間の確保がそもそも容易ではない現実がある[11]。

　以上により協働の難しさの要因として、教師の期待認知の特徴と期待に応えようとする献身

的教師像（課題1）や異なる立場や役割認識により生じる難しさ（課題2）、困難解消に向けた調整における制約（課題3）を指摘できる。では立場の異なる複数の教師らはどのように自己の役割を認知し役割を果たそうとしているのか、上記の特性や制約がある中でそれぞれの役割を果たすことが求められる教師らはどのような役割を担い役割を遂行しているのか、先行研究を概観する。

これまで教師の役割は、特定目標達成に向けた実践の在り方[12]や果たすべき責任[13]、時代の要請に応じ移り変わってきた役割の変遷[14]などが事例と共に示される傾向にあった。それらは、寄せられる期待や要請に応じて教師がいかなる役割を担うべきかという規範的な役割、すなわち特定文脈における特定の社会地位に付随する役割を主に論じるものであった。しかしながら、役割には、その都度の文脈の中で選び取ったり（役割取得：role-taking）、他者からの期待を受けふさわしい行動パターンを形成したりする（役割形成：role-making）役割等、日常の多様な相互作用の過程で流動的に変化していく役割もある[15]。

こうした観点からの役割検討が不足していることから、本研究の課題である、異なる立場や経験を有する教師らの協働を相互作用的役割の観点から検討する。本研究では教師らがいかに自己の役割を認識し、各々の経験や専門性を活かし協働して課題解決を図るかを検討することで教師らの個々の経験や専門性が活かされる協働の在り方を明らかにする。

そこで本研究は教師間の相互作用が見られる場として、立場の異なる複数の教師らの子ども支援をめぐる協働を対象とし、支援の具体や支援をめぐる教師間のやり取りの観察、インタビュー、会議場面の相互作用の特徴を分析する。

2．対象並びに方法

2.1 対象

公立みどり小学校（仮名）において保健室利用の多い小学4年女児の支援をめぐる教師間協働を対象とする。支援は教師らの間では「取り出し支援」と呼ばれ、**表1**は、支援に関わった教師と対象児童の属性ならびに概略である。

みどり小学校は児童数約200名、教職員数22名でかつて校内暴力等の荒れていた時代があったが、体力指導や教師間の学びあいによる実践改善等により立て直しを図り、現在も教職員間の連携や協働を重視し指導にあたる。支援は特別支援学級の教室でなされ、事例時は高学年3

表1　研究対象者属性ならびに概要

対象者（職務担当略／教師間で使われている呼称）

q児（4年女児）
入学当初より計算に苦労していたが1、2年時は同一担任であったこともあり欠席もなく登校していた。3年になり担任が変わると友人や学習など様々なことへの不安を理由に休みがちになった。4年になり担任が交代した後、授業が分からないと学習不安を口にし、とりわけ算数の時間の保健室利用が増加した。

学級担任（学担／T）
30代女性教諭。みどり小着任1年目で異なる自治体からの異動のため、積極的に同僚らに学校や子どもたちの特徴を尋ねながら指導にあたる。T教諭の学級は23名であるが、q児以外に不登校児童2名、支援ニーズを有する児童3名が在籍しており、諸機関や保護者との連携を複数抱える。授業では基礎基本の定着を重視し、目的を明示した板書や説明を行う。児童指導では2児の母として、時には児童らのお母さんのように接しじっくり子どもの話に耳を傾ける。

特別支援級担任（特支担任／Z）
30代女性講師。みどり小在籍4年で情緒学級の担任として5名を受け持つ。担当児童らが通級指導を受ける間に通常学級での学習や生活に困難な児童を受け入れ、学習の補充支援や作業などを通して子どもたちの話を聞く支援を行う。開放的な教室空間作りをしており、様々な子どもが来訪する他、休み時間には教師らも子どもの情報交換に訪れ、相談を持ち掛け、教師子どもら双方から信頼されている。

児童指導主任（児童主任／Q）
30代男性教諭。みどり小在籍1年目で児童指導主任となり不登校や配慮が必要な児童をもつ担任の支援を行う。自身も6年担任（学年主任）として、学級担任を中心とする教職員間連携の観点から会議や打ち合わせを切り盛りする。支援学級に6年児童が在籍していることもあり日常的に支援学級に足を運び、児童や支援についての情報交換をしている。

養護教諭（養護／AI）
60代女性再任用職員。在籍2年目でこれまで小規模校から大規模校まで様々な学校での勤務経験を持つ。経験を活かし、保護者やスクールカウンセラー、児童など、多方面から聞いた情報や保健室来室頻度など自分で作成した資料を媒介とした教師間の対話や協働のきっかけを作っている。

スクールカウンセラー(SC)
みどり小担当3年目で、月に一度、定期訪問を行う他、要請に応じて保護者や子どもの相談を受ける。来校日には子どもや保護者の相談と併せ、必ず教室観察も実施し、相談室での児童の様子と教室での様子双方から気づいたことを教師らと共有し、支援方策を共に検討したり、必要な助言を行ったりする。

名、低学年2名の5名が在籍していた。異なる学年の児童の時間割をやりくりしながらZ教諭が5名の個別指導を担っていた。また、在籍児童以外にも通常学級から一時的に学習や相談を受けにくる児童の支援もその都度担っていた。

q児の支援をめぐる議論の発端は、保健室の来室頻度や利用時間が増加していることに児童主任が懸念を抱いたことにあった。児童主任はq児の保健室利用が養護教諭の本来業務に支障をきたさないかとする懸念を担任と共有し、担任は「気にはかけているものの他にも支援ニーズを有する児童が複数おり、q児へのケアが教室では十分にできない」と窮状を訴え、これが協働を模索する契機となった。学級にいる時のq児の様子や担任－保護間のこれまでのやりとり、保健室にいる時のq児の訴えなどを踏まえ、教室以外の場で且つ保健室業務を妨げない居場所を作ること、として児童主任、学担、養護教諭、特支担任の4者で今後の支援策が議論された。その後、q児の居場所として特別支援学級（ひまわり学級：以下、ひまわり）における支援案が決定した。

2.2 データ収集

q児の支援をめぐる教職員間協働における教師らの支援実践や、日常の多様な相互作用の中で各アクターがどのような役割を担い、子ども支援を行っているかを明らかにする。この目的から、週に1度のフィールドワークを2017年9月より2023年3月まで継続した。調査開始時14年の教職経験があり、現場経験を認められ、支援員同様子どもの学習支援や教師の業務支援、放課後の支援検討会や会議の参加を許可された。データ収集はq児の入学時から子どもたちや教職員らとラポールを形成しながら行った。その内2022年1月〜3月の3学期（訪問回数11回）に収集した、q児と教師らのやり取りやq児の支援を巡り議論する教師らのやり取りについて記録するフィールドノーツ（以下、FN）を本研究の対象とする。q児の情報共有も兼ね筆者の記録したFNの概略を教師らと共有し、他

の教師らの事象の解釈や今後の支援方策、これまでの支援意図などを交流し、そこでの発言等もデータとして収集した。教師らの語りも含め記録したFNを分析の解釈に用いるにあたり、データを開示し、分析開始の許諾や解釈の妥当性を尋ねるメンバーチェッキングを実施しながら研究を進めた。

2.3 分析方法

教師らが各々の立場や経験を踏まえ自己の役割を認知し、それぞれの専門性や経験を活かし、教師集団として子どもの課題解決を達成する力動を描くためエスノグラフィーを採用する。全6回の取り出し支援やその支援をめぐる教師らのやり取りを記述し、支援過程でいかなる協働の難しさが顕在化したか、その背景にどのような教師らの思いがあったのかを2段階で検討する。

第1に、取り出し支援を実施した合計6回のフィールドノーツの記録とケース会議の筆記記録、それらを介した教師らとのやり取りの記録を繰り返し読み、q児の支援をめぐり立場の異なる複数の教職員が支援にあたり共有した目標をどう捉え、どう支援したかを記述する。具体的には実際の教育実践の文脈や教師らの関係性、その学校において共有してきた時間などの歴史性を記述するため、実際の子ども支援の場面、職員室での日常のインフォーマルな教師らとのやり取りの場面、SCも交えたケース会議における教師間の相互作用に加え、本研究の事例以前の児童の様子（入学当初からの様子）や、教師のみどり小における過去の経験についても解釈に用いる。

第2に、実際のq児の支援にあたり教職員間で意見が分かれた支援や事例について、その背後にある支援観や理念を聞き取る教師らの個別インタビューやグループインタビューの逐語録を用い、日ごろの自他の役割をどう捉えているか、q児支援をめぐる役割認識について検討する。なお、取り出し支援を実施する特別支援教室の配置は図1の通りで（特支担任：特、筆

者：筆）、5名いる在籍児らが通級指導を受けている時間にq児が来室し、q児と筆者が隣に並びその都度学担や特支担任と相談をしながら学習内容を決定し、q児のペースに合わせて学習支援を進めた。

本研究の実施にあたり筆者所属機関の倫理審査を受け、全教職員から書面にてインフォームドコンセントを得た。筆者の支援記録は教師らと共有しメンバーチェッキングを受け、論文内で言及する箇所については公開の許諾を得た。

3．結果

本節では、第1に支援開始にあたり共有された目標がどのように個々の教師に受け止められ、支援がスタートしたか、第2に支援がなされる過程で示された懸念がいかなるものであったか、第3にそうした懸念はどのように解消され、q児支援が継続されていったかを論じる。

3.1 共通目標をめぐる異なる思い

q児支援は保健室利用時間の増加を受け、「qさんの安心できる場を作り登校不安を軽減

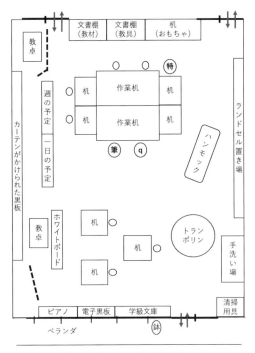

図1　特別支援教室見取図

させよう」という共通目標の下で始まった。第1ではこの目標をめぐる各々の役割の捉え方を整理する。

<u>学担（T教諭）の思い</u>：以下は当初から「勉強を進めてほしい」としていた学担のT教諭の支援初日の様子のFNの抜粋とその後、"担任"として目標達成について語る場面の抜粋である。

> T先生はqちゃんの背中を優しく押し、彼女がひまわり教室に入るのを見届けると自分は教室入口に留まり、出迎えたZ先生に「教室でやってるプリント持たせましたので」としながらqちゃんに向け「分からない所、全部やらなくてもいいからね、Z先生に聞いてね」と声をかけた。その後Z先生の方へ振り返ると「繰り上がりや繰り下がりも厳しいかもしれません。なので本人のペースで進めていただければ」と伝え、今度はqちゃんと一緒にいた私に向かって張りのある声で「じゃ、よろしくお願いします」と挨拶をしてひまわり教室を後にした。（FN20220202）

教師間で共有された目標は「qちゃんが安心できる場所を確保する事」であり、学担のT教諭にとってのそれは支援開始当初から「教室での分からない所を少しでも補充すること」であった。これは後に具体的に語られる「教室であれだけわからないと本人辛いと思うので（FN20220309）」が背後にあり、教室での勉強が少しでも分かるようになることで教室をq児の「安心できる場所」にしようとする担任としての思いがあると推察できる。この「勉強を」という学担としてのT教諭の思いは支援開始前の打ち合わせでも確認されており、支援後に職員室でq児の様子を伝える際にも、T教諭は「どうでしたか？葉っぱの問題（基礎問題）できました？」のようにq児の学習の様子を気にかける場面が繰り返しあった（FN20220202、FN20220216）。この「qちゃんの安心」の為に「勉強を」とするT教諭の思いは算数や国語、のように教科の勉強ができる、ということを想

定しているわけではなく、一貫して q 児が 4 － 1 の教室で安心できるようにという点にあった。その為、2 回目の来室日には朝の職員室で「今日、時計、お願いできますか？教室の中で生活をしていて、時計が読めなくて、困ってる風なので（FN20220209）」と養護教諭や Z 教諭らと現状共有をした上で時計の学習をすることになった。T 教諭は日ごろから学級の他児らの視線を気にする傾向がある q 児が教室内で時間を指示されて活動をする際にスムーズに動けていないこと、「時刻」と「時間」の区別がついておらず「〇分後に」というような指示がうまく理解できていないようであることを教師らと共有していた。T 教諭の"担任"としての役割認識は「教室での諸々の分からなさを解消するための『勉強』を支援する」ことで、それによって q 児が学級内でも安心して学べるようにというものであった。

特支担任（Z 教諭）の思い：こうした学担の思いを受け、共通目標の下で実際に支援にあたった Z 教諭の「安心感」は q 児のその場その時の安心感や達成感にあった。以下は初日支援の内容と q 児の様子についての記録の抜粋である。

　　T 先生から預かったプリントは数直線上にある空欄を周りの数字の増減率から計算して埋めていく問題だった。最初は 1、2、3、（　）、5、のように 1 ずつの増減であったため、q ちゃんはスムーズに空欄を埋めていった。ところが数字が大きくなり、7898、7899、（　　　）、7901 の問題を前に q ちゃんの鉛筆は止まり、筆算の結果、q ちゃんはプリントに「78100」と記入した。Z 先生はすぐに、先生お手製のラミネートされた計算シート（図 2）を取り出して、「じゃ、これ使ってもう一回やってみるか！」として「お部屋に区切られてるとこに数字、入れてくよ」と言いながら q ちゃん自身がマーカーでシートに数字を書きこみ、一問終わるごとにティッシュペーパーでインクの文字を消し、繰り返しシートを使って問題を進めていった。

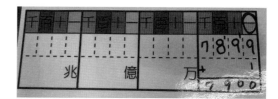

図 2　q 児が書き込んだ計算補助シート

　終業を告げるチャイムが鳴った時、プリントにはまだ 2 問残りがあったが Z 先生は「よくがんばりました！」、と言ってプリントに大きなゴールデンレトリーバーのシールを貼り、q ちゃんの背後に視線を向け、「休み時間だから」と明るくはきはきとした口調で声をかけた。q ちゃんは両手でシールの貼られたプリントを受け取り、ノートに挟むとハンモックをしばらく見つめて、Z 教諭の「いいよ」の頷きを確認すると、上履きを揃えて脱いで慎重にハンモックに腰を下ろし、ゆっくりと頭をつけ横になった。（FN20220209）

　この支援の途中、q 児は縄跳び大会の練習の話や好きなキャラクターの話、筆者の持っている筆記用具の話など、何度か私たちに話しかける場面があった。その度に Z 教諭は q 児の話に耳を傾けたが頃合いを見計らって必要な教具を提示したり、問題の具体例を示したりすることによって q 児を学習に引き戻した。Z 教諭は「ガス抜きが必要（FN20220112）」「あんまりぎゅうぎゅうし過ぎないように（FN20220119）」などとし、学習は視野に入れながらも q 児を受け入れる姿勢をとり、その重要性を同僚らにも訴えていた。それは保健室利用頻度の増加に教師らから懸念が示された際も、「（保健室利用を無理に）我慢させてパンってはぜないように」とする言葉にもあらわれていた。Z 教諭にとっての「安心できる場所づくり」は「ガス抜き」や「はぜないように」のように、日ごろ学級で頑張っている q 児が少しでも気を抜ける所で、且つ、周りの目を気にすることなく学習の分からない所を聞いたり、苦手部分を補充したりできる場所、であったと考えることができる。

児童主任（Q教諭）の思い：児童主任は取り出し支援開始時から一貫して「T先生とqさん、保護者との信頼関係が最優先」とし、筆者やZ教諭に対し、「まず楽しくやって頂ければ、qさんが、あぁ楽しかったな、少し勉強もできたなと思える感じでゆっくりと、qさんのペースでやって頂ければ」と繰り返した。その背後には、q児の保護者対応にT教諭が苦労している現状や、Q教諭自身も一学級担任としてこれまで学習に苦手意識を強く持つ児童や、教室での生活が困難な児童の支援に苦労してきた経験がある。実際に通常学級内で他児らの学びを進めながら配慮が必要な児童への支援を行う事の難しさや、その過程で保護者とのやり取りも進めていかねばならない経験から、学級担任と本人や保護者との信頼関係を第1に、と支援初日からその思いを繰り返した（FN20220202、FN20220112、IN20220330）。Q教諭にとっての「安心感」はq児に向けられたもの、というよりは、"児童指導主任"として支援をめぐる様々なアクターを繋ぎ調整する立場として、q児の安心感を目的としつつq児の安定や満足感によって保護者と担任、学校との信頼構築や同僚間の調和などが目指されていた。

3.2 異なるアプローチに示された懸念

支援が動き出すと同時に支援方法に対してやq児の現状についての懸念が各教師から上げられた。以下は支援開始当初、支援の進め方に対する懸念を表明した児童主任や、支援過程での不安を語った担任の語り、さらには保健室の利用頻度の減少をめぐって養護教諭が示した懸念についてのそれぞれの語りの抜粋である。

児童主任（Q教諭）の懸念：以下は初回の支援を終えq児の現状を把握したZ教諭が支援ノートの作成を提案したことに対してQ教諭が示した懸念である。支援ノートはB6サイズのノートにq児のひまわりでの学習内容や様子を記入し、担任のコメントも添えて保護者に支援現状を伝えコミュニケーションをとることが企図されたものである。Z教諭がこの支援を提案した背後にはノートを介してq児の学校内での支援体制や担任の思いを保護者に提示することで情報共有や今後の支援について思いを共有し担任－保護者間の信頼構築に繋げようとする意図があった。

初回支援を終えた放課後、Z先生が支援ノートの作成を検討されていることを聞いたQ先生はすぐにその案に難色を示した。「Z先生が一生懸命やってくれるのはすごくありがたいんです、楽しくやってくれるのもありがたいんです、でも、ノートとかは心配ですね。今、実際、T先生、保護者との関係がうまくいってないんで、T先生の立場を壊しちゃいけない、「あっち（特別支援学級での支援）は色々やってくれるのに」、って保護者がなっちゃいけない、一生懸命やって頂けるのは本当にありがたいですし、これからも楽しくやっていただきたいんですけど、T先生の立場を壊さないようにっていうのを思ってるんです」と不安を口にした。（FN20210202）

この時Z教諭は別の児童の指導中で不在であったがその後Z教諭と養護教諭のAI教諭、学担のT教諭らも交えノートについて話し合いがなされた。結果、T教諭がひまわりでの支援状況やq児の様子を把握でき、且つ保護者との連絡を取り合う手段となることから翌週から活用が始まった。

その後、支援開始から1か月が経過すると今度は保健室利用減を心配する養護教諭と、ひまわり教室で楽しく学びを継続できていることにも課題意識を持つ学担から懸念が表明された。

養護教諭（AI教諭）の懸念：養護教諭の懸念はq児の支援開始当初共有した目標「q児が安心できる場を作り、登校不安を軽減する」に向け良い兆候が見られる中で示された。

AI先生は、qちゃんの支援開始前後の保健室来室状況や欠席状況の推移が分かるqちゃん専用の一覧表を私に手渡し、それを示し

て、「いいことなんですけど、ちょっとこれ、最近○や△で保健室に全然こなくなったのがちょっと気になってるんですよね、我慢してないかな、って。あの子、前、保健室で話聞いてた時「私はお母さんに迷惑かけてる、担任のT先生に迷惑かけてる」って繰り返し言ってたことがあったから…。分かんないですよ、でもあの子が深く考えすぎて「保健室に迷惑かかってる」とかってなってなければいいけど」と語った。（FN20210302）

養護教諭の言う「○や△」とは○が腹痛、△が頭痛のことで、切り傷などで出血があるような怪我をした際の来室（★）とは区別して記されていた。この表によれば1月第4週は連日4時間の保健室利用があり、○（腹痛訴え）か△（頭痛訴え）が3時間、★（怪我）が1時間であった。取り出し支援開始後は国語や算数の際に1日1時間、★（怪我）や△（頭痛）の利用はあったものの国語や算数がある日であっても2日連続で保健室を利用しない時もあった。養護教諭は保健室利用頻度が下がっていることを「いいこと」としつつも、それまでにq児が自分は親や担任の先生に迷惑をかけている、と語っていたことなどから、熱心な同僚教師らの支援によりq児が保健室利用を我慢し、「安心できる場」とは逆に行き場を失うことになっていないかということを憂慮していた。

<u>学担（T教諭）の懸念</u>：q児の保健室利用が激減し教室で過ごす時間が増加したためだろうか、T教諭も連絡ノートや報告にある児童の様子や支援経過を受け、以下のように語った。

あの、本当に相談にのって頂けるのはとてもありがたいですし、お話を聞いてもらえることもとてもありがたいのですけど、学級担任としては、勉強の方を進めていただきたいと思ってるんです。やっぱり本当に分からない授業をずっと聞き続けるのは本人も辛いと思うので。やっぱり個別に教えてもらうっていうのは教室（4－1の学級）ではできない

ことなので、なので、ひまわりでは勉強を進めていただきたいって、学級担任としては思います。でも実際、私は、算数はできるようにならなくてもいいと思う、できなくても今はいいと思ってるんです、でもあれだけわからないと本人も辛いと思うので、少しでも基本の部分を進めていただければと、学級担任としては思います。（FN20220309）

こうした葛藤の背後には保健室来室や欠席が減少し「お話を聞いてもらえるのはありがたい」という感謝の気持ちと、教室滞在時間が増えたことで一層顕在化したと推察される本人の学習の遅れやそれに伴うq児の心的負担への懸念があると考えられる。これは寄り添って話を聞いてもらえることに感謝の思いは抱きながらもその一方でq児の不安要因としてある学習の分からなさを取り除いてあげたいという担任の思いとして理解できる。T教諭は「計ド（計算ドリル）が全然進んでなくて、本人辛かったみたいで、おうちでもやってくれたみたいなんです、けどそれでも終わらないって…（FN20220216）」とし、他児らからの遅れを気にし、家庭でも苦手と闘っているq児を思い、「教室（4－1）ではできない」個別指導を、としてひまわりでは「勉強を進めていただきたい」とした。その後もT教諭はZ教諭をはじめとするスタッフに感謝の意を示しつつも「あれだけ（授業で言ってることが）分からなかったらほんとに教室にいるのすごく辛いと思う（FN20220325）」として「安心」の為に「勉強」を進めるという姿勢を貫いていった。

<u>懸念を聞いた特支担任（Z教諭）の応答</u>：これまでも通常学級の児童を受け入れて対処をしてきたZ教諭はQ教諭のノート作りへの懸念や、「勉強を」とするT教諭の思いは理解し、ここまでのみどり小学校での協働について語った。

みどり小の協働っていうのの先が見えないと担任たてなきゃ、とか不安になっちゃう。でも、子どもが学級に戻れるために、ちゃん

と教室に戻れるために、ここ（ひまわり）だからできることっていうのもある。だからひまわりを利用する、長くいる先生たちはここがどんなことをしてくれて、って言うのをわかってるからここを利用して、学級運営に活用してくれてて、だからそういう信頼？があれば協働ってうまくいくと思うから、まだ2人（Q教諭、T教諭）とも今年みどり小1年目だから、少しずつですよ。（FN20220209）

　Z教諭はこれまで4年間、自身の在籍児童を抱えながらもひまわり教室が空く時間を調整、活用し、複数の児童を受け入れ、他の教師らもひまわりを「活用」してきた。こうした経験や"特別支援学級の担任"としての子ども支援の理念から子どものためにできることとしてひまわりでの支援意図や現状を常時共有し、丁寧で親身な指導によりその後、他の教師らの理解や信頼を得ていった。

3.3　変化の交流により解消されていった懸念
　前述のようなそれぞれの思いを持ちながらも、立場毎に抱く懸念はその都度共有され、同時に日常の中でそれぞれがやるべきと感じることは継続されていった。3.3はそうした中でq児本人と保護者の変化を教師らが感じるようになった段階の記録である。当初Q教諭から懸念が表示されていた支援ノートは学習内容やq児が特に躓きを見せた問題、q児の様子などが記され、教師間の対話を媒介していった。そしてこうしたやり取りがその後の個々の支援や声掛けに繋がっていった。
　以下はアナログ時計の読み方を学習したある日の支援ノートの内容を受けT先生が養護のAI先生に相談し、コメント欄に「教室でも時計を見て時間を意識しながら生活するよう声掛けをしています。デジタルでもいいのでおうちでも時計を見ることを意識してみて下さい」とq児や保護者に働きかけた後の出来事である。

　昼休み、T先生に職員室で会うと、教室にあるタイマー（デジタル）を活用して問題を解く時間をqちゃんに伝えたり、ひまわりで学習した「時間」と「時刻」の違いを朝の会の時などにも教室全体に向けて意識して話すようにしたりし、とにかくqちゃんが学んだことを繰り返し耳に入れるようにしてるんですと話をしてくれた。その後用事があって保健室を訪ねるとAI先生も「連絡帳を見てお母さんもqさんの苦手と向き合ってくれているかもしれない」、と嬉しそうに語った。理由を尋ねると「qちゃん、おととい下校後に友達と一緒に学校に遊びに来てたんだけど、17時には家に着くようにって、腕時計して学校に遊びに来てたんですよ！で、「15分前になったら学校出る」って私に言いに来て、ね、おうちで腕時計買ってもらったのかなぁ、で、ちゃんとね、様子見てたら、時間には学校出て、帰ってましたよ！お母さん、あのノート、ハンコだけだったけど、ちゃんと見てくれてて、ね、よかったですよね、これ続けていきましょうね」、とq児支援の展望を話された。（FN20220308）

　さらに取り出し支援での熱心な指導が担任と子ども、保護者間の信頼関係を損ねることを心配していたQ教諭にも変化が見られるようになった。当初は担任に配慮しひまわり学級での支援の在り方に慎重であったQ教諭が、自分の学級の時間割を調整し、取り出し支援に顔を出し、支援に加わるようになった。その過程で特支担任の意図、「4年1組の教室に戻れるようにするための支援」「おうちの人と子どもと学担が繋がるための支援」（FN20220209、FN20220308、FN20220316）を直接経験し、児童主任自身も積極的に「ひまわり」でできる事を実践していくようになった。以下は3学期も終わりに近づいて来た3月23日、q児がやってくる時間に合わせてQ教諭がパズルを持参してひまわりにやってきた日の記録の抜粋である。

Z先生から時計の模型や大型そろばん等、物を実際に操作する学びの時に集中して学んでいたことを聞いていたQ先生は、自分の教室から図形パズルを持参して、「qさん、今日先生とさ、これやらない？」と学習が終わった後の休憩時間の遊びを提案した。このパズルは8種類（8色）のピースを台紙の形にぴったりはまるように並べていくパズルゲームで、ピースは1色ずつしか使うことができないというものだった。箱が気になっている様子のqさんを見て、Z先生はすぐにその箱を開け、Q先生の説明を聞くと、「へぇ〜おもしろそう、よかったねqちゃん、一回やってみる？」と言いながら中身を取り出した。8色のピースを前に手が全く動かないqちゃんを見て、すぐにZ先生が問題カードを1ピース分だけ空白になるようにして（図3上）qちゃんの前に置いた。するとqちゃんは空白になっている問題カードと手元に残った6色のカードの形をじっくり見比べ、すぐに空白を埋めて次のカードを手にした。この後通常通り教室から持ってきたプリント学習を済ませ、休憩時間に私とパズル対戦をした。その様子を見ながらQ先生が「このパズル、教室でお友達とやる？」とqちゃんに尋ねると「やりたい」と小さな声で応え、パズルを4−1教室へ持ち帰っていった。その

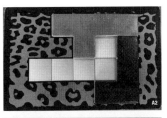

上：q児の様子を見てZ教諭が提示したパズル

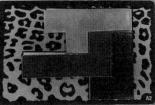

下：q児が完成させたパズル

図3　Q教諭が持参したパズル

後、教室に戻ったqちゃんは自分から担任のT先生に、「これQ先生が皆でやっていいよ、って貸してくれました」と報告し、昼休みに友人らと一緒にパズルで遊んだ、ということだった。（FN20220325）

支援開始当初はq児への関わりの度合いについて慎重な姿勢を見せていたQ教諭であったが、特別支援学級で実際の支援の場を共有し、支援者の意図や子どもの変化に触れる中でQ教諭自身が大切にする「楽しく、qさん自身のペースで学べる」空間作りと「担任の先生が最優先」という思いを念頭に原学級との繋がりを視野に入れ、教具を持参した。これはその後の

表2　インタビュー抜粋①「手をかけることは全く問題ない」

発話番号	発話者	発話内容
96	児童主任	やり過ぎてもだめだと俺は思ってる
97	特支担任	結局戻したいのは、みんなここで見てもらうっていうっていうので、分からない所を分からないって言えることは大事、でもあなたの居場所はこっちよ、って、でもなんかあった時、休み時間とか、トイレとか、話に来てもいいよ、休み時間とか話に来てもいいよ、でも授業中はがんばってきな、っていう方に、で、それで、保健室じゃなくなるかな、っていう、
98	児童主任	まず保健室じゃなくて、保健室って勉強ができないので、業務も全く違うので、養護先生は勉強を教えるための人ではないので、だからそこからちゃんと勉強教える人の所に行く、もしくはちゃんと勉強ができる環境に身を置きつつ、一対一とかで話聞いてもらえる所を目指してひまわりので、
99	筆者	やり過ぎないようにって言うのは、どんな
100	児童主任	時間的な問題です、その時間はどんな形でも、
101	特支担任	あ〜じゃ、手をかける分には、
102	児童主任	あ〜まったくいい。構わないと思います、一時間の中ですごい充足感があって、楽しかったな、また来週も、楽しみに、勉強頑張ろうかなっていう風に最後なったじゃないですか、でいいじゃないですか、クラスに戻って、あ、ここやったなって、ちょっと自信になってよかったじゃないですか

表3 インタビュー抜粋② 「クラスに気持ちが向くようにしたい」

発話番号	発話者	発話内容
106	児童主任	俺らが直に褒めるんじゃなくて、やっぱり担任先生、ま担任先生だけじゃなくてもいいんですけど、クラスに気持ちが向くようにしたい、
107	筆者	だからあのパズル、教室にもってっていいよって
108	児童主任	そう、ここでやっていいよ、はここ（ひまわり）の大人とやることになっちゃうので、クラスにもっていっていいよ、ってなるとクラスの友達とやることになるじゃないですか、
109	特支担任	で、自分はもう一回体験してるから、それで説明とかできるじゃないですか、ルールとか、うん。
110	児童主任	しかもちゃんと先生に、先生に言いに行ったんですよ、あの人。
111	特支担任	え〜、えらい〜！お〜！
112	児童主任	そう、あの、給食の時に、カバー取りに行くついでにちょっと見てたんですよ、真っ先に先生にしゃべりに行ってて、先生に、これ借りてきた、みたいな感じで言ってて、で担任先生から俺に、ありがとうございます、ってあったんで、あ〜、qさん使いな、って言って、そういう感じにしていきたい

インタビューの中でも具体的に意識されていることが語られている（表2）。発話番号96にあるようにQ教諭は全体の教師らの協働を取りまとめる立場にある"児童指導主任"として一貫して取り出し先での指導や支援の「やり過ぎ」には慎重な姿勢を持ち続けてきた。しかしZ教諭とのこれまでのやり取りや実際の支援教室ひまわりでのやり取りの経過を踏まえて「手をかける分には（101：特支担任）」「あ〜まったくいい（102：児童主任）」と問題ないとする意向を明確に示している。ここでも児童の「充足感」「楽しかったな」という思いを尊重する姿勢は変わっていないが、Z教諭の行ってきた支援によってq児が自信をのぞかせたという学担T教諭からの報告を受け、一連の支援を評価し、支援の意義を確認している。

さらにこれに続くやり取り（表3）の中でもひまわりでの支援を教室の他児らとの関係構築や原学級にq児が戻ることを後押しするためのものとして位置づけ（108）、実際にそれが功を奏したと評価している（110、112）。こうして実際の支援場面に足を運びq児の支援そのものを体感したり支援者の意図を理解したりする事を通してQ教諭の懸念は解消され、同じ方向性で、且つ各々の有する経験や視点、実際に有するリソースを活用した支援が展開されるようになっていった。

こうした教師間の協働に加えてSCの定例訪問に合わせて放課後に開かれたSCとのミーテ

ィングでも教師らの協働により児童の変化が見えてきているとSCが教師らの実践を評価した（FN20220308）。参加者は表1の教員らと筆者で協議時間は約40分間であった。

SCは、普段1時間を超えるq児との面談が今日は10分程度で終了したこと、それも今日は自分から「友達と遊びに行きたいから今日の面談は短くてもいい？」と尋ねてきたことなどを教師らに伝え、鬱々と話し続けるこれまでのq児ではなかったとし、「先生方の熱心な支援のおかげ」と、教師らのこれまでの取組みの労を労った。さらに、q児の学級内での様子を観察した際の印象にも触れ、面談中の表情も明るかったが、授業中も他児らとペアワークに取り組んでいたり、教師の説明を受ける間、適宜ノートをとったりできており安定が見られた、とこれについても教師らの支援を評価し労った。

この中でSCは保護者ともうまくいかない大変なケースであったと一連のq児支援を振返り、まだこれからじっくり時間をかけて信頼関係を構築していかなければならない事例であるとした上で、繰り返し教師の取組みを評価した。このミーティングでは同時にここまでの支援を振り返ってそれぞれが感じてきたq児の変化や支援についても順番に伝える時間が設けられ、その中で担任はひまわりで事前に学習した

内容で授業中に発表ができたこと、自信が少しずつ持てるようになり「4－1での生活」ができるようになってきていることを共有した。Z教諭は自学級（4－1）に戻れるようにとの理念の下でこれまで支援し、一度教室が楽しくて本来来室する時間に遅れてきたこと、など教室に足が向くようになってきていることを肯定的に評価した。養護教諭は保健室に来室しても長時間滞在することがなくなったこと、児童主任はまだ今後もまた児童の欠席や保健室の来室が状況によっては戻ってしまうことがあるかもしれないが引き続き情報交換しながらやっていきたいと思っていること、をそれぞれ語った。

4．考察

4.1 立場や経験の異なる教師間の協働

　本研究は子ども支援をめぐり立場の異なる複数のアクターたちがいかに自己の役割を認識し、各々の経験や専門性を活かした協働をしているかを検討して来た。

　本研究の知見として第1に、協働の前提となる共通目標が曖昧であり、それぞれのアクターが各々の立場や置かれている文脈に応じて目標を捉え、自己の役割認識の下で支援を行うことが協働過程で認識の違いに繋がることを明らかにした。学級の他児らとの生活の中での対象児を見る“担任”としては同僚の親身な支援に感謝しつつも学習支援に重きを置いてほしいという思いを持ち、q児の悩みを日常的に聞いてきた“養護教諭”としては熱心な支援が逆に子どもの声の抑圧に繋がっていないか、親身な支援により居場所が奪われていないか児童の心理状態を心配した。保護者との信頼関係や教師らの統括をする立場にある“児童主任”としては担任－保護者間の関係構築に同僚の実践が及ぼす影響を懸念したが、これまでも子どもたちの居場所を提供し、担任らと連携を継続して来た“特支担任”は、誰が支援するかではなく何を子どものためにやるかを探り続け、支援意図を発信し対話を続けながら実践を継続していった。

　第2に、こうした認識の違いを教師らが調整しようとするのではなく、活用するという実践の特徴を明らかにした。教師らは協働過程で連絡ノートや実際の支援場面の経験などを介して他者の理念や実践を理解し、その上で自己の理念に沿った実践を継続させていた。Q教諭はZ教諭と支援現場を共有する中で「教室に子どもを戻す」として目標を捉え直し、児童が担任や学級の友達と話す機会や、共に遊ぶ関係性を自ら切り開く契機を提示するという支援を行った。T教諭は“担任”として取り出し支援先での実践を自身の教室内での実践に組み込んだり、保護者とのコミュニケーションに活用したりすることによって教室での「安心」の為「勉強を」という姿勢で支援を継続した。そしてZ教諭は支援過程において仲間たちから示される懸念を受け止めながらも“特支担任”、さらにはこれまで“みどり小の協働支援を経験して来た者”として同僚の理解や子どもの今後の変化を信じ、意図を伝え、情報を発信しながら理念に沿った実践を継続した。それぞれの文脈における児童の様子や各々の支援意図がノートや会議において共有され、ひまわり教室では「児童が原学級に戻れるよう、そのための自信を付けられるための支援」がなされ、4－1教室では児童が学んできたことを教室全体の学びに繋げることで児童の自信や安心を育む支援がなされ、保健室では来室状況やその時の状況を詳細に記録し共有することで各アクターの立場からできる実践を後押しする支援がなされた。これらは、一人一人がその立場や置かれている文脈の中で責任を持ち、それぞれが自律的に課題解決に向け、相互に情報交流をしながらも課題解決に向け同等の貢献をする、先に示した協働の4要件にほぼ合致している。1点、4要件にあった共通目標に関して、本研究では立場ごとに支援目標をめぐる認識が異なり、懸念が表明される場面があった。これは立場の違いによる物事の認識差異を指摘した先行研究の知見に合致するが、では本研究ではこうした違いの中でいかに協働を達成させたのか。その背景には、目標認識の「違い」を、調整の対象や自己の実践を

封印するものとしてではなく、他者理解やその後の自身の実践構想のリソースとして活かす教師らの実践があった。教師らは「共通目標」を大きな方向性を示すものと捉え、その下で他者との対話を継続させながら各々が置かれている立場や環境の中で自己の達成させたい具体的な目標に向け実践を調整し支援を継続していった。

　子ども支援をめぐる目標の「曖昧さ」はその曖昧さゆえに多様な捉え方を契機とする葛藤や対話を生み、教師が裁量を発揮し、個々の文脈や理念に沿った実践を許容するよう機能した。

4.2 本研究の意義並びに今後の課題

　本研究の実践的意義は、曖昧、不確実な学校の特性の中で生きる教師らの協働に着目し、曖昧さから生じる違いは違いとして受け入れ、違いを他者理解や自身の実践を創出する際のリソースとして活かす取り組みを描出した点にある。今後一層教師間の協働が重要になることが予想される中、それぞれの経験や専門性を活かす協働の力動を具体的に示した。学術的意義は、冒頭で示した教師間の協働関係や関係性の弱体化が指摘される中での協働について、協働の難しさとして指摘されていた認識差異の新たな捉え方や協働における機能を示した点にある。これにより教師が個々の経験や専門性を活かした実践をしつつも個人主義化に向かうわけではない協働や、他者と協調的でありながらも共同歩調志向性[16]に向かうわけでもない協働の在り方を示した。

　他方、本研究の課題は、他者の実践を尊重し活かす在り方がいかに生まれたのか、メンバーが変わった際に同様の実践が可能であるのか等、継続調査や複数データの検討により教師間の関係性や状況との関係も踏まえ記述していくことである。今後の課題としたい。

注・参考文献

⑴ Larraine, S.“Collaboration：A Framework for School Improvement”, International Electronic Journal for Leadership in Learning, vol.8, no. 5, 2004.

⑵ 今津孝次郎『変動社会の教師教育』名古屋大学出版会、2017年、50-65ページ。

⑶ 久冨善之・長谷川裕・福島裕敏編著『教師の責任と教職倫理：経年調査にみる教員文化の変容』勁草書房、2018年。

⑷ 榊原禎宏「学校経営論と『教職の専門性』論のもつれをほぐす」『日本教育経営学会紀要』第62巻、2020年、17-27ページ。

⑸ 久冨善之・長谷川裕・福島裕敏『教師の責任と教職倫理：経年調査にみる教員文化の変容』勁草書房、2018年、209ページ。

⑹ 久冨・長谷川・福島、同上、2018年、40-41ページ。

⑺ 小田郁予「特別支援教育支援員の役割認識と葛藤－支援員の困難の語りに着目して」『臨床教育学研究』第9巻、2021年、74-88ページ。

⑻ Parsons, T.著、佐藤勉訳『社会体系論』青木書店、1974年、42-51ページ。

⑼ 小田、同上、2021年。

⑽ Allen Davina,“The nursing-medical boundary：a negotiated order？”Sociology of Health & Illness, Vol.19, No. 4, pp.498-520.

⑾ 油布佐和子『現代日本の教師―仕事と役割―』放送大学教育振興会、2015年、212-222ページ。

⑿ 森田大輔・二宮裕之「数学的な見方・考え方の育成に関する一考察：中学校数学科における多様な考えとその扱いに焦点を当てて」『埼玉大学教育学部附属教育実践総合センター紀要』第17巻、2019年、115-122ページ。

⒀ 一柳智紀「児童の話し方に着目した物語文読解授業における読みの生成過程の検討：D.バーンズの『探求的会話』に基づく授業談話とワークシートの分析」『教育方法学研究』第38巻、2013年、13-23ページ。

⒁ Day, C., 1943-.（1999）. Developing teachers：The challenges of lifelong learning. London：Falmer. p.207.

⒂ Turner, Ralph H.“Role-Taking, Role Standpoint, and Reference-Group Behavior.”American Journal of Sociology, vol. 61, no. 4, 1956, pp. 316-28.

⒃ 永井聖二「日本の教員文化」『教育社会学研究』第32巻、1977年、93-103ページ。

ABSTRACT

Collaboration of Different Teaching Roles for Student Support : How Do Teachers with Varying Perspectives and Experiences Collaborate to Support Students

ODA Ikuyo
（Waseda University）

This study identifies the characteristics of teacher collaboration regarding a child who frequently visits the infirmary. Through ethnographic observation and qualitative data analysis, it emphasizes how teachers holding different positions and with varied experiences can collaborate to address student-related challenges. The study subjects include a fourth-grade elementary school student who particularly dislikes arithmetic, a classroom teacher, a child development supervisor, a special-needs classroom teacher, and a school nurse. The common goal of student support, i.e., "creating a safe place for the student," was pursued in different ways depending on each staff member's perspective of what constitutes a "safe place." For the classroom teacher, "safe place" meant where the student could study with classmates in a comfortable environment and comprehend the subject matter. Thus, the support focused on learning assistance. For the special-needs teacher, "safe place" meant where the student could freely express her thoughts and ask questions without hesitation. The focus was on listening to and accepting the student. The supervisor's idea of a "safe place" was where strong relationships among teachers, parents, and students could be fostered. Therefore, the emphasis was on showing respect for the classroom teacher's techniques. While collaborating, it became apparent that the distinct goals and diverse perspectives of the staff members posed a challenge. Although these concerns were not addressed or resolved, the staff members' anxiety surrounding the issue gradually subsided as the student started showing improvement. This was because their different perceptions were not perceived as an obstacle or a hindrance to their own work. Rather, these were resources for understanding others and developing their own practice. The vague goals allowed for practices based on individual perception, which encouraged teachers to draw on their individual perspectives and experiences to shape their philosophies.

Keywords : Teacher Collaboration, Position and Role Recognition, Misalignment of Perception, Student Support, Ethnography

キーワード：教師間協働、役割認識、認識の不一致、児童支援、エスノグラフィー

〈研究論文〉

教師が学校の授業スタンダードを受容する要因

澤田　俊也（大阪工業大学）

1．課題設定

(1)問題と目的

近年、教育界では「スタンダード化」が急速に拡大している。「スタンダード化」は教育活動を「指標化」「基準化」するものであり、日本では「自治体による教員の資質・能力の一覧づくり」と「授業や学級活動といった教育活動」で進んでいる[1]。本研究で着目する「授業スタンダード」は、後者にあたるものである。教育学では授業スタンダードの動向に関心が寄せられ、一定の研究が蓄積されている[2]。澤田は、これらの研究を整理して授業スタンダードを「授業の展開や指導方法の規範」と定義しており[3]、本研究もこの定義に従う。

授業スタンダードが授業実践や教師の成長にもたらす影響については、意見の対立がみられる。授業スタンダードは多様な状況に対応せざるを得ない教師にとって頼れる「合理的な解」であり[4]、授業実践の不確実性の縮減に寄与できるという肯定的な見方[5]と、授業スタンダードに準拠することで授業実践が画一化し、授業実践の不確実性に向き合いながら実践的知識を形成していく機会を教師から奪うという批判的な見方[6]がある。

ただし、いずれの立場も、実際に教師たちが授業スタンダードをどのように受け入れているのかを十分に明らかにできていないという課題がある。先行研究では教師が授業スタンダードを「やり過ごす」可能性が示唆されているため[7]、教師が授業スタンダードを受け入れる程度は一様ではない可能性を想定しながら、その程度を左右する要因を明らかにする必要がある。

先行研究では、市区町村の授業スタンダードに対する教師の受容度に影響する要因が検討されている[8]。ただし、授業スタンダードは学校でも作成されており、各学校で授業実践に取り組んでいる教師にとってより身近なものであり得る。しかし、学校の授業スタンダードを教師がどのように受け入れているのかについて、量的な検討はなされていない。

そこで本研究は、教師が学校の授業スタンダードを受容する程度に対して、どのような要因が影響しているのかを明らかにする。また、学校の授業スタンダードを対象とした本研究の知見と市区町村のものを対象とした先行研究の知見を比較検討することで、教師が授業スタンダードをどのように受けとっているのかを統合的に説明し、教師の学びやそれを支える学校・自治体のあり方を議論する。

2．研究方法

(1)分析枠組み

市区町村と学校の授業スタンダードの間で、教師の受容度に影響する要因にどのような共通点や相違点があるのかを示すためには、市区町村の授業スタンダードを分析している先行研究と同様の独立変数を投入して、結果を見比べる必要がある。そこで、先行研究[9]で検討されている独立変数を確認する。

教師個人の要因については、若手教師や自ら

の授業力量を高めたい教師、子どもの学力向上に意欲的な教師、組織目標を所与のものと疑わない教師ほど、授業スタンダードを受容しやすいと予想されている。そのため、「教職年数」のほか、「教科指導学習動機尺度」[10]のうち「熟達志向」「子ども志向」「内発的動機づけ」が投入されている。

教師が所属する学校の要因については、学力テスト成績、校内の授業研究体制、学校種、校長や校内研究担当者が一定の目標に教師集団を動機づけて教師の授業づくりに関わろうとするリーダーシップスタイルかどうかといった点が想定されている。これらを踏まえて、学校レベル変数には「学力テスト成績の学校平均」「授業研究体制」「学校種」「学校長の変革的リーダーシップ」「校内研究担当者の変革的リーダーシップ」が投入されている。

自治体要因については、「学力テスト成績の自治体平均」と「学力テスト成績の成果指標の設定有無」が考慮されている。そのほか、授業スタンダードの「強制力」と「内容」が自治体レベル変数として投入されている。

そして、授業スタンダードを知っているかどうかや授業スタンダードに基づいて授業しているかどうかに関わる「認知・実践」と、授業スタンダードを自分ごととして内面化しているかどうかに関わる「内面化」を従属変数として、各レベル変数との関連が分析されている。その結果、教師レベル変数では、内発的動機づけや熟達志向が高い教師ほど授業スタンダードを認知・実践および内面化し、教職経験が長い教師ほど認知・実践していることが示されている。また、学校レベル変数では、校内研究担当者が変革的リーダーシップを発揮している学校の教師ほど授業スタンダードを認知・実践および内面化し、教師たちが意欲的に校内研究に取り組んでいる学校の教師ほど認知・実践していることが示されている。さらに、自治体レベル変数では、授業スタンダードの活用が強制されているほど、教師は授業スタンダードを認知・実践および内面化する傾向が示されている。

ただし、本研究では学校作成の授業スタンダードに着目するため、先行研究の分析枠組みを若干修正する必要がある。学校の授業スタンダードを教師が受け入れる程度に対して、自治体要因が直接に影響することは考えにくいため、本研究では自治体レベルを想定しない。しかし、授業スタンダードの強制力と内容については、本研究では学校レベル変数として投入する必要がある。また、学力テスト成績に関する学校の目標を達成するためのツールとして授業スタンダードが位置づけられ、教師の授業づくりの頼りにされる可能性があるため、学力テスト成績に関わる成果指標の設定状況も学校レベル変数に含めて分析する。

(2)調査概要

本研究は、教師が市区町村と学校の授業スタンダードをそれぞれどのように受容しているのかを比較するため、自治体と学校の両方で授業スタンダードが作成されている教師を調査対象とした。まず、2018年10月から12月にかけて全国の市区町村教育委員会に授業スタンダードの有無を質問紙で尋ね、115自治体から作成しているとの回答が得られた。

この115自治体に対して、1自治体あたり小・中学校を原則3校ずつランダムに選定し、本研究の目的と調査概要を説明したうえで、学校調査を実施する旨を自治体に伝えた。2019年11月に自治体に依頼したところ、53自治体から承諾を得られたため、2019年11月から2020年1月にかけて274校に質問紙を郵送した。各学校には学校長用1部・校内研究担当者用1部・一般教諭用8部を送付し、一般教諭については特定の年齢層に回答が偏ることを避けるために20代・30代・40代・50代から2名ずつ回答を依頼した。その結果、学校長票では214件、校内研究担当者票では208件、一般教諭票では1,497件の回答が得られた。学校の授業スタンダードの作成有無については学校長票で尋ねたところ188件の回答が得られ、作成しているとの回答は116件であった。このうち、欠損値を除いてデー

タセットを作成し、76校およびそれらに所属する383名の一般教諭の回答を分析対象とした。

⑶調査項目と変数設定

教師レベル変数

授業スタンダードの受容度 「授業スタンダードの受容度尺度」[11]を用い、5件法で回答を求めた（22項目）。先行研究では「認知・実践」「内面化」の2因子構成と判断されているが、この結果は市区町村の授業スタンダードに対するものであり、本研究とは対象が異なる。そのため、学校の授業スタンダードの受容度がどのような概念で構成されているかを確認するために、改めて探索的因子分析を行った（Table 1）。固有値の推移は12.01、1.31、1.01、0.84であり、スクリープロットの形状と解釈可能性から3因子解が妥当と判断した。

第一因子は、「授業スタンダードが学校の中でどのように示されているか知っている」など、授業スタンダードの存在や内容の認知に関する項目が高い負荷量を示しており、「授業スタンダードの認知」と命名した。

第二因子は、「授業スタンダードを体現できていると思う」など、授業スタンダードを普段の授業実践で活用しているかどうかに関する項目から構成されていることから、「授業スタンダードの実践」と命名した。

第三因子は、「授業スタンダードと自分の価値観とのギャップを感じない」など、授業スタンダードの存在や内容を自分自身の価値や規範として受け入れる項目が高い負荷量を示しているため、「授業スタンダードの内面化」と命名した。分析では、教師ごとに各下位尺度の平均値を用いた。

教職年数 講師経験年数と正規雇用年数をそれぞれ数字で回答するように求め、これらを加算した値を教師の「教職年数」とした。

授業づくりへの向き合い方 「教科指導学習動機尺度」[12]のうち、「熟達志向」（4項目）「子ども志向」（5項目）「内発的動機づけ」（5項目）の下位尺度を用い、4件法で回答を求めた。

信頼性係数については、熟達志向がα=.89、子ども志向がα=.94、内発的動機づけがα=.90であった。分析にあたっては、教師ごとに各下位尺度の平均値を算出した。

学校レベル変数

授業スタンダードの強制力 澤田・木場の議論[13]をもとに、「授業スタンダードに準拠した授業づくりを教師に求めている」「授業づくりの際に必要に応じて参考にすることを教師に求めている」「活用方法は特に定めていない」の項目を設け、校長に回答を求めた。その結果、「授業スタンダードに準拠した授業づくりを教師に求めている」学校は92件であり、この回答を「強制力あり」とした。一方で、「授業づくりの際に必要に応じて参考にすることを教師に求めている」学校は72件、「活用方法は特に定めていない」学校は2件であり、これらを「強制力なし」とした。

授業スタンダードの内容 「授業進行（めあての提示、振り返りの時間の設置）」「ノートの取り方指導」「板書計画」「発問の仕方」「子どものわかる・できるを目指した授業づくり」の5項目について[14]、該当するものすべてを回答するように校長に求めた。この5項目についてユークリッド距離による階層的クラスター分析を行い（Ward法）、デンドログラムと解釈可能性から2クラスターが妥当と判断した。クラスター1には、授業スタンダードに「授業進行」「子どものわかる・できるを目指した授業づくり」といった概略的な内容が含まれるが、具体的な手立てはあまり含まれていなかった。一方で、クラスター2には、概略的な内容に加えて、「ノートの取り方指導」「板書計画」「発問の仕方」が多く含まれていた。この結果は先行研究[15]と同様の分類と解釈できるため、前者を「抽象型」、後者を「具体型」とした（Table 2）。

校長・校内研究担当者のリーダーシップ 一般教諭からみて校長と校内研究担当者が変革的リーダーシップを発揮しているかどうかを捉えるために、「変革的リーダーシップ尺度」[16]（e.g.「本校の校長は、教員の前で組織のリーダーと

Table 1 学校作成の授業スタンダードに対する受容度尺度の因子パターン行列

		因子負荷量		
		F1	F2	F3
F1 授業スタンダードの認知（*M*=4.05, *SD*=0.63, α=.90)				
6.	授業スタンダードが学校の中でどのように示されているか知っている	.86	.33	-.12
7.	授業スタンダードの内容を理解している	.75	.29	-.16
4.	授業スタンダードは、授業をする際の前提となるものと認識している	.74	-.16	.27
5.	授業スタンダードの必要性を理解している	.64	-.13	.42
1.	授業スタンダードの内容を覚えている	.59	.38	-.20
3.	授業スタンダードの成り立ちを知っている	.42	.39	-.12
11.	授業スタンダードを自分のこととして受けとめている	.36	.33	.26
F2 授業スタンダードの実践（*M*=3.69, *SD*=0.66, α=.91)				
12.	授業スタンダードを体現できていると思う	.05	.75	.06
13.	普段は意識しないが、授業スタンダードが自分に根付いていると思う	.01	.67	.20
19.	自分の立場で何をすることが授業スタンダードの実現に繋がるのか理解している	.11	.64	.10
15.	授業スタンダードと自分の価値観にギャップがあったとしても解決する方法を持っている	.02	.63	.05
17.	授業スタンダードと自分の目標とのつながりを理解して、授業をしている	.01	.62	.26
8.	自分や他の教師が授業スタンダードに基づく授業をするために必要な提案を行っている	.23	.47	.03
18.	迷った時は、授業スタンダードに基づいて判断している	.08	.37	.31
9.	授業スタンダードを他の教師と共有しようと思う	.35	.36	.19
F3 授業スタンダードの内面化（*M*=3.76, *SD*=0.67, α=.90)				
21.	授業スタンダードと自分の価値観とのギャップを感じない	-.09	.02	.88
20.	授業スタンダードの内容には共感できるものが多い	.01	.04	.84
10.	授業スタンダードと自分の価値観は似かよっている	-.05	.20	.76
2.	授業スタンダードの内容に納得している	.46	-.08	.51
14.	授業スタンダードは、学校組織の一員としての自分の価値観のベースになっている	-.03	.44	.47
16.	授業スタンダードに関する説明会や研修があれば積極的に参加したいと思う	-.10	.28	.42
	因子間相関 F2	.71		
	F3	.69	.72	

して振る舞っている」）を用い、一般教諭に尋ねた（6項目、5件法）。校内研究担当者については、「校長」の文言を「校内研究担当者」とした。信頼性係数は、「校長の変革的リーダーシップ」「校内研究担当者の変革的リーダーシップ」ともに α=.94であった。

授業研究体制 「校内研究の課題」[17]について、校内研究担当者に回答を求めた（8項目、複数選択）。ユークリッド距離による階層的クラスター分析を行い（Ward法）、デンドログラムと解釈可能性から3クラスターが妥当と判断した。クラスター1の学校は、「リーダーシップが十分に発揮されていない」「研究の継続性・発展性が十分でない」のいずれかの項目を選択していた。クラスター2の学校は「教材研究や指導案の検討が十分でない」「リーダーシップが十分に発揮されていない」「教員の参加意欲が十分でない」の3項目を選択しておらず、教員たちが教材研究や指導案の検討に意欲的に取り組んでいることがわかる。クラスター3の学校は「リーダーシップが十分に発揮されていない」「外部講師を招聘することが困難」を選択しておらず、外部講師を積極的に招いていることが窺える。これらの結果は澤田の研究[18]と同様の分類であるため、カテゴリー1を「授業研究停滞型」、カテゴリー2を「教師主体型」、カテゴリー3を「外部講師活用型」とした（Table 3）。

学力テスト成績 2018年全国学力・学習状況調査の国語AとB、算数・数学AとB、理科の平均正答率を校長に尋ね、それらの平均値を学校としての「学力テスト成績」とした。

成果指標の設定 全国学力・学習状況調査の結果に関わる成果指標を設定しているかどうかを校長に尋ね、「成果指標の設定」とした。

Table2　授業スタンダードの内容の類型と該当学校数

クラスター	学校数	特徴
1．抽象型	69 (59.0)	「授業進行」「子どものわかる・できるを目指した授業づくり」が含まれるが、「ノートの取り方指導」「板書計画」「発問の仕方」についてはいずれか一つが含まれるだけか全く含まれない。
2．具体型	48 (41.0)	「授業進行」「子どものわかる・できるを目指した授業づくり」が含まれており、なおかつ「ノートの取り方指導」「板書計画」「発問の仕方」が複数含まれる。

Table3　校内授業研究体制の類型と該当学校数

クラスター	特徴	学校数
1．授業研究停滞型	校内のリーダーシップの発揮や校内研究の継続性・発展性に課題がある。	51 (28.7)
2．教師主体型	校内のリーダーシップが十分に発揮され、教師が教材研究や指導案検討に意欲的に取り組んでいる。	65 (36.5)
3．外部講師活用型	校内のリーダーシップが十分に発揮され、外部講師を積極的に活用している。	62 (34.8)
合計（比率%）		178 (100)

Table4　各変数の記述統計量

	M	SD	Min	Max
教師レベル変数（n=383）				
授業スタンダードの認知	4.03	0.60	2.14	5.00
授業スタンダードの実践	3.68	0.63	1.25	5.00
授業スタンダードの内面化	3.74	0.65	1.33	5.00
教職年数	17.48	11.14	1	38
熟達志向	3.34	0.49	1.00	4.00
子ども志向	3.60	0.45	2.40	4.00
内発的動機づけ	2.88	0.54	1.00	4.00
学校レベル変数（n=76）				
学校種（0＝小学校、1＝中学校）	0.42	0.50	0	1
校長の変革的リーダーシップ	4.03	0.56	1.45	5.00
校内研究担当者の変革的リーダーシップ	3.91	0.45	2.60	5.00
授業研究停滞型（0＝非該当、1＝該当）	0.28	0.45	0	1
教師主体型（0＝非該当、1＝該当）	0.34	0.48	0	1
学力テスト成績	61.66	5.97	49.40	72.60
授業スタンダードの内容（0＝抽象型、1＝具体型）	0.41	0.49	0	1
授業スタンダードの強制力（0＝なし、1＝あり）	0.75	0.44	0	1
成果指標の設定（0＝未設定、1＝設定）	0.79	0.41	0	1

以上の変数の記述統計量をTable 4に示す。

3．分析結果

(1)級内相関係数

本研究で用いるデータは、教師が学校にネストされる階層的な性格をもつため、マルチレベル分析を行うべきかどうかを検討した。

まず、授業スタンダードの認知・実践・内面化を目的変数とし、独立変数を投入しないモデルのもとで、学校間でどの程度の差があるかを確認した。その結果、授業スタンダードの認知では0.11、授業スタンダードの実践では0.19、授業スタンダードの内面化では0.20の級内相関係数が確認された。級内相関係数が0.1を超えてい

る場合にマルチレベル分析を行うことが妥当とされているため[19]、いずれの目的変数についても階層性を考慮したマルチレベル分析を行うこととした。

(2)レベル間交互作用の検討

次に、集団平均中心化を施したうえで個人レベル変数に教職年数、熟達志向、子ども志向、内発的動機づけを投入し、個人レベル変数の傾きに学校間差を想定すべきかどうかを検討した。授業スタンダードの認知を従属変数としたモデルでは熟達志向（$p<.05$）と内発的動機づけ（$p<.05$）、授業スタンダードの実践を従属変数としたモデルでは熟達志向（$p<.01$）、授業スタンダ

Table 5　授業スタンダードの認知への各変数の影響

固定効果	認知	
	b	SE
学校レベル変数		
強制力（0＝なし、1＝あり）	−0.05	0.09
内容（0＝抽象型、1＝具体型）	0.01	0.07
校長の変革的LS	0.13	0.07
校内研究担当者の変革的LS	0.18	0.10
授業研究停滞型（0＝非該当、1＝該当）	−0.03	0.08
教師主体型（0＝非該当、1＝該当）	−0.16*	0.07
学力テスト成績	−0.01	0.01
成果指標（0＝未設定、1＝設定）	0.07	0.07
学校種（0＝小学校、1＝中学校）	−0.00	0.07
教師レベル変数		
教職年数	0.00	0.00
子ども志向	0.26**	0.09
内発的動機づけ	0.17**	0.06
熟達志向	0.19*	0.09
変量効果	分散成分	
切片	0.03	
残差	0.26	
逸脱度	656.91	
AIC	660.91	

*p<.05　**p<.01
1）標準誤差（SE）はロバスト標準誤差を用いた。

ードの内面化を従属変数としたモデルでは内発的動機づけ（p<.01）の係数に有意差がみられた。

　そこで、有意差がみられた個人レベル変数の傾きに学校間差を仮定しないモデルと仮定するモデルを比較した。尤比度検定の結果、授業スタンダードの認知を従属変数としたモデルでは逸脱度が有意に低下せず（χ^2=5.69, df=5, p>.05）、授業スタンダードの実践（χ^2=0.18, df=2, p<.001）と内面化（χ^2=15.55, df=2, p<.001）を従属変数としたモデルでは逸脱度が有意に低下した。そのため、授業スタンダードの実践を従属変数としたモデルでは熟達志向の傾きに、授業スタンダードの内面化を従属変数としたモデルでは内発的動機づけの傾きに変量効果を想定することとした。

(3)各レベル変数による影響

　先のモデルに、学校レベル変数も加えて分析した（最尤推定法）。学校レベル変数について

Table 6　授業スタンダードの実践への各変数の影響

固定効果	実践	
	b	SE
学校レベル変数		
強制力（0＝なし、1＝あり）	−0.19*	0.08
内容（0＝抽象型、1＝具体型）	−0.02	0.07
校長の変革的LS	0.18	0.09
校内研究担当者の変革的LS	0.23	0.12
授業研究停滞型（0＝非該当、1＝該当）	0.03	0.09
教師主体型（0＝非該当、1＝該当）	−0.08	0.08
学力テスト成績	−0.00	0.01
成果指標（0＝未設定、1＝設定）	0.11	0.09
学校種（0＝小学校、1＝中学校）	−0.04	0.08
教師レベル変数		
教職年数	0.01**	0.00
子ども志向	0.21**	0.07
内発的動機づけ	0.23***	0.07
熟達志向	0.05	0.25
熟達志向の係数		
強制力	−0.05	0.15
内容	0.11	0.12
校長の変革的LS	−0.05	0.16
校内研究担当者の変革的LS	0.16	0.20
授業研究停滞型	−0.19	0.15
教師主体型	−0.07	0.17
学力テスト成績	0.03*	0.01
成果指標	0.15	0.16
学校種	0.16	0.18
変量効果	分散成分	
切片	0.07	
熟達志向	−0.02	
共分散	0.01	
残差	0.26	
逸脱度	693.52	
AIC	701.52	

*p<.05　**p<.01　***p<.001
1）標準誤差（SE）はロバスト標準誤差を用いた。

は、自治体平均による中心化を行った。

　授業スタンダードの認知を従属変数とした分析では、教師主体型と負の関連がみられた。また、内発的動機づけ、子ども志向、熟達志向との間には正の関連が示された（Table 5）。

　授業スタンダードの実践を従属変数とした分析では、授業スタンダードの強制力との間に負の関連が確認された。また、教職年数や内発的動機づけ、子ども志向との間には正の関連が示された。さらに、熟達志向と実践の関連に対する学力テスト成績の調整効果が有意であった

Table 7　授業スタンダードの内面化への各変数の影響

固定効果	内面化	
	b	*SE*
学校レベル変数		
強制力（0＝なし、1＝あり）	-0.26**	0.08
内容（0＝抽象型、1＝具体型）	-0.14	0.07
校長の変革的LS	0.19*	0.08
校内研究担当者の変革的LS	0.20	0.11
授業研究停滞型（0＝非該当、1＝該当）	0.03	0.09
教師主体型（0＝非該当、1＝該当）	-0.14	0.08
学力テスト成績	-0.01	0.01
成果指標（0＝未設定、1＝設定）	0.04	0.08
学校種（0＝小学校、1＝中学校）	-0.12	0.08
教師レベル変数		
教職年数	-0.00	0.00
熟達志向	0.27**	0.10
子ども志向	0.15*	0.08
内発的動機づけ	0.27	0.29
内発的動機づけの係数		
強制力	-0.23	0.18
内容	-0.19	0.15
校長の変革的LS	-0.18	0.19
校内研究担当者の変革的LS	0.27	0.19
授業研究停滞型	0.27	0.16
教師主体型	-0.17	0.19
学力テスト成績	0.01	0.01
成果指標	0.14	0.16
学校種	-0.05	0.18
変量効果		
切片	0.03	
内発的動機づけ	-0.01	
共分散	0.04	
残差	0.26	
逸脱度	706.74	
AIC	714.74	

*p<.05　**p<.01
1）標準誤差（*SE*）はロバスト標準誤差を用いた。

（Table 6）。ただし、この交互作用について単純傾斜分析を行ったところ、学力テスト成績が±1SDである場合の熟達志向にかかる偏回帰係数の値は、学力テスト成績が低い場合（＋1SD）には-0.12、学力テスト成績が高い場合（-1SD）には0.23であり、いずれも有意な結果は示されなかった。

授業スタンダードの内面化を従属変数とする分析では、校長の変革的リーダーシップ、子ども志向、熟達志向との間に正の関連が示された。一方で、授業スタンダードの強制力との間には負の関連が示された。なお、本研究の学校レベル変数では、内発的動機づけと内面化の関連に対して有意な調整効果を及ぼしているものはみられなかった（Table 7）。

4．考察

(1)教師が学校の授業スタンダードを受容する要因

本研究では、教師が学校の授業スタンダードを受容する程度に対してどのような要因が影響しているのかを検討してきた。まず、本研究によって得られた知見を改めて整理する。

教師レベル変数については、教職年数が長い教師ほど、学校の授業スタンダードに基づいた授業実践を行っている傾向がみられた。また、熟達志向が強い教師ほど学校の授業スタンダードを認知・内面化しやすいこと、内発的動機づけの強い教師ほど授業スタンダードを認知・実践しやすいこと、子ども志向の強い教師ほど授業スタンダードを認知・実践・内面化しやすいことが明らかになった。

学校レベル変数では、教師によって主体的に授業研究が進められている学校の教師ほど学校の授業スタンダードを認知しにくいこと、学校の授業スタンダードが強制される場合には教師は実践も内面化もしにくいこと、校長が変革的リーダーシップを発揮している学校で勤務している教師は学校の授業スタンダードを内面化しやすいことが示された。

(2)教師が学校と自治体の授業スタンダードを受容する要因の比較

次に、学校の授業スタンダードに関する本研究の知見と、市区町村のものに関する先行研究の知見を比較し、授業スタンダードに対する教師の受けとめ方を統合的に検討する。

まず、教職年数が長い教師ほど授業スタンダードに基づいて実践しているという知見は、先行研究でも示されている。澤田[20]は、授業スタンダードの内容に含まれる指導方法は教職年数の長い教師にとって既有の知識やスキルである

可能性を指摘している。あるいは、授業スタンダードの内容には「主体的・対話的で深い学び」が含まれることが多いため[21]、ベテラン教師ほど従来の授業形態を転換させるために授業スタンダードを参照しているのかもしれない。ただし、本研究と先行研究のいずれでも教職年数と授業スタンダードの内面化との関連はみられなかったため、教職年数の長い教師が授業スタンダードの存在や価値を鵜呑みにしているわけではないと推察される。

また、内発的動機づけと学校の授業スタンダードの内面化との関係を調整する要因についてはなお検討が必要であるが、熟達志向や内発的動機づけが授業スタンダードの受容度と正の関連にあることについても、自治体の授業スタンダードに着目した研究[22]と概ね同様の結果が得られた。先行研究は、教師が特定の授業技術を獲得することに面白さや喜びを感じていたり、そうすることで教師として成長できると信じていたりする場合に授業スタンダードが拠り所にされやすいと指摘しており、学校の授業スタンダードを対象とした本研究でも同様の知見が得られた。

一方で、子ども志向については、自治体の授業スタンダードを対象とした研究では教師の受容度との関連は確認されていないが、本研究では授業スタンダードの認知・実践・内面化との間に正の関連が示された。学校の授業スタンダードの中には、それぞれの学校の状況を踏まえて自治体の授業スタンダードを「自校化」しているものがある[23]。こうした学校の授業スタンダードは、自治体のものよりも、その学校の子どもたちの状況を踏まえているようにみえるだろう。そのため、自身が指導している子どもたちの学力向上を願う教師は、自ら必要性を感じて、学校の授業スタンダードに頼りやすいと考えられる。

学校レベル変数では、教師によって主体的に授業研究が行われている学校の教師ほど、学校の授業スタンダードを認知しにくいことが示された。校内研究が停滞している学校では、学校の授業スタンダード以外の新たな情報が持ち込まれにくいのかもしれない。また、校内のリーダーシップが発揮されて外部講師を活用している学校では、校内研究担当者や外部講師など一部の者が授業づくりの情報を示しやすいと予想される。学校の授業スタンダードはミドルリーダーを中心に作成されることが多いため[24]、こうした学校では、ミドルリーダーが学校の授業スタンダードを教師たちに周知したり、外部講師がその作成や周知を手助けしたりしている可能性がある。しかし、教師らが校内研究を進めている場合、自分たちの判断で授業づくりに関わる様々な情報を取り入れやすく、学校の授業スタンダードの存在感が薄れやすいと推察される。

一方で、市区町村の授業スタンダードは、教師たちが主体的に校内研究を進めているほど認知・実践されやすいことが示されている[25]。この指摘と本研究の知見を統合的に解釈するならば、授業スタンダードがもつ権威性による影響を指摘できる。教師の服務監督権者である市区町村教育委員会が作成した授業スタンダードは学校のものよりも強い権威性をもってみえるため、教師はそれを知っていたり実践できたりする必要があると感じる可能性がある。そして、自分たちで校内研究を進められる学校の教師は、授業研究停滞型や外部講師型の学校の教師に比べて、授業研究の場を通して市区町村の授業スタンダードをより意識しやすいのではないだろうか。

授業スタンダードの強制力については、市区町村のものが強制される場合には受容されやすい一方で[26]、学校のものが強制される場合には実践も内面化もされにくいことが示された。強制力による教師の受け入れ方が異なる理由にも、権威性の強弱があると考えられる。先述したように、学校の授業スタンダードはミドルリーダーを中心に作成されることが多い[27]。そのため、市区町村と学校の授業スタンダードのいずれも、教師にとっては他者が作成したものであることに大差はないだろう。しかし、市区町

村の授業スタンダードは教師には強い権威性を帯びてみえるため、その活用を強制された際に、教師はそれに従うべきであると考える可能性がある。一方で、学校の授業スタンダードは、あくまで同僚が作成したものであるために権威性が弱く、有無を言わさずに準拠するように求められた場合に教師は反発しやすいと考えられる。

　さらに、校長が変革的リーダーシップを発揮している学校で勤務している教師は、学校の授業スタンダードを内面化しやすいことが示された。自治体の授業スタンダードの場合には校内研究担当者による影響が示されており、強く権威づけされている自治体の授業スタンダードがミドルリーダーにとって校内研究を牽引するための便利なツールになっている可能性が指摘されている(28)。ただし、学校の授業スタンダードは自治体のものに比べて権威性が弱く、変革的リーダーシップを発揮している校内研究担当者がその学校の教師を強く導くためのツールにはなりにくいため、本研究の分析では有意な結果が示されなかった可能性がある。一方で、校内の教員を監督する立場にある校長が変革的リーダーシップを発揮している場合には、校長自身のもつ権威をもって学校の授業スタンダードが教員たちに受け入れられるのではないか。

　以上の考察から、教師による授業スタンダードの受けとめ方について、二つ指摘できる。

　一つ目に、教師は授業づくりに関する自らの興味を満たそうとしたり、自らの授業力量を高めようとしたり、また子どもたちの学力を向上させようとするために、授業スタンダードを頼りにしやすいということが確認された。このことから、教師は自分自身や子どもたちが成長する必要性を感じたときに、明確な拠り所と短期的な効果を求めて標準化に向かいやすいのではないかと考えられる。

　二つ目に、教師は市区町村教育委員会や校長のもつ権威に対して打算的に対応している側面もあるだろう。教師は、市区町村教育委員会の授業スタンダードには従順な姿勢をみせる一方

で、学校の授業スタンダードには反発したり忘れ去ったりしている。あるいは、学校の授業スタンダードであっても、校長が教師の授業づくりに介入するためのツールとして用いている場合には、教師はその方針を受け入れている。これらの結果から、教師は授業スタンダードの内容を吟味して受け入れるかどうかを判断しているというよりも、授業スタンダードにもたらされている権威性の強弱を敏感に感じ取って対応を決めていると考えられる。すなわち、授業スタンダードがそれほど権威性を帯びていない場合には、教師は自分自身の仕事に対して理不尽に介入されたくないと感じたり、授業スタンダードを気に留めなかったりする一方で、強い権威性を帯びている場合には、それに従っておく方が無難であると判断している可能性がある。

　以上のように、本研究の分析と考察を通して、教師は目的的・打算的に授業スタンダードを受容しやすい可能性が示された。

⑶授業スタンダードの権威性を越える教師の学びとその支援

　以上を踏まえ、教師はどのように授業実践に向き合い、学校や自治体はどのように教師の実践や学び合いを支えるべきかを議論する。

　まず、教師が子どもたちや自分自身の成長のために授業スタンダードを受け入れやすいという知見は、教育委員会や管理職からの指示や命令がなくても、教師は自発的に授業スタンダードを受容しているという先行研究の指摘(29)を裏づけている。子安(30)は、授業スタンダードが授業実践の画一化を生じさせ、多様な教材理解や子どもの疑問や見方に対する応答が難しくなるため、教師が自律的に教材研究と子ども研究を深めることで、画一化を回避する必要があると論じている。確かに、教師が取り組むミッションは、他者から押しつけられるものではなく、様々な文化や書物、子どもたちの声に触れ、教師の考えや価値観が揺さぶられることを通して、教師自身の中に立ち上がってくるものである(31)。そのため、授業スタンダードに記された

授業の技術や価値のみを信じて、それを忠実に実践しようとすることは、望ましい教師の学びとは言えないだろう。ただし、本研究の分析結果を踏まえると、自分自身や子どもたちの学びに意欲的に取り組んでいる教師ほど、むしろ授業スタンダードから学び取ることに躍起になることが予想されるため、教師によるボトムアップな学びのみで授業の標準化を乗り越えることは難しいのではないかと考えられる。

教師のボトムアップな学びのみで教師の専門性を維持することが難しい状況に対して、三浦[32]は、校長によるリーダーシップの発揮に可能性を見出している。しかし同時に、校長のリーダーシップの強調が校内の民主主義を失わせ、教員の職務に対する動機づけを弱める危険性も指摘されている。本研究も、教師が市区町村教育委員会や校長のもつ権威に対して打算的に対応している可能性を示した。すなわち、教師を監督する立場にある者が教師の専門性を高めるために指導する場合、教師は指導の内容を十分に吟味せずに監督者の権威に従属しようとするおそれがある。

したがって、教師の授業づくりに対する支援のあり方を考えるうえでは、権威性を弱めながら、いかに教育委員会や校長が教師の自律性の発揮と授業力量の向上を支えられるのかという点に取り組む必要があるだろう。教育委員会や校長が望ましい授業実践のあり方を提示して教師たちを牽引していくのではなく、より多様な授業実践の共有を通して教師の学び合いを活性化させる手立てがあり得る。

そのための一つの案として、学校間で授業実践をつなげるという方法があげられる。例えば、数校でチームを組み、教育委員会が設定した共通課題に基づきながら相互に学校を巡回するインストラクショナル・ラウンド（Instructional Rounds）がアメリカなどで実践され、日本でも注目されている[33]。Teitel[34]によれば、インストラクショナル・ラウンドは、行政や外部専門家によって決定された授業づくりの方針を教師が実行しているのかを確認するトップダ

ウンの授業改善から脱却し、教師が学校を跨いで集団的に学び合うことをねらいとしている。ただし、インストラクショナル・ラウンドを実施したとしても、学力テストの結果改善など目に見える成果が求められる場合、教師は学校巡回を通して「正しい実践」を見つけ出し、自らもそれに沿って実践しようとする可能性がある[35]。実際に、教育委員会の主導のもとで、学力向上を目標に学校間で授業実践が参照され、その成果として教育委員会が授業スタンダードを作成した事例も報告されている[36]。そのため、学校間で授業実践を共有するといっても、教育委員会が共通目標を一義的に定めたり、その目標を達成しているベスト・プラクティスを共有したりする方法では、「正しい実践」が方向づけられ、授業の画一化を招きかねない。

したがって、学校間で授業実践をつなぐ際には、教育委員会が示す一義的な目標のもとで、それを達成し得る授業実践を優れたものと位置づけ、普及させようとするのではなく、授業実践の背後にある学校・学級の文脈や教師の判断も含めて、多様な授業実践の蓄積・共有を促すことが重要である。この点については、ハーグリーブスとフラン[37]による、専門職としての教師の資本に関する考察が参考になる。彼らは、教師の資本を、教師が教育実践を行う際に用いる知識やスキルとしての「人的資本」、互いに学び合うネットワークとしての「社会関係資本」、教師が自由裁量のもとで経験・実践・省察することを通して獲得・蓄積されていく「意思決定資本」に整理している。そして、教師は一人だけで人的資本を高めることはできず、また人的資本ばかりに着目していては画一的な実践に陥ってしまうため、社会関係資本や意思決定資本も不可欠であると指摘している。さらに、「意思決定資本は、多くの出来事や機会の中で、自ら判断を実行している同僚たちの洞察と経験を引き出すことによって高められる」[38]という。それゆえに、授業実践の知識やスキルのみならず、学校や学級の状況をどのように捉え、どのように判断したかという経験も、学校間や教師

間で共有することが重要である。

　学校間のつながりや教師の資本に関する以上の議論では、主に授業研究が教師の学び合いの場として想定されている。ただし、学校間で授業を参観し合うことには、時間の確保や日程の調整といった課題もみられる[39]。もともと授業スタンダードが作成された背景には、ベテラン教員の大量退職によって教員間の緩やかな学び合いが難しいために、効率的に若手教師の授業力量を高める動機があったと指摘されている[40]。そのため、学校間で授業研究をつないで教師たちの学び合いを期待するだけでは、結局のところ手軽な授業スタンダードが活用され、学校間の学び合いが停滞する可能性がある。したがって、教師の人的資本・社会関係資本・意思決定資本を深め、学校内や学校間における協働を促すために、授業スタンダードに代わる「モノ」のあり方についても検討する必要がある。

　例えば、成功事例のみならず、教師が課題を感じている授業実践やどのような成果が得られるかがまだわからない授業実践もとりあげた機関誌を自治体が作成して学校や教師に配布したり、オンライン上で共有したりすることが考えられる。それらによって、授業をうまく実践するポイントを紹介するというよりも、授業の計画や実施における教師の悩みや葛藤も豊かに盛り込むことで、同じ悩みや葛藤をもつ教師の励みになったり、その悩みや葛藤に一緒に向き合ってみたいという教師が出てきたりすることが期待できる。

　また、こうした実践を取り上げるにあたって、校長や指導主事は、日頃から教師の悩みや葛藤を理解しようと努め、そうした悩みや葛藤に向き合っている教師の実践を具体事例として取り上げるとともに、その実践の特徴や教師による判断がもつ意味を教師とともに考え、教師の願いや悩みが学校内外の教師に伝わるように事例の記述をサポートすることが必要であろう。さらに、指導主事は、そうした事例を学校間で橋渡ししていく役割を担うと同時に、多様な教育実践に触れることで、自治体が定める教育目標をも問い直すきっかけを得ることができるのではないだろうか。

5．今後の課題

　最後に、今後の課題を述べる。本研究では、学校・教師の各レベル変数が教師による学校の授業スタンダード受容度に及ぼす直接効果を分析した。しかし、自治体の授業スタンダードを自校化したものが子ども志向の強い教師に受容されやすいことが示唆されたように、自治体の授業スタンダードが教師による学校の授業スタンダード受容度に間接的に影響し得る。この点については、マルチレベルの共分散構造分析による検討が求められる。また、本研究の知見に対する解釈は、具体事例の検討によって今後裏づけられる必要がある。

〔謝辞〕
　本研究はJSPS科研費19K23300の助成を受けたものです。本研究にご協力くださいました教育委員会と学校の先生方に心より御礼申し上げます。また、自治体調査データの使用をお許しいただきました木場裕紀氏（東京電機大学）と変革的リーダーシップ尺度をご提供いただきました吉村春美氏（東京大学大学院）に、心より感謝いたします。

注・参考文献
⑴子安潤「教育委員会による教員指標の『スタンダード化』の問題」『日本教師教育学会年報』第26号、2017年、38-45ページ。
⑵勝野正章「自治体教育政策が教育実践に及ぼす影響」『日本教育政策学会年報』第23号、2016年、95-103ページ。内山絵美子「学校現場における授業スタンダードの普及」『日本教育行政学会年報』第44号、2018年、62-79ページ。澤田俊也・木場裕紀「市区町村教育委員会による『授業スタンダード』施策の現状と課題」『日本教育政策学会年報』第26号、2019年、128-144ページ。
⑶澤田俊也「教師の授業スタンダード受容度に

影響する要因」『教育学研究』 第88巻第3号、2021年、432-444ページ。

(4)青木栄一「教育の政策共同体がスタンダードを求める背景を探る」『日本教育行政学会年報』第44号、2018年、2-8ページ。

(5)内山、前掲(2)、2018年。

(6)勝野、前掲(2)、2016年。子安潤「授業の画一化と教師の自律性」『日本教師教育学会年報』第30号、2021年、88-97ページ。

(7)勝野、前掲(2)、2016年。

(8)澤田、前掲(3)、2021年。

(9)同上。

(10)三和秀平・外山美樹「教師の教科指導学習動機尺度の作成およびその特徴の検討」『教育心理学研究』第63巻第4号、2015年、426-437ページ。

(11)澤田、前掲(3)、2021年。

(12)三和・外山、前掲(10)、2015年。

(13)澤田・木場、前掲(2)、2019年。

(14)澤田、前掲(3)、2021年。

(15)同上。

(16)吉村春美・木村充・中原淳「校長のリーダーシップが自律的学校経営に与える影響過程」『日本教育経営学会紀要』第56号、2014年、52-67ページ。

(17)国立教育政策研究所『教員の質の向上に関する調査研究報告書』、2011年。

(18)澤田、前掲(3)、2021年。

(19)清水裕士『個人と集団のマルチレベル分析』ナカニシヤ出版、2014年。

(20)澤田、前掲(3)、2021年。

(21)内山、前掲(2)、2018年。

(22)澤田、前掲(3)、2021年。

(23)内山、前掲(2)、2018年。澤田俊也「学校作成の授業スタンダードに対する影響要因」『大阪工業大学紀要』67巻1号、2022年、1-11ページ。

(24)澤田俊也「各学校における授業スタンダードの作成状況」『大阪工業大学教職教室紀要』第5号、2022年、1-8ページ。

(25)澤田、前掲(3)、2021年。

(26)同上。

(27)澤田、前掲(24)、2022年。

(28)同上。

(29)同上。勝野、前掲(2)、2016年。

(30)子安、前掲(6)、2021年。

(31)高井良健一「教師の経験世界」佐藤学編『学びの専門家としての教師』岩波書店、2016年、83-109ページ。

(32)三浦智子「第3章 学校の管理と経営」勝野正章編『教育の法制度と経営』 学文社、2020年、41-57ページ。

(33)廣瀬真琴・宮橋小百合・木原俊行・森久佳・深見俊崇・矢野裕俊「新たな専門的な学習共同体のネットワーク化としてのInstructional Rounds」『大阪市立大学教育学会教育学論集』4、2015年、17-29ページ。廣瀬真琴・森久佳・宮橋小百合「Instructional Roundの日本における試行と評価」『鹿児島大学教育学部研究紀要教育科学編』第70巻、2019年、249-261ページ。

(34)Teitel, L., *School-Based Instructional Rounds*: *Improving Teaching and Learning Across Classrooms*. Cambridge: Harvard Education Press, 2013.

(35)Hargreaves, A. & Fullan, M., *Professional capital*: *Transforming teaching in every school*. London and New York: Routledge, 2012.（木村優・篠原岳司・秋田喜代美監訳『専門職としての教師の資本』金子書房、2022年）。

(36)廣瀬・宮橋・木原・森・深見・矢野、前掲(33)、2015年。

(37)Hargreaves, A. & Fullan, M., 2012, op.cit.

(38)同上。

(39)廣瀬・森・宮橋、前掲(33)、2019年。

(40)内山、前掲(2)、2018年。

ABSTRACT

Impact of Teacher and School Variables on Teachers' Receptiveness to Lesson Standards Formulated by Schools

SAWADA Toshiya
（Osaka Institute of Technology）

In recent years, municipal boards of education and schools have created lesson standards as norms for teaching strategies. Previous studies have revealed teachers' receptiveness to the lesson standards created by municipal boards. However, teachers' receptiveness to the lesson standards created by schools has not been clarified. Therefore, findings of this study reveal the influence of teacher and school variables on teachers' receptiveness to the lesson standards formulated by schools.

The following conclusions were drawn from the multilevel analysis. The teacher-level analysis revealed that teachers with longer careers were more likely to practice lesson standards. Moreover, teachers who were intrinsically motivated to learn about subject instruction were more likely to recognize and practice lesson standards. In addition, teachers with a high orientation toward children were more likely to recognize, practice, and internalize lesson standards. Furthermore, teachers with a proficiency orientation were more likely to recognize and internalize lesson standards.

Regarding school-level variables, teachers did not tend to recognize lesson standards in schools where they were actively engaged in lesson studies. In addition, teachers were not prone to practice or internalize lesson standards when required by schools to comply with them. Moreover, teachers were more likely to internalize lesson standards in schools where principals showed stronger transformative leadership.

Based on the aforementioned results and knowledge acquired from previous studies, it seems that teachers are receptive not only to growing up themselves while fostering maturity among children, but they also tend to follow the calculations of principals and municipal boards of education. Furthermore, types of documents that can enhance teachers' professional capital are recommended based on the study findings.

Keywords：lesson standards, lesson study, receptiveness of teachers, professional capital, document support

キーワード：授業スタンダード、授業研究、教師による受容、専門職資本、文書による支援

日本教師教育学会年報
第32号

4

〈実践研究論文〉

〈実践研究論文〉

いじめに関する事例検討と組織的対応
——教職大学院における事例シナリオ実践の分析——

大日方　真史（三重大学）

1. 問題と研究目的

いじめ防止対策推進法（2013年9月28日施行）とそれにもとづく「いじめの防止等のための基本的な方針」（2013年10月11日文部科学大臣決定、2017年3月14日改定）により、学校には、いじめへの組織的対応が求められている。しかし、いじめ重大事態の調査報告書を対象にした調査[1]が示すのは、組織的対応の不十分さが問題となっている実態である。一方、文部科学省による年度ごとの「児童生徒の問題行動・不登校等生徒指導上の諸課題に関する調査」により示されているように、コロナ禍の影響を除けば、いじめ重大事態の発生件数はおおよそ増加傾向にある。こうした状況にあって、各学校においては法や上記方針に則った組織体制の整備はもとより、実際的に機能し、いじめの重大化を避けうるような組織的対応の追求が不可避の課題となっている。

いじめに対する実際的に機能する組織的対応に関しては、春日井による、「学校がチームとしての機能を発揮」するための同僚性に着目した、「子ども理解（アセスメント）と支援（プランニング）のためのケース会議（事例検討会）を丁寧に重ねていくこと」の意義の指摘がある[2]。いじめに対応する学校内の組織の内実としては、個別事例を検討しあって子ども理解を追求し、それにもとづいて取り組みを展開していくことが必要になる。

では、そうした組織的対応を教師が担うための学習は、いかなる教育によって成立しうるのか。本稿では、教職大学院において現職教員学生と学部新卒学生がともに履修したある授業における実践を分析し、これを探る。

ところで、いじめは事例ごとの個別性が高いうえ、個別事例への対応も多様にありえ、なすべき特定の「正解」の対応をあらかじめ定めておくには限界がある。それが事例検討を含む組織的対応が求められるゆえんでもある。さらに、学校現場では同僚間での事例検討が必要であっても、学生の立場で実際のいじめ事案に携わることは難しく、現場での対応に向けた学習をいかに教員養成教育において保障しうるかが課題になる。

そこで、本稿の対象実践に取り入れたのが、「対話的事例シナリオ」である。これは、シナリオの形式の事例を、「ガイディング・クエスチョン」という問いを添えて提示し、学習者間で対話しながらガイディング・クエスチョンに応答していく活動を促すものであり、学部の教員養成教育を中心に複数の先行実践がある。当該シナリオ実践を展開している森脇によれば、これは以下の考え方にもとづいて開発・実施されている[3]。

まず、「学生がなかなか出会う機会のないトピック」や、対処の仕方を誤ると重大問題につながるような問題について、シナリオを用いる意義がある。また、対話的事例シナリオの目的は、「正解」への過程をたどらせることではなく、「理解の深化」である。この「理解の深化」のために必要なのが学習者における「『観』の自覚と変容」である。「観」とは、被教育体験を含

む様々な経験や思考の積み重ねによって形成される「教育実践に対するコアとなる考え方」であり、「教育観、授業観、児童・生徒観などの多様な観の集合体」である。この「観」の自覚や転換によって、新たな「問題の所在」の発見がありうる。

　同じく対話的事例シナリオ実践を展開している赤木や根津は、当該シナリオ実践における「対話」の意味について、次のようにいう。赤木によれば、学習者における「観」の自覚や変容は、シナリオや他者との対話を通じて可能になる[4]。また、根津によれば、「シナリオとの対話」では「問題」の捉え直しが、「他者との対話」では他者の意見の理解や自身と他者の意見の相違への気づきが追求される[5]。

　先行実践において前述の目的に即した成果が確認されてもいるため[6]、「正解」の対応を定めておくことも、学生が現場で事案に携わることも困難であるという、いじめ対応の前述の特質をふまえ、受講生間の対話を通じた事例の検討と問題への接近を課題に定め、教職大学院における本稿の対象実践において、これを採用したのである。

　赤木は、対話的事例シナリオの典型的な構成として、①「事例の提示」、②「定説の提示」、③「定説に対する批判」、④「定説に代わる実践例の提示」という4パートからなるものを示している[7]。この構成には、②と④で複数の対応例を示すことで、「正解」の提示を避ける点に特徴がある。また、ガイディング・クエスチョンとしては、例えば、「あなたがこの先生ならどうしますか？」と問うものや、「この教師の対応についてどう考えるか」を問うものが用いられる[8]。

　以上の特徴を有する対話的事例シナリオであるが、先行実践においてシナリオの作成者として想定されているのは、授業者である。しかし、本稿で取り上げる実践においては、ガイディング・クエスチョンを含むシナリオ全体の受講生による作成と、作成されたシナリオを用いた受講生間の交流とを試みた。シナリオ作成を受講

生に求めた主な理由は、いじめへの組織的対応には、教師たちが具体的な事例を抽出・描写しつつ対応の検討を進めることが求められる点にある。所与の「問題」への対応にとどまらず、同僚間における、個別具体的な状況の表象を含んだ検討が課題となるといういじめ対応の特質に即し、受講生によるシナリオ作成に取り組んだのである。

　なお、事例（ケース）に対する検討を重視する教職大学院実践としては「ケースメソッド」の実践事例が複数あるが[9]、それらにおいて、「問題」に答えを出すことは前提とされている（討議前の回答用意を受講生に求める例もある）点に示唆されているように、「正解」追求の回避は、方法論的に十分には課題化されていない。一方、対話的事例シナリオは、複数の対応例の提示により、意図的に、「正解」追求ではなく、「問題」の捉え直しや自他の意見の相違への気づきを促そうとする構成に特徴がある。この対話的事例シナリオを、前述のねらいから、教職大学院生が作成し実践する点に、本稿の対象実践の特徴がある。

　本稿の目的は、教職大学院における、いじめ対応に関する受講生作成の対話的事例シナリオを用いた実践に対する分析を通じ、教員養成教育の場としての教職大学院において、いじめへの組織的対応を学校現場で担うことに向けたいかなる学習が可能かを探ることである。

2．研究の対象と方法

　本稿の対象実践は、A教職大学院で2022年度前期に開講された1年次必修のある授業90分15回分のうち、筆者が担当した後半7回分（第9回から第15回まで）である。当該授業は、学校教育の課題と教師の役割に関する内容を扱い、前半は学習指導に、筆者担当の後半は生活指導にそれぞれ焦点をあてた。受講生は現職教員学生6名、学部新卒学生15名の計21名であり、いずれも、対話的事例シナリオの作成にはじめて取り組む。

　第9回までに、受講生は、事前課題として、

学校におけるいじめへの組織的対応が法的にいかに求められるかや、重大事態における学校の対応などについて解説されている、インターネット上の動画(10)を視聴した。

第9回には、筆者から受講生に、対話的事例シナリオについて、「正解」への到達を目的としないことや、前述の4パートからなる構成を紹介し、その構成に則って作成された1つのシナリオも例示した。そのうえで、「いじめへの組織的対応」という授業7回分で追求するテーマや、対話的事例シナリオを取り入れる、後述の授業展開を示した。続けて、受講生が主導し、各グループに1名の現職教員学生が含まれるよう受講生がわかれ、AからFの6グループが構成された。A、B、Cの3グループは4名、D、E、Fの3グループは3名の構成である。その後、受講生に対し、次回からのシナリオ作成に向けて素材を収集しておくよう指示した。その際、参考になる可能性のあるものとして、公開されているいじめ重大事態調査報告書や『いじめ対策に係る事例集』（文部科学省初等中等教育局児童生徒課、2018年9月）の所在を紹介した。

以下、本稿では、21名の各受講生を示すため、各所属グループのアルファベットと数字との2文字で構成された記号を用いる。各アルファベットに続けて数字の1を付す（例えば、A1）のが現職教員学生を示す記号であり、2から4までのいずれかを付す（例えば、B2）のが学部新卒学生を示す記号である。

第10回から第14回までの活動は、**表1**に示すとおりである。第10回と第11回には各グループで、ガイディング・クエスチョンを含むシナリオを作成した。筆者は、各グループをまわり、作業の進行状況を確認しながら、主にはシナリオの組み立て方に関わる質問・相談を受け、それに応じていった。また、途中、後述の「セッション」でシナリオを交流することのないグループ間（AとD、BとE、CとF）で、作成中のシナリオを紹介しあう時間を設けた。

第12回から第14回には、「話題提供グルー

プ」、「体験グループ」と名付けた役割を各グループが順に担い、45分間から60分間で展開する「セッション」と名付けた活動を実施した。セッションは、話題提供グループが自グループ作のシナリオを提示して進行し、体験グループとなるほかの2グループがそれを体験するものであり、各回2つを同時に実施した。6グループ作6本のシナリオが、2つの組み合わせ（AとCとE、BとDとF）によるセッションに順に提示されたことになる。また、セッションの終盤には話題提供グループが解説を加える時間を設け、終了後セッションごとに、参加したメンバーで振り返りを行う検討会を実施した。筆者は、2つのセッションを行き来しながら、各話題提供グループの進行によって、やりとりが成立していることを確認していった。

表1　第10回から第14回の内容

授業回	内容	
10・11	シナリオ作成	
12	話題提供：A 体験：C、E	話題提供：B 体験：D、F
13	話題提供：C 体験：A、E	話題提供：D 体験：B、F
14	話題提供：E 体験：A、C	話題提供：F 体験：B、D

第15回には、第9回から第14回までの活動全体を振り返ったうえで、筆者を含む授業担当教員から解説や所感が伝えられた。

各回授業終了後には、「Moodle」というインターネット上のシステムを用い、各受講生の「振り返り」を回収した。本稿では、この振り返りの記述を分析する。分析は、受講生の経験と認識に焦点をあて、次の3点から実施する。すなわち、シナリオ作成過程はいかなるものであったか、セッションはいかなるものであったか、いじめへの組織的対応に関する認識はいかなるものであったか、である。第15回の振り返りは、第14回までの経験の交流を経ているため分析対象には含めない。

以下、シナリオ作成からセッションに至る展

開の具体例を示したうえで、上記3点からの分析と、それにもとづく考察、それらをふまえた対象実践の成果を示す。

なお、いじめに関する傷つき等の経験がある受講生の存在を想定し、より安全な受講生間のやりとりを実現するための配慮として、実践の録画や録音は行っていない。また、受講生に研究目的や回収データの扱い等について説明し、研究成果公開を含む研究協力について受講生全員の同意を得ている。

3．シナリオ作成からセッションへ

グループでのシナリオ作成からグループ間でのセッションへといかに展開したか、Dグループの例からたどる。Dグループを取り上げるのは、4で後述するシナリオ作成過程に関する分析の結果、分析対象の言及がメンバーの振り返りに多く、また、当該分析の項目である「シナリオ作成の困難」か「いじめ対応の困難」のいずれかに関する言及が唯一メンバー全員にあったため、シナリオ作成の意図や経緯を見るのに適するとの判断による。

Dグループ所属3名の振り返りによれば、第10回には、「発表の大方の流れとテーマの決定・事例の構築」（D2）がなされ、「子ども側の"してほしいこと"と、大人側の"すべきこと"のズレ」（D2）をテーマとして、「被害者がいじめを受けていると認めていない」（D3）ため、「いじめかどうか迷う」（D1）事例を扱うことになった。第11回には、「各々に考えてきたシナリオを統合し」（D2）、「3つの案（悲惨な案、ほどほどの案、いじめかな？と疑問に感じるような案）から、どのようなシナリオでいくか」（D1）が議論された。

その過程で、設定するテーマに関して「被害者の思いを汲み取りつつ、予防的に組織で対応すること」に「とても難しさを感じ」（D3・第10回）たり、作業を通じて「何通りでもシナリオを思いつけてしまう」という「恐ろしさ」から「いじめ問題の複雑さ・展開予想の難しさ」（D2・第11回）を意識したりと、いじめ対応の

図1　Dグループ作成シナリオ（抜粋）

困難の発見もあった。

Dグループが完成させたシナリオは、表紙を除きスライド13枚分である。その構成は「事例の提示」（1枚目）、「定説の提示」（2～4枚目）、「定説に対する批判」（5枚目）、「定説に代わる実践例の提示」（6～8枚目）、後日談（9～10枚目）、解説と参考文献（11～13枚目）であり、5点のガイディング・クエスチョンが含まれる。図1は、順に、そのうちの、1枚目、定説（「対応①」）をまとめたうえで批判を加える5枚目、定説に代わる実践例（「対応②」）を示す6枚目である。

このシナリオをめぐり、第13回実施のセッションにおいて、「合わない集団に自分を合わせていく」のか、「合わない集団から離れていく」のか（B3）や、「学校として大きくいじめとし

て取り上げる」（B4）ことの是非などの論点が生起した。

各グループがそれぞれに作成したシナリオのテーマは5で示すが、それに先立って、次にはシナリオ作成過程の経験がいかなるものであったか、全受講生を対象に分析していく。

4．シナリオ作成過程の経験

第10回と第11回に提出された全振り返りを読み込んだところ、内容は主として、シナリオに取り上げようとしている事例の特徴や作業の進行状況であったが、以下では、シナリオ作成過程の受講生の経験として、いかなる問題との遭遇や意義・課題の発見があったのかを探るため、それらに関連する言及を分析する。

なお、振り返りの提出がなかったのは、第10回のB3とF1、第11回のC3である。

分析して明らかになるのは、第1に、シナリオ作成の困難である。「場面設定の難しさを強く感じた」（C2・第10回）、「自然と考えたくなるような事例設定と発問設定が非常に難しく」（D2・第10回）など、シナリオ作成に伴う困難への明示的な言及が、6名に7件（うち現職教員学生1名に1件）あった。これらは、作成過程の各グループをまわって筆者が受けた相談や質問の内容とも重なる。受講生にとって、扱う事例を定めてその事例の状況を描写し、問いを設定するというシナリオ作成には、一定の困難が伴うと確認できる。

第2に、いじめ対応の困難である。「いじめを完璧に理解できるのは難しい」（C3・第10回）、「どう対応すればよいか分からず、対応の難しさを再確認した」（F1・第11回）など、シナリオ作成過程においていじめ対応の困難さを認識した旨明示する言及が、4名に4件（うち現職教員学生1名に1件）あった。実際の対応を考案する過程で生じた認識であろう。また、対応の困難を感じたとすれば、対応を複数用意することが求められるシナリオ作成作業自体にも、一定の困難を感じていたものと推測される。

第3に、複数対応考案の意義である。「定説に変わる実践例を考えるプロセスが現場でも役立つと思いました。(中略) 簡単に思い浮かぶような対応ではいけないと感じることができました」（A2・第10回）、「情報共有の大切さと行うタイミング、対応として当事者だけにするのか、全体にするのか、それぞれのどこが良くてどこを批判すべきなのか、自分たちでシナリオと対応を考えているとそれの理解が少し進んだ気がした」（A4・第11回）など、「正解」の対応ではなく、批判を含みつつ複数の対応を示すという、対話的事例シナリオ特有の構成の意義の発見を示す記述が学部新卒学生3名に3件あった。

第4に、セッションへの期待である。第11回の振り返りには、「他の班の意見も聞きながら、生徒の気持ちに寄り添う対応についてより深く考えたい」（B3）、「他のグループから自分たちが考えていなかった意見も出ると思うので、楽しみにしたい」（B4）など、セッションで自グループ作のシナリオを提示することへの期待を示す言及が9件（うち現職教員学生に3件）あった。また、第11回の振り返りには、「次回から他のグループのシナリオを紹介していただく中で行動や背景から隠れた気持ちを読み取れるよう意識していきたい」（D3）と、セッションで他グループ作のシナリオを体験することへの期待を示す言及が1件あった。シナリオ作成過程において、セッションに対する期待が生じえた。

5．セッションの経験

各グループ作成のシナリオは、いずれもいじめへの組織的対応に関する部分を含み、スライド形式で作成された。各シナリオのガイディング・クエスチョンは、示された状況でいかに対応するか・すべきかを問うものか、示された対応やエピソードについての思いや考えを問うものか、であった。

表2は、各シナリオについて、事例において対応の対象となっている学年と、テーマを示したものである。テーマは、組織的に対応される

べき事象を示す固有のテーマを、受講生の認識に即するよう、筆者が次の手順によって定めたものである。すなわち、当該シナリオの体験グループのメンバーによる振り返りのうち、シナリオに描写された事例の特徴に関する言及から共通する語を抽出して構成するという手順である。

表2　各シナリオの対象学年とテーマ

グループ	対象学年	テーマ
A	中学2年	「いじり」を楽しむ雰囲気のあるクラス
B	高校1年	加害生徒への直接的な指導を望まない被害生徒
C	小学6年	加害と被害が入れ替わる女子児童グループのいじめ
D	小学2年	いじめとの断言が難しい女子グループ内のトラブル
E	小学6年	何もしないでほしいと担任に言う被害児童保護者
F	小学5年	解決されていなかった過去のいじめ問題

表3には、セッション実施回（第12回から第14回まで）の受講生の振り返りを熟読して作成したカテゴリーの説明を示す。このカテゴリーを用い、セッション実施回に提出された全振り返りを分類した結果、全記述にaからdまでのいずれか、あるいは複数の内容が含まれていた。また、複数のカテゴリーに分類される部分もあった。1名1回分の振り返りに同一カテゴリーの内容が複数部分含まれている場合にも、件数は1とカウントした。

なお、振り返りの提出がなかったのは、第13回のB1とC4、第14回のC2である。

表3　記述のカテゴリー

カテゴリー名	説明
a シナリオの特徴	事例の内容を描写する記述や、典型性や難しさなど事例の性質に関する記述
b 事例の感想	事例に含まれる論点に対する考えや思いの記述
c セッションの状況	（検討会を含む）セッションの状況や出された意見などを描写する記述
d セッションの意義	（検討会を含む）セッションや、セッションを中心とした取り組みの意義に関する記述

この分類にもとづく分析から確認できるのは、第1に、各シナリオによって、事例の問題への追求が喚起されることの意義である。表4は、各受講生について、各カテゴリーの内容の記述があった授業回と、カテゴリーcの内容の記述に続けてカテゴリーbの内容を記述するというパターン（「c→bの記述パターン」）があった授業回を示すものである。ここに確認できるように、受講生全体ではカテゴリーb「事例の感想」の記述が最多であり、全員に当該内容の記述がある。また、全員に1件以上、他グループ作のシナリオ体験回で当該内容の記述がある。セッションのやりとり自体の成立は筆者も進行中に確認していたが、提示されたシナリオの事例に対する検討・追求が実際に成立していたと確認できる。また、各シナリオの体験グループメンバーをみると、CとFのシナリオに関しては全員が、A、B、D、Eのシナリオに関してはそれぞれ1名を除く全員がカテゴリーbの内容を記述している。作成されたいずれのシナリ

表4　カテゴリーによる分類の結果

受講生	各カテゴリー内容の記述のあった授業回※				c→bの記述パターンのあった授業回※
	a	b	c	d	
A1		13,14	⑫	⑫,14	
A2	13	⑫,13,14	⑫	⑫	⑫
A3	13,14	13,14	⑫,13,14	⑫,13,14	13,14
A4	13,14	⑫,13,14	⑫	⑫	⑫
B1	⑫,14	14	⑫,14	⑫,14	14
B2	⑫,13	⑫,13,14	⑫,14	⑫,14	⑫,14
B3	⑫,13	⑫,13,14	13	⑫,13	13
B4	⑫,13,14	⑫,13,14	13		13
C1	⑬,14	12,⑬,14			
C2	12,⑬	12,⑬	12,⑬		12,⑬
C3	12,14	12,⑬,14	⑬	⑬	⑬
C4	12	12,14			
D1	12,⑬,14	⑬,14	12,⑬,14	12,⑬,14	14
D2	12,⑬	12,⑬,14	12,⑬	12,⑬	⑬
D3	12,⑬	12,⑬,14	12,⑬	⑬	12,⑬
E1	12,13	12,13,⑭		⑭	
E2	12,13,⑭	13,⑭	⑭	13,⑭	
E3	12,13	12,13,⑭	13,⑭	⑭	13,⑭
F1	12	12,13,⑭	12	12,⑭	12
F2	12,13	12,13,⑭	13,⑭	⑭	13,⑭
F3	13,⑭	12,13,⑭	12,⑭		12,⑭

※丸数字は自グループ作のシナリオを提示した授業回を表す。

オにも、事例の問題に対する検討・追求を促す作用があったといえよう。

第2に、セッションを経験する意義である。カテゴリーd「セッションの意義」の記述は、自グループ作のシナリオ提示回には「自分たちが予想していた以上に意見がでた。(中略)すごくいい体験ができるいい機会だなと思った」(A4・第12回)、「色んな方の色んな意見が聞けるというのは貴重な機会であった」(D1・第13回)など、表4に示されている16名に16件(うち現職教員学生は5名に5件)あった。他グループ作のシナリオ体験回には「おっしゃっていた『人によって変える対応』と『人によって変えない対応』があることに凄く共感して勉強になりました」(A3・第14回)、「現職の先生方からも、一筋縄ではいかないリアルな実例をお聞きし、(中略)深みがより一層増した」(D2・第12回)など、9名に11件(うち現職教員学生は4名に5件)あった。提示回にも体験回にも、現職教員学生も学部新卒学生も、セッションの意義を実感する可能性があった。

また、セッションの意義を感じたことは、カテゴリーc「セッションの状況」の記述にも一定程度示されていると解釈できる。したがって、カテゴリーcの内容の記述もdの内容の記述もなかった2名(C1とC4)を除く19名は、セッションにおける体験を意味づけていたといえる。

さらに、次に見るように、記述の特定のパターンからもセッションの意義を確認できる。

すなわち、第3に、セッションにおける対話を通じた事例追求の意義である。「その教員の場当たり的な対応について話し合ったとき『もう少し様子見てみるべき』という意見がでました。他の先生や管理職の先生と連携すべきだったとか、様々な改善点もありますが、早く解決しようという気持ちと、少し様子を窺おうという気持ちをうまく調整することが、今回の事例で考えていかねばならないところだと思いました」(E3・第13回)など、カテゴリーc「セッションの状況」の内容のあとにb「事例の感想」

の内容が続く、「c→bの記述パターン」が16名に23件(うち現職教員学生3名に3件)あったことが表4に示されている(同一授業回の振り返りに当該パターンが複数ある場合にも、件数は1とカウントした)。自グループ作のシナリオ提示回と他グループ作のシナリオ体験回のそれぞれについてみると、前者は10名(いずれも学部新卒学生)に10件、後者は12名に13件(うち現職教員学生は3名に3件)あった。提示回でも、体験回でも、セッション(における「他者との対話」)をふまえつつ、シナリオの事例の問題を捉え直して問題に対する自身の思考を深める(「シナリオとの対話」を進める)可能性があったことがうかがえる。また、その思考の深化は、学部新卒学生により起こりやすかったとも、現職教員学生には他グループ作のシナリオを体験するセッションを通じてより起こりやすかったとも解釈できよう。

さらに解釈を進めれば、シナリオがセッションに位置づいて機能したともいえそうである。すなわち、セッションは不成立でシナリオのみから事例への思考が促されたのでも、対話や思考がセッションで完結しそれ以上進まなかったのでもなく、セッションに浮上したシナリオの論点について各自で思考したという経過がうかがえるのである。

第4に、学校現場と連関した認識や新規の認識が形成される意義である。カテゴリーb「事例の感想」やd「セッションの意義」の内容の記述に、次のような3種の内容が含まれることがあった。すなわち、まず、「シナリオ検討を通して、私自身の高学年への関わり方を見つめ直す機会となりました。(中略)教師が安易に友だち同士の関係の中に飛び込んではいけないと考えている自分がいることに気付かされました」(A1・第13回)、「発表した内容と同じ対応が現場でできていたのかを問い直し、教師としてどうあるべきか見つめ直す良い機会となりました」(B1・第12回)など、「省察や『観』の自覚」に相当する内容である。また、「こういった問題に直面する時が必ず起こり得ると思うので、

（中略）真正面から取り組んでいきたい」（B2・第12回）、「実際に同じ状況になることはないかもしれないが、何か問題が起こった時の行動選択の指針となるようにしたい」（C4・第12回）など、「現場への志向」に相当する内容である。さらに、「認識した」、「わかった」、「学んだ」、「勉強になった」、「気づいた」などの語を伴い、理解したり認識したりした事柄を示す「新規の理解や認識形成」に相当する内容である。

表5は、それらの記述のあった受講生、授業回とカテゴリーを示したものである。

表5　各記述のあった授業回・カテゴリー

受講生	各内容の記述のあった授業回※とカテゴリー		
	省察や「観」の自覚	現場への志向	新規の理解や認識形成
A1	13b,14bd		⑫d,13b,14b
A2		⑫bd,14b	⑫d
A3		14b	⑫d,13bd,14d
A4		14b	14b
B1	⑫d,14b		14b
B2		⑫b,13b	13b,14d
B3		13b	13d,14b
B4		13b	
C1			
C2			
C3			⑬d
C4		12b	14b
D1	⑬d		12d
D2		⑬b	12d,⑬bd,14b
D3			⑬bd,14b
E1	13b	13b	
E2			13b
E3			⑭b
F1	12b		13b
F2		13b	12b,13b,⑭d
F3			⑭b

※丸数字は自グループ作のシナリオを提示した授業回を表す。

表5に確認できるように、カテゴリーb、dの内容のいずれか、あるいは両方に上記3種の内容の記述があった授業回を件数としてカウントすると、「省察や『観』の自覚」はいずれも現職教員学生の5名に7件、「現場への志向」は10名に12件（うち現職教員学生は1名に1件）、「新規の理解や認識形成」は17名に28件（うち現職教員学生は4名に6件）あった。「省察や『観』の自覚」と「現場への志向」についてカウントした結果からは、セッションが、現場から隔離した場における自身と無関係の事例に対する検討にとどまらず、自身の実践や「観」の問い直しに及ぶ可能性があり、現職教員学生の多くに省察や「観」の自覚を促しえたこと、学部新卒学生には学校現場に向けた思考や認識形成を促しやすかったことが確認できる。また、新規の理解や認識形成が多くの受講生に生じていたことには、それ自体にセッションの意義を見出せるのみならず、明示的に言語化されておらずとも、一部には「観」の自覚など「観」へのアプローチが成立していた可能性をみてもよかろう。

6．いじめへの組織的対応に関する認識

受講生提出の振り返りには、「他の教員との連携や相談」、「学校全体で先生方を巻き込んで対応」など「組織的」の語を含まないものも含め、いじめへの組織的対応に関連する言及がある。それら組織的対応関連言及を分析すると、本稿の対象実践を通じた、いじめへの組織的対応に関する受講生の認識の変容の様相が確認できる。

第1に、セッションを通じ、いじめへの組織的対応の意義に関する認識が強まってくることである。表6には、第9回から第14回までで、各受講生において組織的対応関連言及のあった授業回が示されている。また、表7には、第9回から第14回までの各回について、振り返り提出数に対する組織的対応関連言及件数を言及割合として示している。言及件数は、各振り返りにつき関連言及が1以上あれば1とカウントしたものである。これらの表から確認できるように、言及割合は第12回から第14回まで顕著に増加しており、受講生の全体的な傾向として、組織的対応に関する認識がセッションを重ねるごとに強まったことがうかがえる。

なお、授業の主テーマである組織的対応に関

する言及がない理由としては、シナリオ作成やセッションという活動自体の印象や、**表2**に示したシナリオのテーマに相当するような、シナリオに描出された事象の印象がより強かったためであると考えられる。それら印象とも連関した場合に、あるいはそれら以上の印象があった場合に、組織的対応関連言及がなされやすかったという解釈である。組織的対応関連言及があれば、組織的対応に関して相当程度の意識があったと捉えるのである。

表6　各受講生の組織的対応関連言及

受講生	組織的対応関連言及のあった授業回※					
	9	10	11	12	13	14
A1					○	○
A2					○	○
A3		○		○	○	○
A4			○			
B1				●	／	／
B2		○		○	○	○
B3	／	／			○	
B4						
C1				○	○	○
C2				○	○	／
C3	○	○	／	／		○
C4				／	／	●
D1						
D2				●		
D3		○				○
E1	○	○				●
E2	○					
E3					○	
F1	○	／	／	○	●	●
F2	○	○				○
F3		○	○	●	●	○

※○は言及のあった授業回を、●は組織的対応の質に関する言及もあった授業回を、斜線は振り返り提出のなかった授業回をそれぞれ表す。

表7　組織的対応関連言及の割合

授業回	9	10	11	12	13	14
言及割合	23.8%	36.8%	15.0%	38.1%	52.6%	70.0%

第2に確認できるのは、組織的対応の質に関する認識の深化である。組織的対応関連言及には、組織的対応の「形骸化」や「形式化」を述べて問題を指摘する言及や、「組織的対応の本質」、「真の組織的対応」の語を用いつつあるべき組織的対応の所在を示す言及が含まれている。**表6**には、それら組織的対応の質に関する言及の見られた受講生と授業回も示されており、現職教員学生3名に4件、学部新卒学生3名に4件ある。受講生全体としては多数でないものの、組織的対応の質に関する認識の深化が現職教員学生にも学部新卒学生にも生じうること、また、受講生全体の構成をふまえれば、現職教員学生にその認識の深化がより生じやすかったことが確認できる。

次に、受講生の具体的な記述をもとに、組織的対応の質に関する認識の深化の様相を確認する。取り上げるのは、変容を見やすい対象として、現職教員学生と学部新卒学生のそれぞれで、組織的対応関連言及が最多であり、組織的対応の質に関する言及もあったF1とF3の組織的対応関連言及である（記述中の受講生名の部

表8　受講生F1の組織的対応関連言及

授業回	組織的対応関連言及
9	組織的対応が問題となっていることは実際に感じていたところもありました。なかなか現場では大事だと分かっていても考えられないというままでは解決に向かわないので、この授業でじっくり考え、あらゆる事例に対してどう対応できるか可能性を探っていきたいと思います。
11	対応の難しさを再確認した。だからこそ、組織で対応し、新たな可能性を探っていくことが必要である。
12	「報告したら組織的対応といえるのか」と話されていて、確かにそうだなと思った。現場で対応していたときには見えなかった視点に気づかされた。
13	今回学ばせていただいたことは、組織的な対応が形骸化していないかということです。（中略）本質を見失ってしまっているのでは真の解決にはたどり着けません。あたかも組織的な対応に見える対応は、本当に本質に迫る組織的対応になっているか、子どもの本当の気持ちを置き去りにしてしまっていないかなど、今後考えていく必要があるなと感じました。
14	本質に迫る組織的対応は、どうしたら可能となるのだろう。（中略）より深い子ども理解を根幹に据えたうえで、組織として何ができるかを考えることで、組織的対応が生きてくるかなと考えることができました。また、理論や専門的な知見や知識は組織的対応の幅を広げてくれたり、本質に気づかせてくれたりするかなと思いました。

分は当該受講生を示す記号に置換してある)。

表8に示されているように、F1は現場では問題意識はありつつ追求は不十分だったという第9回から、組織的対応の「形骸化」の問題と、「本質に迫る組織的対応」の必要を述べるに至っている。また、表9に示されているように、F3は、教職経験がなく組織的対応が見えにくいという第10回から、難しさや課題とともに組織

表9　受講生F3の組織的対応関連言及

授業回	組織的対応関連言及
10	私は教員としての経験がないので、チーム学校や組織的な対応というものが実際どのように動いているのかが見えにくい部分もあります。
11	組織的対応のシナリオを作るという事は少し難しいですが、どのような対応が求められるかという私達が持つ理想から逆算して進めていく事で、スムーズに作成することができるのだと思いました。
12	B1さんが「管理職や他の先生に報告したから組織的な対応をしたと言えるのか」とおっしゃられていました。確かに連携しているから組織的対応ができているわけではないと考えました。1つの問題に対して組織の中で共有と同時に検討を行い、組織としての結論を出すことで教師全員が同じ方向を向くことが出来、真の組織的な対応に繋がると考えました。
13	組織的な対応を取ることは必要ですが、なぜ組織的に対応するのか、形式的な対応だけに留まる事で逆に不自由さが生まれているようにも考えました。組織的な対応の重要性はそのままに、その事例の中でいじめ当事者の気持ちを汲み取ることから始めるべきだと思います。
14	組織的対応の難しさや原因の本質を考える事の大切さを改めて考えました。(中略)情報共有が行われていることで過去の事例が原因だとしても他の先生が自分の事のように捉えることが出来ると考えました。そういった意味でも組織的対応の重要性について気づくことが出来ました。

的対応の意義を思考し言語化するに至っている。

さらに、両者に共通して、子ども理解の問題を組織的対応の問題に位置づける認識が形成されていることが確認できる(F1の第13回と第14回、F3の第13回)。これは、本稿の1で前述した、実際的に機能する組織的対応に関する指摘に重なる重要な認識である。

むろん、2名の記述のみから、グループやセッションの組み合わせが数種ある全受講生の経験を捉えることには限界があるが、対象実践の一連の活動を通じて組織的対応の内実に迫る認識形成が可能であったと確認されたことには意義があろう。それは、授業者が「学校現場の組織的対応では、子ども理解が課題である」などと言明したのをただ聞く場合とは異なり、学習者自身の経験にもとづいて形成される認識だからである。

第3に、セッションの経験をもとに、いじめへの組織的対応における事例検討の意義を見出す認識が成立することである。A1による第14回の振り返りの下記部分には、「対話的事例シナリオ検討そのものが組織的対応になっている」と、セッションを学校現場における組織的対応と重ねる認識が示されている。

> 今回感じたことは、対話的事例シナリオのセッションを通して、シナリオに対する自分の問題意識が浮かび上がってくることです。(中略)当然、他の人は異なる問題意識を持っています。それをセッションの中で聴き合い、互いの問題意識を共有することで、シナリオの背景に隠されている問題に対して、理解が深まるのかなと感じました。そういう意味で、「セッションに参加＝組織的対応の練習」というと語弊がありますが、対話的事例シナリオ検討そのものが組織的対応になっていると思いました。

他者の意見やそれらと自身の意見の相違を見出し(「他者との対話」)、事例の問題を捉え直し(「シナリオとの対話」)、その過程で自身の「観」を自覚し、理解を深めていく。そのような経験の成立と、その経験を組織的対応に相当・連続するものと捉える認識の形成とが確認できる、現職教員学生の記述である。

このように明確に、セッションを経験する意義を学校現場における組織的対応と重ねて捉える記述は、他には見られない。しかし、事例の

検討を重ねるという点において、セッションと、実際的に機能する組織的対応の内実とは、確かに共通する。受講生にとってのセッションの経験が、本稿で見てきたように、他者と対話し、問題を捉え直しながら事例の検討を重ねるというものとして成立していたのであれば、また、省察や「観」の自覚、現場への志向、新規の理解や認識形成に寄与する部分もあったとすれば、事例をともに検討しあうというセッションの経験自体を通じても、学校現場において組織的対応として事例を検討しあう意義に対する認識が受講生に形成されていた可能性は、少なからずあると考えてもよかろう。

7．実践の成果と研究上の残された課題

以上の分析と考察をふまえ、本稿の対象実践の成果と、研究において残された課題を示しておく。

成果は、対話的事例シナリオの作成からの一連の活動を通じて、いじめへの組織的対応を学校現場で担うことに向け、教職大学院生において、下記のような認識の形成・変容を伴う学習が実現可能であったことである。

第1に、一定の困難を伴いつつ進められたシナリオの作成過程における、いじめ対応の困難さや、対応を批判的に検討する意義に関する認識である。

第2に、作成されたシナリオを用いたセッションを通じ、他者と対話しつつ事例の問題を追求することで形成・変容のあった、学校現場と連関する認識である。すなわち、現職教員学生にとっての省察や「観」の自覚、学部新卒学生にとっての現場への志向といった認識である。

第3に、いじめへの組織的対応の意義を捉え、組織的対応の質を追求し、組織的対応における子ども理解を課題とする認識や、組織的対応における事例検討の意義を捉える認識である。

以上の成果は、複数の対応例を示す対話的事例シナリオを受講生が作成したことのほか、各グループに1名、各セッションに複数名、現職教員学生が含まれるという構成や、各受講生の特性、さらには、そもそもいじめというトピックが受講生の課題意識を喚起しやすいことといった複数の要因によって得られたと考えられる。

ただし、それらの要因、あるいは別の要因がいかに作用し、対象実践の成果につながる条件となっていたのかは、受講生の振り返り記述を対象にした本稿の分析の結果からは十分には明らかになっていない。シナリオ作成やセッションにおけるやりとりを記録する方法を追求して実際のやりとりを分析し、その条件を明らかにすることは、残された課題である。さらに、授業15回分の構成や、子ども理解や同僚性に関わる他の授業との連関など、カリキュラム全体における対象実践の位置づけに関する検討も、残された課題である。

注・参考文献

(1)総務省行政評価局『いじめ防止対策の推進に関する調査結果報告書』、2018年、237ページ。亀田秀子・会沢信彦「いじめ重大事態に係る調査報告書における再発防止に向けた提言の分析―過去5年以内にインターネット上で公表された調査報告書からの検討」『教育学部紀要』（文教大学）第54集、2020年、253-267ページ。

(2)春日井敏之「『いじめ問題再調査委員会』等からみた学校現場の生活指導実践課題―第三者委員会のあり方、遺族に寄り添うことの意味を問いながら」『生活指導研究』第37号、2020年、41-44ページ。

(3)森脇健夫「事例シナリオを用いたPBL教育」山田康彦・森脇健夫・根津知佳子・赤木和重・中西康雅・大日方真史・守山紗弥加・前原裕樹・大西宏明編著『PBL事例シナリオ教育で教師を育てる―教育的事象の深い理解をめざした対話的教育方法』三恵社、2018年、26-39ページ。

(4)赤木和重「対話的事例シナリオの作成と授業過程」前掲『PBL事例シナリオ教育で教師を育てる』、41ページ。

(5)根津知佳子「事例シナリオ教育の評価方法」前

掲『PBL事例シナリオ教育で教師を育てる』、
48-54ページ。

⑹前掲「事例シナリオを用いたPBL教育」、31-34
ページ。

⑺前掲「対話的事例シナリオの作成と授業過
程」、44-45ページ。

⑻同前、46-47ページ。

⑼上森さくら・丸橋静香・熊丸真太郎・三島修
治・長和博・大島悟「教職大学院におけるケー
スメソッドの導入と改善―島根大学教職大学院
での実施例」『学校教育実践研究』第1巻、2018
年、1-11ページ。藤森宏明・杉本任士「教職大学
院におけるミドルリーダー育成に関する授業実
践―3つの授業方法のパッケージ化の効果に関
する一考察』『教師学研究』第24巻第2号、2021
年、59-68ページ。兼安章子「教員養成における
ケースメソッド教育の検討―教職大学院での実
践を通して」『福岡教育大学大学院教育学研究科
教職実践専攻（教職大学院）年報』第12号、2022
年、35-42ページ。

⑽独立行政法人教職員支援機構「学校における
いじめ問題への対応のポイント：校内研修シリ
ーズ№.90」（登壇者：文部科学省初等中等教育局
児童生徒課　専門官　伊藤淳）。https://www.nits.
go.jp/materials/intramural/090.html（2023年1月7
日最終閲覧）

ABSTRACT

Case Studies and Organizational Approaches to Bullying :
Analyzing the Class Practice of Using Case Scenarios in a Graduate School of Teacher Education

OBINATA Masafumi
（Mie University）

In recent years, every school has had to implement organizational measures against bullying. An important aspect of any organizational response to bullying is the discussion of actual cases. This research explores the learning possibilities for teachers who can adopt such organizational measures. It examines the class practice at a graduate school of teacher education that uses "interactive case scenarios." This practice involves presenting multiple examples of dealing with the problems described in the cases. In the investigated class practice, students created "interactive case scenarios" in groups and held "sessions" in which they interacted with each other using those scenarios. The characteristics of the scenario-creation process and "sessions" were analyzed, and students' recognition of the organizational approaches to bullying was investigated. Student submissions after each class were used for the analysis. The following possible formations and transformations of bullying recognition were observed : The first is the recognition of the difficulty of responding to bullying and the significance of critically examining the response in the scenario-creation process. The second kind of recognition relates to school sites; it was formed and transformed by pursuing the problems of the cases while holding dialogues with others in the "sessions." The third is the recognition of pursuing the quality of organizational response to bullying. Finally, the recognition of the significance of case studies in organizational approaches. The following are the main reasons underlying these results : The "interactive case scenarios" were created by the students, the composition of groups and sessions was specific, and the "sessions" were undertaken multiple times.

Keywords : organizational approaches to bullying, interactive case scenario, dialogue with others

キーワード：いじめへの組織的対応、対話的事例シナリオ、他者との対話

〈実践研究論文〉

学校ベースの教師教育者の教育実習指導に関する省察
——自己エスノグラフィーを用いて——

深見　智一（釧路町立遠矢小学校）

1. はじめに

1-1 実践研究の背景

教育実習は、教師を目指す学生が教師としての力量を形成したり、教職に実際に就く意思を確認や再認識したりする機会として、教員養成カリキュラムで重要な意味をもっている。一方で、教育実習指導の負担の問題も存在している。教育実習は、教員免許取得のために必要な大学の教育課程の一部であるが、実際の指導及び評価の大部分は教育実習の受け入れ校及び担当の実習指導教員（以下、「指導教員」と記載）の裁量に委ねられている。受け入れ側である学校現場の時間的・精神的負担や、実習指導の経験のない教員の増加、指導教員が教育実習の指導方法について専門的な知識を獲得する機会がないという課題が指摘されている（岩田ほか2016）。

そのようななかでも、指導教員が教育実習指導をどのように認識し、教師としての自己の成長や省察に役立てているかを明らかにすることで、実習指導に積極的な意義を見出そうとする研究が増えてきている（三島ほか2021、阿部ほか2021）。これらの研究の成果により、教育実習が、実習生にとっては実践的で有意義な体験を積む実習の場となり、指導教員にとっては自らの教育実践を見直す場となるという相乗的な効果があることが示唆されている。また、近年では、指導教員を教師教育者[1]として捉え、指導教員の当事者の立場からその役割を問う研究も行われている（粟谷2017　宮本ほか2022）。

粟谷や宮本らの研究では、児童生徒を教える教師（first order）としてどのような学びが得られるかという視点から、教師を教える教師（second order）として自らの役割や学びをどう認識しているかという研究対象の視点移動が図られた。指導教員が教師教育者としての自覚をもちつつ、専門的力量を形成していく過程について検討する教師教育者研究の必要性が指摘されている。

1-2 問題の所在

これらの研究をふまえても、未だ解決されていない課題が存在する。

第一に、教師教育者としての指導教員を支援する方策に関する研究が十分ではないという課題である。この背景には、「実習生にとって指導教員の存在は、指導教員の想像以上に大きい」（米沢2010）[2]と期待される一方で、学校の校内研修担当者や初任者指導担当者、教育実習指導担当者を学校ベースの教師教育者として捉え、「教師教育者の存在理由や専門性開発（professional development）のあり方に関する我が国の関心は、一部の先駆的な議論」にとどまり、発展途上の領域にあるということが考えられる（草原2017）[3]。

学校教育や教員養成の制度が我が国とは異なるものの、教師教育者研究がすすんでいるオランダやノルウェーでは、教員養成システムにおける教育実習の指導教員の役割が明確になっている国もある（濱本ほか2019）。例えば、オランダのように学校ベースの教師教育者の専門性

基準があり、教育実習指導のトレーニングを受けてから専任の職として務める国では、教師から教師教育者への移行を経て実習指導が行われている。その後は、専門職としての知識を自ら高めていく自律性が期待されている。また、ノルウェーのように、大学院修士課程を修了した教員が、子どもに教えつつ、同僚教師や教育実習生を指導する国もある。その役割を果たすには、研究能力を有することも前提とされ、研究機関（大学）での研修や専門職としての外部認証を受けた後に実習指導が行われている。

しかし、我が国では、学校ベースの教師教育者の養成に関して定まった制度や理論は確立されていない。安定した学級経営や生徒指導ができる教員であれば、実習指導を任せても大丈夫だろうという言説のもとに教育実習が行われているのが現状である（中田ほか 2014）。そのため、学校ベースの教師教育者が「体系的に育成されるというよりは、教師教育の場に立つことで自ずと教師教育者に『なる』」ことが期待されている状況にある（粟谷 2017）[4]。

第二に、指導教員が、実習生を指導するという教師教育者としての専門性をどのように開発していくのかという課題である。宮本ら（2022）の研究により、指導教員が実習指導を繰り返し経験していく長期的な過程のなかで、自らの教師教育者としてのアイデンティティを獲得していくということはすでに明らかになっている。しかし、指導教員が1回の実習指導期間中に何を指導し、どのように省察し、それを教師教育者としていかに意味づけたのかという研究は、教員養成系大学の附属学校に所属し社会科の実習生指導の事例を研究した粟谷（2017）に限られている。

Schön（1983）は、専門職の教師としての力量は、知識や技術的合理性にとどまらず、省察（reflection）が中心的概念となることを示し、教師教育に大きな影響を与えてきた。指導教員の省察に限って言えば、阿部ほか（2021）が、実習指導期間中に「実習生を鏡とした省察」が行われていたことを示した先行研究がある。そこで

は、教師（first order）として、授業や学級経営の改善を志向する「意識変容」、および行動レベルでの変化である「行動変容」が生じていた。単なる振り返りではなく、教師として実践の「再構築」を図っていたことが明らかになっている。

しかし、教師教育者としての専門性を獲得するために、教師教育者である指導教員（second order）が実習指導をどのように省察しているのか、そのプロセスを検証した研究は十分に行われていない。将来の教師を効果的に育成していくためには、教師教育者である指導教員がどのように専門性を開発するのかを具体的に検討する研究の蓄積が必要な状況にある。

1-3 本研究の目的

そこで本研究では、学校で教育実習生の指導を担当する指導教員が、実習指導期間中の教育実習生への指導を教師教育者として日々どのように省察しているのかを分析する。それにより、教師教育者としての指導教員を支援する方策、専門性の獲得や能力向上を促す方策を検討するのに役立つ知見を得ることが期待できる。なお、教師教育における教育実習の指導に焦点を当てている本稿では、1-2で取り上げた阿部ほか（2021）の先行研究の成果を踏まえ、指導教員が「自らの実習指導を振り返り、実習指導の経験を次の実践に役立てるために自らの学びとして再構築すること」を省察と定義している。

2．研究の方法

2-1 自己エスノグラフィーの手法について

本研究では、研究者が自身の経験を記述し、分析を行う自己エスノグラフィー（Autoethnography）を用いた。自己エスノグラフィーは、「調査者自身を研究対象とし、自身の主観的な経験について、『私』がどのように、なぜ、何を感じたかという自己再帰的に考察することを通して、文化的・社会的文脈の理解を深める」質的研究方法論である（井本 2013）[5]。この手法

を用いることで、実習指導で得た当事者でしか説明がつかない事象を、教師教育者の専門性開発の視点から分析するためのデータとして扱うことができるようになる。

　自己エスノグラフィーの手法は、個別・具体的な現象が複雑かつ複合的に生じる文脈を有する学校教育や保育学に関する研究で用いられており（桂ほか2021）、本研究のような教師教育の分野にも親和性が高いと考えられる。単なる当事者の視点の実践の事後的な報告や省察に留まることなく、客観性や妥当性を担保できる研究として認識されていることから、本研究で採用することとした。なお、第三者の協力を得て行う手法も考えられたが、実習期間中の毎日、共同で研究にあたるのは時間的制約が生じることや、何より、指導教員当事者のリアルな声を当事者が第三者的に分析することに意義があると考え、研究方法の決定に至った。

2-2 調査対象者について

　本事例の20xx年当時、指導教員A（筆者）は、公立X小学校に勤務する教職経験年数10-15年目の教員であった。教育実習生の指導経験は複数回あり、当該年度は低学年の通常の学級の担任の立場で指導教員を務めることとなった。それ以前に、教職大学院への長期派遣研修を経験し、学級経営をテーマに研究を行っていた。また、複数の教育系学会に所属し、実習指導に関しても研究対象の一つとしていた。学校ベースの教師教育者としての指導教員の省察を調査するという本研究の目的を達成するためには、「指導教員が学校ベースの教師教育者である」という自覚が必要であり、その条件を満たしていると判断し、調査対象とした。

　実習生Bは、国立教員養成系大学に所属する４年生で、小規模校の学校教育について学ぶ講義の一環として、主免実習とは別に、公立X小学校で約３週間の教育実習を行っていた。本研究の実施前に、研究の目的を説明し、実習日誌や実習期間中の指導内容の一部が公表される可能性があること、実習の評価には何ら影響を与えないこと、終了後も公表について取り止めることが可能であることを説明し、同意を得てから実施した。なお、実習生の特定を防ぐために、本質を損なわない程度に表現を一部修正及び削除している。また、実習生の同意を得たうえで、１日の反省や授業準備の打ち合わせの一部を音声データとして録音し、フィールドノートに記載された内容の文脈を確認するために使用することとした。

2-3 手続き

　フィールドノートの作成　まず、実習期間中の毎日、指導教員Aが、教師教育者としての省察をフィールドノートとして作成した。フィールドノートの作成は、実習生との振り返りや打ち合わせを対面で行い、指導教員としてのコメントを実習日誌に記載し終えた後に行った。記憶の曖昧さを排除し、データの信頼性を確保するために、コメントを記載し終えた後、直ちにフィールドノートの作成を行った。フィールドノートには、指導教員としての指導方法や役割、得られた学びについて省察したことを記録化した。作成に要した時間は１回につき概ね10分程度で、最も少ない日で210字、最も多い日で701字の記載があった。

　分析方法　本研究では、学校ベースの教師教育者である指導教員の省察の具体を明らかにするために、木下（2007）による修正版グラウンデッド・セオリー・アプローチ（M-GTA）を参考に分析を行った。M-GTAは、人間と人間が直接的にやり取りをする社会的相互作用に関わる領域を対象とし、現象がプロセス的性格を備えている研究に適しているとされている。実習指導は、実習生・指導教員・児童・教員・管理職など様々な関係者との相互作用でなされるプロセス性を有している。指導教員の「省察の内容」及び「省察の過程」を明らかにするという本研究の課題意識や分析テーマに関して、事例の中から検証可能な実践的理論を生成できる手法として適切であると判断した。

　手続きとして、はじめに、フィールドノート

の記述を切片化した。ただし、事例における指導教員の考えや行為などの具体性や時系列が損なわれない範囲で実施した。そして、それぞれコードを付与し、カテゴリー化した。分類の妥当性を確認するために、指導教員の経験があり、教師教育を専門とする大学教員に協力を依頼し、カテゴリー名や記録の分類について検討し直し、意見が一致するまで修正を繰り返した。また、フィールドノートと合わせて、実習生が記載した実習日誌や指導教員のコメント、1日の反省や授業準備の打ち合わせの音声データを必要に応じて参照し、生成したカテゴリーについて実習指導全体の文脈からも検証できるようにした。これにより、自己エスノグラフィーの分析において課題となる「自己を客観視す

ることの難しさ」（沖潮 2019）[6]を補うこととした。

3．分析の結果

指導教員は、教師教育者として何を省察しているのかについて、フィールドノートには全43件が記録されていた。それらを分類した結果、【実習生への指導内容（37件）】【実習生への指導方法（25件）】【教師教育者としての専門性（21件）】の3つのカテゴリーが生成された（表1）。これは、指導教員が多様な視点から省察を行いながら実習指導にあたっていると解することができる。なお、事例における指導教員の考えや行為などの具体性や時系列が損なわれない範囲でカテゴリー化したことにより、カテゴ

表1　指導教員による教育実習指導の省察について生成された概念リスト

カテゴリー	サブ カテゴリー	概念名	定義	概念が見られた フィールドノート の記述番号
実習生への 指導内容	学級経営を念頭 に置く	学級担任として働く イメージ	授業実習以外に、生徒指導や特別支援教育など、学級 経営の構成要素が複数あることを知ること	4,12,25,42
		学級を運営する際に 担任として重要視し ている考え	クラスのルールや学習規律、配慮を必要とする児童へ の支援など、学級経営上重視している理念や指針のこ と	6,8,14,16,18, 20
	指導技術の指導 を行う	授業づくりの視点	授業の目標・展開、授業に必要な発問・指示の構成を 考えること	1,3,19,31,36
		授業をすすめるため に必要な技	教科書の効果的な活用、話し方や褒め方、机間指導な ど授業を進めるために必要な教師の行為のこと	9,11,16,19
		児童の実態に合わ せた教え方の工夫	児童の理解度や児童数、児童の特性に合わせた工夫を 行うこと	2,13,17,18,23 24,31
		ICT 機器の活用	情報端末機器を効果的に使用して学習指導をすること	5,7
	振り返りを促す	ALACT モデルの活 用を勧める	ALACT モデルを紹介し、実習生自ら授業や生徒指導 を顧みるよう勧めること	4,7,10,26,40
		自ら顧みることをフ ォローする	実習生の反省に補足的な説明を加えること	7,15,21,41
実習生への 指導方法	モデリングの妥 当性を確かめる	実習生に見本となる 指導をする	実習生に見本となる授業や生徒指導を行えたかどう かを振り返ること	3,13,14,25,35, 42
	指導と支援を使 い分ける	教えることで理解を 促す	実習生が教師としての課題を解決していくために必要 なことについて、自ら気づくことが難しいと考えら れることを教えること	1,4,16,18,21, 29,30,37
		気づかせることで理 解を促す	実習生が教師としての課題を解決していくために必要 なことについて、自ら気づくように助けること	7,17,19,26,27,32 34,36,38,41,43
教師教育者 としての専 門性	実習指導に関す る経験や知識の 活用	実習指導の経験や 実習指導に関する知 識を使った指導	これまでの経験や知識を活用した指導を行うこと	4,11,21,32,35 39,40
	専門性に対する 疑問や指導教員 としての困難さ	指導教員としての専 門性への疑い	指導教員として必要な知識や指導力があるかについ て疑問を感じること	22,27,32,38,41
		実習指導をするうえ での難しさ	指導教員として職務を果たすうえで抱える悩みや考 えのこと	16,17,28,29,33 35,37,42,43

リーが重複していると判断されたものもあり、複数のカテゴリーに位置付けられているものもある。

　生成されたカテゴリーを【　】で示し、サブカテゴリーには〈　〉、分析の対象となったフィールドノートの記述を斜字で示した。なお、意味の説明のために必要な部分については（　）を用いて補足し、記述の最後に出てくる（　）内の数字は、全ての記録の中での順序を表す。以下では、生成された3つのカテゴリーにおけるそれぞれの特徴について説明する。

3-1 【実習生への指導内容】について

　実習生への指導内容に関する省察を分析すると、〈学級経営を念頭におく（10件）〉〈指導技術の指導を行う（18件）〉〈振り返りを促す（9件）〉の3つのサブカテゴリーに分類することができ、その内容を指導するに至る経緯などについて省察していたことが確認できた。サブカテゴリー間の関連性を考えると、次のような特徴を見出すことができる。

　指導教員は、学級担任という役割が、小学校の教師にとって大きな意味をもつと考えていた。そのことから、〈学級経営を念頭に置く〉指導を行っていた。そして、学級経営を下支えするのは、指導技術であるという考えをもち、〈指導技術の指導〉を行っていた。

　例えば、
「時間内に授業を終わらせるために、指導内容を絞りこんだり、ワークシートや掲示物などを準備したりできることを指導した（a)。それには、授業の先が見える、配慮を要する児童にとっても効果的であると考えている（b)からである。(18)」
「時間が来たら授業は終了するという（教師としての）ポリシーがある。その背景として、学級には配慮を要する児童が多い（b)こと（中略）がある。時間通りに終わるのが大切ということだけではなく、なぜ時間通りに終わらなくてはいけないのかを（実習生に）気づいてもらえるようにしていかなくてはいけない（c)。

(20)」
という記述がある。

　下線部 a では、授業時間を守るための指導技術の一例を指導したことが理解できる。そして、下線部 b から、それを指導した背景として、担任している学級の特別な支援を要する児童を念頭に入れた学級経営を行おうとしている意識が分かる。ここから、指導技術と学級経営を関連付けて考えているだけでなく、教師としての経験や省察を活かして、教師教育者である指導教員としての役割を果たそうしていることも確認できる。このような記述は、(12)(19)(25)などでも確認できた。加えて、指導教員は、教職大学院で学級担任が抱える学級経営上の課題を解決するための方策を研究していた経緯もあり、学級経営に関する研究マインドが指導教員としての役割発揮にも影響を及ぼしていたと考えられる。

　一方で、次の記述から分かるように、自らの教師としての経験をもとに、指導技術や学級経営を大切にする意識だけでは、日々起こる不確実な状況に十分対応できないことも理解していた（下線部 d）。
「実習生が採用前の最後の実習だということを強く自覚している。自分自身が新採用時に学級経営について全く知識がなかった経験もあるので、学級経営という視点を獲得して実習を終えてほしい（d)。前回の実習ではALACTモデルを遅く提示してしまい、うまく活用できなかったので早めに紹介した（e)。(4)」

　そのため、(20)の記述の下線部 c にあるように、日々の実践について、本質的な問いを考える〈振り返りを促す〉ことで、学級経営に備えられるように指導していたと考えられる。さらに、下線部 e にあるように、実習当初に、省察のプロセスを明らかにしたコルトハーヘンのALACTモデル[7]（F.コルトハーヘン 2012）を紹介し、〈振り返りを促す〉働きかけをして、実習生の省察的実践力を高めようとしていた。その結果として、実習終盤には、*「何が今の自分の課題かを実習生が考えるようになっていた。(42)」*

と指導教員は判断していた。

3-2【実習生への指導方法】について

　指導教員が、どのような指導方法で指導したのかを省察したカテゴリーでは、〈モデリングの妥当性を確かめる（6件）〉〈指導と支援を使い分ける（19件）〉というサブカテゴリーが生成された。

　指導教員として自らのモデリングの妥当性を省察していた一例として、指導教員が実習生に対して行った師範授業で、終了予定時刻を過ぎて授業を行っていた場面を取り上げて、次のように振り返っている。

「*時間の見通しが不十分だった。教師の説明が長くなってしまい、子どもが活動する時間を十分に確保できなかった。時間を守るということは、活動の時間を児童に保障するという点でも大事であるし（f）、実習生に見てもらう授業として不十分だったと言える（g）。(3)*」

　下線部 f は、教師として児童への指導の妥当性を問うものであった。下線部 g は、指導教員として実習生への手本となる授業をできなかったという振り返りであった。モデリングした行為について、理論的な根拠や裏付けを説明することで、実習生の理解を促進しようとしていたが、実際にはうまくいっていなかった。この省察は、濱本ら（2019）で紹介されている、A.Swennen が考える教師教育者としての専門性の一つである「言行一致」（congruency）と照らし合わせた省察である。モデリングの失敗をもとに、教師としての省察から教師教育者としての省察に変換が図られ、それが教師としての次の実践に役立てるための省察となる過程の表れと考えられる。

　また、指導教員が〈指導と支援を使い分ける〉ことに関わる省察として、次の例が挙げられる。

「*教職大学院に研修に行ってからは、指導技術を身に付けておくことも必要だが、自分自身に『なぜ』と問い返すことのほうが大切だと考えるようになった。それで、できるだけ『こうし*

たら』と直接的に実習生に指導するのは控えるようにしている。(16)」

　この記述に関連して、（4）（17）の記述からも、実習生の主体性や振り返りによる気づきを促そうとする「支援」を重視しようとしていたことが分かる。同時に、実習生の気づきを引き出す非指示的な指導を行いたいと思いつつも、実習の終盤には、

「*学級担任になると、一人で判断しなければならないことが多い。しかし、実習というのは誰かに指導してもらえる数少ないチャンスでもある。実習生が気づいていなさそうだなと思うところは指導していったほうが良い。(21)*」

「*長くはない実習期間の中で、まずは授業をある程度流せるように教えていかなくてはならない心苦しさのようなものもあった。(43)*」

とあるように、指導と励ましも含めた支援を使い分けることが容易ではないことを省察していたことも読み取ることができる。望ましいと思っている指導方法と、現実的に必要かつ可能な指導方法のバランスをどのようにとるかに指導教員としての難しさを感じていたことが分かる。

3-3【教師教育者としての専門性】について

　指導教員が、教師教育者としてどのような専門性を発揮しているかに関するカテゴリーでは、〈実習指導に関する知識や経験の活用（7件）〉〈専門性に対する疑問や指導教員としての困難さ（14件）〉というサブカテゴリーが生成された。

　〈実習指導に関する知識や経験の活用〉に関して指導教員は、教育実習を複数回指導したことで得られた反省や、教職大学院派遣研修時代に学部卒院生の実習に同行した経験、教育系学会で教員養成カリキュラムを学び、学校ベースの教師教育者の存在や役割に関する知見を得ていたことを活かして実習生の指導にあたろうとしていたことが、（4）（32）（35）（40）の記述から読み取れる。その結果、指導教員だけに負担が偏らないように校内の体制を工夫したり、省

察の参考になるALACTモデルを活用する指導
上の工夫が行われたり、実習終了後に大学の制
度を利用して実習のフォローアップを受けるこ
とを促すなど、指導教員が有している教師教育
者としての知識や経験が指導教員の強みとして
実習指導に効果的に活用されていた。換言すれ
ば、実習指導に関する専門的な経験や知識によ
って指導が下支えされていたとも言えることか
ら、他の指導教員にとっても、その面での支援
が必要であることを示すものである。

〈専門性に対する疑問や指導教員としての困
難さ〉というサブカテゴリーでは、【3-1 実習生
への指導内容】や【3-2 実習生への指導方法】と
関連して、自らの指導教員としての〈専門性に
対する疑問や指導教員としての困難さ〉に関す
る省察が見られた。

「*実習生が挑戦してみたい授業と、現実的にで
きる授業に大きな差があるが、実習生の意欲を
そがないように建設的に指導するのが難しい
(h1)。ただ、指導計画に承認を出している以上、
授業がどうなったかは最終的には指導教員の責
任になる。子どもが困らないように後でフォロ
ーアップすることも必要 (i1)。(29)*」

「*以前の実習指導でもそうだったが、(実習生が
授業をこのように)進めたいイメージがあって
も、それに合った指導ができないときに、自分
が指導するならできるけども (i2)、それを実習
生にうまく伝えられないのが悩み (h2)。(37)*」

これらの省察は、教師としての役割の果たし
方(i1、i2)と、教師教育者である指導教員と
しての役割の果たし方(h1、h2)の違いに改め
て悩んでいることを表すものと言える。(29)で
は、教師と教師教育者というマルチの役割を果
たす際に、実習生だけではなく、対児童という
点で及ぼす影響を考慮しなければならないこと
の苦悩が読み取れる。(37)では、教師の指導技
術と教師教育者としての指導技術の違いに改め
て悩んでいることが示されている。指導教員
は、実習指導の経験や知識を一定程度有してい
ることから、対教育実習生のいわば成人教育の
専門性や経験が全くないわけではない。しか

し、公立学校において年に1回程度の実習指導
しか経験しないなかでは、毎日行っている対児
童への指導とは専門性が異なるだけではなく、
不慣れな面も多く、難しさを強く感じる面があ
ることを表している。

3-4 実習期間中の省察の過程について

指導教員の省察の過程を見てみると、実習開
始時は、【3-1 実習生への指導内容】の〈指導技
術〉に関する記述が多く見られた。どうすれば
実習生をうまく指導できるのかという技術的省
察に関わる意識が高かったことを表している。
教師教育者として自らが有する経験や知識の活
用をし、指導内容や指導方法の妥当性を振り返
りながら、実習生への指導にあたっていたと考
えられる。

時間の経過とともに、実習の後半部分では、
教師教育者としての自己の在り方を問うような
省察が多く行われるようになった。**表1**からも
分かるように、【3-3 教師教育者としての専門
性】のカテゴリーは、後半部分で多く出現して
いることが確認できる。先に取り上げた(29)
(37)の記述のほかにも

「*実習の段階で、どの程度の力がついているこ
とが正解なのかがいまだに分からない。採用後
にならないと分からないことや身に付けられな
いこともあり、どこまで指導し、気づかせるの
が良いのか、正解を模索しながら指導をしてい
る。(33)*」

「*実習の終わりが近づくにつれて、本当に自分
のこの指導で大丈夫なのか、良いのかという不
安も正直ある。(35)*」

というように、指導教員が絶対的な自信をもっ
て指導をしているわけではないことが理解でき
る。

むしろ、教師教育者として自らがふさわしい
のかという適格性への疑問、教師教育者として
の自覚に見合った指導になっているのかという
正当性への疑問、教師と教師教育者としての役
割の果たし方の違いに悩みを感じていることが
浮かび上がっている。指導教員が行っていたこ

れらの省察は、自らが教師教育者であるという自覚があることで生じるもので、連携して実習指導にあたっていた校内の他の教職員にとっては気づかれにくいものである。これは、校内に教師教育者という共通の土台で相談できる教員がいなかったことも関係しており、指導教員をサポートする体制の必要性を示すものである。

また、後半部分に出現回数が多く見られたことは、実習指導に関して悩めば悩むほど、自らが有する教師教育者としての自覚を強く認識するようになっていたこととも関係している。その背景には、実習期間中の省察の過程において、「教師としての自分」、「指導教員としての自分」、「学校ベースの教師教育者としての自分」といった自らのアイデンティティの大きな「揺らぎ」があったことを表している。

さらに、時間の経過とともに、教師教育者としての自己の在り方を問うような省察が多く行われるようになったのは、実習指導を一過性の職務としてではなく、自らの教師教育者としてのトレーニングの場と捉え直していたことが契機となっていたと言える。それにより、フィールドノートを作成し、実習指導の場を研究対象とする試行が行われていた。実習指導期間中の省察の過程において、自らの役割や専門性への「揺らぎ」が生じたことで、結果として、教師と教師教育者としてのマルチな役割を果たすという自らの役割とそれを果たす困難さをより意識するように変化していくことが明らかになった。

4．考察

本研究により、学校で教育実習生の指導を担当する指導教員が、実習指導期間中の教育実習生への指導を日々どのように省察しているかについて、自己エスノグラフィーの手法を用いて3つのカテゴリーが明らかになった。これにより、教師教育者としての指導教員を支援する方策、専門性の獲得や能力向上を促す方策を検討するのに役立つ以下の2つの知見が得られた。

第一に、学校ベースの教師教育者である指導教員は、教師としての経験をもとに指導教員としての役割を果たし、指導教員としての学びを教師としての役割に活かそうとするという特徴が明らかになった。

指導教員は、自らの教師としての経験や省察を土台として、実習生の指導にあたっていた。実習生の状況に合わせて指導しつつも、自らの初任期の経験までに時間軸を広げ、学級担任として現在意識していることを実習生に指導していた。その背景には、教師としての知識や経験を伝えることが、今後の実習生のライフコースを考えると望ましいという指導教員としての思いが存在していた。また、自らの教師としての振る舞いが実習生へのモデリングとなることを意識し、教師としての省察をしながら、教師教育者としての省察もしており、それが教師としての次の実践に役立てるための省察となっていた。このような省察は、自然発生的に起きたものではなく、教師であり指導教員という教師教育者でもあるという二重の役割を指導教員が強く自覚していたことが関係していた。また、指導教員が教職大学院での研修を経たり、教育系学会などの教師教育コミュニティに参加していたりしたことも、その契機となっていた。これらのことから、教師としての経験をもとに指導教員の役割を果たすことと、教師教育者としての学びを教師としての役割にも活かそうとすることとが一体的に行われていた。これは、教育実習の指導を実習指導専任の職として行うのではなく、教師と教師教育者のマルチな役割を同時並行で担う我が国の学校ベースの教師教育者の職務遂行の特徴と考えることができる。

第二に、学校ベースの教師教育者を支援する取組の必要性である。この点を論じるにあたっては、本研究の3-4で取り上げた指導教員の「揺らぎ」について検討をさらに加えておく必要がある。

本研究で取り上げた指導教員は、2-2で属性を示した通り、実習指導を担当する教員の中では、一般的な指導教員と比較すると、教育実習をはじめ教師教育に関する基本的な知識を有

し、関心や意欲も高い教員だったと言える。また、研究の背景を考えてみると、本研究での実習指導を開始する前は、教師教育者としての自覚を有する指導教員の省察を探索的に研究すれば、実習指導を改善したり、支援したりするためのロールモデルを示せる可能性が高いと安易に考えていたことも否めない。そして、教職大学院派遣研修時に研究していた学級担任の職務負担軽減というテーマに関連して、実習指導業務の負担軽減につながるかもしれないという研究的関心も有していた。

しかし、自己エスノグラフィーの手法を用いて自らの省察について他者性をもって分析することにより、自らの指導教員としての役割や正当性への「揺らぎ」が、想定した以上に多い中で実習指導にあたっていたことが明らかになった。理想とする実習指導ができていないと感じていること（3-2）、教師と教師教育者とでは役割の発揮の仕方に違いがある難しさがあること（3-3）、自らの教師教育者としての適格性や正当性（3-4）などの課題が存在していたことが明らかになったのである。

先行研究では、KUSAHARA（2021）が、日本で学校ベースの教師教育者に注目が集まってこなかった要因として、大学側が教員養成や教育実習において主体となっていること、教育実習期間が諸外国に比べて短いという事情があることを説明してきた。そのような制度的な側面ゆえに、学校ベースの教師教育者を支援する取組の必要性やその具体的な検討が等閑視されてきた。しかしながら、本研究における省察の分析によって、ある意味、葛藤のようなものを感じながら実習指導を行っている指導教員（学校ベースの教師教育者）の存在が明らかになった。どのようなサポートが求められるかを検討する必要性とあわせて、教育実習の指導教員という学校ベースの教師教育者の専門性開発が求められる必要性をより裏付けるものとなった。

しかし、本研究の3-1で明らかになったように、児童を指導する教師が、自らが有する経験知を活用して実習生を指導するということは、決して負の側面だけを有するものではない。むしろ、それを学校ベースの教師教育者としての強みと捉え、教師教育者を支援する具体的な取組を検討することができる。

その一例として、指導教員が、教育実習や教師教育、成人教育に関する知識をもって指導にあたれるような取組を行っていくことが求められる。例えば、本事例において、指導教員が、省察に関わるALACTモデルを知らなかったとすれば、実習生に自発的な振り返りを促すのではなく、指導教員の思いを一方的に指導するような徒弟的な実習指導をしていたかもしれない。また、指導教員自らが学校ベースの教師教育者であるという自覚がなければ、このような探索的な研究も行われず、教師教育者としての省察や学びは自覚されなかったであろう。もちろん、指導教員には、教師としてのある程度の経験があることが前提となる。そのうえで、教師教育者としての土台となる程度の知識が実習指導には必要であると考えられ、岩田（2016）がかねてより指摘する「教育実習の指導方法について専門的な知識を獲得する場」の具体化を早急にすすめる必要性が本研究からも確認できた。

加えて、教師と教師教育者という二つの役割を果たす際に、教師としての経験知を教師教育者として十分に発揮できるように、指導教員が相談相手や研究パートナーをもち、アドバイスを受けることができるような教師教育コミュニティが形成されることも早期の実現が期待されるであろう。

5．まとめと示唆

5-1 本研究の意義

学校ベースの教師教育者としての教育実習の指導教員の学びや力量形成に関する研究が限られているなか、本研究では、実習指導期間中の指導教員の教師教育者としての省察の内容や過程を自己エスノグラフィーの手法を用いて質的に検討し、省察の特徴を明らかにすることができた。

第一に、学校ベースの教師教育者である指導教員は、教師としての経験をもとに指導教員としての役割を果たし、指導教員としての学びを教師としての役割に活かそうとするという特徴が明らかになった。第二に、学校ベースの教師教育者を支援する取組の必要性である。教師教育者としての指導教員の省察の内実が明らかになり、職務遂行上の過程や役割、課題の一部を明らかにすることができた。

これにより、教員養成のように明確で意図的な養成課程や研修プログラムがないなかで、より意味のある教育実習指導を行っていくために、指導教員にどのような支援が必要であるかを検討することにつながる有効な知見を提供できたと考える。また、その射程は、教育実習の指導教員だけではなく、明確な研修プログラムや専門職基準がない校内研修担当や初任者指導教員、また、学年主任や校務分掌の主任など、教師を教える教師としての側面を有する学校ベースの教師教育者と広く捉えることもできる可能性がある。学校では、限られた人数で複数の業務を担当することが求められており、教師としての知見をいかして、他の教師教育に関わる業務を行えるような体制づくりに役立つことが期待される。

5-2 研究の課題

本研究の課題として、第一に、質的調査による限界が挙げられる。対象者が1名の自己エスノグラフィーによる調査であったため、本研究で得られた知見を直ちに一般化することは難しい。今後も、実習指導の機会があれば、自己エスノグラフィーによる事例分析を継続していくとともに、教育実習指導を行っている学校ベースの教師教育者による成長や省察について量的に調査を広げていく必要がある。

とりわけ、教育実習の指導教員の学びは、指導教員の指導経験回数や教職経験年数などによっても異なると予想される。そもそも、自らが学校ベースの教師教育者であるという自覚がなければ省察を行うということにもならない。ま

た、実習期間や実習生の教職への意欲など実習生の文脈にも左右されやすい。それらの違いが、学校ベースの教師教育者としての省察の内容や意識にどのように影響するかを分析し、教師教育者の専門性開発の方策の検討につなげていくことが必要である。

第二に、方法論についてである。当事者性をいかして、当事者がその日にフィールドノートを作成し、それを後で分析するという研究方法には一定の意義があった。一方で、自己エスノグラフィーの手法による分析は、当事者にしか見えないことも明らかにするものの、当事者だからこそ見えていないことも多くあることが考えられる。

当事者の視点をいかしつつ、当事者が見えない部分での実習指導教員の省察を可視化するために、セルフスタディの手法による研究方法も考えられる（大坂ほか 2020）。教育実習の指導教員は、勤務している学校で教師と教師教育者という二重の役割を果たすため、教師から指導主事や大学教員に「移行」するような教師教育者とはタイプが異なる（大坂ほか 2022）。しかし、「移行」を経験した教師教育者が、研究パートナーであるクリティカルフレンドと移行の困難を乗り越えてきたという知見は、教育実習の指導教員にも適用できる可能性が大いに考えられる。そのためには、考察でも一部触れたように、教育実習の指導教員も参加できるような学校ベースの教師教育者コミュニティが構築されることが必要である。そこでの共同研究により教師教育者の省察を分析し、専門性開発の手がかりを得ていくことも考えられる。

5-3 教師教育者としての指導教員に関する研究上の課題

指導教員が、教師教育者としての自覚を持ちつつ実習指導にあたり、専門的力量を高め省察する機会があることの意義はあるものの、これらの成果をどのような形で広めていくのかは、様々な課題をクリアしなければいけない状況にある。現状でも、教育実習の引き受け手がいな

い学校が多く、時間外勤務の短縮等の働き方改革が学校現場には求められている。そのなかで、指導教員や校内研修担当教員、初任者指導教員など学校ベースの教師教育者としての研修プログラムを新たに実施することのハードルは極めて高い。また、教師の研修の側面として指導教員を捉えたとしても、学校現場の負担軽減という観点から考えると、その他の日常業務の見直しと同時に行っていくことも必要となるだろう。

とくに、教育実習生の指導が主たるミッションではない公立学校において教育実習の指導教員の研修プログラムを実施しようとする場合、緊急性や必要性についてどのように関係者を納得させるのか、また、必ずしも毎年実習指導を担当するわけではない不確実性があるなかで、専門性を開発する対象者をどのように選定するのか、という難しい課題が生じるであろう。教育実習を希望する学生が毎年一定数いることを考えると、縮小傾向にある国立教員養成系の附属学校だけで、これまでと同様に実習生の受け入れをカバーするのは今後さらに難しくなることが予想される。そのため、実践力を獲得した教員を養成していくために、公立学校の教師教育者に求められる専門性開発に関する研究の必要性は、より一層高まることが予想される。

そこで、例えば、実習を依頼する側である大学が主体となって、教育系学会に参加する学校ベースの教師教育者や附属学校の教員、派遣研修で教職大学院に在籍している現職教員などが教師教育コミュニティを先行してつくりあげ、大学の研究者のサポートのもと試行的な運営をしていくことが考えられるのではないだろうか。また、都道府県教育委員会が策定する教員育成指標の「人材育成」という項目と連動して、学校ベースの教師教育者の人材育成という観点を取り入れた初任者研修や中堅教諭等資質向上研修の実施などの方策も考えられるだろう。これらの課題は、教師教育の分野のみで解決することは難しく、教育行政、教育経営など他の分野と学際的に研究し、解決していかなければならない課題と言える。

注

(1)日本における教師教育者の定義は、武田（2017）が指摘の通り、多様であり、その役割として「教師の教師」「研究者」「コーチ」「カリキュラム開発者」「ゲートキーパー」「仲介者」の6つの役割がある。また、所属の違いにより「大学ベースの教師教育者」「学校ベースの教師教育者」「教育委員会ベースの教師教育者」とも表せる。本研究では、「教師を育てる専門家」と定義し、そのアイデンティティを有している人を教師教育者と捉える。また、教師教育者のアイデンティティの移行に応じた表現として、岩田ほか（2019）で用いられている「first order（現職教師）」「second order（教師教育者）」「researcher（研究者）」という表現を使用している。

(2)米沢崇「実習校指導教員の役割と指導・支援に関する検討：A大学附属の小学校の指導教員と教育実習生を対象とした質問紙調査の結果を中心にして」『教育実践学研究』第11巻2号、2010年、11-20ページ。

(3)草原和博「社会科教師を育てる教師教育者の専門性開発－欧州委員会の報告書を手がかりにして－」原田智仁・關浩和・二井正浩編著『教科教育学研究の可能性を求めて』風間書房、2017年、281-290ページ。

(4)粟谷好子「附属学校教員が自己の実習指導を分析する意味：実習指導の改善を目指して」『広島大学大学院教育学研究科紀要第二部文化教育開発関連領域』66号、2017年、67-74ページ。

(5)井本由紀「オートエスノグラフィー：調査者が自己を調査する」藤田結子・北村文編『現代エスノグラフィー：新しいフィールドワークの理論と実践』新曜社、2013年、104-111ページ。

(6)沖潮満里子「自己エスノグラフィー」サトウタツヤ・春日秀朗・神崎真実編『質的研究法マッピング』新曜社、151-158ページ。

(7)Korthagen（2012）のALACTモデルは，①行為②行為の振り返り③本質的諸相への気づき④行為の選択肢の拡大⑤試み（Trial）という5段階で

循環する省察のスタイルである。

参考文献

・阿部雄太・大島崇行「教育実習指導における指導教員の変容に関する事例的研究」『上越教育大学研究紀要』第41巻第1号、2021年、21-34ページ。

・岩田昌太郎・齊藤一彦・草原和博・川口広美「Becoming a Teacher Educator in Japan：教師教育者の力量形成に資するワークショップ型研修の効果とself-studyの観点から」『広島大学大学院教育学研究科共同研究プロジェクト報告書』17巻、2019年、17-26ページ。

・岩田康之・大和真希子・山口晶子・早坂めぐみ「『開放制』原則下の実践的教師教育プログラムの運営に関する研究（2）」『教員養成カリキュラム開発研究センター研究年報』第15巻、東京学芸大学教員養成カリキュラム開発研究センター、2016年、31-42ページ。

・大坂遊・川口広美・草原和博「どのように現職教師から教師教育者へ移行するのか：連続的・漸次的に移行した教師教育者に注目して」『学校教育実践学研究』第26巻、広島大学大学院人間社会科学研究科附属教育実践総合センター、2020年、87-94ページ。

・大坂遊・泉村靖治・櫻井良種・田中雅子・八島恵美・河村真由美「教師教育者のアイデンティティ獲得のプロセス：指導主事や特別支援教育コーディネーターへの移行にともなう転機や困難に注目して」『学校教育実践学研究』第28巻、広島大学大学院人間社会科学研究科附属教育実践総合センター、2022年、81-91ページ。

・桂悠介・千葉泉「人間科学における『喚起的』記述の意義と課題：オートエスノグラフィー、『自分綴り』の実践から」『大阪大学大学院人間科学研究科紀要』47巻、2021年、185-203ページ。

・木下康仁『ライブ講義M-GTA：実践的質的研究法 修正版グラウンデッド・セオリー・アプローチのすべて』弘文堂、2007年。

・武田信子「訳者あとがき－日本における教師教育者研究の発展を期して」ミーケ・ルーネン

ベルク、ユリエン・デンヘリンク、フレット・A・J・コルトハーヘン著、武田信子・山田恵理子監訳『専門職としての教師教育者 教師を育てるひとの役割、行動と成長』玉川大学出版部、2017年、166-173ページ。

・中田正弘・伏木久始・鞍馬裕美・坂田哲人「教育実習生及び初任者・若手教員の指導を担当する教員に関する現状と課題」『信州大学教育学部研究論集』第7号、2014年、31-46ページ。

・濱本想子・大坂遊・草原和博・岩田昌太郎「A. SwennenとK. Smithの教師教育者の専門性開発論」『広島大学大学院教育学研究科紀要第二部文化教育開発関連領域』68号、2019年、45-54ページ。

・三島知剛・一柳智紀・坂本篤史「教育実習を通した実習指導教員の学びと力量形成に関する探索的研究」『日本教育工学会論文誌』44巻4号、2021年、535-545ページ。

・宮本勇一・粟谷好子・石川照子・西村豊・深見智一・両角遼平「学校ベースの教師教育者は教育実習指導経験をいかに意味づけているのか：4名の教師への相互インタビューを通して」『学校教育実践学研究』第28巻、広島大学大学院人間社会科学研究科附属教育実践総合センター、2022年、57-68ページ。

・村井尚子「教師教育における『省察』の意義の再検討」『大阪樟蔭女子大学研究紀要』第5巻、2015年、175-183ページ。

・F.コルトハーヘン、武田信子監訳、今泉友里・鈴木悠太・山辺恵理子訳『教師教育学：理論と実践をつなぐリアリスティックアプローチ』学文社、2012年。

・Kazuhiro Kusahara, and Shotaro Iwata, "*Teacher educators' professional development in Japan:Context and challenges.*" Teacher Educators and their Professional Development: Learning from the Past, Looking to the Future, Routledge, 2021, pp.82-91

・Schön, D.A., The Reflective Practitioner：How Professionals Think in Action, 1983, Basic Books.

ABSTRACT

Reflections on Teaching Practices for School-based Teacher Educators :
The Autoethnographic Method

FUKAMI Tomokazu
（**Kushiro Municipal Toya Elementary School, Hokkaido**）

The purpose of this study was to examine how mentor teachers should reflect on the teaching of student teachers during the teaching practice period and whether teachers are trying to improve their professional competence as teacher educators.

Based on the results of research regarding the usefulness of mentoring for the growth and reflection of teachers who provide training guidance, an increasing number of studies are attempting to find positive significance in teaching practices. However, there has been insufficient research on measures to support mentor teachers as educators.

In this study, a qualitative analysis was conducted using the autoethnographic method in which the mentor teacher described and analyzed the process of self-reflection as a teacher educator during the teaching practice period.

The following two points were clarified : First, school-based teacher educators attempted to play the role of mentor teachers as second-order teacher educators using their reflections as first-order teachers. Second, school-based education must be supported. Through an analysis of reflections, it became clear that mentor teachers experienced difficulties while playing the dual roles of teachers and teacher educators.

By analyzing their self-reflections using autoethnography, the teacher's role as a supervisor and "fluctuations" in the legitimacy of teaching were greater than expected. Therefore, practical training guidance should be provided.

The inability to provide ideal training guidance (3-2) and difficulty in how teachers and educators fulfill their roles (3-3) led to the conclusion that issues regarding eligibility and legitimacy as educators exist (3-4).

From these research results, it became clear that a teacher education community must be established to support mentor teachers as teacher educators.

Keywords : **school-based teacher educators, teaching practice, mentor teachers, reflection, autoethnography**

キーワード：学校ベースの教師教育者、教育実習、実習指導教員、省察、自己エスノグラフィー

日本教師教育学会年報
第32号

5

〈研究奨励賞〉

〈受賞作〉
奥田　修史
「アメリカの幼稚園教育発展期における
幼小接続重視の教員養成論の展開
──ヴァンデウォーカー（Vandewalker, N.）の論考の分析──」
（「日本教師教育学会年報第31号」（2022年）所収）

研究奨励賞創設の意図と今後への期待について

浜田博文（日本教師教育学会第11期会長）

　今年度から、会員の研究活動をより活性化させ、質の高い研究成果の発信を促進するための褒賞制度として研究奨励賞を新設しました。ここではその意図と今後への期待について、少しだけ紙幅をお借りして書きとどめておきたいと思います。

　本学会は今年の8月で創設32周年になります。機関誌である年報も、第32号を数えるまでになりました。2000年度には665名だった会員数は、2010年に900名を超え、2020年には1,300名を超えて現在に至っています。年次大会での発表者数も多く、コロナ禍でのオンライン会議の普及もあってここ数年はリモートによるシンポジウムや研究会に数多くの方が参加する状況も生まれています。教師教育をテーマに掲げた学術団体である本学会の活動に、高い関心と多くの期待が集まっていると受けとめることができます。

　学術団体としての本学会の特徴の一つは、多種多様な学問分野の研究者が集まっていることにあると思います。前掲のような会員数の増加の一因もそこにあります。また、教員の養成・採用・研修等のいずれかに関わる教師教育の実践者が多いということも特徴に挙げられます。

　このように幅広い立場や視点をもつ会員が教師教育研究に取り組み、互いに切磋琢磨して学術的知見を精錬していくことは、教師教育を冠する専門学会としてきわめて重要だと考えます。とりわけ、研究者歴の比較的浅い会員のフレッシュな感覚に基づく斬新な研究を奨励して、将来の発展を後押しするような仕掛けを創るべきではないかと考えました。

　第11期の会長として、理事会で以上のような問題意識を投げかけたところ、多くの皆様の賛同を得ることができ、理事会の中に褒賞制度検討委員会を設置して2021年12月以降、具体化に向けて検討しました。最終的には、本学会年報に掲載された論文のうち、大学院修士課程相当の課程を修了後10年未満の会員の執筆によるものを基本的な想定として、研究奨励賞を創設するに至りました。

　この賞の創設を契機として、この資格に該当する多くの会員が年報に積極的に投稿してくださるようになり、その質がこれまで以上に向上することを願っています。そのことが、すべての会員による研究活動の活性化を促し、学会全体の研究水準のさらなる向上を導いていくと期待しています。

受賞にあたって

奥田修史（独立行政法人教職員支援機構・
研修特別研究員）

このたび、拙論「アメリカの幼稚園教育発展期における幼小接続重視の教員養成論の展開－ヴァンデウォーカー（Vandewalker, N.）の論考の分析－」に研究奨励賞を頂戴いたしました。褒賞委員の先生方をはじめ、関係する諸先生方に感謝申し上げます。

私の問題意識は、幼小接続期の教育を担う教員の専門性論にあります。これまで小学校教員の専門性は全教科内容知識に基づいて構想され、幼稚園教員の専門性とのつながりはほとんどみられませんでした。他方で、幼稚園教員は保育士とともに「保育者」として一括りにその専門性が論じられ、小学校教員の専門性とは厳然と区別されています。幼小接続の実践が多様に展開される今日においても、その教員の在り方については、幼稚園教員と小学校教員の交流を通じた相互理解が期待されるにとどまっています。そのため、学校種別を前提とする教員の専門性論を相対化し、幼小接続期の教育を担う教員に求められる専門性を追究する必要があると考えます。

この問いに対して、私はアメリカの制度と議論からヒントを得ようとしています。アメリカでは、幼稚園が公立小学校内部に併設される形で普及しています。これに伴い、多くの州が幼稚園から小学校低学年まで跨る形で教員免許を発行しています。学校段階を自明視しない教員の在り方が構想されている点は興味深いと考えます。

この仕組みが形成されたのが、アメリカの幼稚園教育発展期にあたる1870年代から1920年代の時期です。当時展開された幼小接続重視の教員養成論の特徴を、その基盤を形成したといえるヴァンデウォーカーの論考から明らかにしたのが拙論です。

結論においては、ヴァンデウォーカーの教員養成論が、学問的水準の向上を意識しながら、幼稚園と小学校にまたがる教育内容の学修を重視し、またフレーベルの理論を再解釈して子どもの関心の変化に対応させる力の育成を企図していたと総括しました。その根底には、幼稚園教育の理論や教育内容が幼稚園教育だけで通用するものとして把握されていることに対する問題意識があったと指摘しました。

ただし、課題は山積しております。特に、当時の教員養成論全体の中での位置づけを分析することは、当時の改革の具体的展開やその意義を明らかにするうえで不可欠と考えます。今後、これらの課題に取り組む所存です。

最後になりますが、会員の皆様に心より御礼申し上げます。修士時代、このテーマで研究を進めることに半ば挫折しながら発表したのが本学会大会でした。そこで、諸先生方から鋭いご指摘と激励を頂戴し、私には見えていなかった研究の可能性を教えていただきました。行き詰まったときも、学会発表を通じて新たな視点に気づくことができました。皆様のお力添えによって、こうして奨励賞を受賞することができたと思います。

受賞を励みとして、これからも研究に精進いたします。今後ともご指導のほどよろしくお願いいたします。

日本教師教育学会第1回研究奨励賞　審査報告書

2023 年 3 月 25 日

褒賞委員会
委員長　　佐久間亜紀（慶應義塾大学）
副委員長　木原　俊行（大阪教育大学）
委員　　　秋葉　昌樹（立教大学）
委員　　　金子真理子（東京学芸大学）
委員　　　佐藤　仁　（福岡大学）

結論

褒賞委員会規程第5条に基づき、当委員会は第1回研究奨励賞の候補として、奥田修史会員の「アメリカの幼稚園教育発展期における幼小接続重視の教員養成論の展開」を推薦する。

審査理由

　奥田会員の論文は、1870 年代から 1920 年代にかけてのアメリカ合衆国の幼稚園教育発展期において、ウィスコンシン州ミルウォーキー師範学校において幼稚園教員養成課程長等をつとめたヴァンデウォーカー（N. Vandewalker）が展開した幼小接続重視の教員養成論の特徴を明らかにした歴史研究である。

　審査においては、以下の4つの審査基準、すなわち(a)課題設定の意義、(b)研究方法の適切性、(c)研究内容の独創性、(d) 研究の将来性、を設定し、各対象論文がこれらの基準をどのように満たしているのかを、慎重に審議した。

　その結果、奥田会員の論文は、幼稚園教員の専門性と小学校教員の専門性の差異や連続性をどうとらえたらよいか、という問題意識が明快で、課題設定の意義が高く評価された。

　また、研究方法は、アメリカの教員養成史研究にカリキュラム論を通して迫ろうとする歴史研究であり、ヴァンデウォーカーの幼小の接続にかかわる教員養成論を史料から丹念に描き出していた点で適切であると評価された。この点で、研究内容の独創性についても十分に認められた。

　さらに、研究の将来性についても、日米の今日的状況を踏まえた問題意識をもとに、歴史研究を積み重ねている点で、今後の研究に将来性があると評価された。

　なお、ヴァンデウォーカーの事例が当時のアメリカのなかにどのように位置付くのかについての分析、たとえば当時の教員養成や教育思想の状況の分析、さらには世紀転換期における子ども観や女性観の変化がどのように幼児教育や望ましい教員像に影響を与えていたのかといったジェンダーの視点からの分析など、社会的・文化的背景についての分析が、当該 論文では十分ではないことも、審査会において指摘された。しかしながら、これらの点への接近については、今後の同氏の研究の発展において期待されると判断された。

　以上のように、奥田会員の論文は、4つの審査基準の全てを十分に満たし、褒賞に値するものと認められたので、ここに推薦する。

日本教師教育学会年報
第32号

6

〈研究倫理の広場〉

研究倫理の広場

教師教育研究における倫理的課題の今日的状況

研究倫理の厳格な運用と適正な運用

紅林伸幸（研究倫理委員会）

本学会に研究倫理委員会が設置されて最初の3年間である第11期が終わろうとしています。

この間、理事会や編集委員会で会員の研究倫理不正に関する告発や報告は1件もありませんでした。これは、会員の皆さんが研究倫理に高い意識を持っていただいているからに他なりません。また、研究大会の運営に関わる大会校の皆さん、発表要旨のチェックを担当していただいている研究推進委員会の皆さん、学会誌の編集や査読に関わられている皆さんの学会運営への多大なご協力があってのことと感謝しております。

私たち第11期研究倫理委員会が今期の最重要課題として取り組んだのが、研究倫理委員会規程の策定でした。その中で本委員会の主たる役割を会員への啓発と学習機会の提供としていただいたことで、研究倫理学習会やこの「研究倫理の広場」を通じて、研究倫理に関する課題や諸情報を会員の皆さんに提供できたことも、いくらかは役に立ったのではないかと考えています。

しかし、学会の外に目を転じますと、研究倫理不正はなくなったわけではありません。大きな問題として報道されるものでなくても、所属機関等で身近に問題となったケースをご存じの方は多いのではないかと思います。研究倫理規程策定WGに参加させていただいてから6年間、研究倫理に関する学会内外の様々な問題を注視してきて、研究倫理の不正防止は3つ目のステージに入ったのではないかと感じています。

第1のステージは研究費不正で、これは完全ではないにしても、研究費を管理する所属機関の組織的な対策によって、間違いが起こらないような体制が整ってきたように感じます。第2のステージは研究の実施上のトラブルに関わる不正で、これも所属機関において研究倫理審査が厳正に実施されるようになったことで、大きな問題が起こらないようになっています。

では不正防止の3つ目のステージでは、どんな問題に取り組むことが期待されるのでしょうか。私は、研究成果報告に関する不正防止が焦点になると予想しています。

研究成果報告は学会が主要な舞台となります。したがって、学会で研究成果報告関連の研究倫理不正が生じないことはもちろんですが、査読等のチェック機能を欠いている所属機関の研究機関誌においても適正な報告が行われるように、正しい成果報告の方法を周知していくことが必要になります。

研究倫理不正の被害は、その不正に関わった関係者だけでなく、その研究分野の研究の発展に対しても大きな損失を生み出します。当該の成果報告が取り下げられ、その研究自体が抹消されてしまうからです。つまりその研究成果を踏まえたり、その研究に言及して研究を展開したりすることができなくなるのです。

研究成果報告に関する不正の多くは、悪意のある意図的な不正ではなく、気持ちのイージーミスによる不適切な不正です。

今年6月、テニスの全仏オープン大会でダブ

ルスの試合に出場していた日本人選手が、試合中にネットにかかったボールをコート外に返球した際に、そのボールがボールキッズにあたり、日本人選手が失格になるという出来事がありました。ネットでも、TVでも、失格とした審判らの判断が適当であったのかが話題になりましたが、そうした意見の中には「わざとではない」「ねらったものではない」というようなものが見られました。

しかし、この種の問題は、悪意の有無、意図の如何にかかわらず、起こった〈こと〉によって審判されるのです。研究倫理も同様です。悪意があったかどうかは関係なく、不適切なものがあれば不正となります。

研究倫理の不正防止の3つ目のステージに向けて、適正な研究倫理の運用のために、研究倫理の啓発とその学習機会の提供はますます重要になっていくと思います。

さて、今回の「研究倫理の広場」では、本学会及び教師教育研究が抱える研究倫理の課題に、3年間、研究倫理委員会の委員として向き合ってきていただいたメンバーに、具体的にどんな課題が見えているのかを紹介してもらうことにしました。

この広場における議論が、皆さんの研究の仲間や所属機関の同僚たちとの議論のきっかけになることを願っています。

実践と研究の架橋
―実践の事例報告に注目して

羽野ゆつ子（大阪成蹊大学）

本学会では2019年に研究倫理規程が制定された。この前後に、生命科学・医学系分野では、人を対象とする研究倫理について、国による法令や指針の整備が急速に進み、研究倫理審査委員会による事前規制も行われるようになった[1]。

教育は、臨床研究が行われる医療系との共通点も多い。まず、研究協力者（以下、協力者。学び手／患者）の人権保護を主目的に、個人の利益を最大化するために個別のケアを行う教育（診療）と、最終的に社会と将来の学び手（患者）へ与える公益（一般化可能な知識の発見）を目的とする研究が区別されるようになった。また、研究者（教師や医者）に対して協力者（学び手や患者）は「囚われ集団」と呼ばれる弱い立場にあるので、弱者保護も重視される。介入（教育行為）の革新性や、侵襲性（授業観察時の学び手へのまなざしなど）、協力者の自己決定（同意能力と自発的参加）などへの配慮が求められる。こうして非医学系の教育研究も研究目的で実践する場合、所属機関等で事前の研究倫理審査が行われるようになり、教育の一環として研究を行う実践研究は難しくなってきた。

だが、この間、研究倫理学習会に参加して、筆者は、実践を研究として位置づけていこうとする本学会の歩みを止めないで進めようとする会員の方々の意志を感じた。それは、研究を規制する指針や法を遵守する予防倫理の学習だけでなく、研究者として責任ある意思決定や行動をする志向倫理から[2]何ができるかを考えることに通じる。たとえば弱者保護で実践研究が進まないと、公益を享受できない点で、弱者に不利益をもたらす。そこで、弱さを積極的に補いながら、審査承認と協力者の自発的な同意を求めつつ、協力者も公共の担い手（共同当事者）として、研究に参加できるようにする研究方法の工夫も生まれている[3]。

教育実践の事前審査について、人権を尊重しつつ、「どこまでを規制するべきか」という規範的な問いの検討も課題になるだろう。教育実践は、医学系の臨床研究に比べると不可逆的な人権侵害が生じる可能性は低く、不確実性を特質とするからである。現行制度のもとで、研究重視の姿勢は、研究と教育のバランスを考えた場合には、必ずしも望ましい帰結を生み出すとは限らない。たとえば研究開始後、計画変更できない点は、協力者の選択や行動に制限がかかる点でリスクがあるという倫理面だけでなく、個別の対象に応じて方法を変更する即興的判断を

日常とする教育の上にはじめて効果的に成り立つ生成的な営みである実践研究を難しくする。実際、教師は、日常的に従来の教育方法の壁につきあたる。教師は、壁を越えようと、①事例を観察し、②実践上の問題を定義し、③問題の背景と解決法を同僚との対話や文献を通して探り、④実践を試み、⑤実践の観察・記録を省察し、⑥次の実践を構想し実践してゆく。⑦そのサイクルの中で生まれた結果を考察し、報告としてまとめる。だが、研究倫理審査委員会の承認は研究開始の許可に関わるものであり、事前承認されていない実践は研究（たとえば本学会で研究論文として位置づけられる「実践研究論文」）としては報告できない。

現況において、教育を専ら目的として行われた実践は、事例報告（医学系の症例報告）として本学会の「研究・実践ノート」に報告して、研究につないでいくことが考えられる。この区分は「研究論文」ではないので、「研究」には該当しない（すなわち事前の倫理審査は不要）が、考察・問題提起が求められる点で学術的な活動とみなされよう[4]。逃げのようだが、実践の事例報告は、事例から研究への橋渡しとして、また、実践報告を書く過程（前述の①から⑦）は教育研究を行う思考過程と類似しており、実践者が研究者的実践者になってゆく橋渡しとして期待できる。実践の共有は、目の前の学生への教育と、学生が出会う子どもたちの利益とを考えて実践する教師教育に固有の難しさを考える機会にもなるだろう。課題もある。報告に際しての個人情報保護や教育行為の安全性を保つ仕組みを考えること、前述の問いと重なるが、研究倫理上の規制の基準（研究に該当する革新的な教育行為に関する指針）の検討である。一事例が極限値として実践の全体（教師教育一般）を代表させる場合は研究になるので[5]、基準の検討は実践研究の方法論を考える上でも重要である。実践事例は基準を考える資料にもなるだろう。

本学会は、研究倫理審査委員会を設置せず、会員相互の自主規制（大会発表要旨のチェック）と教育・啓発（研究倫理学習会、年報の「研究倫理の広場」）を行なってきた。今後もよりよい教師教育研究と実践を行うために、予防倫理・志向倫理の両面から研究倫理を会員相互で考えていくことができればと思う。

注
⑴医学系の研究倫理審査については、主に、田代志門『みんなの研究倫理入門　臨床研究になぜこんな面倒な手続きが必要なのか』、医学書院、2020年を参考にした。
⑵札野順「志向倫理と技術者倫理教育　社会の福利を志向する技術者を育成する倫理教育プログラムの構築」『公益社団法人日本工学協会　平成30年度　工学教育研究講演会講演論文集』、pp.130-131、2018年。
⑶斎藤こずる「子どものフィールド参与観察における倫理―子どもの共同の模索―」『質的心理学フォーラム』、vol.6、pp. 26-33、2014年。中村元太・矢守克也「チェーンド・ビジュアル・エスノグラフィの展望―防災アクションリサーチの多声的・多角的現実の表現」『質的心理学研究』、No.20、pp. S90-S96、2021年。
⑷日本教師教育学会年報編集委員会「年報編集規程」https://jsste.jp/aboutus/rules/editorial_committee/edit_rules/
「『研究論文』と『実践研究論文』の区分に関する申し合わせ」（2005年9月23日）。https://jsste.jp/aboutus/rules/editorial_committee/section_agreement/
⑸矢守克也『アクションリサーチ・イン・アクション　共同当事者・時間・データ』、新曜社、pp.150-155、2018年。

教育研究と学術研究の狭間に生じる「倫理」の課題

長谷川哲也（岐阜大学）

日本では従来から、Lesson Studyとして知られる校内での授業研究が文化として根付いているが、とくに近年では教職大学院の全国設置や

修士課程からの移行・一本化にともない、学校現場での教育実践を対象とした研究がいっそう盛んになっている。目の前の子どもたちの教育効果を高めるために実施される教育研究と、研究者が学術的・社会的な意義の元に行う学術研究の倫理に関わって、教師教育研究に携わる私たちはどのような問題を考えていく必要があるのだろうか。ここでは、本学会の研究倫理学習会の内容をもとに議論したい。

2023年3月9日に実施された第5回研究倫理学習会では、第1ブースにおいて「学校現場における教育研究の倫理と学術研究の倫理の連接を考える」をテーマに、教育研究と学術研究の倫理をめぐる問題を検討した。研究倫理学習会ではまず、現職教員である大学院生がある実践を研究として行った際に、児童を対象とした事前・事後のテストを実施し、その結果を比較することで実践の効果を検証するという事例を筆者が紹介した。このような、いわば"よくある"教育研究に対しては、例えば、教師―児童という権力関係のなかで研究への参加は本当に児童の「自由意思」に基づいているのか、「調査」として実施しているテストに「評価」という要素は介在しえないか（少なくとも児童が「評価」と感じることはないのか）、などの疑問を提示した。これまでの研究倫理学習会でも議論されているように、学校現場をフィールドとする教育研究では、どこまでが教育でどこからが研究かという境界を明確にすることが難しく（姫野 2022）、また、研究を遂行する上での倫理や方法などが共有されていない（長谷川 2020）などの課題も生じている。

こうした話題を受けたディスカッションでは、学校現場における教育研究の「倫理」をどのように考えるかについて、意見が交わされた。まず根本的な課題として挙げられたのが、多くの大学で実施されている倫理審査は、医学をはじめとする自然科学分野の基準に則っており、これが現在のところ、学術研究における「倫理」の基準とみなされていることである。ただし、人文・社会科学分野の研究では、扱う個人情報の質、研究の手続きや方法、研究が対象者に与える影響、利益相反の管理など、自然科学分野の研究とは異なるものも少なくないため、その基準を適用する倫理審査にはそぐわない場合もある。さらに議論されたのは、学校現場での教育実践を対象にした研究に特有の課題である。自分自身の実践の開発や改善を目的として行われる教育研究では、教育と研究の境目が曖昧なため、教育の一環あるいは延長線上に研究が位置づけられ、事後的に研究が展開されることもある。ところが、もし倫理審査を要件として求める学会発表や論文投稿をしたい場合、実践を行う前に遡って倫理審査を受審することはできないという「不可逆性」に直面してしまう。つまり、たとえ実践の開発や改善という教育的な目的であったとしても、後に研究を展開する可能性があれば、実践に先立って倫理審査を受審しなければならない。また、研究のプロセスでは、研究参加の許諾を得る場合に保護者なのか本人なのかという線引きが明確に決まっているわけではないこと、研究のテーマや内容が学校や児童生徒の状況に依存するため当初想定していない事態が起こりうることなど、教育実践を対象にした研究に特有の課題が議論された。

以上の研究倫理学習会を踏まえ、教育研究と学術研究の狭間に生じる「倫理」の課題について筆者なりに考えてみたい。まず、上記の議論のように、学校現場における教育研究を、自然科学分野の学術研究で求められる「倫理」と同じ基準で評価することは、決して容易ではない。例えば、医学などの自然科学分野では、人間を研究対象とする場合、生物学的文脈から「ヒト」とカタカナで表記されることもあり、研究倫理もまたその文脈の影響が垣間見られる。他方、目の前の子どもたちの教育効果を高めるために実践の開発や改善を志向する教育研究では、社会的存在である「人」によって展開される豊かでダイナミックな相互作用が前提とされるため、研究対象を「ヒト」と表記して生物学的文脈のなかで扱うことは滅多にないだろう。

このように、研究対象の捉え方をひとつとってみても、自然科学分野のルールを教育研究にそのまま当てはめることには違和感がある。

とはいえ、このような違いをもって、教育研究が「倫理」に無自覚でいることが許されるわけではない。医学分野では、2020年の個人情報保護法改正を受けて、「人を対象とする生命科学・医学系研究に関する倫理指針」を改正するなど、時代や社会の変化に応じて研究倫理の見直しを度々行ってきた（文部科学省ほか 2023）。こうした医学をはじめ他の学問分野の動きについて、教師教育研究の分野ではどれほど意識されているだろうか。大学等の所属機関で実施されている倫理審査の基準に適合しないことから、教育研究に焦点化した独自の基準を設けるべきとの声は高まってはいるが、これまでのところ審査基準まで視野に入れた具体的な議論には至っていない。既存の学術研究の「倫理」に則るのか、それとも教育研究の独自性を反映させた「倫理」を構築するのか、今まさに岐路に立っている。

参考・引用文献

・長谷川哲也（2020）「『教員育成』がもたらす協働の姿と研究倫理の意義」『日本教師教育学会年報』第29号、pp.98-101.

・姫野完治（2022）「教師教育研究を行う際の倫理的課題と心がけること」『日本教師教育学会年報』第31号、pp.141-144.

・文部科学省・厚生労働省・経済産業省（2023）「人を対象とする生命科学・医学系研究に関する倫理指針　令和5年改正について」（https://www.mhlw.go.jp/content/001087960.pdf,2023.7.24閲覧）

本学会における研究倫理体制のこれから
―第5回研究倫理学習会に参加して―

高野和子（明治大学）

本学会が、2017年秋の奈良教育大学大会総会における会員からの問題指摘を契機として、研究倫理へのとりくみを始めてから6年になります。当初は「研究倫理規程ワーキンググループ」として、そして、現在は「研究倫理委員会」として、一貫して担当理事・紅林伸幸先生のもとで活動が進められてきました。私は、最初の三年は会長として、この三年は研究倫理委員会メンバーとして活動に関わらせていただいてきましたが、ワーキンググループ時代を含め、学習会的なものを開催した際に、"思ったほど人が集まらなかった"ということは個人的には一度もありませんでした。会員にとっても、学会にとっても必要で求められる活動として位置付いてきたと感じさせられます。

今回、3月9日の第5回研究倫理学習会は、ブースに分かれた議論の後に全体で交流し合うという時間を設けず、ブース毎に終了する形がとられましたが、"聞かせてもらう"のではなく参加者それぞれが問題意識や悩みを"語り合う"機会となっていることが、とてもはっきり表れた回になったと思います。研究的に近い人々、本気でとりくんでいる人々と困っていることや疑問をフランクに交流できる機会からは、パソコンに向かって実施する「研究倫理教育」で知識を獲得・確認するだけでは得られない、具体的に次につながっていく気づきや学び、励ましが得られるという印象を持ちました。

問題意識をもっている会員だけが参加するのではなく会員全体に伝えきるようにする、というのは永遠の課題でしょう。しかし、論文を投稿するという点で最もアクティブな会員と接してその状況を把握できる編集委員会、次世代を担う会員の意識をつかみ働きかけることのできる若手研究者育成・支援、多くの発表者（年報への論文投稿者よりさらに幅広い会員）の発表要旨の最初の読み手となる大会実行委員会、などと有機的に連携をとりながら取り組み続けることが可能だと思います。「再帰性」という特性をもつ教育学の研究、しかも、子ども本人に加え保護者から地方議員まで多様なステークホルダーが関わってきうる教育実践を対象とする研究が、すこやかに発展していけるよう、次の

三年にも期待したいところです。

**情報提供
研究倫理を学ぶ人のために**

研究倫理委員会

一般的な研究倫理については以下のeラーニング・サイトや資料によって学ぶことができます。いずれも、大学等の研究機関が、所属スタッフに選択的に学習することを義務づけているものです。日本教師教育学会が定める研究倫理規程については、日本教師教育学会のHPにてご覧下さい。

〈研究倫理に関するeラーニング・サイト〉
◇一般財団法人公正研究推進協会（APRIN）提供　研究倫理教育eラーニング
APRIN e ラーニングプログラム（eAPRIN）【APRIN e-learning program（eAPRIN）】
https://edu.aprin.or.jp/
◇独立行政法人 日本学術振興会
研究倫理eラーニングコース（e-Learning Course on Research Ethics）［eL CoRE］
https://elcore.jsps.go.jp/top.aspx
◇国立研究開発法人 科学技術振興機構
THE LAB 研究公正ポータル
http://lab.jst.go.jp/index.html

〈研究倫理に関する参考資料〉
◇「科学者の行動規範」日本学術会議
https://www.scj.go.jp/ja/scj/kihan/
◇「科研費ハンドブック（研究者用）」日本学術振興会
https://www.jsps.go.jp/j-grantsinaid/15_hand/index.html
◇「科学の健全な発展のために―誠実な科学者の心得―」日本学術振興会
https://www.jsps.go.jp/j-kousei/data/rinri.pdf
◇「研究に関する指針について」厚生労働省
https://www.mhlw.go.jp/stf/seisakunitsuite/bunya/hokabunya/kenkyujigyou/i-kenkyu/index.html
◇「研究機関における公的研究費の管理・監査のガイドライン」文部科学省
https://www.mhlw.go.jp/stf/seisakunitsuite/bunya/hokabunya/kenkyujigyou/kanrikansa/index.html
◇「研究活動における不正行為への対応等に関するガイドライン」文部科学省
https://www.mext.go.jp/a_menu/jinzai/fusei/index.htm

〈日本教師教育学会 研究倫理規程〉
◇日本教師教育学会
研究倫理規程ほか
https://jsste.jp/aboutus/rules/rinri/

日本教師教育学会年報
第32号

7

〈書評・文献紹介〉

髙野貴大　著

『現代アメリカ教員養成改革における社会正義と省察 ──教員レジデンシープログラムの展開に学ぶ』

北田　佳子（埼玉大学）

　本書は、筆者である髙野貴大氏が、2021年に筑波大学より博士（教育学）を授与された際の学位請求論文を加筆修正し刊行されたものである。

　本研究の目的は、「社会正義（social justice）」志向の「省察（reflection）」を要件とする教員レジデンシープログラム（Teacher Residency Program：以下TRP）の特徴を明らかにすることにより、現代のアメリカの教員養成改革におけるTRPの意義と課題を明らかにするものである。本研究における「社会正義」とは、アメリカ都市部の教員養成改革の文脈で用いられる概念を指し、「社会構成員の基本的諸自由の平等と機会均等を民主主義社会の第一義的条件とし、その条件が満たされない場合には、学校や社会に存在する不公平要因や社会構造の変革を試みることを正当化する理念である」（p.37）とされている。こうした「社会正義」を志向する「省察」を重視する教員養成の形態がTRPであり、具体的には、主として都市部の教育困難校での「臨床経験」と大学での学問的学修を有機的に相互関連させた教員養成プログラムの総称である。

本書の構成と各章の概要

　まず、序章において、本研究の目的と課題ならびに研究方法が述べられている。本研究の目的を達成するために、具体的には以下4つの研究課題が設定されている。すなわち、①1980年代以降のアメリカにおける省察概念の導入と議論の展開を明らかにすること、②連邦政府主導の教員養成改革を踏まえたTRPの位置づけと展開状況を解明すること、③TRPの具体的事例の特徴と課題を描出すること、そして総括として、④現代アメリカ教員養成改革におけるTRPの意義と課題を明らかにすること、である。これらの研究課題に関する先行研究の検討と、概念整理、そして課題意識が述べられている。

　第1章は、研究課題①に応えるもので、具体的には1980年代にドナルド・ショーン（Donald A. Schön）の「省察的実践者」論が教職理論へ導入された経緯を整理するとともに、その「省察」概念を教職理論へと単純に応用することに対する批判的議論の展開を明らかにしている。ショーンの提起した「省察」概念は、さまざまな領域の専門家像を「技術的熟達者」から「省察的実践者」へと転換したことの意義は大きい。しかし、それは必ずしも教師固有の「省察」の在り方を論じたものではないため、無批判に教職理論へ導入することに異議を唱えたものとして、ケネス・ザイクナー（Kenneth M. Zeichner）とダニエル・リストン（Daniel P. Liston）の「省察的教育実践（reflective teaching）」論と、彼らの共同研究の成果が紹介されている。「省察的教育実践」論においてザイクナーとリストンは、教師とは、社会的に不利な状況に置かれている子どもたちの教育の機会を保障し、公正な社会の実現に向けて行為する「社会的アクター（social actor）」であると捉え、この実践を支える教職固有の「省察」は、「社会正義」を基盤とするべきことを明示している。

　第2章は、研究課題②への応答である。まず、1980年代以降のアメリカ連邦政府主導の教員養成改革の動向を整理し、そのなかにおけるTRPの位置づけと特徴について明らかにしている。

アメリカでは、『危機に立つ国家』が公表されて以降、国家的政策課題として公教育改革に焦点があてられるようになり、教員養成の高度化を企図した大学と学校との連携による「臨床経験」が教員養成カリキュラムにおいて重視されるようになった。しかし、多様な問題を抱える都市部の教育困難校では、教員養成の高度化よりも教員の量的確保が緊急の課題であり、また、大学における学問重視の伝統的な教員養成が都市部の教育困難校の課題に応えていないとの批判もあり、大学での学修を必要としない代替ルートの教員養成プログラムが拡大することになった。それに対し、TRPは、大学における伝統的な教員養成と代替ルートそれぞれの短所を克服する「第三の領域」に位置づくという。すなわち、教育困難校における長期実習による「臨床経験」と大学における科目履修を往還させ、「社会正義」を志向する「省察」に基づく実践可能な教師の質と量を確保する教員養成プログラムがTRPの特徴として示されている。

第3章〜第5章は、研究課題③に対応するものであり、TRPの具体的な複数の事例について「理念とカリキュラム」ならびに「運営体制」という2つの視点からそれぞれを分析し比較検討することで、TRPの特徴と課題を明らかにしている。対象となった事例は、マサチューセッツ州ボストン学区の「ボストン教員レジデンシー」（第3章）、ワシントン州シアトル学区の「シアトル教員レジデンシー」（第4章）、そしてコロラド大学デンバー校の「NxtGEN教員レジデンシープログラム」（第5章）の3つである。それぞれの事例に関連する各種資料やウェブサイト情報、関係者への聞き取り調査等を踏まえ、各事例の共通点や相違点ならびに成果や課題が詳述されている。

第6章では、上記3つのTRPの事例分析の結果を比較検討し、「教員レジデンシー」の特徴を整理している。まず、プログラムの「理念とカリキュラム」という視点から分析した結果、各TRPに共通して「社会正義」志向の「省察」を教職の専門性の中核に据えたプログラム理念が

認められること、そして、その理念を実現するためのカリキュラムとして、大学での理論的な学修と教育困難校での実習という「土台―実践の往還構造」が重視されていることが明らかにされている。しかし、各TRPが置かれる学区の困難な状況はそれぞれ異なるため、「社会正義」のベクトルの方向性は一様ではなく、また「土台」としての大学における修学の位置づけもプログラムによって異なることが示されている。つぎに、プログラムの「運営体制」という視点から分析すると、各TRPとも、大学・学校・教育委員会・NPO等さまざまな組織の連携により運営されているという点では共通しているものの、ガバナンスにおいてどの組織がイニシアチブを握り大学をどう位置づけているかによって、「自営型」「混合型」「大学基盤型」という3タイプに分類できることが明らかにされている。そして、この多様な運営の在り方が、地域の文脈や教育課題に密着したプログラムの実現を可能にしていると結論づけている。

終章では、研究課題④について、すなわち、研究課題①〜③を踏まえた現代のアメリカ教員養成改革におけるTRPの意義と課題が総合的に考察され、研究の成果と今後の課題が述べられている。総合考察の結果は以下の3点に集約される。第一に、1980年代以降のアメリカで展開してきた「社会正義」を志向する教職固有の「省察」論は、TRPの理念に明確に位置づいており、その理念を具現化するためのカリキュラムとして、大学での学修という「土台」と教育困難校での「臨床経験」という「実践」とを往還させる多様なプログラムが展開していることが明らかとなった。第二に、連邦政府主導の教員養成改革においても、都市部の教育困難校に従事する教員の質的・量的確保は焦眉の課題であることから多くのTRPが連邦補助金を受給し運営されていること、それゆえ、TRPは「草の根的教員改革（下からの改革）と連邦政府主導の教員養成改革（上からの改革）とを統合させた位置にある」（p.195）ということも明らかになった。第三に、TRPのカリキュラムが「土台―

実践往還構造」を重視しているといっても、その「土台」は、必ずしも大学における学問的学修を想定しているわけではなく、ともすると、単なる「実践」の下支えという狭義の「土台」と捉えられている可能性もあること、さらには、今後、直接的な「土台」と見なされない学問分野が教員養成プログラムから排除されかねないことへの危惧も示されている。

補章は、日本の文脈において「社会正義」志向の「省察」が展開される可能性を論じており、本書の副題である「教員レジデンシープログラムの展開に学ぶ」に応答する章となっている。まず、現代の日本では、教員の自律性や専門性が揺らいでおり、教職の公共的使命が看過される傾向にあることを踏まえ、「社会正義」志向の「省察」概念を日本の教職の専門性の基盤に据える必要性が明示されている。また、近年の日本の教員養成政策において「実践的指導力」が偏重され、教職課程コアカリキュラムや教員育成指標といったスタンダードが次つぎと整備されるなか、「学問体系の中で大学における教員養成が行われる意義」を今一度考える必要があるという重要な指摘がなされている。

本書の意義と日本への示唆

TRPは、2000年代以降になって本格的に広がりを見せたプログラムのため、日本はもちろんのこと、アメリカにおいてもまだ研究の蓄積は十分ではない。さらに、本書のように、「社会正義」と「省察」という2つの鍵概念に着目し、複数のTRPの事例を全米の教員養成改革の動向と照らし合わせながら分析した研究は新規性に富み、TRPの研究の蓄積に大きく貢献するものである。しかし、本書の貢献は決してそれだけに留まらない。

第一に、本書が「社会正義」を志向する「省察」概念を教職の専門性の中核に位置づけ、教職が公共的使命に基づく専門職であることを再確認し、その教職固有の「省察」に基づく教育実践のためには、大学における学問的学修と「臨床経験」を有機的に組み合わせた教員養成

カリキュラムの構築が必須であることを明示した意義は大きい。日本の教員養成においても、「省察」や「理論と実践の往還」が強調されるようになってから久しい。だが、近年は、本書でも言及されている「実践的指導力」への傾倒に加え、全国的な教員不足を背景に、教育実習に係る要件の大幅な緩和や、教員採用試験の大学3年生等への前倒し受験など、大学における学修と「臨床経験」の双方ともが軽視される改革が進行している。本書が示す知見は、こうした日本の教員養成改革がいかに深刻な問題を生み出すかを示唆していると言えよう。

第二に、本書はTRPにおける教員養成の内実に迫るだけでなく、連邦政府の教育改革の動向や、多様なアクターが関与する教員養成に関するガバナンスの問題を解明した意義も大きい。厳密に言えば、3つのTRPの聞き取り調査において対象者と人数にかなり偏りがあることや、これは本書にも「今後の課題」として挙げているが、州や学区の自治が強いアメリカにおいて、TRPのガバナンスにおいても看過できないであろう当該の州や学区の施策を踏まえた分析が十分なされているとは言えないことは気になるものの、本研究には、これらの課題を補って余りある重要な成果が示されていることに間違いはない。本書の示す知見は、教師教育、教育方法、教育行政、教育政策等、多岐の研究分野に関与する学際的な内容となっており、改めて、教員養成をめぐる課題にアプローチするためには、こうした学際的な視点が不可欠であることを認識させてくれる。今後の教師教育ならびに教師教育学における研究方法を考える上でも重要な視点を提供している。

日本を含む世界全体で、教員養成をめぐる課題は山積し、我々はその解決において一刻の猶予もない状況に立たされている。今一度、教職の公共的使命に立ち戻り、今後の教員養成を展望する上で必読の書であると考える。

（学文社、2023年2月発行、A5判、260頁、本体4,800円＋税）

疋田祥人 著

『技術教育のための教員養成担当者養成の史的研究
―東京高等師範学校図画手工専修科の役割と意義―』

丸山　剛史（宇都宮大学）

本書は、わが国の普通教育としての技術教育のための教員養成に関する歴史的研究に関する単著であり、著者が2004年3月に東京学芸大学から博士（教育学）を授与された学位論文「戦前日本の手工科担当師範学校教員の養成における東京高等師範学校図画手工専修科の役割と意義」に加筆・修正を施し、科学研究費補助金研究成果公開促進費（学術図書）の交付を受けて公刊されたものである。公刊に際し、表題が「技術教育のための教員養成担当者養成の史的研究―東京高等師範学校図画手工専修科の役割と意義―」と改められている。

著者は、わが国において「教員養成担当者養成のあり方について」「改善の必要性が指摘されている」現状及び、わが国の「普通教育としての技術教育が質・量ともに貧弱になっている」状況に鑑み、「改善の方途を探るべく」、戦後以上に普通教育としての技術教育を重く位置づけていた戦前に遡り、旧学制下の師範学校手工担当教員養成を取り上げた。特に東京高等師範学校（以下、東京高師）図画手工専修科が検討されている。同科の設置は臨時的であるが、明治から昭和10年代まで断続的に設置されていた。そのため、本書は旧学制下、師範学校手工担当教員養成の通史的性格をもつ著作となっている。

師範学校手工担当教員養成に関しては、国立教育研究所編『日本近代教育百年史　学校教育（2）』（以下、『百年史』、1974年）において東京美術学校（以下、美校）図画師範科および高等師範学校手工専修科等が挙げられ、「これらの課程において、とくに師範学校の図画および手工の教員が養成されたことは注目すべきであろう」と指摘されながら、その後、深められることはなかった。故・佐々木享も「手工教育の史的研究は少なくないけれども、その教員養成に関する研究はひどく少ない」（佐々木「技術・職業教育教員養成史研究の現状と課題」田中喜美（研究代表）『技術・職業教育の教員養成における大学の役割とカリキュラムに関する比較教育史的研究』、2002年）と記さざるを得なかった。本書は、こうした師範学校手工担当教員養成に関して掘り下げて検討しており、研究史を書き換える著書となっている。しかも主たる研究対象である東京高師図画手工専修科に関しては『百年史』では「美術の教員養成」機関として把握され、『百年史　産業教育(1)』（1973年）では「工業教育」機関として取り上げられ、見解の相違がみられるものを、本書では技術教育の教員養成機関として再把握され、見解の相違が克服されるかたちになっており、その点も見過ごされてはならない。田中喜美・木下龍らによりアメリカ合衆国技術教育教員養成史研究の共著（『アメリカ合衆国技術教育教員養成実践史論』、2010年）が著されたが、日本技術教育教員養成史研究の著書も登場し、技術教育教員養成史の研究に厚みをもたせ、後進が当該分野の研究に着手しやすくしたという点でも学界に対する貢献は小さくない。以下、概要を紹介し批評を試みる。章構成は次のとおり。

序章　課題の設定と研究方法／第1章　手工科担当師範学校教員の養成における直接養成と間接養成／第2章　東京美術学校図画師範科による手工科担当師範学校教員の供給／第3章

東京高等師範学校図画手工専修科による手工科担当師範学校教員の供給／第4章　東京高等師範学校図画手工専修科における教員構成と学科課程／第5章　東京高等師範学校図画手工専修科における手工科担当師範学校教員の養成の営み／終章　手工科担当師範学校教員の養成における東京高等師範学校図画手工専修科の役割と意義

　第1章は、中島太郎編『教員養成の研究』（1961年）における「直接養成」「間接養成」の枠組みにもとづき、高等師範学校理化学科、東京高師手工専修科、美校図画師範科、第二臨時教員養成所図画手工科等の養成機関と、文部省師範学校中学校高等女学校教員検定試験の試験検定および無試験検定に関して、「手工科教員免許状取得状況」を明らかにしている。資料は『高等師範学校一覧』等の学校一覧と『大日本帝国文部省年報』が用いられている。そして、教員免許状取得という点では「直接養成の比重が他の方式に比べ相対的に高」く、美校図画師範科、東京高師図画手工専修科の2つの養成機関が果たした役割が「特段に高かった」とされている。

　第2章は、手工科教員免許状取得という点で量的に最も多かった美校図画師範科卒業生について、『東京美術学校一覧』、『中等教育諸学校職員録』を用いて、卒業後の勤務先及び担当学科を検討している。検討の結果、美校図画師範科卒業生は師範学校、中学校、高等女学校では図画科を担当する場合が多く、手工科を担当する者は少なかったことが明らかにされている。そして「東京美術学校図画師範科での事実として担っていた役割は、師範学校、中学校、高等女学校で図画科を担当する教員の供給を中心に行われていたといえる」と結論づけられている。

　第3章は、東京高師図画手工専修科卒業生について、『東京高等師範学校一覧』、『中等教育諸学校職員録』を用いて、卒業後の勤務先及び担当学科を明らかにしている。検討の結果、中学校作業科設置（1932年）以前には同専修科卒業生の「多くが師範学校や女子師範学校に勤務」

し、「全卒業生の5割以上の者が、師範学校に勤務していた」。論述の過程では1922年度を例にして師範学校手工科担当者105名中38人（36％）が同専修科卒業生であったこと、等が明らかにされている。作業科設置以後は作業科教員養成にも一定の役割を果たしたとされる。その上で、「東京高等師範学校図画手工専修科は、手工科担当師範学校教員の供給にとって量的に相当程度大きな役割を果たしていた」と結論づけるとともに、さらに踏み込んで、「戦前日本の手工科担当師範学校教員の供給が、実態としては東京高等師範学校図画手工専修科を中心に行われていたことを示唆している」とし、東京高師図画手工専修科の役割を強調している。

　第4章は、東京高師図画手工専修科について、学校一覧を主な資料として、教員構成、学科課程の2点について分析している。そして同専修科における「手工科教育のための教員スタッフは、図画科に比して、早い段階から人的要件が整えられ」、「時期をおうごとにさらに整備され、充実していった」こと、「手工科担当教授は、附属学校での教育実践を経験していたこと」、学科課程については、手工科および図画科の授業時間数の占める割合が高く、「授業練習」を重く位置づけ、そのほか数学および物理の教育が重視されていたこと、等の諸特徴が明らかにされている。

　第5章は、東京高師図画手工専修科の学科課程における実習重視の特徴について、その内容的特質を明らかにすることが試みられている。しかし、実習に関する資料が残存していないため、師範学校手工教科書（10冊）が分析対象に据えられている。分析視点としては、「実習の内容」、「実習の内容を教授する方法」、「手工科教育理論」の3つが設定された。分析の結果は次のように結論づけられた。「手工科担当師範学校教員の養成の実際は、工業分野の技術を学ばせ、労働の価値や労働の世界を理解させるための手ほどきを与えるという文脈において、一方では、実習の内容の点で、『木工』『金工』から『竹細工』、『コンクリート工』、『粘土細工』『石

膏細工』までにわたる広範な分野について、各分野に関わる材料の特性と用途、道具類のしくみと原理ならびに操作法、および、加工法などのそれぞれの事項を、しかも、『木工』と『金工』においては、道具ばかりでなく工作機械を含んだ内容に精通させることが図られるとともに、他方では、実習の教授法の点で、実際の製品の製作に必要な作業とそれに関わる知識を、製作過程の分析にもとづいて抽出し、それらを系統的に排列しつつ、生徒の興味関心を考慮して総合し、再度、授業のなかで教材として、製作するべき製品に構成することに精通させることが図られた」。このように東京高師図画手工専修科における師範学校手工担当教員養成が工業分野の技術を対象とした教育であったこと、等を論じている。

　以上のように『中等教育諸学校職員録』等を用い量的検討が行われ、東京高師図画手工専修科の果たした役割が確定されている。質的側面に関しては東京高師のスタッフ、学科課程等が検討され「教育環境」が「充実」していたこと、等が指摘されている。特に重視された実習に関しては史資料が不十分なため師範学校用教科書を用いて内容的特質の解明が試みられ、苦心の跡も窺える。結論に至る記述は簡潔かつ明瞭でありわかりやすい。研究方法論に注意を払うことにより研究史を書き換え、新たな知見を提供した点は評価されてよいし、通史的展望を与えている点は特筆すべきである。

　他方、なぜ東京工業学校ではなく高等師範学校であったのか、なぜスタッフは充実していったか等、背景や理由は論及されておらず説得的でない。例えば、「実業教育」は「軍国主義とかたくむすびついていた」（小川太郎編『軍国主義教育の歴史』、1970年）との指摘もあり、高等師範学校での師範学校手工担当教員養成には軍国主義から距離をおこうとする意図もあったのではないか。もう少し粘着質な論述で特質解明を追求してほしかった。また公刊に際し表題が改められたが、東京高師図画手工専修科が「充実」していたことを指摘しただけでは十分でなく、戦後の不振の原因・遠因にもふれなければ表題とのズレを感じさせてしまうのではないか。

　その他、資料は少ないかもしれないが、駆使されているかといえばそうとはいえない。国立公文書館デジタルアーカイブには東京高師図画手工専修科の廃止と新設の芸能科への発展的解消に関する史料があるが、本書では組織の改廃といった基本的事項に言及しておらず、厳密さを欠き、歴史研究としては残念であった。

　とはいえ、通史的に検討され、手工教育教員養成史の全体構造が明らかにされ、研究水準が引き上げられており、教員養成史研究、手工教育史研究に取り組む者にとっての必読の書であることは間違いない。

　最後に、書評としては適切ではないかもしれないが、評者が先達から口頭で注意を受けたことを書き留めておきたい。ある手工研究者は岡山秀吉の真の後継者としての伊藤信一郎の存在に注目しており、伊藤の挫折に注目していた。また故・佐々木享氏からは板倉賛治、田原輝夫の役割について注意を促されたことがある。今後の検討の際、留意していただければ幸いである。

　著者は普通教育としての技術教育の問題を教員養成の側面から検討しようとしているため、今後、第二次大戦中、戦後へと検討を進めていくであろう。この後の展開は青年師範学校をも視野に入れる必要があり、険しい道が続くであろうが、開拓され、2冊目の著書が編まれることを念願する。

（大学教育出版、2022年11月発行、A5判、185頁、本体2,800円＋税）

<書評〉

村井尚子 著

『ヴァン＝マーネンの教育学』

子安　潤（中部大学）

村井尚子著『ヴァン＝マーネンの教育学』（ナカニシヤ出版）は、氏の博士論文を基本に加筆したものと「あとがき」にある。書名は教育哲学や教育思想系の博士論文であることをうかがわせる。しかし、書名から推測させる通りの著作であるならば、書評を引き受けなかった。取り上げられた人物の来歴と詳細な概念の検討が続くタイプの文章は、アカデミックな論文の作法としてある程度必要ではあるが、関心のあるテーマの議論に行き着く前に疲れてしまうことがしばしばあるからである。ところが、次に掲げる目次からわかるように、評者の専門領域である教育方法学と関わりの深いテーマが、本書は若い数字の章から並んでいる。その構成に期待して担当させていただくことにした。誤解のないように補足すると、教育方法学領域の博士論文でも、取り上げる人物の思考の形成史や交友関係が詳細に紹介され、テーマに関連する概念の微細な検討が行われることはある。本書はそうした博士論文の作法を踏まえつつも、キー概念の先行研究を要領よく提示し、キーワードの議論に早めに入り込んでくれているとみた。部と章のタイトルだけ記しておく。

はじめに
第1部　ヴァン＝マーネンの教育学
　　第1章　ヴァン＝マーネンと教育学
　　第2章　ヴァン＝マーネンにおけるペダゴジー
第2部　教育の関係性
　　第3章　気がかりとしてのcare
　　第4章　応答としてのcareの可能性と不可能性
　　第5章　コンタクトとしての教育的関係
第3部　教育の時間性
　　第6章　教育的な契機
　　第7章　省察（リフレクション）の時間性
第4部　教育的タクトとその涵養の可能性
　　第8章　教育的タクトの先行研究とタクト概念の整理
　　第9章　ヴァン＝マーネンの教育的タクト
　　第10章　教育的な感受性と身体知としてのタクト
　　第11章　思慮深さの涵養と省察（リフレクション）
　　第12章　生きられた経験の記述による思慮深さの涵養
第5部　リフレクションによる教育的な敏感さと思慮深さの涵養
　　第13章　リフレクション概念の再検討
　　第14章　教育的敏感さを育むためのフィーリングのリフレクション
　　第15章　教育実践へのリフレクションの方法試案
　　第16章　生きられた経験の記述を通したリフレクションの事例
第6部　それでも教育者としてあること
　　第17章　教育のパトス的な質
　　第18章　問うこととしての教育学
おわりに

オランダで生まれ、カナダに渡って現象学的教育学の見地から教育的タクト論等の研究を行ったヴァン＝マーネンの研究事績を辿りなが

ら、その研究的到達点の意味を関連する教育学研究の系譜と対応させるという基礎作業から村井は始める。その議論の展開はかなり早い。例えばペダゴジーの概念の検討は、辞書的用法からギリシャ語源に論及してその意味づけへ、成人教育圏の理解に批判的教育学のジルーを持ち出し、さらにフランス語圏の把握を紹介し、英語圏のそれを巡ってヴァン＝マーネンの理解の位置を定めていく。その際にヴァン＝マーネンが取り上げた教育のワンシーンだけでなく、日本における勝田の把握あるいは教育実践にも接続させた議論をしていく。ヴァン＝マーネンの影響か、議論のスピードの速さが第一の特質と言っていいのではないだろうか。

　本書は、内容的には教育における省察（リフレクション）とその先行研究の考察を主題としている。とりわけ教育におけるタクト論ないしは教師のタクト形成のプロセスに関する研究が主題であり、そこに学ぶべき点がある。

　まず省察論。このところの省察論は、研究的な意味でも教師教育的な実践の意味でも、議論の俎上に登ることが増えた。省察の概念や試みは広範囲にわたり、研究的なアプローチとなるとトレンドはあるものの、多様な試みが提案されるようになった。具体的な教師の行為と実践のサイクルになんとか焦点付けようとする試みが多いが、混沌とした状況もある。そうした議論を整理することに本書は役立つだろう。村井は、技術的合理性において教育活動を捉えようとする把握に対して、省察的実践の対象としての教育というように、議論の対抗関係を手際よく示していくからである。そして、ヴァン＝マーネンの省察の把握やこのテーマについての理論的貢献を簡潔に提示していく。例えば、ショーンの省察における時間の観点の欠如が、省察的教師であろうとするとプレッシャーを与え、実践そのものをぎこちないものにするといった批判を紹介していく。ただ簡潔と言っても、そこには刺激的な指摘が織り込まれている。省察的教師などと言っても教育的な行為の渦中にある場合、省察は限定的なものに留まり、あれこれを考慮にいれた省察はできないのだなどという指摘がそれである。

　こうした指摘は個人や手法を礼賛してしまう表現を回避させ、同時に安易に留保をつけた考察で思考を停止させるものとも異なる。ヴァン＝マーネンに即しつつ、他方で議論を簡単に拡張しない論述姿勢であろう。それがヴァン＝マーネンに関する批判的議論を紹介したり、村井の見方を織り込むことにつながっているのであろう。それらは慎重ながら一定の示唆を与える論述となっている。例えば、繰り返しとなるが、ショーンの省察における視野が限定的なものに留まっていることなどへの論及がそれである。蛇足だが、評者は、教育実践における「振り返り」場面の拡大について、教育における省察論が影響したわけではないが、「振り返る前に、前に進める教育活動を豊かに」と思うことがある。教師の省察にも同じことを思うのである。定型的な授業をデザインしておいて、省察だけ詳細に考察する行き方に違和感を覚えるからである。こうした私的なフィーリングにもヴァン＝マーネンの議論が一定の妥当性を与えてくれていると読んだ。

　次に本書の学ぶべき中心であるタクト論に議論を進めよう。音楽の指揮者のタクトになぞらえて教師の教育活動を子どもの多様な応答に即して多彩に変容させる教師の活動を教育におけるタクトとして先達は議論してきた。第8章にあるように、ヘルバルトをはじめ近代の教育学を学んだ人々だけでなく、その用語を知ってか知らずか、優れた教育実践家に教育的タクトを思わせる言説を残している人々が少なくない。

　これについても村井は先行研究を手際よく紹介していく。教育的タクト論は多くの人が論及するがまとまった研究は多くはない。それは、タクトが掴まえにくい概念であること、ベテラン教師のカンやコツ、すなわち神秘化されたり名人芸として扱われがちであり、研究対象となりにくかったことが主因であろう。これを読み解く手がかりとなる研究が本書に示された。

　本書はタクトの常識的用法、語源、ヘルバル

トやヴァン＝マーネンの議論、特にその構造的把握、次いでメルロポンティの身体論、さらには最近の脳科学研究の知見ともつなぐ議論を展開している。こうした作業が、タクト論の道案内として有意義なものとなっているように思われる。さらに、教育的タクトをどのように涵養するかという観点から臨床的場面のタクト論的分析例を提示するという試みも行っており、具体的イメージを描きやすい論述となっている。

タクト論の従来の議論は、カンやコツあるいは褒め言葉としての名人芸論に陥っていると述べたが、奇妙なことにその反動として教育活動の技術主義的単純化を引き起こしてもきた。それは教師のタクトの涵養論がひどく経験主義的・精神主義的な側面を持っていたことが一因ではないかと思われる。そんな低水準な状況を越える試みとして、コルトハーヘンの省察論のARACTモデルに村井は注目していく。ヴァン＝マーネンが注目していたからでもあろうが、村井はそこに独自の考察を付け加えていく。

コルトハーヘンは、省察のプロセスを5つの局面に分ける。その頭文字をとってARACTモデルと呼ばれるが、第1局面は教師の行為すなわち実践そのもの、第2局面は教師の行為の振り返り、第3局面は本質的な諸相への気づき、第4局面はあらたな教師の行為の選択肢を創造する局面、第5局面がそれを試行する局面である。このサイクル論で特徴的なことは、第3局面が取り出され、なんでも気づけばよしとはしていないことである。続けてこの振り返りの局面について、具体的な手がかりとなる手法を定式化して見せている。

すなわち、このプロセスの中の特に2と3の局面に8つの問いを用いて振り返るという提案をしている。教師の側で4つ。①何をしたのか？事実を書き出すこと。②その時教師は何を意図していたのか？③教師はどう感じていたのか？④教師はほんとうは何をしたかったのか？この問い方を子どもの側にも4つ問う。合わせて8つの問いに答えることで省察の入り口にしようとしている。その後の諸研究では論者によって8つの問いの位置づけに微妙な違いがあるが、省察論を深め、具体的に進めていくための有益な議論を展開している。この議論と推論に学ぶべき点の二つ目がある。

最後に、議論に触発されて考えたことを三つほど指摘して書評を閉じることにしたい。

まず一つは、ARACTモデルが日本の教育実践の分析、とりわけ生活指導的な実践分析の際の観点と類似点があることである。坂元忠芳『教育実践記録論』（あゆみ出版、1980年）にもみられるが、より具体的には大西忠治『実践記録の分析方法』（明治図書、1984年）に詳しい。大西は、教師が意図したことと教師が実際に行ったことには違いがあること、子どもの発言と行動にも同様のことがあること、教師の表のねらいと裏の隠されたねらいとが乖離していることがあること、そもそも表と裏のねらいを意識的に区分した教育実践が存在することを指摘していた。こうした教育実践分析の積み重ねと村井の分析がさらに対応させられていくと、省察もしくはタクト形成に寄与することになるであろう。

二つは、タクト論もしくは省察論は、教師の行為の方法学的知見を切り離して、その場のみの状況に即して分析される傾向がある。それは新しい知見や分析を生み出す上で必要なまなざしと言えるかもしれないが、他方で教師の教育活動のセオリーを構築していくもしくは解体していく点では弱点に見えなくもない。教育内容論・教材論、もしくは教育方法学的知見との結合の余地があるのではないかという期待である。

三つは、タクト形成論についてである。省察的実践論は、実践の中でも教育関係論的な視点したがって生活指導的・教育臨床的な教育活動に傾斜している。それらについては多くの実りをもたらすであろうが、教科教育的場面ではどうだろうか。内容論的知見から生まれるタクトの道もあると思われる。一層の多面的な理論的実践的展開に注目していきたい。

（ナカニシヤ出版、2022年3月発行、A5判、330頁、本体4,600円＋税）

〈書評〉

牛渡淳・牛渡亮 著

『教師教育におけるスタンダード政策の再検討 ——社会的公正、多様性、自主性の観点から』

高野 和子（明治大学）

1. 本書の特徴

本書は、アメリカと日本の教師教育改革を研究してきた教育行政学・教育経営学研究者（牛渡淳氏）と日・英・米の文化と教育について、とくに多文化教育と新自由主義批判について研究を行ってきた教育社会学・文化社会学研究者（牛渡亮氏）の共著書である。全体を一貫するのは、「『自主性と多様性と研究』をベースとした創造的な教職と教師教育を実現させ」るためには、「我が国の教師教育政策において、その作成・管理・運用において、『参加の原理、民主性の原理、専門職的自律性の原理』に基づく、協同的な作成・管理システムが必要」であること、そしてその制度的基盤があってこそ「教師教育における真の『社会的公正と多様性と自主性』が確保される」（あとがき、p.223）という、真摯かつ切実な主張である。

筆頭著者の牛渡淳氏は、アメリカ教師教育の研究者として知られてきた。本書第1部の担当章は氏のこの側面を示している。氏はまた、中央教育審議会教員養成部会臨時委員、教職課程コアカリキュラム検討委員会委員として教師教育政策形成の実際に関わってきた。さらに、それと時期が重なる形で、全国私立大学教職課程協会（全私教協。教職課程を置く私立大学の連合体）研究部長、同時に日本教師教育学会の研究部長をつとめてこられた。いわば、教職課程コアカリキュラムの作成・実施プロセスとその後の検証に「内部」と「外部」から関わる（p.111注1）ことになったというこの稀な経験のなかで生みだされたのが本書第2部所収の各章であ

る。そして、そこに表れているクリティカルに分析・考察する姿勢は、第3部所収の各章から読みとれる大学教育実践者として、さらには、私立大学の学長経験者としての経験と思索に基盤を持ち、支えられている。その意味で、本書は、研究／研究に関わる社会的活動／教育／研究・教育を成り立たせるための大学管理運営、といった多様な局面を生きてきた一人の研究者が、この時代（本書は、2014年から2020年に刊行された論文を加筆・修正した章と書き下ろしの章とで構成されている）の中で共著者をはじめとする共同研究者との間で響き合わせた思索の記録とも言える書籍である。

2. 本書の構成と概要

本書では、教師教育のスタンダード政策において「質や専門職性」と「多様性や自主性」をどのように両立させることができるのか（p.i）という問題意識にたって、三部構成で日米のスタンダード政策が考察されている。各部の章立ては以下の通りである。

第1部 社会的公正と専門職性を求める教師教育政策—アメリカの事例
　第1章 社会的公正と教師教育
　第2章 教師教育の高度化とその課題—アメリカにおける取組みから—
　第3章 アメリカの新自由主義的教育改革における専門職・文化スタンダード政策の意義
　第4章 アラスカ州における先住民族のための教員スタンダード—その構造と特

　　徴—

第2部　多様性と自主性から見る教師教育政策
　　　　の課題—日本の場合
　第5章　文科省による「教職課程コアカリキュラム」作成の経緯とその課題
　第6章　教師教育改革と私立大学の課題
　第7章　教職課程コアカリキュラムの再吟味—政策と研究の関わりを問う—
　第8章　地方自治体における教員育成協議会と教員育成指標作成の動向と課題—秋田県の事例を中心に—
第3部　教師教育と教育学・教養教育
　第9章　日本学術会議「教育学分野の参照基準」と教師教育—教員養成の前提としての教育学と教養教育—
　第10章　教養とは何か
　第11章　「子どもの貧困」研究の動向と課題—社会学と教育学からのアプローチ
　第12章　教職研究における「エートス研究」の意義と可能性—マックス・ウェーバー、マートン、ローティを手掛かりとして

　アメリカを扱う第1部では、教師教育における社会的公正という視点（第1章）を示したうえで、1980年代以降のアメリカの教育改革の歴史のなかで、「専門職・文化スタンダード」について、新自由主義的改革の流れとそれへの対抗的・補完的立場の流れの統合（とさらにはその綻び）という図式のなかで、そのねらいや内容が検討される（第2、3章）。スタンダードの特徴が①共通の枠組みによる質保証、②作成過程への当事者による参加の保障、③関係者の合意づくりという民主的プロセス保障のしくみにあることが明らかにされ、さらに「共通性」のためのスタンダードが（逆に）「多様性」をもたらすために利用されている例としてアラスカ州の「先住民のための教員スタンダード」が紹介されている（第4章）。

　第2部では、日本のスタンダード政策である、教職課程コアカリキュラム（第5、6、7

章）、教員育成指標（第8章）が検討される。手前に第1部の各章がおかれていることによって、読者は日本の状況を相対化して考える足がかりを得られるという配置になっている。「コアカリキュラム」とはそもそもなにか、他分野の専門職養成ではどうなっているのかから解き明かし、焦点が「共通性と大学の自主性の関係」にあることを示した記述は、章が進むにつれて厳しくなり、「実態としては、教職課程コアカリキュラムは、教職課程の『コア』ではなく、『国家基準』的機能を持つことになった」との評価が示される（p.108）。そして、これに対して専門家団体としての学会の果たすべき役割の重要性が繰り返し強く提起される。政策形成のプロセスだけではなく、コアカリについては全私教協のアンケート調査、育成指標については秋田県の事例にもとづいた具体的な検討が加えられている。また、コアカリ検討委員会において、コアカリキュラムをどのような形で実施するか（法的根拠や実施方法の詳細等）が委員に明確に示されなかったこと（p.107）など、公表されている文書資料のみからでは知り得ない経過が述べられている点も興味深い。

　第3部では、日本のスタンダード政策において軽視されがちな「大学教育」や「教育学研究」の重要性が、教員養成と教育学の関連、教養教育の意味、「子どもの貧困」研究、教職研究における「エートス」研究の検討を通じて明らかにされる。日本の教職研究に対して、「近年の教師をめぐる様々な問題や改革について、それぞれの個別の問題として扱うのではなく、エートス研究の視点から、それぞれの問題や改革が教職にもたらす意味や意義を総合的に明らかにすることも必要」（p.214）という指摘は興味深い。

3．教師教育研究の発展のために

　「1．本書の特徴」の最初で紹介した本書の主張には共感するところが非常に多い。また、筆頭著者が研究者・教育者として視野におさめてきたものの幅の広さと生き方の深さが表れている一冊であることから、それ以外でも読み手と

しての思考が触発されることも多多あった。「スタンダード政策の再検討」という本書のメインテーマからはそれるところもあるが、本書の記述で注意を向けるべきと感じた点、本書から評者が考えさせられたことを列記したい。

一つは、「学校において将来の市民を育成する教師自体が、市民でもあり専門家でもある必要があるのであり、その意味で、教員養成カリキュラムは、狭い『実践志向』『方法論志向』のみのカリキュラムによってではなく、教育学研究と教養教育の両者を重要な部分として組み込んだものでなければならない」（p.136）という記述の最初の部分である。ここを読んだとき、カリフォルニア大学バークレー校の初等教員養成プログラムからは、養成すべき教師像として、教育実践者としての教師、研究者としての教師、高い教育を受けた（教養ある）者としての教師、成人学習者としての教師、の四つが読みとれるという指摘（第２章　p.21）を思い出した。「市民でもあり専門家でもある」教師、「成人学習者としての教師」というのは、日本での教育公務員を念頭においた「資質向上策」を検証する際には落としてはならない視点であると感じる。

二つ目は、目的養成を行っている他の専門職では、コアカリは各大学の養成カリキュラムのおよそ２／３で、残りは担当者や大学に委ねられているのに対し、教員養成の場合は割合についての基本原則を明確にできず（第５、７章）、「明示されないことにより、教員養成の内容の全てを、国が詳細に定めたコアカリキュラムで占めることになる危険性もある」（p.86）と指摘されている点について。全私教協のアンケート調査では、「授業担当者自らが『画一化』を受け入れる『自己規制』の傾向が見られた」ともいう（p.108）。これについては、教員自身の仕事に関する裁量の問題と結びつけて論じる必要があるだろう。教員養成といういとなみが、学習指導要領でほぼ埋め尽くされているような初等中等学校を職場として働く人を育てることになっているという点での、他の専門職養成、他国

との違いである。これは、アラスカ州のように、画一性・共通性を志向するスタンダード政策を、逆に、教育現場や教員の「多様性」確保のための方策とする（第４章）ための条件を問うことでもある。この点、第12章で示された教職研究における「エートス」研究という手法の意義と可能性—本書では、大学での教員養成についても、実務家教員が拡充されることで従来の「大学のエートス」が変わってきているのではないかとの指摘（p.215）がなされている—も手がかりになるだろう。

一方で残念に思ったことが一つある。書籍サブタイトルの最初にある「社会的公正」をめぐってである。第１章で、教師教育における社会的公正についてC.Sleeterの論がとりあげられ、「新自由主義は教師教育から社会的公正に関する内容を削除することで、…③教師をあくまで生徒の試験での得点を上げるための技術者として養成することを目指している」という指摘が紹介されている。しかし、「社会的公正に関する内容を削除」とは、具体的にどういうことなのか、スタンダードからの削除として考えてよいのか。その後の章の中でも、社会的公正がアメリカのスタンダード政策の展開のなかでどのように扱われてきたのかについて、明示的には論じられておらず、歯がゆい思いがする。第１部の後半、あるいは巻末に「おわりに」を設けて第11章をもふまえて、社会的公正を論じるべきではなかったかと惜しまれる。

いずれにせよ、教員不足対応を理由として教職の専門性をなし崩しにする方策が次々と導入されていく今日の状況のなかで、「教師教育改革は、私たちがこれからどのような社会を作り出していくのかという問題と深く関わるものであり、単なる制度上の必要を満たす以上の意義を持っている」（p.12）という構えで編まれた本書から学ぶべきことは多い。

（東信堂、2022年12月発行、Ａ５判、230頁、本体3,400円＋税）

B・クマラヴァディヴェル 著、南浦涼介・瀬尾匡輝・田嶋美砂子 訳 『言語教師教育論――境界なき時代の「知る・分析する・認識する・為す・見る」教師』

渡辺　貴裕（東京学芸大学）

本書は、B・クマラヴァディヴェルが2012年に出版したLanguage Teacher Education for a Global Society：A Modular Model for Knowing, Analyzing, Recognizing, Doing, and Seeingの全訳を中心に構成された書籍である。

第二言語教育や外国語教育の教師をどのように育てればよいのか、また、そもそもそうした言語教師教育にはどのような課題があるのか。

こうした問いに答えるために、クマラヴァディヴェルは、第1章でまず、言語教師教育が直面している「グローバル化」を、「ポスト国民国家」「ポストモダン」「ポストコロニアル」「ポスト伝達主義」「ポストメソッド」の5つの視点に分けて説明し、今後必要な原理として、「場の特殊性」「実践性」「可能性」の3つを挙げる。「ローカルな場の、個人的、制度的、社会的、そして文化的な文脈」に目を向けること、教師を知識の「消費者」ではなく「生産者」として位置づけること、「答え」の伝達ではなく知を批判的に捉えることの3つである。そのうえで氏は、直線的で要素累積的な教師教育モデルに代わる、「円環的、対話的、統合的」な「モジュールモデル」を提案する。続く第2章から第6章は、その構成要素である「知る」「分析する」「認識する」「為す」「見る」にそれぞれ対応したものである。そして第7章であらためて、「モジュールモデル」の考え方や意義について説明する。

本書の特色は2つある。

1つめは、クマラヴァディヴェルの言語教師教育論の射程の長さである。英語による言語的・文化的支配など、言語教育分野でより特徴的に表れる問題がある一方、本書の内容は基本的には、「モジュールモデル」といった大枠も、「知る」「分析する」「認識する」「為す」「見る」の各論も、広く教師教育一般に通じるものである。「第4章　認識する」における「教えることの自己」の問題しかり、「第6章　見る」における「見る」ことの3段階（「見つめる」「見なす」「見とおす」）しかりである。

2つめは、翻訳書出版時の工夫である。本書には、クマラヴァディヴェルの2012年の原著にはない2つの要素がある。1つは、「ポストメソッド」へのデイヴィット・M・ベルによる批判と、それへのクマラヴァディヴェルの応答が「補論」として収められていることである。この工夫により、「メソッド」批判とその受容が立体的に理解できるようになっている。もう1つは、章の間に挟まれる計4つの「訳者座談会」である。英語教育、日本語教育など異なる背景をもつ3名の訳者が、「章末タスク」ほかについて話し合う。英語教育における「グローバル化」の受け取り方の偏り、多忙さのため「答え」を欲してしまう教師側の実情など、日本の文脈に引きつけながら率直な内容が語られており、クマラヴァディヴェルの議論の引きとり方を考えるうえでの刺激となる。

「モジュールモデル」に基づく教師教育プログラムの実例が示されるわけではないため、本書でその具体像をつかむのはなかなか難しい。しかし、新たな教師教育のあり方を構想するための手がかりは十分得られる一冊である。

（春風社、2022年2月発行、A5判、302頁、本体4,000円＋税）

〈文献紹介〉

北海道教育大学釧路校 編著

『地域探求力・地域連携力を高める教師の育成 ——地域協働型教員養成教育の挑戦——』

船越　勝（和歌山大学）

　本書は、北海道教育大学釧路校が、「実践的な課題探究力を高め、地域の創生に寄与できる教員養成教育を目指して」（本書はじめに）挑戦的に取り組んで来られた地域協働型教員養成教育プロジェクトの研究成果をまとめた、いわば問題提起の書である。

　本書は、5部19章からなる大部の書であり、本書の骨格をなす5部の構成は、以下の通りとなっている。

Ⅰ　地域協働型教員養成教育の理論と実践—地域課題解決に向けた協働的・探究的方法

Ⅱ　北海道教育大学釧路校の地域協働型教員養成教育プログラムの特色

Ⅲ　釧路校の学生が地域へ出向き、地域と共に成長する地域協働型教員養成教育

Ⅳ　地域と協働する教育研究開発と地域協働型教員養成教育

Ⅴ　教育実習開発と地域協働型教員養成教育

　さて、筆者は先に本書は教員養成教育に関する挑戦的な取り組みであり、問題提起の書であると述べたが、それはなぜか。周知の通り、新学習指導要領では「社会に開かれた教育課程」が提起されたり、制度論的にもコミュニティ・スクールや高校魅力化プロジェクト等が推進されたりしてきたが、それらを担いうる教員の養成や教師教育の問題は、残念ながら十分着手されて来たわけではない。いや、むしろ地域の活動は、学校の教員からするといわば「お荷物」であり、多忙化を促進させ、働き方改革に逆行するものだという意識すら存在しているのではないか。しかし、本来学校と地域の関係は、東日本大震災の経験等から改めて明らかになった

ように、地域と住民があって初めて学校があるのである。つまり、学校が地域を利用するだけではなく、学校が地域の持続的発展にどのように貢献できるかが問われているのであり、教員はその担い手になることがまさに今求められているのである。本書は、こうした学校の地域協働の役割とそれを可能にする教員の資質・能力を正面に掲げた理論と実践の問題提起だからこそ、挑戦的と評したのである。

　ところで、本書のもとになっている釧路校の地域協働型教員養成プロジェクトの中心の玉井康之氏とは、以前総合的な学習の時間の本を共同で編集したことがある（『地域を生かせ！総合的な学習の展開』東洋館出版社、2000年）。その際、私が民間の研究会などで特色ある実践を行っていた教師に原稿依頼をしたのに対して、玉井氏は3校とも北海道の学校であった。ここに表れているように、本書が提起している地域協働型教員養成は、玉井氏を初めとした釧路校の先生方の20年以上にわたる地域の学校や行政、市民の方々との息の長い地道な連携・協働の取り組みをもとに構築されて来たのである。筆者が務める和歌山大学教育学部でもへき地複式教育実習等に取り組んでいるが、大学の地域貢献や地域に対する責任ある教員養成が問われる今日、本書から多くを学んで、全国の大学が地域と協働して、こだわりのある地域連携型教員養成カリキュラムと実践をスタートさせることを期待したい。

（東洋館出版社、2022年3月発行、A5判、431頁、本体2,600円＋税）

〈文献紹介〉

日本社会科教育学会 編
『教科専門性をはぐくむ教師教育』

釜本　健司（新潟大学）

本書は、日本社会科教育学会が「社会科教育学と教師教育論」というテーマのもとで、3回のシンポジウムや学会大会の課題研究における議論の成果をまとめて出版したものである。

本書は4部構成で18編の論考からなる。第1部「社会科の専門性と教師教育」は、第1章で、社会科教師の専門性を、「専門科学の著書・論文を読解し、そこに示されている概念・観念を読み取り、それらを教科の学習に変換し、組み換えること」（p.9）と定義し、その方法論を示す。第2章では、主権者が育つ授業と学校の実現を支える小学校における社会科研修のあり方を論じる。第3章では、中・高等学校社会系教科の教員養成における「教科専門科目」の変遷の整理をもとに、教科内容研究を深める「教科専門科目」のあり方が提言されている。

第2部「学生・教師の実態からみた教師教育」は、第1章で、教科の「常識」を問い直して省察を進める授業研究の実際とその意義や課題を論じている。第2章では、社会科教師をめざす大学生の教科観・授業観の特徴から、それらの更新を促す教師教育カリキュラムの改善策を示している。第3章では、社会系教科の教員による教育観のすりあわせを伴う、探究的学習を支えるための高等学校における組織的な授業研究の実際とその成立要因が述べられている。第4章では、文化資本・社会関係資本を視点とした教師を取り巻く現状の分析から、実現したい社会科授業の発信とそのための力量形成の重要性を述べる。

第3部「採用側からみた教師教育」は、第1章から第3章で、小中学校の管理職経験者の視点から、教育現場での授業研究の実際と意義や、教師を目指す学生の心構えが述べられる。第4章では、近年の教育政策で示された教師への要請から、社会科教師教育の課題を述べている。

第4部「教職大学院化と教師教育」は、第1章で、2000年代以降の教科教育を対象とした教師教育施策の動向と論点の提示を通して、社会科教育学への期待を述べている。第2章では社会科教科内容学の現状と課題が整理され、第3章では、主権者育成を目標とする社会科カリキュラム・授業づくりの視点から、PCK・教科内容構成学を批判的に検討している。

第4章から第6章では、教職大学院における社会科の教科教育の理論と実践を扱う授業科目の実際と課題が教科専門担当者・教科教育担当者・現職院生の立場から述べられている。第7章では、私立大学での社会科教員養成における専門性形成の現状と課題を述べている。

本書にみられた社会科教師の専門性と教師教育の重点は次の2点に整理できる。①社会科教師の専門性は、人文・社会諸科学の知見を社会科の教育内容や学習者の主体性を保障する授業に組み換えることにある。②前述の専門性をはぐくむ教師教育は、社会科の授業理論に基づく多様な教科観の理解と問い直しや「社会科のねらいについての議論」を基盤とする。

本書は、近年の教師教育研究の成果を取り入れつつ、多様な視点から社会科の教師教育を論じた点で貴重といえる。ぜひ一読されたい。

（東信堂、2022年4月発行、A5判、290＋12頁、本体3,200円＋税）

日本教師教育学会年報
第32号

8

〈第32回大会の記録〉

教師教育の現在を秋田の地から照射する
大会テーマ ——教員養成・研修の標準化と多様化、そして主体性——

1．企画の趣旨

2021年1月の中教審答申は、日本型学校教育が諸外国から高い評価を受けている要因として、「子どものためであればと頑張る教師の献身的な努力」を挙げている。しかし、社会構造の変化に伴い、日本型学校教育を維持していくため、早急に抜本的な対策が必要だとも述べている。本シンポジウムでは、全国の教育関係者が注目してきた秋田の教育の成果と課題を踏まえながら、全国の教師教育の現状、中教審での論議などを精査し、今後の教師の学びのあり方について検討することとした。すべてオンラインで、3名に報告を、1名に指定討論をお願いし、司会を福島裕敏（弘前大学）と佐藤が務めた。参加者からの質問はグーグルフォームで出してもらい、登壇者全員で共有しながら協議を行った。

2．報告の概要

1）阿部昇（秋田大学名誉教授）「教員養成と現職研修の成果と課題—秋田県の教員養成・現職研修と中教審答申を切り口に—」

秋田では県内どこでも探究型授業が展開され、それを日常的・継続的な質の高い共同研究が支えている。研究授業でも事前研究からチームで取り組まれ、メンバー全体の授業力量アップにつながり、成果・改善策が日常に反映されている。ところが、全国的には共同研究が形骸化し、探究型授業が悪しき活動主義に陥っている例が多い。この原因は教職員集団のピラミッド化や、異常なほどの多忙化とともに、中教審も含めて、教委や管理職がニーズと考えない研修が認められず、研修受講さえも管理され強制されていることにある。官製研修がモデルとされ、教育行政や制度・政策、教科書、学習指導要領などについての評価的・批判的検討を排除した条件付きの「主体」「自律」では、「主体的従属」でしかない。教職大学院も同様で、修士課程時代に比べて研究面の大幅な後退が起こっており、評価的・批判的検討の機会が圧倒的に減少し、専門職として授業研究、共同研究の実質的なリーダーとなるための高度な学びが保障されていない。

2）千々布敏弥（国立教育政策研究所）「教員研修を巡る機関哲学について—スタンダードと主体性の相克を超えるための視点—」

教育改革の流れを第1段階「公教育の量的拡大期」、第2段階「新自由主義による教育改革期」、第3段階「スタンダードによる公教育の水準上昇を目指した時期」、第4段階「学校の主体性を尊重する時期」に分ける議論によるとすれば、文部科学省は歴史的に第1段階の改革を推進してきたが、近年はスタンダードや目標設定による質保証を目指す第3段階の施策や、教員の自主的取り組みを期待する第4段階の施策が見られるようになっている。教員養成・研修については第1段階の施策を遂行し、第4段階の施策の構想が登場するも、第3段階の施策が中心になっている。新自由主義的な第2段階の施策は教育改革においても、教員施策においてもほとんど採用されていない。国の機関哲学として、スタンダードを求める考えと主体性を求める考えが同居しているが、スタンダードを求める施策の方が推進しやすいのに対して、主体性

を求める施策は推進しにくい。自治体レベルではスタンダードを求める考えが優位であるが、秋田など、主体性を尊重するところもあり、そこでは教師の実践力、研修のレベルも高くなっている。

3）貞広斎子（千葉大学）「教師・学校管理職の在り方を巡る政策論議と今後の方向性―中教審での議論を中心に―」

政策論議におけるレトリックの特徴として第一に、社会の側から、教師・学校管理職に欠如しているとみなされたものが政策課題とされ、本当に欠如しているかが不明なままに進められている（「欠損モデル」）。第二に、養成・採用・研修の強固な制度が教師の資質・能力を支えているという前提に立って制度改革が目指されるが、因果関係が検証されないままに進められている。第三にどの能力が必要かが明らかでないため、網羅的な教員研修が想定され、時間を単位に研修履歴を確認するシステムが作られようとしている。いずれも教育業界以外の社会的納得性を調達できる明確な研究知見が存在しないことが背景にあり、研究者の責任も問われる。これからの専門職としての教師の在り方、教師の資質能力育成に関わって提案したいことの第一は、資質能力ベースの研修の限界を前提とし、網羅的鍛錬志向の研修制度を限定化することである。教師に必要な資質能力は多岐にわたり、網羅的に提起できず、社会変化により急速に陳腐化する。また、能力の無理な指標化は資質能力の歪みを生む。第二に学校現場での学びによる職能開発を目指した「ローカルで協働的な学び」のシステム構築と支援を行うことである。第三に、現場の学びたいことの質を保証する中間組織の整備と認証制度の導入が検討されなければならない。同時に、主体的な校内研修を行うための人的、経済的、時間的、心理的資源の確保が必要となる。

4）石井英真（京都大学）「指定討論：現場主語の主体的・協働的な教師の学びを促す条件とは」

「個別最適な学び」と「教育DX」を掛け合わせ、レイヤー構造のプラットフォームビジネスをメタファーとする横断的な教育「変革」政策が、子ども主語から、教師主語へと変えられる中で、それが真に教師の自律的な学びをもたらすのか、教職への不信ではなく信頼を前提としてそれを高める方向で実装されるのか、など、令和答申と新研修制度の固有の論点が指摘できる。その上で、シンポジストに以下の点を問いたい。①校内研修依存でも民間教育研究団体の単純な復権でもない、新たな学びのネットワークやコミュニティの成立可能性、②主体的従属とハウツーの追求に向かいがちな政策実施の傾向の要因とその組み替え、③専門性をトップダウンに拘束するスタンダード化（標準化）ではなく、専門職性と自律性を支えるスタンダード（専門職基準）をボトムアップ的に明示的・暗黙的に立ち上げるプロセスと組織化、④働き方改革や質保証政策の先に、教職の専門職性と尊厳と信頼を回復させるための戦略や取り組み、エビデンス、⑤上記の課題への大学や学会の関わり。

3．討論

フロアからの質問への回答も含めて、シンポジストからは、研究的実践者・実践的研究者の具体的要件を総合的・多面的に明確化することや、評価的・批判的視点を大学・教員、学会も改めて重視すべきこと、教委・学校・教職大学院の独自性・多様性が保障されるべきこと、教育行政―大学―学会・民間教育研究団体を連携・往還するような大学教員を養成すること、教委・学校レベルで主体性ではなく管理へとシフトしていく状況を変えること、根本的な教育的価値に立った視点が必要であることなどが出され、中教審の議論、教職大学院、研修の在り方にも及ぶ有意義なシンポジウムとなった。

（文責・佐藤修司／秋田大学（第32回大会実行委員長））

「令和の日本型教育」における
〈個別最適な学び〉と〈協働的な学び〉
——〈能力〉〈評価〉の視点から——

1. 課題研究第 I 部会　研究大会課題の趣旨

本部会は、社会や学校の変容と教育施策の現状分析と考察を通じて、教師教育の課題をマクロな文脈の中で考察することを目的としている。本年度は、中教審答申の〈個別最適な学び〉と〈協働的な学び〉を、多角的に検討することとした。

〈個別最適な学び〉という施策は、教育界では「一人一人の子どもに、丁寧に対応すること」と肯定的にイメージされ、理解される傾向がある。同時に、〈協働的な学び〉は、多くは、〈個人学習—グループ学習〉のサイクルを繰り返す教育技術の方法として把握される。いずれも、学習の目的や形態について、従来の講義型授業からの大きな転換をもたらすことが目指されている。

答申に対しては、すでに「何にとって最適なのか」「ドリル型の学習にならないか」などの疑問も表されている。しかしながら提言は、授業の新しい形を提示し、変化を促すだけではない。看過されている点も多く、視点を変えたり、問題視する際の位置づけを変えれば、議論する範囲・内容も変わる。

課題研究第 I 部会では、この中教審答申の内容について、教育実践の現場ではそれがどのように取り組まれ、そこで、どのような意義、あるいは課題を有しているかについて、理論的に検討し、授業や学習方法の転換を考えるだけでなく、さらにはこうした施策が、社会における何を反映し、また、社会の中でどのような機能を果たすかを考える。

2. 報告者と内容

■報告者

1. 何のために何を評価しているのか—個別最適化の政治　桜井智恵子（関西学院大学）
2. すべての子どもを自立した学習者に　奈須正裕（上智大学）
3. 公共の広場としての学校—学校における学びの可能性—　浅井幸子（東京大学）

■内容

桜井氏は、1960年ごろに経済分野で誕生した「個別最適化」という概念が、近年人的資本論やEdTechとともに展開され、OECD教育雇用会議で、多くの反論を浴びながらも、教育スキル局長のシュライヒャーによって〈個の学び〉として強調されたことを指摘した。

そうした経緯を踏まえ、答申の「自立した個人」というポジティブな意味合いを含む「個別最適な学び」は、国際的競争に資する人材として子どもを養成していくための施策に他ならないことが指摘された。また、他の社会科学が「個人化」を問題にして議論が展開されようとしているとき、教育においても、こうした視点から考察する必要性が強調された。

奈須氏は、これまでの画一的な授業方法や、「正解主義」や「同調圧力」といった問題を克服し、すべての子どもを「自立した学習者」へと育て上げることを目指すため、個別最適な学びと協働的な学びの一体的な充実が求められたと述べる。またそれは、単なる学びの形態の変容なのではなく、「口頭継承パラダイム」から「現在のパラダイム」、さらには各自が今現在必要

とする経験や知識と出合い、主体的・個性的に学びを進めていく未来のモデルである「情報技術パラダイム」へのパラダイムシフトであるという。

氏は〈授業〉に焦点を当て、古くは奈良教育大学附属小学校の実践や、最近の山形県での実践の事例から、自分の学びを自分で自覚的に作れるようにし、点数ではなくて、学びそのものが面白いということや、自分たちで協働的に関係して行くことに価値を感じるような学びをどこまで実感させられるかが、答申下の教師に問われていることを強調した。

浅井氏は、「個別最適」な学びは、個人の連帯を断ち切って、学校教育の私事化と共同性の解体を正当化するイデオロギーとして機能する側面があると指摘した。そして、レッジョ・エミリア市の幼児教育や学びの共同体の事例を引きながら、現在、〈公教育〉としての学校は、「人生の一部で、持続的な期間にわたって、ほぼすべての人が継続的に所属する唯一の公共機関」であり、「民主主義の社会がまさにそこで形作られるような『公共の広場』」となる可能性をもつことから、公教育における授業では、対象の意味を共同で探究する営みを通して「共通世界」を持続的に生成し続けるように、多様な人々が参加し、それぞれが主人公となるようにデザインし続ける必要があると述べた。

3．議論と課題

画一的で規律遵守型の学校・学びからの大きな転換という点で、「令和の日本型教育」の答申を見るのは共通している。

しかしながら、デューイの思想的な系譜をひきつつも、奈須氏と浅井氏の議論は大きく離れている。奈須氏が、授業の改革と子どもの変化に焦点を当てているのに対し、浅井氏は、そうした学びが何につながっているのかについて考察していた。この違いは、学校における〈学びの目的〉の違い、そして〈公教育の目的〉の理解の相違を示すものだと考えられる。

また、桜井氏が一貫して指摘するように、「個別最適な学び」の背後に、「能力主義」「自己責任」の原理と、子どもたちを相互に他者化し、競争の中に落とし込める社会状況があることを考えると、学校での学びをより広い社会的視野の下で位置付ける必要性は大きい。公教育に浅井氏の指摘するような「世界の意味と価値を共同的かつ個別的に構築する場」をどのように実現化するのかという問題が、さらに引き続き検討されるべきだろう。そして教師教育に最も必要なのは、教師または教師教育者が、こうした議論を理解し、実践にどのように反映させることができるのか、これに尽きるのではないだろうか。

課題研究終了後20名程度がZOOMに残り、引き続いて議論をした。その際、「きのくに子どもの村」について、公教育崩壊後のオルタナティブとして評価する立場（桜井）、子どもの自由な活動を評価する立場（奈須）、コモンを作り出す協働性の欠如を見る立場（浅井）などが示され、課題研究討論時とはまた別の三者の構図が示された。学校教育の転換期にあたって、〈公教育〉の意義と課題について、より時間をかけた議論が必要だろう。

（文責・油布佐和子／早稲田大学）

課題研究Ⅱ

大学における教職課程の「グランドデザイン」を描く

課題研究Ⅱ「大学教育と教師教育」では、大学における教員養成のあり方について学際的・総合的な検討を行い、学術的基盤に基づいて日本独自の教員養成モデルを構築し、政策提言を行うことを目的としている。特に、教員養成の「制度」と「カリキュラム」という二つを研究対象として取り上げ、理論的および実証的アプローチを統合的に推進することを通して、大学における教員養成の理念や実態を明らかにするとともに、そのシステムの再構築に向けて、日本における教員養成の新たな高度化に向けた将来像を「グランドデザイン」として描くことを目指している。

本学会第32回研究大会では、2022年9月18日（日）にオンライン形態でシンポジウムを開催し、部会側から鹿毛雅治（慶應義塾大学）、岩田康之（東京学芸大学）、勝野正章（東京大学）が本研究プロジェクトの進捗状況と研究成果について報告し、それに対して学会外、学会内からそれぞれ指定討論者としてお招きした松下佳代氏（京都大学）と高野和子氏（明治大学）からコメントをいただいた上で、参加者とともに全体協議を行った。

1．部会からの報告

まず、鹿毛が研究プロジェクトの目的と研究経過を説明した後、部会が作成した「グランドデザイン（素案）」（以下「素案」）に対する意見聴取を目的として、教師教育に関する有識者25名（大学研究者10名、教職経験者3名、行政関係者8名、その他4名）を対象に2022年8月下旬から9月上旬に実施したインタビュー調査（オンライン形式）の結果のうち、特に「基本的

な考え方」について報告した。

「素案」では「基本的な考え方」(1)「これからの教師像」として、教師を自律的でクリエイティブな高度専門職市民性や感性を基盤として自ら学び考える存在として性格づけ、こうした教師になるためには教育に関連する理論を幅広く探究的に学ぶ体験が必要であり、それは大学教育を通じてこそ実現すると主張している。この点に関しては賛成96％（大いに56％、どちらかといえば40％）反対4％（どちらかといえば4％、大いに0％）だった。

「質と量の両方を視野に入れた制度設計」では、開放制の原則のもとで、教育学の知や専門分野の知といった「大学でしか学べないこと」の修得を十分に保障し「大学でこそやるべきこと」を前提とした目的養成にとどまらない多様な教職課程、養成制度を提言しているが、それに対しては賛成100％（大いに56％、どちらかといえば44％）だった。

「理論と実践の関係」については、「理論と実践の往還」の必要性を認めつつ、多様な養成ルートの確保を前提として、特に教育に関する分析の基軸として教育学の役割を重視して4年の学士課程の後に2年程度（大学院レベル）を加えることを提言した。この点に関しては、賛成88％（大いに40％、どちらかといえば48％）反対12％（どちらかといえば8％、大いに4％）だった。

次に岩田が「素案」の主に「カリキュラム」の側面に関する調査結果を報告した。とりわけ、有識者からのコメントを踏まえた今後の課題として「教育学研究者」「教職課程担当者」による内輪の議論からの脱却、大学人が主体性を

回復する必要性、「教員養成の課題」を「教育学」以外に広げていく議論が必須であるといった論点を指摘し、前向き・外向きの議論へと展開していく必要性を強調した。

最後に勝野から、「素案」の主に「制度」の側面に関する調査結果を報告した。特に課題や論点、問題点として、①「6年間を標準とした多様なルートを保障する免許制度」については「教員不足に拍車がかかる危険性」「インセンティブの必要性」「ニーズ把握の必要性」「大学院での学びを「標準化」した場合の学びの質の維持」、②「社会人を対象とした教員養成プログラム」については「特別免許状の是非」「社会人経験者を対象にした教員養成プログラムの内容」「教職特別課程を拡大する具体的方策」、③「大学と現場をつなぐ『導入プロセス』の再編」については、「非正規教員へのケア」「行政との連携」「学校全体の仕事環境改善」、④「文科省による課程認定制度の限界と改善の方向性」については「現在の課程認定制度教職課程コアカリキュラムの是非」「教員養成の質保証における国、大学、学会それぞれの役割」などの指摘があったことが示された。

2．指定討論者からのコメント

松下氏からは「グランドデザイン」や「コンピテンシー・ベース」といった用語を吟味する必要性が指摘されるとともに、他の専門職（特に医学分野）と比較することの有用性や日本学術会議による「大学教育の分野別質保証のための教育課程編成上の参照基準（教育学分野）」との関係性に関する論点が示された。とりわけ、「教師の専門職としての特徴」に関して、教師教育では、参照基準が示す三つの研究アプローチ（規範的、実証的、実践的）の統合が必要とされること、特に規範的アプローチ（何がよい教育なのかを問い続ける）に医学分野との違いがあることが指摘された。

高野氏からは「大学教師教育実践」という観点から一連の指摘がなされた。「素案」にある「知的探究のプロセスとして大学における教員養成を展開すること」に関連して、学問が深まる経験、さらには「自分が変わる経験＋変わったことを認識し意味づける経験」の意義に着目すること、ひいては教員養成教育を青年期教育の土台の上にのせる必要性や大学のシステムや場の全体を学習環境として再認識することの重要性が指摘された。

3．今後に向けて

その後の全体協議では、「素案」全体に対して賛意が得られたというインタビュー調査の結果（全体的に賛成40％、一部に異論があるがおおむね賛成44％、問題が多いが賛成できる点もある12％、大いに問題がある4％）を踏まえつつ、「グランドデザイン」の最終提案に向けて「コンピテンシー」という用語がもつ問題性や大学教育やその環境全体をカリキュラムという視点で捉え直す必要性などについて、議論を深めていった。

（文責・鹿毛雅治／慶應義塾大学）

多様な教職ルートの構造と実態に関する 国際比較研究（2）
諸外国における「教員不足」──議論の足場を探る──

1．課題設定

　第11期の課題研究Ⅲ部（国際比較・交流）は、多様な教職ルート（教壇に立つためのルート）に焦点を当てて、国際比較研究を進めている。第31回大会では、アメリカ・ノルウェー・中国・ドイツの多様な教職ルートの実態を議論した。その中で、各国に共通する背景として教員不足の問題が浮かび上がってきた。わが国でも、2022年1月に教員不足に関する調査結果（文部科学省）が示され、その内容をめぐって様々な議論が展開された。しかし、一言で「教員不足」と言っても、何をもって「不足」としているのかという点において共通理解が曖昧であるために、論点が錯綜しているようにも見える。教員不足は、教員定数に対する量的な問題なのか。そうではなく、普通免許状を有していない教員が数多く配置されているという問題なのか。こうした教員不足を議論するための足場をある程度固めた上で、教職ルートの多様化を含めた具体的な方策のあり方を検討する必要があると考える。

　そこで第32回大会の課題研究では、多様な教職ルートの背景にある教員不足に焦点を当て、教員不足に対する問題認識が各国・地域によってどのように異なっているのか（もしくは共通しているのか）を明らかにしていくことを目的とした。具体的には、教員不足をめぐる世界的な動向と日本の実情を把握した上で、イギリスとオーストラリアを取り上げ、それぞれの国における教員不足の問題の内実と対応する方策の特徴を検討した。そして、国際比較分析を通して、教員不足を議論するための足場として、ど

のような論点が重要であるかを議論した。

2．報告およびディスカッションの概要

　最初の報告として、佐藤と原北祥悟会員（崇城大学）が「教員不足をめぐる国際的動向と日本の動向の整理」と題した報告を行った。教員不足は、特に2000年代に入ってから教育政策上の重要なテーマとして各国で取り組まれるようになっている。OECDやUNESCOといった国際組織も教員不足に関する調査研究を積極的に行ってきた。例えば政策提言としては、人材を教職に惹きつける重要性、教師教育の質的改善、優秀な教員を学校に定着させる必要性が示されてきた。こうした中で、日本における教員不足の問題は、現場レベルでは認識されていたが、上述した2022年1月の文科省による調査によって、教育政策の表舞台に登場してきた。同調査をめぐっては、教員不足を「臨時的任用教員等の講師の確保ができていない」ことを前提としている点、また、学校に配置することとしている教員の数に、各都道府県等が独自に配置した教員も含まれていること、調査時点が年度始業日と同年5月1日となっており、現場感覚では最も不足が少ない時期となっていること等に、留意する必要があることが指摘された。日本における教員不足に対する取り組みとしては、臨時的任用教員等の講師を確保するための取り組みが主であることや、特別免許状の積極的な活用を促していることが示された。こうした取り組みは、外部人材の獲得と免許制度の緩和という二つの方向性として捉えることができる。

　次に、植田みどり氏（国立教育政策研究所）が「イギリスにおける教員不足に対する政策動

向―教員の働き方改革と養成・研修制度を中心に―」と題して、イギリス（イングランド）の教員不足の現状や課題を整理し、その対策の特徴を報告した。イギリスは、長年にわたって教員不足の問題を抱えており、教職ルートの多様化や労働環境整備に関する取り組みを行ってきたが、解消には至っていないのが現状である。教員不足の現状としては、児童生徒の増加に対応できていないことに加え、地域や教科による差、初任期の離職率の高さなどが挙げられた。教員不足の課題解決に向けて、近年は教員の雇用と定着に関する取り組みが進められている。具体的には、支援的な学校文化の醸成、新任教員への支援、魅力的なキャリアの確保法等が挙げられている。こうした取り組みの状況を踏まえ、教員不足を議論する論点として、公平性、自律性、専門性の三つの視点が示された。

　最後に、伊井義人会員（大阪公立大学）が「教員配置における「距離の暴虐」を克服する政策への道筋―オーストラリア遠隔地の教員不足問題を事例として―」と題して、オーストラリアの教員不足をめぐる遠隔地の問題に関する報告を行った。オーストラリアにおける教員不足は、特に遠隔地において深刻な問題とされている。遠隔地の教員政策をめぐっては、教員の在職期間の短さ、離任率の高さ、遠隔地を熟知した教員の未配置、専門性への不安などが挙げられている。特に教員不足との関連では、異動率の高さや教員経験の少なさが問題とされており、それに加えて新たな教員を獲得することも難しい状況にある。こうした教員不足に対しては、教員志願者への奨学金の充実、学校現場での教育実習生の活用、移民を含めた多様なキャリアを有する人材の惹きつけといった取り組みが見られ、特に遠隔地対策としては、雇用後の生活補助の充実や、遠隔地に対応した専門性開発の充実といった方策が採られている。他方で、遠隔地という文脈を踏まえるのであれば、長期間勤務する教員のみを養成および配置することは非現実的であり、異動をしていく教員を含めた環境整備の重要性が指摘された。また、

教員不足を含めた遠隔地教育政策をめぐっては、そもそも教育成果の「格差」是正という観点から質的向上に向けて対策がなされており、遠隔地の社会的・文化的背景に即した教育という観点からの議論の必要性が示された。

　以上の報告に続いて、辻野けんま会員（大阪公立大学）より、指定討論として各報告に対する質問が示された。日本に対しては臨時的任用教員に依存する教員政策の問題や臨時的任用教員の身分保障の問題、イギリスに対しては慢性的な教員不足の背景や教員不足に対する取り組みの評価、そしてオーストラリアに対しては日本の状況を捉える観点や社会的公正をめぐる議論に関わる論点をめぐって、質問が投げかけられた。加えて、本課題研究全体に対しても、到達点と今後の方向性をめぐる論点が示された。これらの論点を踏まえたうえで、矢野博之会員（大妻女子大学）の司会の下でディスカッションが行われた。フロアーからも、イギリスやオーストラリアの状況から見れば、日本における教員不足問題をめぐっては、臨時的任用教員への視点が特徴的である点が指摘された。その背景には、「数合わせ」という量的な問題にのみ焦点が当てられていることがあるのではないかという論点も示された。

（文責・佐藤　仁／福岡大学）

日本教師教育学会年報
第32号

9

〈日本教師教育学会関係記事〉

1　日本教師教育学会　第11期（2020年9月14日−2023年10月１日）役員・幹事等一覧

(50音順、＊は常任理事、2023年４月９日現在)

【会長（理事長）】
　　　＊浜田博文
【全国区理事（定員数７）】
　　　＊岩田康之（研究推進副委員長）　＊牛渡　淳（会長代行／研究推進委員長）
　　　＊浜田博文（会長）　＊矢野博之　＊山﨑準二　＊油布佐和子（課題研究Ⅰ部担当）
　　　＊和井田節子（事務局長）
【地方区理事（定員数33）】
　１　北海道（定員数１）
　　　玉井康之
　２　東北（定員数１）
　　　佐藤修司（第32回研究大会実行委員長）
　３　関東・甲信越（東京を除く）（定員数７のうち１名欠員）
　　　浅野信彦　安藤知子　金馬国晴　田中昌弥　樋口直宏（第31回研究大会実行委員長）
　　　伏木久始
　４　東京（定員数９）
　　　浅井幸子（第33回研究大会事務局長）　＊鹿毛雅治（課題研究Ⅱ部担当）　勝野正章（課題研究Ⅱ部担当／第33回研究大会実行委員長）　金子真理子
　　　佐久間亜紀（褒賞委員長）　佐藤千津　清水康幸　仲田康一　前田一男
　５　東海・北陸（定員数３）
　　　梅澤　収　＊紅林伸幸（研究倫理委員長）　子安　潤
　６　近畿（定員数７）
　　　小柳和喜雄　木原俊行　久保富三夫　原　清治　船寄俊雄　別惣淳治
　　　＊吉岡真佐樹（年報編集委員長）
　７　中国・四国（定員数３）
　　　赤星晋作　佐々木　司　＊高旗浩志（若手研究者育成支援部担当）
　８　九州・沖縄（定員数２）
　　　＊佐藤　仁（課題研究Ⅲ部担当）　高谷哲也
【事務局】
　　　＊和井田節子（事務局長）　＊内田千春（事務局次長）
【監査（定員数２）】
　　　田中里佳　村田悦子
【幹事】
　　　朝倉雅史（第31回研究大会実行委員会事務局長）　高野貴大　吉田尚史
【学会事務業務】
　　　株式会社EPOCH−NET

2 日本教師教育学会 活動履歴 −2022.9.1〜2023.8.9−

（敬称略）

【2022年】

9月3日（土）第32回研究大会リハーサル

9月9日（金）委員長会議

9月12日（月）研究推進委員会議

9月16日（金）第82回理事会 研究倫理委員会規程・褒賞委員会規程・研究奨励賞論文審査規程の制定、年報投稿電子化に伴う投稿要領の改訂等が承認された。

9月16日（金）〜9月18日（日）第31回研究大会 大会校：秋田大学。大会テーマ：「教員養成・研修の標準化と多様性、そして主体性」。オンライン開催。公開シンポジウム「教師教育の現在を秋田の地から照射する―教員養成・研修の標準化と多様性、そして主体―」、会員参加費無料。情報交換会はSpatialChatを使ってオンラインで行った。大会実行委員長：佐藤修司（秋田大学）、副委員長：鎌田信（秋田大学）、事務局長：田仲誠祐（秋田大学）、委員：秋元卓也、近江谷正幸、栗林守、櫻庭直美、鈴木 翔、高橋茉由、外池智、長瀬達也、成田雅樹、野村駿、細川和仁（以上、秋田大学）、小池孝範（駒澤大学）、白幡真紀（仙台大学）、原義彦（東北学院大学）、秋田大学大学院生スタッフ：亀山雄矢、阿部倫己、須藤よしの、佐藤茅奈美、浅野匡平、武石早穂、嶋崎友貴、佐々木健真。

9月17日（土）第32回総会 主な内容：①会員数1,338人と報告された。②東海北陸地方区理事の森透理事・関東甲信越地区理事の八尾坂理事が所属地方区からの移動のため子安潤会員（中部大学）が東海北陸地方区理事となった。関東甲信越地区の理事は後任者不在のため1名欠員となった。③褒賞委員会の設置および褒賞委員会規程および研究奨励賞論文審査規程が提案され承認された。④学会活動の現状を会則に反映させるために会則および申し合わせ事項等の一部改訂が提案された。会則第6条改訂に関して文言の異議が出され、次回総会に再提案することになった。それ以外の会則等の改訂は、学生の年会費を3千円に引き下げることも含めて全て承認された。⑤予算決算も承認された。第10期国際研究交流部が取り組んできたユネスコの『Rethinking Education』の翻訳書に出版補助の予算がつけられ、会員に廉価で販売することが報告された。⑥2023年の第33回研究大会は東京大学で開催されることになった。

9月26日（月）課題研究Ⅱ 統括WG研究会（部内）

9月30日（金）年報第31号『教員研修制度改革の検討／幼児教育・初等教育教師の養成と研修―現状と課題―』発刊

10月18日（火）課題研究Ⅰ 研究会（部内）

10月21日（金）委員長会議

10月26日（水）課題研究Ⅱ 制度WG研究会（部内）

10月31日（月）研究推進委員会議

11月9日（水）課題研究Ⅱ 統括WG研究会（部内）

11月12日（土）第83回理事会 ①研究大会総括・会計報告等。アンケート結果は概ね好評であった。②学会褒賞委員会で以下の委員が承認される。委員長：佐久間亜紀理事（慶応義塾大学）、副委員長：木原俊行理事（大阪教育大学）、委員：金子真理子理事（東京学

芸大学）、佐藤仁理事（福岡大学）、秋葉昌樹会員（立教大学）

11月20日（日）課題研究Ⅱ　研究会（部内）

11月22日（火）課題研究Ⅰ　研究会（部内）

11月27日（日）課題研究Ⅱ　カリキュラムWG研究会（部内）

12月４日（日）課題研究Ⅰ　第４回公開学習会　「『崩壊するアメリカの公教育：日本への警告』から６年」講師：鈴木大裕（教育研究者・土佐町議員）

12月10日（土）課題研究Ⅱ　カリキュラムWG研究会（部内）

12月20日（火）課題研究Ⅱ　統括WG研究会（部内）

12月21日（水）研究倫理委員会

12月22日（木）褒賞委員会で褒賞基準を決定。

12月26日（月）課題研究Ⅰ　研究会（部内）

12月26日（月）課題研究Ⅱ　統括WG研究会（部内）

12月26日（月）第10期国際研究交流部による、ユネスコ著『教育を再考する―グローバル時代の参照軸』の翻訳本を学文社から出版。定価2,200円のところ、会員に限り1,500円の会員価格で300冊を販売。

【2023年】

１月８日（日）課題研究Ⅱ　公開シンポジウム『大学における教員養成の未来―「グランドデザイン』の提案―」話題提供：牛渡淳（仙台白百合女子大学）・岩田康之（東京学芸大学）・勝野正章（東京大学）、指定討論：秋田喜代美（学習院大学／文部科学省中央教育審議会教員養成部会委員）・松田悠介（Crimson Global Academy／文部科学省中央教育審議会教員養成部会委員）、司会：鹿毛雅治（慶應義塾大学）

１月19日（木）課題研究Ⅱ　統括WG研究会（部内）

１月25日（水）研究倫理委員会

１月26日（木）課題研究Ⅱ　研究会（部内）

１月30日（月）委員長会議

２月２日（木）課題研究Ⅰ　研究会（部内）

２月３日（金）研究推進委員会議

２月４日（土）研究倫理委員会

２月５日（日）課題研究Ⅱ　統括WG研究会（部内）

２月７日（火）選挙管理委員会：神永典郎委員長（白百合女子大学）、関根宏朗副委員長（明治大学）、星野真澄委員（明治学院大学）

２月17日（金）課題研究Ⅱ　カリキュラムWG研究会（部内）

２月18日（土）第103回常任理事会　①褒賞委員会より研究奨励賞の審査基準が提案され承認された②2022年12月21日に日本学術会議から発表された声明「内閣府「日本学術会議の在り方についての方針」（令和４年12月６日）について再考を求めます」における１）～６）の懸念に同意し、内閣府への再考の要請に強く賛同する、という声明を学会理事会名で出す（HPに掲載する）ことが決まった。

２月20日（月）課題研究Ⅱ　統括WG研究会（部内）

２月23日（木）研究倫理委員会

２月25日（土）課題研究Ⅰ　第５回公開学習会「教育と民主主義を問い直す―デューイからビースタ

へ」報告者：上野正道（上智大学）

3月2日（木）学会ニュース第64号発行

3月7日（火）課題研究Ⅲ　研究会（部内）

3月9日（木）研究倫理委員会主催　研究倫理学習会「研究倫理関連の体制整備と教師教育学研究のこれからを考える」

3月10日（金）褒賞委員会　「第1回研究奨励賞」審査委員会

3月11日（土）若手研究者育成・支援部主催 第3回論文作成支援セミナー　話題提供者：(1)菊地原守（名古屋大学大学院生）、(2)岩田康之（東京学芸大学）、コメンテーター：玉井康之（北海道教育大学）

3月11日（土）課題研究Ⅲ　共催公開研究会「教師の専門職スタンダードはどうあるべきか―米国ワシントン州の事例検討を通して―」趣旨説明：川口広美（広島大学）、話題提供：「米国の教師の専門職基準の動向&ワシントン州の位置づけ」藤村祐子（滋賀大学）、事例紹介1：「文化的能力スタンダードの策定・活用過程」佐藤仁（福岡大学）・藤村祐子、事例紹介2：「教科スタンダードの策定・活用過程」川口広美・朝倉雅史（筑波大学）・岩田昌太郎（広島大学）・堀田諭（埼玉学園大学）、指定討論：北田佳子（埼玉大学）

3月13日（月）課題研究Ⅱ　統括WG研究会（部内）

3月21日（火）課題研究Ⅱ　統括WG拡大研究会（部内）

3月25日（土）褒賞委員長より「日本教師教育学会第1回研究奨励賞審査報告書」を会長に提出

3月27日（月）課題研究Ⅰ　研究会（部内）

3月30日（木）国際研究交流部 UNESCO "Rethinking Education"『ユネスコ・教育を再考する―グローバル時代の参照軸』翻訳・刊行記念企画シンポジウム　パネラー(1)「なぜ今なのか」百合田真樹人（教職員支援機構）、(2)「研究と実践の視野の変化」森久佳（京都女子大学）、ディスカッション：香川奈緒美（島根大学）・荒巻恵子（帝京大学）・金井香里（武蔵大学）・深見俊崇（島根大学）・矢野博之（大妻女子大学）、司会：矢野博之

4月9日（日）第84回理事会　①大会校の事情で第33回研究大会を9月30日〜10月1日に実施することになり承認された　②「日本教師教育学会第1回研究奨励賞審査報告書」に基づき、第1回研究奨励賞候補者として奥田修史会員の1名が会長から理事会に推薦され、承認された。第33回総会後、表彰される。　③会則および役員選出規程の文言統一のための改正が承認された。会則は第33回総会で審議される。　④決算報告・予算案・第12期役員選挙方法提案がすべて承認された。　⑤会員数：入会希望者13名と退会者59名・除籍者27名が全員承認されて、会員数は1,287名となった。これらの会員のうち、2021年度までの会費完納会員に役員選挙の選挙権が与えられる。⑤2024年度第34回研究大会は島根大学で行われることが承認された。

5月11日（木）課題研究Ⅲ　部会（部内）

5月中旬〜6月30日（金）　課題研究Ⅱ　教職課程の「グランドデザイン」に関するWebアンケート調査実施

6月7日（水）研究推進委員会議

6月9日（金）委員長会議

6月11日（日）課題研究Ⅱ　全体会（部内）

6月15日（木）〜6月30日（金）第12期役員選挙投票期間であったが、事務的な不備が見つかり中止。改めて再投票期間を設けることとなった。

6月17日（土）第104回常任理事会　学会から出版助成を受け、研究推進委員会、課題研究Ⅱ、課題研究Ⅲが2023年度中に研究成果を掲載した書籍を出すことになっている。学会から出版補助を受けた書籍の条件について審議し、以下の条件を満たすことが必要であるということになった。(1)著者名に学会名を入れること、(2)印税は学会の収入とすること、(3)著作権は学会にあるものとする。

6月24日（土）課題研究Ⅲ主催　オンライン連続セミナー「世界の学校の先生の働き方とキャリアを知ろう　第1回：アメリカ合衆国」講演者：カナコ・タナカ・ウォン（リーチ大学）

6月24日（土）若手研究者育成・支援部主催　第4回論文作成支援セミナー　話題提供者：(1)栫井大輔（大谷大学）、(2)根岸千悠（京都外国語大学）、コメンテーター：小柳和喜雄（関西大学）

6月30日（金）課題研究Ⅲ主催　オンライン連続セミナー「世界の学校の先生の働き方とキャリアを知ろう　第2回：デンマーク」講演者：ピーターセン・海老原さやか（特別学校教員兼管理職）

7月7日（金）課題研究Ⅲ主催　オンライン連続セミナー「世界の学校の先生の働き方とキャリアを知ろう　第3回：オーストラリア」講演者：紙谷淳子（小学校教員）

7月10日（月）〜23日（日）第12期役員選挙再投票期間

7月23日（日）監査。監事に適正に運営されているとの評価をいただく。

7月27日（木）課題研究Ⅱ　全体会（部内）

7月29日（土）課題研究Ⅲ主催　オンライン連続セミナー「世界の学校の先生の働き方とキャリアを知ろう　第4回：中国」講演者：鄧絹（行政職員）

7月29日（土）選挙管理委員会　第12期役員選挙（再投票）開票

7月31日（月）課題研究Ⅲ　研究会（部内）

8月5日（土）課題研究Ⅲ主催　オンライン連続セミナー「世界の学校の先生の働き方とキャリアを知ろう　第5回：世界の先生の働き方とキャリアから日本を振り返る―アメリカを手がかりに―」講演者：高岡加絵（ミネソタ大学院生）

8月7日（月）課題研究Ⅱ　統括WG研究会（部内）

8月9日（水）学会ニュース第65号発行

3　日本教師教育学会会則

（1991年8月30日、創立総会決定）

（1993年10月30日、第3回総会一部改正）

（1998年10月24日、第8回総会一部改正）

（2009年10月3日、第19回総会一部改正）

（2019年9月21日、第29回総会一部改正）

（2022年9月17日、第32回総会一部改正）

（名称）

第1条　本学会は、日本教師教育学会（The Japanese Society for the Study on Teacher Education）と称する。

（目的）

第2条　本学会は、学問の自由を尊重し、教師教育に関する研究の発展に資することを目的とする。

（事業）

第3条　本学会は、前条の目的を達成するため、次の各号に定める事業を行なう。

　　一　年次大会及び研究集会等の開催

　　二　機関誌（日本教師教育学会年報）、学会ニュース等の編集及び発行

　　三　会員の研究の促進及び会員間の研究交流・共同研究の支援等

　　四　国内及び国外の関係学会・機関・団体等との研究交流

　　五　その他理事会が必要と認めた事業　　　　　　　　　　（2022. 9. 17、第32回総会一部改正）

（会員）

第4条　本学会の会員は、本学会の目的に賛同し、研究倫理規程を遵守し、教師教育に関する研究を行なう者、及び教師教育に関心を有する者とする。　　（2019. 9. 21、第29回総会一部改正）

　　2　会員になろうとする者は、会員1名以上の推薦を受けて、事務局に届け、理事会の承認を受けるものとする。

　　3　会員は、入会金及び年会費を納めなければならない。

　　4　3年間にわたって会費を納入しなかった会員は、理事会の議を経て退会したものとみなされる。　　　　　　　　　　　　　　　　　　　　　（1998. 10. 24、第8回総会一部改正）

（役員）

第5条　本学会の役員は、会長（理事長）1名、理事若干名、及び監査2名とする。

（役員の選任）

第6条　会長及び理事は、会員の投票により会員から選出される。当該選出方法は、別に定める。但し、学際的研究活動の発展及び理事の専門分野の均衡等のため、理事会が推薦する理事を置くことができる。

　　2　監査は、会長が会員より推薦し、総会の承認を経て委嘱する。

　　3　会長、理事及び監査の任期は3年とする。いずれの任期も、選出定期大会終了の翌日より3年後の大会終了日までとする。会長及び理事については、再任を妨げない。

　　4　理事会は、理事の中から事務局長及び常任理事を選出し、総会の承認を受ける。

　　　　　　　　　　　　　　　　　　　　　　　　　　　　　（1998. 10. 24、第8回総会一部改正）

（役員の任務）

第7条　会長は、本学会を代表し、理事会を主宰する。会長に事故あるときは、あらかじめ会長が指名した全国区選出理事がこれに代わる。　　　　　（2009. 10. 3、第19回総会一部改正）

　　2　理事は、理事会を組織し、本学会の事業を運営する。

　　3　理事のうち若干名で常任理事会を構成し、事業の執行にあたる。常任理事は会長が指名し、理事会の承認をうける。　　　　　　　　　　　（2022. 9. 17、第32回総会一部改正）

　　4　監査は、会計及び事業状況を監査する。

（事務局）

第8条　本学会に事務局を置く。

2　本学会の事務局は、事務局長並びに事務局次長及び理事会の委託する事務業務担当者によって構成される。　　　　　　（1998.10.24、第 8 回総会一部改正、2022.9.17、第32回総会一部改正）

（総会）

第 9 条　総会は、会員をもって構成し、本学会の組織及び運営に関する基本的事項を審議決定する。

　　2　定期総会は、毎年 1 回、会長によって招集される。

　　3　会長は、理事会が必要と認めたとき、又は会員の 3 分の 1 以上が要求したときは、臨時総会を招集しなければならない。

（総会における議決権の委任）

第10条　総会に出席しない会員は、理事会の定める書面により、他の出席会員にその議決権の行使を委任することができる。

（委員会）

第11条　本会に次の委員会を置き、各号に定める業務を行う。

　　一　年報編集委員会は、機関誌の編集及び発行に関する事務を行う。

　　二　研究推進委員会は、本会全体の研究を推進し、それに関わる事業を企画・実施する。

　　三　研究倫理委員会は、会員の研究倫理に対する認識の深化を図り、倫理教育や啓発活動を企画・実施する。

　　四　褒賞委員会は、本会の研究水準の向上を目指して設けられた学会褒賞の選考にあたる。

　　2　各委員会の委員長は会長が指名し理事会の承認をうける。

　　3　各委員会の具体的な業務に関する規程は別に定める。　　（2022. 9 .17、第32回総会一部改正）

（会計）

第12条　本学会の経費は、会費その他の収入をもって充てる。

　　2　会費は、年額7,000円（機関誌代を含む）、入会金は1,000円とする。但し、学生（院生を含む）の会費は年額3,000円とする。　　　　　　　　（2022. 9 .17、第32回総会一部改正）

　　3　本学会の会計年度は、 4 月 1 日より翌年 3 月31日までとする。

　　　　　　　　　　　　　　　　　　　　　　　　　（1993.10.30、第 3 回総会一部改正）

（会則の改正）

第13条　本会則の改正には、総会において出席会員の 3 分の 2 以上の賛成を必要とする。

附　則

　　1　本会則は、1991年 8 月30日より施行する。

　　2　第 4 条第 1 項に該当する者が、創立総会に際し入会を申し込んだ場合には、同条第 2 項の規定にかかわらず、会員とする。

　　3　第 6 条の規定にかかわらず、本学会創立当初の役員は、創立総会の承認を経て選出される。

附　則　（1993年10月30日、第 3 回総会）

　　本会則は、1994年 4 月 1 日より施行する。

附　則　（1998年10月24日、第 8 回総会）

　　本会則は、1998年10月24日より施行する。

附　則　（2009年10月 3 日、第19回総会）

　　本会則は、2009年10月 3 日より施行する。

附　則　（2019年 9 月21日、第29回総会）

　　本会則は、2019年 9 月21日より施行する。

附　則　（2022年 9 月17日、第32回総会）

本会則は、2022年9月17日より施行する。

4 日本教師教育学会研究倫理関係規程等

(1) 日本教師教育学会研究倫理規程

(2019年9月21日、第29回総会決定)

【前文】
日本教師教育学会は、人びとの健全な学びと育ちを支え、民主的で公正な社会の形成と発展とを担う主体の実践ならびに成長・発達に資する、科学的かつ学術的な研究及びその成果に基づく専門的諸活動を推進する。そのために、本学会の会員が社会的責任を自覚し、自らの良心と良識とに従い、多様で多元的な価値が存在することをふまえ、基本的人権を尊重し、人びとの学びと育ちの環境を侵すことなく、民主的で公正な環境のもとで教師教育の実践とその研究を発展させるための指針として、以下の研究倫理規程を定め、会員の研究倫理に対する認識の深化を図り、倫理教育や啓発活動の推進に努める。

【倫理条項】
(責任の倫理)
1 社会的責任
　会員は、教師教育及び教師教育研究の専門家として、自身の活動が人びとの健全な学びと育ちを支えるとともに、民主的で公正な社会の形成と発展に対して影響を有することの自覚を持って、科学的かつ学術的に専門的諸活動を実施する。

(態度の倫理)
2 倫理の遵守
　会員は、基本的人権を尊重し、本学会の会則及び本研究倫理規程を遵守する。
3 公正な活動
　会員は、教師教育の研究と実践において、科学的かつ学術的な根拠に基づいて、客観的で公正な専門的判断と議論を行う。
4 自己研鑽
　会員は、自身の専門性を向上させる研鑽に努め、社会的信頼を高めるよう努力する。
5 相互協力
　会員は、相互に高い信頼を持って、教師教育の実践とその研究をはじめとする全ての専門的諸活動における力量向上や倫理問題への対応について、相互啓発に努めるとともに、教師教育の発展に向けて積極的に相互協力する。

(活動の倫理)
6 人権の尊重と差別・偏見の排除
　会員は、教師教育の実践とその研究をはじめとする全ての専門的諸活動において、全ての人の権利と尊厳、価値の多様性を尊重し、偏見を取り除くことをはじめ、あらゆる形態の差別を積極的に否定する。
7 科学的、学術的、専門的な研究
　会員は、科学的、学術的な研究の過程において、つねに公平性のもとで、事実に基づく真理の

探究と立証に努める。また、その研究と実践において、データ、情報、調査結果などの改竄、捏造、偽造や、他者の知的業績や著作権を侵すなどの不正行為を行わない。

8　研究実施のための配慮と制限

　　会員は、その専門的諸活動において、起こりうる倫理的問題を想定し、それらの予防に努める。

9　共同研究者、研究対象者、研究協力者などの保護

　　会員は、その専門的諸活動において、他者に害を及ぼすことを予防し、予期しない悪影響が発生した場合においては、その作業を中断・終了するなどの被害を最小限に抑えるための措置を直ちに講じる。

10　インフォームド・コンセント

　　会員は、研究にあたっては、その過程全般および成果の公表方法、終了後の対応等についてあらかじめ研究対象者及び協力者に対して説明を行い、理解されたかどうかを確認し、同意を得て実施する。

11　守秘義務

　　会員は、正当な手続きをとらない限り、自らの職務および学術研究において知り得た情報の秘密保持の義務を負う。

12　利益相反への対応

　　会員は、自らの職務及び学術研究において、利益相反による諸弊害が生じないよう十分に注意し、利益相反がある場合には、その情報を開示するなど、適切に対応する。

13　情報・成果の開示

　　会員は、教師教育の実践とその研究を発展させるため、自らの良心と良識とに従い、研究の成果を積極的に発信する。成果の発表にあたっては、研究対象者及び協力者の利益を損なってはならない。また、発表された成果は、発表者の知的財産として適正に扱われなければならない。

（倫理の徹底）

14　学会の責任

　　日本教師教育学会は、会員が日本学術会議の定める「科学者の行動規範」に則って教師教育及び教師教育研究の専門家として専門的諸活動に取り組むことができるように、継続して環境整備に努め、倫理教育や啓発活動を推進する。

附　　則

1　本規程は2019年度総会終了後より施行する。

2　本規程の改定は、理事会の議を経て、総会において決定する。

※会員が参照すべき資料

・日本学術会議「科学者の行動規範　改訂版」平成25年（2013年）1月25日（http://www.scj.go.jp/ja/info/kohyo/pdf/kohyo-22-s168-1.pdf ）

⑵　日本教師教育学会研究倫理委員会規程

（2022年9月16日、第82回理事会決定）

第1条　本委員会は日本教師教育学会研究倫理規程に基づき、本学会の研究倫理に関わる組織・運

営体制の整備と、会員の研究倫理の啓発並びにその学習機会の提供に取り組む。

第２条　本委員会は、５名以上10名未満の委員で構成し、委員長１名と副委員長１名を置く。

　　２　委員長は理事のうちから会長が推薦し、理事会の議を経て会長が委嘱する。

　　３　委員長以外の委員は委員長が会員のうちから推薦し、理事会の議を経て、会長が委嘱する。

　　４　副委員長は、委員の互選により選出し、委員長を補佐する。

　　５　委員長ならびに委員の任期は３年とし、当該年度の大会最終日までとする。なお、それぞれ再任は妨げない。

第３条　委員長は、常任理事を兼任する。

　　２　委員長は委員会を代表し、研究倫理委員会を招集し、その議長となる。

　　３　委員長に事故ある場合は、副委員長がその職務を代行する。

第４条　本委員会は学会活動に関わる研究倫理事項の情報交換並びに協議、検討を行い、会長に報告、提案する。

　　２　本委員会は会長の諮問により研究倫理に関わる学会事業に関する諸事項を検討し、会長に答申する。

　　３　本委員会は理事会の議を経て決定した会員の研究倫理の啓発及び学習に関わる諸事業の企画及び運営を行う。

附　則　（2022年９月16日、第82回理事会)

　　　　本規程は、2022年９月17日より施行する。

5　日本教師教育学会役員選出規程

（1992年９月26日、第６回理事会決定）

（1996年６月22日、第19回理事会一部改正）

（1998年２月28日、第25回理事会一部改正）

（1998年10月23日、第27回理事会一部改正）

（2002年２月23日、第37回理事会一部改正）

（2019年９月20日、第74回理事会一部改正）

（目的）

第１条　本規程は、日本教師教育学会会則第６条第１項後段に基づき、日本教師教育学会の役員を会員中から選出する方法を定めることを目的とする。

（選出理事の種類及び定員数）

第２条　本学会の理事は、会員の投票によって選出される別表に定める定員数40を標準とする理事、並びに学際的研究活動の発展及び専門分野の均衡等のため必要に応じて理事会が推薦する若干名の理事とする。

（理事の選出方法及び任期）

第３条　投票による理事の選出は、本規程の別表の様式に従い選挙管理委員会が定める選挙区別の理事の定員数に基づき、全会員（全国区）及び地方区は当該地区の会員（各会員の勤務先等の所属地区）による無記名投票によって行なう。

　　２　全国区は７名連記、各地区は当該地区の理事の定員数と同数の連記によって投票するもの

とする。ただし、不完全連記も有効とする。

 3 当選者で同順位の得票者が複数にわたるときは、選挙管理委員会の実施する抽選によって当選者を決定する。

 4 地方区で選出された理事が全国区でも選出された場合には、その数に相当する当該地方区の次点のものを繰り上げて選出するものとする。

 5 理事に欠員が生じた場合には、その数に相当する当該選挙区の次点のものを繰り上げて選出するものとする。ただし、その任期は、前任者の残任期間とする。

(推薦による理事の選出方法)

第4条 第2条の規定する推薦による理事は、理事会が会員中よりこれを推薦し、総会において承認するものとする。

(会長の選出方法)

第5条 会長の選出は、全会員による無記名投票によって行なう。

 2 会長の選出は、1人の氏名を記す投票によるものとする。2人以上の氏名を記入した場合には無効とする。

(選挙管理委員会)

第6条 第3条及び第5条に規定する選挙の事務を執行させるため、理事会は会員中より選挙管理委員会の委員3人を指名する。選挙管理委員は、互選により委員長を決定する。

(選挙権者及び被選挙権者の確定等)

第7条 事務局長は、理事会の承認を受けて、第3条及び第5条に規定する理事選挙における選挙権者及び被選挙権者(ともに投票前年度までの会費を前年度末までに完納している者)を確定するための名簿を調製しなければならない。

 2 事務局長は、選挙管理委員会の承認を受けて、第3条及び第5条の理事選挙が円滑に行なわれる条件を整えるため、選挙説明書その他必要な資料を配布することができる。

(細目の委任)

第8条 日本教師教育学会の理事選出に関する細目は、理事会の定めるところによる。

附 則 (1992年9月26日、第6回理事会)

 この規程は、制定の日から施行する。

附 則 (1996年6月22日、第19回理事会)

 この規程は、制定の日から施行する。

附 則 (1998年2月28日、第25回理事会)

 この規程は、制定の日から施行する。

附 則 (1998年10月23日、第27回理事会)

 この規程は、1998年10月24日から施行する。

附 則 (2002年2月23日、第37回理事会)

 この規程は、制定の日から施行する。

附 則 (2019年9月20日、第74回理事会)

 この規程は、制定の日から施行する。

別　表（日本教師教育学会役員選出規程第2条関係）

地方区名	左欄に含まれる都道府県名	理事定数	有権者数
北　海　道	北海道		
東　　　北	青森・岩手・宮城・秋田・山形・福島		
関東・甲信越 （東京を除く）	茨城・栃木・群馬・埼玉・千葉・神奈川・山梨・長野・新潟		
東　　　京	東京		
東　海・北　陸	静岡・愛知・岐阜・三重・富山・石川・福井		
近　　　畿	滋賀・京都・大阪・兵庫・奈良・和歌山		
中　国・四　国	鳥取・島根・岡山・広島・山口・香川・徳島・愛媛・高知		
九　州・沖　縄	福岡・佐賀・長崎・熊本・大分・宮崎・鹿児島・沖縄		
地　方　区		３３	
全　国　区		７	
定　数　合　計		４０	

備　考
1．地方区理事の定数は、8つの地方区に1名ずつを割り振った後、残りの定数25について、選挙前年度最終理事会までに承認された会員（有権者に限る）の勤務先所在地（主たる勤務先の届け出がない場合は所属機関の本部、所属機関がない場合は住所）を基準とする地方区の所属会員数を基に、「単純ドント方式」で、各区に配分し決める。
2．有権者は、会費を選挙前年度末までに完納した者に限る。
3．会長は理事長でもある（会則第5条）ので、全国区理事を兼ねて投票し選出する。
4．所属機関、住所ともに日本国内に存しない会員は、全国区理事の選挙権のみを有する。

6 日本教師教育学会年報編集委員会関係規程等

⑴ 日本教師教育学会年報編集委員会規程

(1992年6月6日、第5回理事会決定)
(1999年6月5日、第29回理事会一部改正)
(2008年9月13日、第52回理事会一部改正)
(2020年9月11日、第76回理事会一部改正)

第1条　本委員会は、本学会の機関誌『日本教師教育学会年報』の編集および発行に関する事務を行う。

第2条　本委員会に、委員長1名をおく。

　2　委員長は、理事のうちから会長が推薦し、理事会の議を経て、会長が委嘱する。

　3　委員長は委員会を代表し、編集会議を招集し、その議長となる。

第3条　委員長以外の編集委員は、理事会が推薦し会長が委嘱する会員15名によって構成される。

　2　編集委員の任期は3年後の定期総会終了日までとする。ただし、再任は妨げない。

　3　編集委員に欠員が生じた場合には、その数に相当する会員を理事会が推薦し、会長が委嘱するものとする。ただし、その任期は前任者の残任期間とする。

第4条　本委員会に、副委員長1名、常任委員若干名をおく。

　2　副委員長、常任委員は、編集委員の互選により選出する。

　3　副委員長は委員長を補佐し、委員長に事故ある場合は、その職務を代行する。

　4　委員長、副委員長、常任委員は、常任編集委員会を構成し、常時編集実務に当たる。

第5条　委員会は、毎年度の大会開催に合わせて定例編集会議を開き、編集方針その他について協議するものとする。また、必要に応じ随時編集会議を開くものとする。

第6条　編集に関する規程、及び投稿に関する要領は、別に定める。

第7条　編集及び頒布に関する会計は本学会事務局において処理し、理事会及び総会の承認を求めるものとする。

第8条　委員会は、事務を担当するために、若干名の編集幹事を置く。編集幹事は、委員会の議を経て、委員長が委嘱する。

第9条　委員会の事務局は、原則として委員長の所属機関内に置く。

附　則（1992年6月6日、第5回理事会）
　本規程は、1992年6月6日より施行する。

附　則（1999年6月5日、第29回理事会）
　本規程は、1999年6月5日より施行する。

附　則（2008年9月13日、第52回理事会）
　本規程は、2008年9月13日より施行する。

附　則（2020年9月11日、第76回理事会）
　本規程は、2020年9月11日より施行する。

⑵　日本教師教育学会年報編集規程

(1992年6月6日、第5回理事会決定)

(1999年6月5日、第29回理事会一部改正)

(2003年4月12日、第41回理事会一部改正)

(2005年9月23日、第46回理事会一部改正)

(2017年9月29日、第70回理事会一部改正)

1　日本教師教育学会年報は、日本教師教育学会の機関誌であり、原則として年1回発行される。
2　年報は、本学会会員による研究論文、実践研究論文および研究・実践ノート、会員の研究・教育活動、その他会則第3条に定める事業に関する記事を編集・掲載する。
3　年報に投稿しようとする会員は、所定の投稿要領に従い、編集委員会宛に原稿を送付する。
4　投稿原稿の掲載は、編集委員2名以上のレフリーの審査に基づき、編集委員会の審議を経て決定する。なお、編集委員会がその必要を認めた場合は、編集委員以外にレフリーを委嘱することができる。
5　掲載予定の原稿について、編集委員会は執筆者との協議を通じ、一部字句等の修正を求めることがある。
6　編集委員会は、特定の個人または団体に対して原稿の依頼を行うことができる。
7　年報に関する原稿は返却しない。
8　執筆者による校正は、原則として初校のみとする。その際、大幅な修正を認めない。
9　図版等の特定の費用を要する場合、執筆者にその費用の負担を求めることがある。
10　抜き刷りについては、執筆者の実費負担とする。

⑶　日本教師教育学会年報投稿要領

(1992年6月6日、第5回理事会決定)

(1999年6月5日、第29回理事会一部改正)

(2000年6月17日、第32回理事会一部改正)

(2003年10月3日、第42回理事会一部改正)

(2005年9月23日、第46回理事会一部改正)

(2013年9月14日、第62回理事会一部改正)

(2015年9月18日、第66回理事会一部改正)

(2017年9月29日、第70回理事会一部改正)

(2019年4月13日、第73回理事会一部改正)

(2019年9月20日、第74回理事会一部改正)

(2021年10月1日、第79回理事会一部改正)

(2022年9月16日、第82回理事会一部改正)

1　投稿原稿は、研究倫理規程を遵守し、原則として未発表のものに限る。但し、口頭発表、およびその配付資料はこの限りではない。
2　投稿をする会員は、当該年度までの会費を完納しているものとする。

3　投稿原稿は以下の3ジャンルとし、会員が投稿原稿送付時にジャンルを申告するものとする。ジャンル申告のない投稿原稿は受け付けない。ジャンルの区分については、別に定める。

　研究論文（教師教育に関する研究）

　実践研究論文（会員個人および勤務校での教師教育に関する実践の研究）

　研究・実践ノート（教師教育に関する研究動向・調査・情報・実践を紹介し考察・問題提起を行ったもの）

4　投稿原稿はＡ４版用紙縦置き、横書き、日本語によるものとし、編集委員会で別に指定する場合以外、総頁数は研究論文および実践研究論文については12頁以内、研究・実践ノートについては5頁以内とする。なお、図表類は、その印刷位置および大きさをあらかじめ表示しておくものとする。

　1）題目、図表・空欄・罫線、引用・注等も含めて指定頁数に収める。

　2）投稿原稿は、本学会のHPからダウンロードした「原稿執筆フォーマット」（一太郎ファイルあるいはワードファイル）を使用して作成することを原則とする。

　　　様式は、引用・注を含めて10.5ポイントで1頁を20字×40行×2段組みとし、題目欄については1段組で10行分とする。注・図表等も含めて指定字数に収め、本文中の引用・注も字の大きさは変えないこと。

　3）執筆者は、電子投稿システムを用いて提出する。詳細は、本学会ホームページに掲載の「論文投稿マニュアル」を参照すること。

5　投稿原稿および摘要欄には、氏名・所属、あるいはそれらが特定される情報は書き入れない。

6　投稿にあたっては、次の情報の入力が必要になる。

　投稿ジャンル、著者・共著者の氏名と所属機関、論文タイトル、英文タイトル、英文摘要（300語前後）、英語キーワード（5項目以内）、英文タイトル・英文摘要・英語キーワード邦訳。

7　投稿原稿の提出期限は、毎年1月15日とする。

8　注および引用文献の表記形式については、別途編集委員会で定める。

9　著作権について

　1）本誌に掲載する著作物の著作権は、日本教師教育学会年報編集委員会（以下「委員会」）に帰属する。

　2）委員会は、原稿が本誌に掲載されることが決定した時点で、執筆者との間で著作権譲渡に関する「著作権譲渡書」（別紙）を取り交わすものとする。執筆者は、本「著作権譲渡書」を、当該著作物が掲載された本誌の発行前に委員会に提出するものとする。「著作権譲渡書」の提出を掲載の条件とする。

　3）執筆者自身が当該著作物の再利用を希望する場合は、「著作権譲渡書」にある内容を了解の上、所定の手続きを取るものとする。委員会は、再利用が学術及び教育の進展に資するものである限り、異議申し立て、もしくは妨げることをしない。

　4）第三者から論文等の複製、転載などに関する許諾要請があった場合、委員会は許諾することができる。

（備考）

　1）投稿者は、投稿原稿中に、投稿者が特定されるような記述（注を含む）は行わないよう留意すること。

　2）第6項の英文については、予めネイティブ・チェック、あるいは翻訳業者を通したものであること。

【著作権譲渡書】

著作権譲渡書

日本教師教育学会編集委員会　御中

　下表著作物の著作者（又は分担著作者）である私こと（以下「甲」という。）は、このたびの「日本教師教育学会年報」への著作物掲載にあたり、下記の内容で日本教師教育学会編集委員会（以下「乙」という。）へ当該著作物の著作権を譲渡します。

著　作　物　標　題	和文：
	英文：
著者名(複数の場合、全員を記載のこと)	
掲載予定号数	「日本教師教育学会年報」第　　　　号
発行予定年(西暦)	年

　　西暦　　　　年　　　月　　　日

　　　　　甲の現在の所属

　　　　　甲の氏名

記

1．甲は、乙に対して当該著作物の全ての著作権（著作権法第21〜28条までに規定する全ての権利）を譲渡する。

2．上記著作権譲渡後に、甲が当該著作物について以下に掲げる再利用を希望する場合には、利用目的を記載した書面（電子メールを含む）をもって乙に申し出ることとする。乙は、無償で、甲に当該著作物の再利用を、書面（同前）をもって承認するものとする。

3．著作物の再利用の内容は次のとおりとする。
　　①複製
　　　著作物を印刷、複写又は電子化することによって、複製物を作成すること。及び、作成した複製物を他者に譲渡すること。
　　②公衆送信
　　　著作物の公開、保存及び提供に資すると著者が判断できる範囲で、著作物をデジタル化し、個人又は乙の所属組織のウェブサイトにおいて送信して利用すること。
　　③翻訳、翻案
　　　著作物を翻訳または翻案（改作、加筆・修正等）して利用すること。

4．当該著作物について第三者から著作権上のクレームがあった場合は、甲は誠実に対応する

ものとする。

5．甲は本譲渡書を、最終稿の提出の際に乙に提出しなければならない。

【年報論文転載申請書（例)】

20〇〇年〇月〇日

年報論文転載申請書

日本教師教育学会年報編集委員会様

氏名　〇〇〇〇

日本教師教育学会年報論文転載の申請について

　年報第〇号（20〇〇年9月）掲載の、「著者名」「題名」を、「著者名」『題名』（△△出版20△△年△月出版予定）に転載することを申請します。

　なお、転載先には、原著論文が同年報に掲載されていることを明記いたします。

【年報論文転載承諾書（例)】

20〇〇年〇月〇日

年報論文転載承諾書

〇〇〇〇様

日本教師教育学会年報編集委員会
委員長　〇〇〇〇

日本教師教育学会年報論文転載の承認について

　〇〇〇〇年〇月〇日に申請のあった、日本教師教育学会年報第〇号（20△△年△月）掲載の、「著者名」「題名」を、「著者名」『題名』（△△出版　20△△年△月出版予定）に転載することを承認いたします。

⑷ 「研究論文」と「実践研究論文」の区分に関する申し合わせ

1 「実践研究論文」は、「研究論文」と並立する別ジャンルの文献である。

2 「研究論文」とは科学文献の分類における原著論文（オリジナル・ペーパー）のことであり、教師教育の分野において、執筆者が自己の行った研究活動について明確に記述し解説し、その成果として得た結論を述べたもの。

その要件としては、次のことがあげられる。

1）それまでに知られている先行研究に照らしてのオリジナリティ（教師教育の分野における新しい事実、既知の事実間の新しい関係、既知の事実や関係をめぐる新しい解釈、および新しい開発などの独創性）があること。

2）オリジナリティを根拠づける論理・実証性があること。

3 「実践研究論文」とは、教師教育の分野において、執筆者が自己の行った教育活動（教育実践・自己教育などを含む）について明確に記述し解説し、その成果として得た結果を述べたもの。

その要件としては、次のことがあげられる。

1）教師教育をめぐって客観的に解決のせまられている現実問題に照らしての有意味性があること。

2）有意味性を確認するために必要十分な情報が提供されていること（記録性）。

3）実践上のユニークな視点・方法・工夫などが盛り込まれていること。

⑸ 投稿原稿中の表記について

(2003年10月3日、年報編集委員会決定)
(2005年9月23日、年報編集委員会決定一部改正)
(2013年9月14日、第62回理事会一部改正)
(2021年6月19日、年報編集委員会一部改正)

1 注および引用文献の表記については、論文末に一括して掲げる形式をとる。

〔論文の提示方法〕著者、論文名、雑誌名、巻号、年号、ページ。

1）梅根悟「教員養成問題と日本教育学会」『教育学研究』第34巻第3号、1967年、235ページ。

2）Karen Zumwalt,"Alternate Routes to Teaching." *Journal of Teacher Education,* Vol.42, No.2, 1991, pp.83-89.

〔単行本の提示方法〕著者、書名、発行所、年号、ページ。

1）大田堯『教育とは何かを問いつづけて』岩波書店、1983年、95-96ページ。

2）Kevin Harris, *Teachers and Classes,* Routledge, 1982, pp.32-38.

2 記述中の外国語の表記について

外国人名、地名等、固有名詞には原語を付ける。外国語の引用文献および参考文献は、原則として原語で示す。また、叙述中の外国語にはなるべく訳語を付ける。外国語（アルファベット）は、大文字・小文字とも半角で記入するものとする。中国語、ハングル等、アルファベット表記以外の文字も、これに準ずる。

7 褒賞委員会関係規程等

⑴ 褒賞委員会規程

（2022年9月16日、第82回理事会決定）

第1条 本委員会は、会員の研究活動をより活性化させ、質の高い研究成果の発信を促進するために設けた研究奨励賞に関する事務を行う。
第2条 本委員会に、委員長1名、副委員長1名をおく。
　2　委員長及び副委員長は、理事のうちから会長が推薦し、理事会の議を経て、会長が委嘱する。
　3　委員長及び副委員長の任期は、委嘱した会長の任期終了日までとする。但し、再任は妨げない。
第3条 本委員会の委員は、原則として理事の中から3〜5名を委員長が推薦し、理事会の議を経て会長が委嘱する。ただし、委員のうち1名は、年報編集委員長又は編集委員のうちから選出するものとする。
　2　委員の任期は委嘱から1年後の定期総会終了日までとする。但し、再任は妨げない。褒賞委員に欠員が生じた場合には、その数に相当する会員を委員長が推薦し、理事会の議を経て会長が委嘱するものとする。但し、その任期は前任者の残任期間とする。
第4条 委員長は委員会を代表し、褒賞委員会を招集し、その議長となる。
　2　副委員長は委員長を補佐し、委員長に事故ある場合は、その職務を代行する。
第5条 本委員会は、研究奨励賞候補論文を審査し、審査報告書（論文概要、高く評価すべき点など）を付して会長に推薦する。但し、候補の該当者がいないこともある。
　2　会長は審査結果を理事会に報告し、研究奨励賞候補論文について提案する。理事会の承認を得ることで、研究奨励賞を決定したこととする。
　3　研究奨励賞論文審査の手続き等は、別に定める。
第6条 年次大会の総会終了後、贈呈式を行い、受賞者に賞状（和文・英文）を授与する。

附　則（2022年9月16日、第82回理事会）
　本規程は、2022年9月16日より施行する。

⑵ 研究奨励賞論文審査規程

（2022年9月16日、第82回理事会決定）

第1条（対象となる論文の条件）
　　　研究奨励賞は、該当年度に刊行された年報の掲載論文のうち、次のいずれかの条件を満たしている会員が著者又は筆頭著者であるものを審査対象とする。なお、年報への掲載が決定した後、各論文の執筆者に上記の資格の有無を確認し、必要に応じて根拠資料等の提出を求める。

 ⑴ 刊行時において、大学院修士課程、博士後期課程、又はこれらに相当する課程に在籍する者。

 ⑵ 直近の学歴に関して、大学院博士後期課程又はこれに相当する課程に入学した後、刊行時において10 年を経過しない者。

 ⑶ 直近の学歴に関して、大学院修士課程又はこれに相当する課程を修了した後、刊行時において10 年を経過しない者。

第2条（審査）

 研究奨励賞の審査にあたっては、今後の研究上の発展を期待して優秀と認められることを重視する。

 2 具体的な審査基準は別に定める。

第3条（審査内容の公表）

 贈呈式の翌年に刊行される年報において、褒賞委員長による審査概要と受賞者によるコメントを掲載する。

附　則（2022年 9 月16日、第82回理事会）

 本規程は、2022年 9 月16日より施行する。

8　研究推進委員会規程

（2022年 4 月16日、第81回理事会決定）

第1条 本委員会は、本学会の目的を達成するために、研究活動を企画実施し、推進する業務を行う。

第2条 本委員会には委員長 1 名、副委員長 1 名を置く。

 2 委員長及び副委員長は、理事のうちから会長が推薦し、理事会の議を経て会長が委嘱する。

 3 委員長及び副委員長は、常任理事を兼任する。

 4 委員長は本委員会を代表する。副委員長は委員長を補佐し、委員長に事故ある場合は、その職務を代行する。

 5 委員長及び副委員長の任期は 3 年とし、交替の時期は当該年度の年次大会の最終日とする。ただし、再任は妨げない。

第3条 本委員会は、その目的を達成するために、部会を設置することができる。

 2 部会の代表は、理事のうちから会長が推薦し、理事会の議を経て会長が委嘱する。

 3 部会の代表は、常任理事を兼ね、担当理事として研究活動を主宰する。

 4 部会の部員は、代表が会員のうちから推薦し、委員長の承認を経て理事会に報告する。

附　則（2022年 4 月16日、第81回理事会）

 本規程は、2022年 4 月17日より施行する。

9 日本教師教育学会申し合わせ事項

1 日本教師教育学会の会費納入に関する申し合わせ

（2001年10月5日、第36回理事会決定）

（2003年4月12日、第41回理事会一部改正）

（2011年9月16日、第58回理事会一部改正）

（2022年4月16日、第81回理事会一部改正）

1　会員は、新年度の会費を5月末日までに払い込む（もしくは振り込む）ものとする。ただし、5月末日までに自動引き落としの手続きをした会員は、実際の引き落とし期日にかかわらず、5月末日までに会費を完納したものとみなして扱う。

2　会費は、規定額を払い込むものとする。払込額が当該年度会費に満たない場合は、追加払込みで満額になるまで未納として扱う。次年度会費規定額に届かない超過額を払い込んだ場合は、手数料を差し引いて一旦返却することを原則とする。

3　研究大会における発表申込者（共同研究者を表示する場合はその全員）は、前項により会費を完納した会員でなければならない。発表を申し込む入会希望者の場合は、5月末までに入会金及び会費を払い込み、必要事項を記入した入会申込書が学会事務局により受理されていなければならない。

4　学会費を完納していない会員は、研究大会及び学会総会に出席できない。

5　学会年報投稿者（共同執筆者がいる場合はその全員）は、投稿締め切り日までに当該年度までの会費を完納している会員でなければならない。投稿を申し込む入会希望者の場合は、投稿締め切り日までに入会金及び会費を払い込み、必要事項を記入した入会申込書が学会事務局により受理されていなければならない。

6　役員選挙における有権者は、選挙前年度までの会費を前年度末までに会費を完納している会員に限る。

7　退会を希望する場合は、退会を届け出た日の属する年度まで会費を完納していなければならない。退会の意向は、事務局宛に直接、書面（e-mail、ファクシミリを含む）で届け出なければならない。

8　学生（院生を含む）である会員は、該当年度に有効な学生証のコピーを事務局に提出し、確認を受けたうえで学生用年会費を払い込む。

以　上

2 会費未納会員に関する申し合わせ

（1998年2月28日、第25回理事会決定）

（2011年9月16日、第58回理事会改正）

（2018年9月28日、第72回理事会改正）

日本教師教育学会会則第4条第4項に関する申し合わせを、次のように定める。

1 会費未納者に対しては、その未納会費の年度に対応する学会年報を送らない。期限後に会費納付があった場合、年報を除き、納付日以前に一般発送した送付物（ニュース、会員名簿等）は、原則として送らない。
2 会費が3年度にわたって未納となっている会員は、次の手続きにより脱退したものと見なす。
　① 未納3年目の会計年度終了に先立ち、学会事務局が十分な時間があると認める時期において、当該会費未納会員に対し、会費未納の解消を催告する。
　② 学会事務局は、未納3年目の年度末までに会費未納を解消しなかった会員の名簿を調製し、翌年度最初の理事会の議を経て除籍を決定する。
　③ 会費未納による脱退者は、除籍の決定をもって会員資格を失うものとする。
3 会費が2年間にわたって未納となり、届け出られた連絡手段すべてにおいて連絡が取れない会員については、前項にかかわらず未納2年目末をもって、催告無しに前項に準じた脱退手続きを行なうことができる。
4 会費未納により除籍となった者が本学会の再入会を希望する場合は、通常の入会手続きに加えて、除籍に至った未納分の会費も納入しなければならない。

以　上

3　理事選挙の被選挙権辞退に関する申し合わせ

（1993年6月19日、第9回理事会決定）
（2011年9月16日、第58回理事会改正）

1 理事選挙の行われる年度末において、満70歳以上の会員は、被選挙権を辞退することができる。
2 日本教師教育学会会則第6条第3項に関し、選出区が全国区・地方区にかかわらず連続3期理事をつとめた会員は、役員選挙にあたって被選挙権を辞退することができる。
3 被選挙権を辞退する会員は、役員選挙のつど、辞退の意向を日本教師教育学会事務局宛に直接、書面（e-mail、ファクシミリを含む）で届け出なければならない。

以　上

4　常任理事に関する申し合わせ

（2002年6月22日、第38回理事会決定）
（2017年9月29日、第70回理事会一部改正）
（2020年9月11日、第76回理事会一部改正）
（2022年4月16日、第81回理事会一部改正）

日本教師教育学会会則第8条に規定する「常任理事」について次のように申し合わせる。
1 （選出方法）
　常任理事は、次の理事をもってあてることを原則とする。
　ア 全国区選出理事

イ　事務局長、事務局次長

　ウ　理事会の議を経て、会長が委嘱する理事

2　（常任理事の任務）

　常任理事は、次の任務を持つ。

　ア　常任理事は、常任理事会を構成し、理事会の審議・議決に則り、学会運営の具体的な事項を審議・決定する。

　イ　常任理事は、本学会の事業を執行する。

3　（常任理事会）

　常任理事会は、次の場合に招集する。

　1　常任理事会は、通常、年に3回、会長が招集する。

　2　第1項のほか、次の各号の一に該当する場合に、臨時の常任理事会を開催する。

　　ア　会長が必要と認めたとき。

　　イ　3分の1以上の常任理事から会長に招集の請求があったとき、会長は請求受理後一ヶ月以内に、常任理事会を招集しなければならない。

以　上

5　入会承認手続きに関する申し合わせ

（2004年4月17日、第43回理事会決定）

日本教師教育学会会則第4条第2項の運用に関して、以下のように申し合わせる。

1　会員資格は、原則として理事会の承認の後に得られるものとする。

2　前項の申し合わせにかかわらず、理事会が必要と認める場合、常任理事会の承認をもってこれに代えることができるものとする。

以　上

6　地方区理事の委嘱に関する申し合わせ

（2004年9月17日、第44回理事会決定）

日本教師教育学会役員選出規程第3条第5項の運用に関して次のように申し合わせる。

1　地方区選出の理事は、当該地方区に所属する会員でなくなった際には理事資格を喪失する。

2　地方区選出の理事に欠員が生じた際の、後任の委嘱については次の通りとする。

　(1)　欠員が生じた際は、理事会および常任理事会は、速やかに後任の委嘱についての協議を行う。

　(2)　繰り上げによる後任の委嘱は、当期選挙の選挙管理委員会が決定した次々点者までとする。

　(3)　欠員が生じた時点で、当該の理事任期が既に2年6月経過している際には、後任の理事の委嘱を原則として行わない。

以　上

7　オンライン開催による研究大会等での録音・録画等に関する申し合わせ

（2020年９月11日、第76回理事会決定）

　研究大会での録音・録画等について下記のように取り扱うこととする。なお、研究大会以外に学会が開催する研究会等においても、下記に準ずるものとする。

(1) 自由研究発表

　　発表者本人が求めた場合も含め、録画・録音・画面の撮影やキャプチャは行わない。学会としても録画しない。

(2) 課題研究や総会等

・記録のために学会として録画する。

・一般参加者の録画は許可しない。

・最初のpptに録画について表示し、開始時に司会から口頭で参加者に了解を得る。

・データは学会事務局で４年間保管し、保管期間終了後に消去する。

・閲覧は、会員である者が、会長・事務局長・録画対象となった部会の責任者の許可を得た場合にのみ可能とする。閲覧利用の要望について判断する際、実質的な最終判断は、録画対象となった部会にあるものとする。期をまたいで役員体制が交替することを想定し、連絡先の事務局内での共有・引き継ぎを確実に行う。

(3) シンポジウム

・学会として録画・録音する。

・保管場所・期間は（２）に同じ。

・閲覧利用についての判断は、大会実行委員会委員長・事務局長に意見を求めたうえで会長・事務局長が行う。

以　　上

　※注記：(2)(3)での閲覧は、学会として行う研究活動や年報編集を利用目的とするものを想定している。

8　学会として実施する研究会等の録音・録画及びその公開等に関する運営に向けてのお願い

（2021年10月１日、第79回理事会決定）

　現在、本学会ではオンラインでの会議や研究会が活発に実施されています。情報関連機器の技術革新が進む中で、そうした会議や研究会の様子を録画・録音して、会員等に向けて公開し、議論を共有することが進められていくと予想されます。

　そこで、研究大会時を含む、学会活動の一環として広く会員に呼びかけて実施する研究会等の運営に関して、呼びかけをさせていただくことにいたしました。本学会では、第76回理事会（2020年９月11日）において「オンライン開催による研究大会での録音・録画等に関する確認」が確認されており、大会時の課題研究、シンポジウム、総会等については学会として録画・録音を行うことが認められています。この呼びかけは、そのルールをその後のICT環境の充実を踏まえてガイドライン化し、大会時及び大会時以外の研究会に汎用することを期待するものです。

なお、本確認事項は、
　・本学会研究倫理規程に基づいた研究活動を行うこと
　・個人情報の保護、著作権の保護、肖像権の保護に努めること
　・研究会等における会員の積極的な研究活動に十分な配慮を行うこと
を柱としています。
１．研究会等の録音・録画ならびに録画データの公開等にあたっては、研究倫理規程を遵守し、「オンライン開催による研究大会での録音・録画等に関する確認」を参考にして適切な実施に努めてください。※個人情報の保護、著作権の保護、肖像権の保護　等
２．研究会等の録音・録画および録画データの公開等は学会として行ってください。
　・個人アカウントを使用しない
　・担当理事等が責任者となる
３．研究会等の録音・録画及びその動画の公開を行う際は、以下の手順を参考にして、参加者に許可を得てください。
　①会の開催前に参加者に周知すべき確認事項を文書化しておいてください。※これを録画、公開に関する契約事項とします。
【文書に入れるべき内容】
　・会の責任者
　・録画（動画の公開を予定している場合は公開を含む）することについて
　・録画及び公開する箇所について
　・公開の場所・範囲・期間について
　・データの保管、消去について
　②会の開始時に必ず①の確認事項を読み上げて参加者に周知し、それらを了解して参加するように伝えてください。
【了解できない参加者への対応】
　・ビデオをオフにして参加することや発言を控えることを周知してください。
　③会の終了時に開始時の説明に基づいて公開することの最終確認をしてください。
【了解できない参加者があった場合の対応】
　・可能な限り当該参加者の意思を尊重する配慮をしてください。
４．録音・録画データを会員等に向けて公開する場合は、前記の説明に基づき、適正に実施してください。※理事会等での報告をお願いします。
５．録音・録画データは担当責任者（※担当理事等）が適切に管理保管し、必要がなくなった時点で、速やかに消去・処分してください。

９　学会研究費として使用可能な用途に関する確認

（2018年9月28日、第72回理事会決定）

　学会研究費として使用可能な用途として以下を定める。
　１　研究会にかかわること
　・講師謝金　・講師・参加者の交通費、宿泊費・受付等のアルバイト代　（時給1,000円を目安とする）・会場使用料・研究会の飲み物代・茶菓子代・資料印刷費

2　研究大会にかかわること
　　　・スタッフ、報告者の弁当代
　　3　研究にかかわること
　　　・書籍代
　　4　報告集制作等にかかわること
　　　・報告集制作費　・郵送費　・音声おこし費、英文校閲料
　なお、備品になるような耐久消費財は、原則として購入対象外とする。

以　　上

10　研究大会時の災害等への対応

(2019年9月20日、理事会決定)

(2019年11月9日、常任理事会一部改正)

　研究大会時の災害等への対応については、参加者の安全確保と被害の未然防止を第一とし、以下のように定める。
1　研究大会の中止等にかかわる決定と告知
　　災害等によって参加者の安全が危ぶまれる場合や何らかの被害発生が予想される場合には、大会実行委員会・学会会長・学会事務局が協議して、研究大会の中止等を決定する。告知は、大会HP、学会HPおよび大会校の受付付近での掲示で行う。
2　研究大会中止の目安
　・開催日以前―大会会場最寄り駅の鉄道を含む計画運休が発表され、運休時間帯が大会開催時間帯と重なっている場合→計画運休時間帯の開催を中止
　・午前7時―特別警報や避難準備にあたる「警戒レベル3」が発令されたり、大会校最寄り駅の鉄道が全線運休したりしている場合→午前の開催を中止
　・午前11時―特別警報や避難準備にあたる「警戒レベル3」が発令されたり、大会校最寄り駅の鉄道が全線運休したりしている場合→午後の開催を中止
　・大会開催中―特別警報や避難準備にあたる「警戒レベル3」が発令されたり、大会校最寄り駅の鉄道の計画運休が発表された場合→できるだけ早く大会切り上げ
3　研究大会の中止や再開に伴う措置
　・自由研究発表・ポスター発表・ラウンドテーブルが中止の場合→発表したものとする。
　・総会が中止の場合→総会資料を全会員に示し、審議事項についての意見を1ヶ月間求め、異議がない部分は承認されたものとする。異議がある部分は、次回の総会で審議する。ただし、予算に関しては異議に配慮しつつ執行する。
　・状況が回復し、大会の開始または再開が可能になった場合→大会を開始または再開する。原則としてその時間に予定されていた内容を行う。ただし総会は他事に優先する。
4　参加費・懇親会費の取り扱いについて
　・学会大会が不開催の場合→大会要旨集を送り、参加費（事前申し込み分）は返却しない。
　・懇親会が中止の場合→懇親会費は原則として返却する。振り込みの場合は、振り込み手数料を差し引いた額を返却する。
5　被害への対応

万一、何らかの被害が生じた場合には、大会実行委員会・学会会長・学会事務局で協議しつつ、参加者の安全確保と被害拡大防止にむけた適切な対応を行う。

6　研究大会以外の学会行事における災害等への対応

　研究大会以外の学会行事（理事会・研究会等）においても、この災害等への対応を目安として、参加者の安全を第一に、開催・中止等を判断する。

以　上

10　日本教師教育学会　入会のご案内
－研究と実践の創造をめざして－

　日本教師教育学会は、1991年8月30日に創立されました。

　子どもや父母・国民の教職員への願いや期待に応え、教育者としての力量を高めるための研究活動を多くの人々と共同ですすめたいというのが学会創立の趣旨です。

　わたくしたちは「教師」という言葉に、学校の教職員はもとより、社会教育や福祉・看護・医療・矯正教育などに携わるさまざまな分野の教育関係者を含めて考えています。

　また、その「教育」とは、大学の教員養成だけでなく、教職員やそれをめざす人たちの自己教育を含め、教育者の養成・免許・採用・研修などの力量形成の総体と考えています。

　このような学会の発展のため、広い分野から多くの方々がご参加くださいますようご案内申し上げます。

1　大学などで教師教育の実践や研究に携わっている方々に

　大学設置基準の大綱化のもとで、「大学における教員養成」も大学独自の創意工夫が求められる時代となりました。このような状況の変化のもとで、本学会は、各大学、各教職員が、国公私立大学の枠を越え、全国的規模で教師教育の実践や研究について交流し、カリキュラム開発などの共同の取り組みをすすめることに寄与したいと念じております。

　大学における教師教育は、教育学、教育心理学、教科教育法などの教職科目だけではなく、教科に関する諸科目、一般教育を担当する方々との共同の事業です。多彩な専門分野からのご参加を呼びかけます。

2　学校の教職員の方々に

　社会が大きく変化し、さまざまな教育問題が起こるなかで、「学校はどうあるべきか」がきびしく問われています。それだけに、学校で働く教職員の方々が、子どもや父母の願いをくみとり、教育・文化に携わる広い分野の方々との交流・共同により、生涯を通じて教育者としての力量を高めていく研究活動とそのための開かれた場が求められています。教育実習生の指導などを通してすぐれた後継者、未来の教師を育てることも現職教職員の大きな責任と考えます。そのような学会の発展のため学校教職員のみなさんの積極的な参加を期待いたします。

3　社会教育、福祉、看護、医療・矯正教育などの分野の職員の方々に

　人間が生涯を通じて豊かに発達し尊厳を実現するには、学校ばかりでなく、保育所・児童館、教育相談所、家庭裁判所・少年院、公民館・図書館・博物館、スポーツ施設、文化・芸術施設、医療施設などさまざまな教育・文化・福祉・司法などの分野の職員の方々の協力が欠かせません。よき

後継者を育てることも大切な仕事です。そのためには、それぞれの分野の垣根を越えて、実践や理論を交流し、教育者としての力量を共同して高める研究活動の場が必要です。この学会がその役目を果たせますよう、みなさんの入会を期待します。

4　教育行政や教育運動に携わっている方々に

教師教育は、大学やその他の学校だけでなく、教育行政とも密接な関連があり、教育運動の動向にも影響を受けます。これらの組織に関わる方々の参加が得られるならば、教師教育研究のフィールドはいっそうひろがります。すすんで参加・参画いただき、その充実を図りたいと思います。

5　教育問題に関心をもつ学生や将来、教育関係の職業をめざす方々に

教職員をめざし、または、教育問題に関心をもつみなさんが、在学中や就職前から、専門的力量の向上について研究的関心をもちつづけることは、進路の開拓にも大きな力になるでしょう。本学会の諸事業にもすすんで参加してください。

6　父母・マスコミ関係者ほか、ひろく国民のみなさんに

よい教師は、よい教師を求める国民的期待の中で育まれるといえるでしょう。他の分野の教職員についても同様です。会員として、また、会員外の立場から、本学会について率直な意見を寄せていただければ幸いです。

7　教育者養成・研修に関心をもつ外国の方々に

教師教育研究の国際交流は、本学会の事業の大きな目標のひとつです。会員資格に国籍は問いません。入会を歓迎いたします。

　会員になりますと、研究集会、研究委員会活動、その他の諸行事への参加、機関誌への投稿やその無料郵送、研究業績の紹介、学会ニュースや会員名簿の閲覧など、会則に定める本学会の多彩な事業の利益を受けることができます。
　いま、社会は大きく変化し、新しい教育者像が求められています。この学会が、その探究のための「研究のネットワーク」「研究の広場」として発展するよう、多くのみなさんのご協力をお願いいたします。

《入会申込みの方法》

1　本学会の趣旨に賛同し、入会を希望する場合は、「入会申込フォーム」（学会ホームページ上にあります）より、必要事項を記入し、推薦者1名（既会員）の名前も添え、お申し込みください。（既会員の推薦者がいらっしゃらない場合には無記入のままで結構です）。郵送で申込みをされる場合は、「入会申込書」（学会ホームページ上にあります）に必要事項を記入し、日本教師教育学会事務局までお送りください。

2　入会金1,000円及び当該年度会費7,000円（合計8,000円）を下記郵便振替口座もしくは銀行口座へご送金ください。学生・院生の場合は、ホームページ上の「会費納入方法について」ページ内の「会費学生料金申請」フォームから当該年度に有効な学生証のコピーを事務局に提出してください。事務局からの確認メールが届きましたら、入会金1,000円及び年会費3,000円（合計4,000円）をご送金ください。

【加入者名】：日本教師教育学会

【郵便振替】記号番号：00140-7-557708

【ゆうちょ銀行】＜機関コード9900＞　〇一九店（店番号019）当座預金　口座番号　0557708

3　入会申込書、及び入会金、年会費が事務局宛に届いた時点で「入会希望者」として受付しまして、受付受理されましたことをメールでお知らせ致します。

4　理事会で承認されましたら、メールで承認のお知らせをさせていただきます。メールが届かない場合は、大変お手数ではございますが、事務局までお問い合わせいただきますようお願い申し上げます。

＊　事務局は基本的に３年交代です。最新の事務局情報は、本学会ホームページをご覧ください。

日本教師教育学会事務局（JSSTE）
　＊和井田節子（第11期事務局長・共栄大学）
　＊内田　千春（第11期事務局次長・東洋大学）
　＊株式会社EPOCH-NET（事務局事務業務担当）

```
Email：office@jsste.jp
Tel　：070-6441-0943
Post　：〒344-0061　埼玉県春日部市粕壁3-10-1-1705
HP　　：https://jsste.jp/
```

日本教師教育学会元会長、故中野光先生を偲んで

　日本教師教育学会の会長を2期6年にわたって務められた中野光先生が、2023年5月12日、老衰のため逝去されました。1929年愛知県のお生まれで、享年93歳でした。初代会長の故長尾十三二先生の後を次いで、第2期（1993年11月〜1996年10月）と第3期（1996年10月〜1999年10月）とで会長職を務められましたが、第1期（1991年8月〜1993年10月）においても年報編集委員長の重責を果たされていましたので、日本教師教育学会の創立にあたって、そしてその後の学会を方向づけていくにあたって、文字通り中心的な役割を果たされました。ここに謹んでご冥福をお祈り申し上げます。

　本来ならば、追悼文は中野会長のもとで事務局長として支えてこられた役職の先生方がふさわしいと思われますが、編集委員会からのご依頼もあり、僭越ながらわたくしが担当させていただくことになりました。

　会長時代、多くのお仕事を精力的にこなされてきましたが、そのうち印象に残る2つの話題を紹介させていただきます。

　ひとつは教師教育を通じての日中の国際交流への貢献です。具体的には日中教師教育研究国際シンポジウムへの参加と運営です。第1回が1993年3月に上海・蘇州、北京で、第2回が翌年3月に重慶、北京、成都、上海でといずれも中国で開催されたので、第3回は日本での開催となり1995年6月15日〜21日にわたって東京、名古屋、京都で開催されました。さらに2年後の1997年8月、第1回アジア・太平洋地域教師教育国際シンポジウム（＝第4回日中教師教育研究国際シンポジウム）へと引き継がれていきます。東京シンポジウムの開催にあたって中野先生は、戦争の歴史の「前事を戒めとし、友好の歴史をさらに発展させる」シンポとして、「情報化や地球環境問題などの現代的課題が教師の資質や力量形成の形成に新しい課題を投げかけている」時代にあって、21世紀に向けてその共通の課題を日中両国で取り組んでいきたいと述べておられます（『走向21世紀的教師教育』）。このシンポではわたくしにも発表の機会が与えられたのですが、どのような接点が日中共通の課題になりうるのか悩んだことを思い出します。中野先生は会長として、このシンポの役割や位置づけについていろいろと考えておられたのではないかと思います。このご縁からか中国の西南師範大学、河北大学で客座教授を勤められ、個人的にも日中交流に尽力されました。

　もう一つは、専門学会として国の教員政策に対する意見表明の活動です。1998年4月に中野会長名で「『教育職員免許法の一部を改正する法律案』について慎重な審議を要望する意見書」を内閣総理大臣、文部大臣以下国会関係者、マスコミ関係者等に送付し、5月には衆議院文教委員会で意見開陳をされています。そのような意見書の提出は「学会としては異例のことであり、学会の歩みにおける最初のこと」（年報第8号）でした。学会として

の社会的責任をどう果たすのか、年報の特集として「新免許法とこれからの教員養成」（同前）を併せて組みつつ、学会として精力的に社会に発信していこうとするリーダー役を買って出られました。この活動を通して「教師が時に絶望の淵に立たされることがあったとしても次の世代とともに希望を創り出すことのできる環境が必要である。21世紀にむけて教師教育を発展させるためには政策にそのような環境をととのえることを求めると同時に、教育の世界で創造的実践と研究を発展させていく努力が今こそ必要とされている時代はないように思う」（同前）と提起された中野先生の要望は、残念ながら21世紀に入ってより混迷の度を深めているように思われます。

　さかのぼって年報編集委員長として、日本教師教育学会年報創刊号（1992年10月）の特集テーマを「教育者を育てる教育」とされました。その意味するところを考えてしまうテーマなのですが、「『教師』という概念は、学校教師とは限らず、ひろく『教育』という仕事にたずさわる『教育者』という概念と共通する」という認識を学会発足時に確認することを意図してのことだったと、編集後記で中野先生は述べていらっしゃいます。第2号の特集テーマは「教育者としての成長」、第3号のそれは「大学改革と教育者養成カリキュラム」を掲げられました。これらは、教師教育の原理原則を改めて確認する作業であったにちがいありません。

　中野先生は、今日でいうところの実務家教員の走りであったかもしれません。それは東京文理科大学を1953年に卒業されて間もなく、4年間にわたって桐朋小学校の教師を経験されているからです。桐朋小学校が創設される半年前から赴任し、その校舎建築やカリキュラム編成の仕事をほぼ全面的に任されました。その経験が、私立学校は何のために創られるのか、そこでどんな教育をすることが歴史的に意義あることなのかという問題意識を醸成されることになり、自らの研究のモチーフと視点とを獲得していく土台となったということです。それが後年、毎日出版文化賞を受賞される『大正自由教育の研究』（1968年）に結実していきます。年報第6号の特集テーマ「新しい教育者像の探求」では、その研究蓄積を踏まえて、巻頭論文「日本の私立新学校における教師像」を執筆され、「新学校の教師たちが果たした歴史的役割として評価されなければならないのは、教師が教育の実践を通して研究者としても成長を遂げた」ことだと強調されました。「教師は教育研究者であるべきであり、本来教職の仕事は澤柳政太郎が述べたように『愉快』なものだ」（年報第9号）という教師論とその実現こそが、教師教育を考える重要な視点なのだと主張され続けてきました。

中野先生は、2006年1月、右眼の網膜黄斑部からの大量出血により、視力を失うという大変な苦難に見舞われました。左眼からほのかな光が入ってくる程度で、文字を読むまでの視力回復は望むべくもなく、社会的活動はもとより研究活動も断念せざるを得ないと諦めかけていたところ、和光大学での中野ゼミのメンバーたちの誠意ある支援と絶大な協力とによって、『学校改革の史的原像「大正自由教育」の系譜をたどって』（2008年）が見事に上梓されました。中野先生がいみじくも述べておられるように、それは「奇跡」ともいえる偉業でした。大量出血が脳内でなくてよかった、70歳台でよかったと捉えなおせる中野先生の前向きな姿勢とお人柄とが、その「奇跡」を起こさせる原動力でした。中野先生の中央大学での最終講義（「中央大学における学徒出陣と朝鮮・台湾出身学生」2000年1月）では、当時の外間寛学長がこれほど多くの出席者が集まった最終講義を知らないと挨拶されていましたが、これも中野先生のお人柄を偲ばせるエピソードでしょう。中野先生は2004年に第13回ペスタロッチ教育賞を受賞されていますが、「日本の教育実践を精緻に分析し、その本質精神を浮き彫りにしたものであって、そこには子どもに注ぐ氏の温かいまなざし、ペスタロッチ精神が貫かれている」という授賞理由にも通じるものがあるように思います。

　中野先生に最後にお目にかかったのは、2019年5月、『梅根悟　その生涯としごと』の出版祝賀会でした。90歳を迎えられた先生渾身の作品でした。梅根先生の評伝でありながら、それは同時に中野先生ご自身の研究の軌跡でもあり、大学教員としての実践記録でもあり、民間教育団体の運動論でもありました。海軍兵学校で敗戦を迎え、国民学校長だった父上からペスタロッチを知り、岡崎高等師範学校で細谷俊夫先生から梅根悟先生との出会いを誘われ、梅根門下生として活躍されるという自己形成史の中から、中野先生の教師教育の課題と方法とが導き出されてきているように思えてなりません。ここに紹介した中野先生の見解は2020年代においても有効な問題提起を含んでいますが、教師を取り巻くより深刻な状況が訪れている中で、また学会それ自体の社会的基盤が揺さぶられている中で、中野先生の遺志をどのように継承していくのか、重要な課題としてしっかり自覚していきたいと思います。

　2023年7月

日本教師教育学会理事
立教大学名誉教授
前田　一男

編 集 後 記

　『年報』第32号をお届けします。

　本号は、２つの特集企画、９本の一般投稿論文の掲載、「研究奨励賞」の発足記事などがあり、350頁を越える厚みとなりました。

　本号の特集テーマは、(1)「教育関連専門職・発達援助職の現状と養成上の課題―教職との連携・協同の発展をめざして―」、(2)「教師の働き方改革と教師の役割の再検討―教師教育の国際的動向のなかで―」でした。

　特集 (1) は、教育関連専門職あるいは発達援助職の現状と課題を解明するとともに、これらの専門職と教職との学校内外における連携・協同について考察することをめざしたものです。本学会は、その設立趣旨に明示されているように「社会教育や社会福祉分野の人々をも含めた広い意味での教師、いわば教育専門家の育成が、大学における教育学教育の課題として、緊密に、一体化して行われるべきである」と考えています。しかし、意外なことに、この趣旨自体を特集に取り上げたことはありませんでした。今回の特集を機に、このような視点からの研究発表が継続的系統的に取り組まれることを期待しています。

　特集 (2) は、教師の働き方改革の実現が日本の教育の発展にとって核心的な課題となっているなかで、現在、この改革がどのような段階にあるのか、またその前提として、教師の職務と役割をどう理解するのか、そのための教師教育の課題をどのように構想するのかという基本的な問題を検討したものです。

　特集 (1) には７本、特集 (2) には５本の論考が寄せられています。特集は、主に編集委員会からの依頼論文によって構成されていますが、今回は投稿論文も含まれています。一般投稿論文の場合に準じて査読・審査を経て掲載されたものです。今後、特集に対しても投稿論文が増えることを期待しています。

　本号には、32本の一般投稿論文がありました。内訳は、研究論文23本、実践研究論文９本。研究・実践ノートはありませんでした。２度にわたる査読・審査の結果、７本の研究論文と２本の実践研究論文が掲載されることになりました。

　昨年は、コロナ禍のなか投稿論文の総数は16本でした。本号は、これまでの平均的な投稿数に回復しました。しかも合計９本という、これまであまり例のない多くの論文を掲載することができました。投稿された会員の皆さま全員に深く感謝するとともに、次年度はさらなる水準をめざしたいと考えます。

　なお、本号から投稿に際しては電子投稿システムが本格稼働することになりました。いくつかのトラブルもあり、ご迷惑をおかけしましたが、次号からはより安定的に運用できるものと考えています。

　最後になりましたが、本号で第11期年報編集委員会はその任務を終了します。編集委員の皆さま、事務担当の菅原然子さんのご尽力に心から感謝するとともに、本誌のいっそうの発展を祈念いたします。

（文責：編集委員長　吉岡真佐樹）

年報第32号　第11期編集委員会活動記録

2022年11月26日（土）第11回編集委員会（ズーム会議）
　　　　　　　　　・年報第31号の内容および編集についての振り返り
　　　　　　　　　・投稿論文の査読体制と日程についての確認
　　　　　　　　　・年報第32号特集テーマについての検討

2023年2月4日（土）第12回編集委員会（ズーム会議）
　　　　　　　　　・投稿論文査読担当者と審査日程の決定
　　　　　　　　　・年報第32号特集テーマなど企画決定
　　　　　　　　　・「書評」「文献紹介」図書の選定
　　　　　　　　　・論文投稿・査読電子システムの運用について確認

2023年4月8日（土）第13回編集委員会（ズーム会議）
　　　　　　　　　・投稿論文の第一次査読結果の報告と審査・判定
　　　　　　　　　・再査読の日程と手順の確認
　　　　　　　　　・年報第32号特集テーマへの執筆依頼者の決定
　　　　　　　　　・「書評」「文献紹介」図書の追加および執筆依頼者の決定
　　　　　　　　　・論文投稿・査読電子システムの運用について確認

2023年6月17日（土）第14回編集委員会（ズーム会議）
　　　　　　　　　・投稿論文の再査読結果の報告と審査・判定
　　　　　　　　　・年報第32号特集テーマ投稿論文の査読結果の報告と判定
　　　　　　　　　・年報第32号編集作業の現況についての報告
　　　　　　　　　・論文投稿・査読電子システムの改善点について議論

2023年9月25日（土）第15回編集委員会［予定］（ズーム会議）
　　　　　　　　　・年報第32号の編集結果について
　　　　　　　　　・第11期編集委員会の活動の振り返り
　　　　　　　　　・学会総会への報告事項についての確認

日本教師教育学会年報　第32号

教育関連専門職・発達援助職の現状と養成上の課題
──教職との連携・協同の発展をめざして──
教師の働き方改革と教師の役割の再検討
──教師教育の国際的動向のなかで──

2023年9月30日　発行
編　集　日本教師教育学会年報編集委員会
発　行　日本教師教育学会
事務局　〒344-0061　埼玉県春日部市粕壁3-10-1-1705
　　　　Tel 070-6441-0943
　　　　郵便振替口座番号　00140-7-557708（557708は右詰で記入）
　　　　E-mail：office@jsste.jp
年報編集委員会
　　　　〒606-8522 京都府京都市左京区下鴨半木町1
　　　　京都府立大学　公共政策学部　吉岡真佐樹研究室内
　　　　Tel & Fax 075-703-5344
　　　　E-mail：m_ysok@kpu.ac.jp
印　刷　学事出版株式会社
　　　　〒101-0051　東京都千代田区神田神保町1-2-5
　　　　Tel 03-3518-9655　Fax 03-3518-9018　https://www.gakuji.co.jp/